城市更新项目法务工具库

案例·风险 流程·政策

华润置地有限公司
北京德恒（深圳）律师事务所 编著

法律出版社
LAW PRESS·CHINA

序　言

适逢深圳经济特区成立四十周年，深圳已由昔日“小渔村”发展成现代化国际大都市。在快速城市化的过程中，深圳的城市发展也面临诸多困难和挑战，与北京、上海、广州相比，土地成为制约城市发展的突出因素。在可建设用地匮乏，土地空间承载逼近极限的情况下，为解决产业升级、城市空间优化等问题，深圳不断探索存量土地开发。2004年，深圳市人民政府颁布《深圳市城中村（旧村）改造暂行规定》，拉开了深圳城中村改造的序幕。但因拆迁补偿问题及土地一二级开发获取问题并不明确，市场主体参与程度不高。2009年12月，深圳市人民政府颁布了《深圳市城市更新办法》，从此开启了城市更新的大发展时代。

相比国内其他地区的棚户区改造、三旧改造等模式，深圳城市更新模式突出市场主导，在政府规划引导下，原物业权利人、开发企业、金融机构等各方全面参与，在各方利益共赢的基础上实现了深圳城市存量土地的二次开发，同时完成了大量公共设施落地，并提供了规模可观的保障性住房、人才房。深圳通过城市更新有效提高了土地利用效率，优化城市功能，加强公共服务配套设施，同时推动了产业升级、消费升级。

城市更新不同于普通房地产项目开发，其中涉及政府公共政策、房地产开发建设以及各参与主体之间复杂的社会关系，法律性、政策性以及实践性特点凸显。法律性体现在项目开发可能同时涉及物权、合同、婚姻继承、公司治理、行政管理等法律关系。政策性体现在项目开发流程包括立项、单元规划审批、实施主体确认、土地出让以及历史遗留问题的处理等，都具有鲜明的政策属性，各地规定不尽相同。实践性体现在每个项目都需要综合运用不同的法律、政策以及更新模式统筹推进，在实践中不断探索政策适用方式及范围。

华润置地的城市更新业务始于深圳，伴随湾区成长逐步发展壮大，多年来一直引领着中国城市更新的发展潮流。从最早的罗湖华润中心起步，到南山大冲旧改——被誉为城市更新“教科书级别的范本”，再到如今备受关注的湖贝城市更新项目，华润置地秉承“品质给城市更多改变”的品牌理念，创造了一个个真正体现城市生命力的城市更新标杆项目。

2019年2月，中共中央、国务院印发了《粤港澳大湾区发展规划纲要》，强调要“因地制宜推进城市更新”；2019年4月，广州、东莞等湾区城市相继发布或修订城市更新重要政策。基于前述政策背景，为全面梳理华润置地城市更新项目可能存在的风险，华润置地法律合规部联合城市更新领域经验丰富的北京德恒（深圳）律师事务所，通过政策研究、项目梳理、案例研究等大量工作，将最终工作成果汇总成为本书。本书通过对大量纠纷案例的研究，归纳纠纷种类及典型案例，为城市更新纠纷预防及处理提供针对性参考；提炼城市更新项目各阶段、各参与主体间的法律风险事项，建立城市更新风险库；通过流程图简明直观呈现项目办理流程、关键节点及注意事项；分析解读法规政策的具体适用情形，为业务开展提供法律指引。

华润置地将不断探索，坚持"城市综合投资开发运营商"的定位，用更多城市更新作品助力城市的高质量发展，提升城市形象，继续为大众的美好生活而奋斗。

是为序。

华润置地有限公司总法律顾问　刘中

二〇二〇年八月于深圳

目　录

案例库

风险库

流程图

政策库

附　录

案例库

第一章 原权利人违约

案例1：B公司与Y公司房屋拆迁安置补偿合同纠纷案

一、案例要素

<table>
<tr><td rowspan="2">当事人</td><td>上诉人</td><td>B公司</td></tr>
<tr><td>被上诉人</td><td>Y公司</td></tr>
<tr><td>所在项目</td><td colspan="2">L区某街道J片区旧城改造项目（以下简称旧改项目）</td></tr>
<tr><td>争议类型</td><td colspan="2">原权利人违约纠纷</td></tr>
<tr><td>案由</td><td colspan="2">房屋拆迁安置补偿合同纠纷</td></tr>
<tr><td rowspan="2">核心法律问题</td><td colspan="2">房屋拆迁补偿安置合同已签约的权利人的关联方与项目范围内其他权利人签约，导致开发商无法形成单一主体而丧失履约资格，在此情况下，已签约权利人能否行使不安抗辩权</td></tr>
<tr><td colspan="2">如不安抗辩权不能成立的情况下，能否以拆迁安置补偿协议在事实上和法律上无法履行为由而直接判决终止履行</td></tr>
</table>

二、基本案情

2007年1月9日，深圳市L区城中村改造领导小组会议确定，Y公司为J片区改造项目首期约10万平方米改造范围的改造单位，并由L区城中村（旧村）改造办公室于同年11月1日颁发相关函件，明确“改造单位须自城中村改造领导小组审定改造单位之日起，5年内完成项目改造，否则取消改造资格，收回重新招商”。

2009年7月20日，B公司与Y公司在街道办见证下就J片区改造项目签署某物业拆迁补偿安置协议，主要约定：(1)L区人民政府确定Y公司为J片区旧改项目的改造单位是双方签约的前提。(2)B公司将某物业的房地产和附属设施于2012年10月31日移交给被上诉人开发。(3)项目建成后，按约定比例以房屋补偿给B公司。(4)2012年4月30日租期届满时，B公司不得再将某物业房地产及附属设施出租，否则构成违约。协议签订后，Y公司向B公司依约支付保证金人民币500万元。

2011年3月9日，Y公司与改造范围内另一业主Z公司签订某物业拆迁补偿安置协议。2011年6月23日，Y公司与案外人L自然人就其在改造范围内地块上临时建筑签订土地清理及物业拆迁协议。

2011年9月25日，B公司召开股东大会，决定撤销与Y公司签署的上述协议，并登报公示。2011年11月23日，Y公司致函B公司，对撤销事宜提出异议，要求继续履行。

2011年12月7日，同属本项目范围内的另一业主C公司，与B公司的控股股东H公司（H公司与B公司的法定代表人相同）签署合作协议，约定将其拥有的建设用地（属于本项目范围的约8600平方米）提供给H公司改造开发，H公司向C公司支付保证金人民币300万元。

2012年3月23日，B公司发出暂停履行某物业拆迁补偿安置协议书通知书，经公证送达Y公司，以Y公司未能在政府规定期限内完成项目改造，且未取得改造项目的拆迁许可证等为由，通知中止履约，并要求Y公司在收函后七日内提供证据证明其仍具有项目改造的主体资格。此后Y公司未提供担保，也未提供证据证明其仍具有项目改造主体资格。

2012年4月5日，B公司起诉要求判决解除其与Y公司签订的某物业拆迁补偿安置协议，并索赔人民币500万元。

三、争议焦点

（一）B公司是否享有不安抗辩权

1.Y公司的改造主体资格是否超过规定期限

【B公司主张】Y公司被明确要求“改造单位须自城中村改造领导小组审定改造单位之日起，5年内完成项目改造，否则取消改造资格，收回重新招商”。项目经L区政府确定Y公司作为改造单位时，早已超过5年，Y公司至今未能与项目范围内的全部权利主体达成拆迁补偿安置协议，且至今未取得政府部门颁发的项目更新主体确认函，也从未与政府部门签署国土使用权出让合同。相关后续政府文件未表示给予Y公司改造期限延期两年的宽限，对于第三期（本项目）的实施主体未予确认，仅提及“参与更新市场主体”。

【Y公司主张】文件并未明确城中村改造领导小组审定改造单位的时间，5年改造期限根本未到，且后续政府文件将完成全部补偿安置协议的时间延长两年，从政府文件明确Y公司为参与更新市场主体等来看足以说明Y公司有履约能力。

2.项目范围内其他权利人与第三方签约，是否构成B公司行使不安抗辩权的条件

【B公司主张】Y公司仅与项目范围内部分权利主体签署拆迁补偿安置协议和土地

清理及物业拆迁协议，项目范围内尚有8600平方米土地之权利人已与第三方签署合作协议。根据《深圳市城市更新办法实施细则》以及《龙岗区城市更新拆除重建类项目改造实施主体确认工作程序（试行）》的规定，项目拆除范围内存在多个权利主体的，只有当所有权利主体将房地产的相关权益转移到同一主体，形成单一主体后方可申请实施主体确认。据此，只要前述合作协议不被认定为无效或解除，Y公司就不可能再与该权利人签署合作协议。Y公司已实际上不可能获得项目实施主体资格。

【Y公司主张】该第三方为B公司的控股股东，之所以Y公司无法与项目范围内全部权利人签约，完全是因为B公司的控股股东人为制造法律障碍，擅自与其他权利人签署合作协议。该合作协议既是以控股股东签约的合法形式掩盖B公司毁约目的的无效合同，也是恶意串通损害国家利益和第三人即Y公司利益的无效合同，还是严重损害社会公共利益的无效合同。而Y公司与其他权利人签署拆迁协议没有任何法律障碍。就法律上而言，B公司一方面通过其控股股东与其他权利人签署合作协议，另一方面又以此为由主张不安抗辩权，该行为背离原《中华人民共和国合同法》（以下简称原《合同法》）关于不安抗辩权①的立法目的，且严重违反诚实信用原则。就时间上而言，项目范围内其他权利人与B公司控股股东签署合作协议在2011年12月7日，而B公司召开临时股东大会，作出撤销某物业拆迁补偿安置协议的决议早在2011年9月25日，B公司根本不享有不安抗辩权。就履约能力而言，Y公司已与项目范围内其他权利人签署协议，Y公司有能力履约。

（二）拆迁补偿安置协议能否继续履行

【B公司主张】协议在法律上和事实上均无法履行。首先，讼争物业已被深圳市福田区人民法院查封，无法移交履行；其次，因项目范围内部分权利人已与第三方签署合作协议，约定将项目范围内8600平方米的建设用地提供给该第三方进行改造开发，由于Y公司不能依据城市更新规定及相关政策与项目范围内全部权利主体签署搬迁补偿安置协议从而成为单一主体，因此Y公司已不可能成为项目实施主体，B公司与其签署的拆迁补偿安置协议已无法履行；最后，自Y公司被确定为项目改造单位至今，Y公司既未取得拆迁许可证，也未与片区范围内全部业主签署协议，项目发展严重滞后，至今举步维艰。与Y公司长期无心、无力履行拆迁补偿安置协议状况相比，第三方具有多个大型房地产

---

① 原《合同法》第68条："应当先履行债务的当事人，有确切证据证明对方有下列情形之一的，可以中止履行：（一）经营状况严重恶化；（二）转移财产、抽逃资金，以逃避债务；（三）丧失商业信誉；（四）有丧失或者可能丧失履行债务能力的其他情形。当事人没有确切证据中止履行的，应当承担违约责任。"现为《中华人民共和国民法典》第527条。

项目的改造经验。只要解除与Y公司的协议，该第三方就可着手项目的全面开发。如果任由现在局面僵持发展，则Y公司不仅陷入与B公司的诉讼中，还要面对与该部分权利人和第三方进行谈判，项目进展遥遥无期。

【Y公司主张】答辩观点同争议焦点（一）中【Y公司主张】。

四、裁判要旨

（一）B公司主张不安抗辩权不成立

1.B公司在无证据显示Y公司丧失履约能力的情况下，以自己行为表明不履行协议

根据某物业拆迁补偿安置协议，B公司应将讼争物业的房地产和附属设施于2012年10月31日移交给Y公司开发。但在移交之前即2011年9月25日，B公司召开股东大会，决定撤销与Y公司签署的某物业拆迁补偿安置协议，并登报公示。上述行为即表明B公司在合同履行期间即以自己的实际行为表示不愿意继续履行合同。而此时，《深圳市城市更新办法实施细则》尚未出台，不能以项目范围内有其他权利人与第三方签约从而Y公司不能成为实施主体为由认定Y公司丧失或可能丧失履约能力，本案中B公司亦无其他证据证明Y公司丧失了履约能力。

2.与B公司有密切联系且为B公司控股股东的第三方，与项目范围内其他权利人签约，B公司以此为由行使不安抗辩权，有设置合同履行障碍之嫌

某物业拆迁补偿安置协议虽没有明确限制B公司在交付土地之前的行事方式，但作为合同缔约方，其履约方式应该有利于合同目的的实现。B公司与第三方有密切联系，两公司的法定代表人相同，且第三方系B公司的控股股东。该第三方与项目范围内其他权利人签约，将与涉案土地位于同一规划项目范围内约8600平方米土地交由该第三方开发，该事实导致B公司与Y公司之间履行某物业拆迁补偿安置协议发生争议。B公司以该事实为由主张不安抗辩权，有设置合同履行障碍之嫌。

因此，B公司行使不安抗辩权不符合法律规定，无权单方解除合同，亦无权请求Y公司赔偿违约保证金。

（二）某物业拆迁补偿安置协议事实上已不具备继续履行的条件，应终止履行

1.依据《深圳市城市更新办法》及其实施细则等规定，需项目范围内所有权利主体将房地产权益转移到单一主体后才可申请实施主体确认

对于本案所涉拆迁补偿安置协议的履行，《城市房屋拆迁管理条例》已废止，应适用

《深圳市城市更新办法》及《深圳市城市更新办法实施细则》。对此，L区城市更新办公室在深龙城改函（2012）74号文中明确确认，双方当事人亦无争议。

根据《深圳市城市更新办法实施细则》第46条第1款的规定，城市更新单元内项目拆除范围内存在多个权利主体的，只有当所有权利主体通过以房地产作价入股成立或加入公司、签订搬迁补偿安置协议、房地产收购等方式，将房地产的相关权益转移到同一主体，形成单一主体后，才可由该单一主体向区城市更新职能部门申请进行实施主体确认。此外，《龙岗区城市更新拆除重建类项目改造实施主体确认工作程序（试行）》第4条也明确规定，“项目城市更新单元规划已批准、申请确认范围内物业收购补偿安置协议已全部签订、房屋和其他地上附着物已清拆完毕后，权利人可按照本程序申请改造实施主体确认”。

2.项目范围内部分土地的权利人已在另案中明确表示，无论其与第三方所签协议是否有效、解除，其均拒绝与Y公司签署改造协议，因而Y公司今后不可能获得改造资格

2011年12月7日，项目范围内部分土地的权利人与第三方签订合作协议，将其拥有的位于项目规划范围内约8600平方米建设用地提供给后者进行改造开发。在本案诉讼期间，Y公司已另行向L区人民法院起诉该权利人和第三方，诉请法院确认上述所签合作协议无效。该权利人在提交的民事答辩状中，已明确表明无论法院确认合作协议有效或无效，其今后均拒绝与Y公司签约。

根据《深圳市城市更新办法》及《深圳市城市更新办法实施细则》的规定，由于同一规划项目范围内约8600平方米房地产的业主已明确表示无论其与第三方的合作协议有效与否，今后均拒绝与Y公司签约，Y公司未能成为涉案城市更新单元的单一权利主体，按深圳市有关规定，Y公司今后已不可能获得涉案项目的改造资格，B公司与Y公司之间的某物业拆迁补偿安置协议事实上已不具备继续履行的条件。

3.Y公司无证据证明L区政府再次确认其对涉案项目的更新实施资格

Y公司援引L区委办公室印发的会议纪要及其附表内容，主张“L区政府已再次确认Y公司的更新主体资格”。但该会议纪要没有显示政府确认Y公司为涉案项目的更新实施主体，反而显示涉案项目仍未经政府确认为实施主体。

因此，B公司与Y公司之间的某物业拆迁补偿安置协议事实上已不具备继续履行的条件，结合B公司的诉讼请求，法院判决终止履行某物业拆迁补偿安置协议。

五、借鉴意义

（一）对项目范围内权利人的关联方开展基础尽调，防范权利人通过其关联方介入项目，阻断开发商实施主体确认进程

依据《深圳市城市更新办法》及其实施细则等规定，开发商如需通过签署搬迁补偿安置协议的方式获得项目实施主体资格，即须与项目范围内所有权利人达成协议。因此，在正常情况下，开发商如无法与全部权利人签约，已签署协议的权利人可依据原《合同法》第68条规定，以开发商丧失或可能丧失履约能力为由行使不安抗辩权，一方面解除协议，另一方面可免予承担违约责任。①

就本案整体而言，看似属于开发商丧失或可能丧失履约能力，由原权利人行使不安抗辩权解除协议，但究其实质，系属于原权利人“违约”的情形。本案中，Y公司之所以无法与全部权利人签约，处于被动之局面，系由于B公司的控股股东与其他权利人签约，使Y公司不再可能与全部权利人达成协议。B公司与其控股股东之间的关联关系以及B公司召开股东大会决议撤销其与Y公司已签之协议，表明B公司有设置合同履行障碍之嫌，基于合同诚实信用之原则，法院不予支持B公司行使不安抗辩权。

鉴于此，就开发商角度而言，在签约之前，应当对拟签约权利人的关联方开展基础尽调，如其关联方为项目范围内的权利人，可要求一并签署搬迁补偿协议；如关联方为房地产开发企业，应重点予以关注，防止该关联方中途以市场主体身份参与项目中，从而阻断开发商实施主体确认。

（二）根据关联方情况设计合同条款，并由关联方出具相关承诺函

存在关联方（重点关注关联方为房地产开发企业）的，建议在合同中约定：权利人承诺并保证，其不会通过自身或其关联方或相关方或任何第三方参与本项目中，以阻断开发商进行项目改造，包括但不限于由其关联方或其与第三方串通与项目范围内其他权利人签约等情形，同时约定该种情况下的违约责任条款。在设置违约责任或损失赔偿标准时，尽可能明确较高金额的违约金，同时将可能产生损失的类别明确列入损失赔偿范围中。另外，同时可要求关联方出具不参与项目改造的承诺函。

（三）将第三方原因导致开发商无法成为项目实施主体或无法继续开展项目作为开发商免责条款，防范“连锁”违约事件发生

本案中，虽然法院不予支持原权利人行使不安抗辩权，不支持合同单方解除，但最

① 现为《民法典》第527条：“应当先履行债务的当事人，有确切证据证明对方有下列情形之一的，可以中止履行：（一）经营状况严重恶化；（二）转移财产、抽逃资金，以逃避债务；（三）丧失商业信誉；（四）有丧失或者可能丧失履行债务能力的其他情形。当事人没有确切证据中止履行的，应当承担违约责任。”

终法院判决拆迁补偿安置协议终止履行。一份协议终止履行即表明开发商无法成为项目实施主体，将导致其他已签署搬迁协议无法履行，该种连锁反应将给开发商带来极大的损失。鉴于此，建议在搬迁补偿安置协议中约定，第三方原因导致开发商无法成为项目实施主体或无法继续开展项目的，开发商免于承担违约责任。

案例2：W公司与H公司合作开发房地产合同纠纷案

一、案例要素

当事人	申请人（反请求被申请人）	W公司
	第一被申请人（反请求第一申请人）	H公司
	第二被申请人（反请求第二申请人）	
所在项目	光明新区某工业区旧改项目	
争议类型	原权利人违约纠纷	
案由	合作开发房地产合同纠纷	
核心法律问题	合同约定明显对一方不利不等于显失公平	
	请求调整违约金，应由主张不适用违约金约定的一方对实际损失的发生及其数额承担举证责任	
	多项违约共存的情形下，能否叠加计算违约金	

二、基本案情

2015年8月21日，W公司与H公司就开展光明新区某街道G工业区旧改项目签署了旧改合同，约定：（1）双方就实现G工业区旧改项目进行合作，该旧改项目有四个地块（H公司为土地方），合计建设用地面积近10万平方米，改造后的物业成为由住宅、商业、办公、商业公寓、保障房和公共配套组成的复合功能区。（2）双方共同出资设立项目公司（M公司）作为旧改项目的实施主体，完成项目开发建设，通过项目公司为旧改项目提供资金。（3）H公司、W公司各自于约定时点完成相关工作，其中，H公司主要负责交付净地，以M公司名义取得实施主体资格，签署土地出让合同的工作；W公司主要负责提供股东借款6亿元，转让其全资子公司M公司持有的15%股权给H公司指定的第三方的工作。（4）H公司若有延迟履行的行为出现，其应向W公司支付按照W公司已支付款项金额年利率36%

的违约金，若延迟时间超过3个月以上的，除H公司应向W公司支付按照W公司已支付款项金额年利率36%的违约金外，W公司有权单方解除协议。

合同签署后，W公司按期提供了6亿元借款并转让了其全资子公司M公司所持有的15%股权给H公司，M公司与H公司签署了搬迁协议。但H公司未能于2015年9月30日前向M公司交付净地，未于2015年10月31日前协助 M公司被确认为实施主体，亦未能按约定取得旧改项目一期地价缴交通知书并签订土地使用权出让合同。

2016年4月14日，W公司遂委托律师向H公司发送律师函。2016年8月15日，H公司向W公司发送关于撤销合同的通知。2016年11月10日，H公司又向W公司发出解除合同通知。2016年8月，W公司向仲裁机构提起仲裁请求。2016年11月，H公司提出仲裁反请求。

三、争议焦点

（一）H公司是否违约

1.H公司是否迟延交付净地

【H公司主张】H公司自2015年7月即已着手旧改项目用地范围内的租赁单位清退工作，截至2015年12月，除了个别企业占据的个别厂房、污水处理设施和铁皮房，其已将项目范围内的其他建筑及地上物全部拆除。少数租赁单位违法违规，不配合被申请人拆迁，导致被申请人未能在2015年9月底完成净地移交。

【W公司主张】H公司未依约完成净地移交，直至仲裁开庭之日，项目仍未能交付净地，且H公司采取停水、停电、封门、堵路等野蛮手段进行拆迁，导致矛盾激化、引发信访，进而阻碍了净地移交，H公司无任何免责理由，已经构成违约，应承担违约责任。

2.H公司是否迟延确认实施主体

【H公司主张】H公司未能按期取得改造实施主体确认书有若干原因：（1）合同约定W公司应当于2015年9月30日前将所持M 公司股权转让到H公司指定的第三人名下，W公司直至2015年11月2日才办理完成工商变更登记手续，因此，H公司无法在2015年10月31日前完成实施主体的确认。（2）实施主体确认的前提是项目规划方案已经批准确定，W公司两次单方提出要求修改项目规划，导致H公司利益受损，影响项目进展。（3）合同冲突，导致实施主体无法确认。首先，旧改合同规定，W公司通过M公司享有保障性住房及公共配套部分85%的权益，但却不承担相应的合作权益款，该约定存在矛盾。其次，搬迁协议的规定与旧改合同的规定不一致，按照搬迁协议，14万平方米商业物业应由M公司投资开发建成后以毛坯房的标准交付给H公司，H公司不承担开发建设成本；

而依据旧改合同，则由H公司负责投入，M公司代建。有关部门在审查旧改合同与搬迁协议后，会认为有关约定不一致而拒绝就搬迁协议予以备案，从而导致被申请人无法取得实施主体确认书。

【W公司主张】首先，未核发实施主体确认书的原因是项目范围内存在未解决的租户信访问题和申请材料欠缺问题。其次，项目规划修改发生在约定的确认实施主体期限之后，且项目规划修改是H公司同意的，还是以H公司名义向主管部门申请的。最后，不存在合同冲突。

3.H公司是否迟延取得旧改项目一期地价缴交通知书并签订土地使用权出让合同

【H公司主张】根据旧改项目的批准流程，只有先确定实施主体后，才能取得一期地价缴交通知书和签订土地使用权出让合同，而未确定实施主体原因在W公司，H公司应当免责。

【W公司主张】被申请人未能履行该约定的义务，已经构成违约，其免责主张无依据，应承担违约责任。

（二）合同的效力

【H公司主张】旧改合同、搬迁协议显失公平，明显对本公司不利：（1）合作价款过低；（2）搬迁移交至今无法实现，不可预期；（3）要求H公司提供合作权益款可冲抵开发成本等额票据的约定不合理；（4）违约责任重复计算，违约金过高。H公司依据原《合同法》第54条[①]主张予以撤销。

合同约定的主要条件相互矛盾，且缔约后发生重大情势变更（房地产市场发生重大变化），导致项目所需补缴地价远超签订旧改合同时双方预计的金额，继续履行会严重损害H公司利益，无法实现H公司合同目的，导致合同无法履行。因此，H公司通过发函明确解除旧改合同。

【W公司主张】协议是双方真实意思表示，合法有效，应按照合同履行。

（三）H公司是否需因三项迟延履行事项支付高额违约金

【H公司主张】违约金过高，W公司的主张系重叠计算违约金。

【W公司主张】（1）合同对于H公司完成事项的时间均有明确约定，每一事项有着独立、不可替代的意义，任何一事项发生违约，均会对W公司产生独立的、分别的损失。

① 即《民法典》第151条："一方利用对方处于危困状态、缺乏判断能力等情形，致使民事法律行为成立时显失公平的，受损害方有权请求人民法院或者仲裁机构予以撤销。"

（2）违约责任并未超过H公司的预期，且违约金远远低于W公司实际损失，考虑深圳房价在2015年、2016年快速翻倍的背景，根据会计师事务所的报告，截至仲裁受理之日，W公司预期动态收益损失达到7.2亿元。同时，最高人民法院的相关判例亦认为关于违约金的认定应充分尊重当事人的约定，不得以违约方简单抗辩违约金过高即作调整。

四、裁判要旨

（一）H公司的三项迟延履行构成违约

1.H公司构成迟延交付净地

所谓“净地”通常理解为那些完成征地拆迁、无权属纠纷的土地。在中国内地拆迁难，拆迁会遇到种种阻力，是常见的事。H公司对旧改项目的拆迁和净地移交承担了一项确定的、明白无误的义务，合同中没有约定其可享有任何免责理由。

原《合同法》第8条规定：“依法成立的合同，对当事人具有法律约束力。当事人应当按照约定履行自己的义务，不得擅自变更或者解除合同。依法成立的合同，受法律保护。”①第121条规定：“当事人一方因第三人的原因造成违约的，应当向对方承担违约责任。当事人一方和第三人之间的纠纷，依照法律规定或者按照约定解决。”②所谓“按照约定履行义务”，指的是当事人应当严格按照合同约定履行其承诺的义务。针对项目用地范围内的个别租赁单位不配合拆迁、不接受拆迁方案，从而导致H公司未能按时完成拆迁并交付净地的情形，仲裁庭未见本案所适用的法律中对此有任何免责的规定，H公司也无权以第三人的原因主张免于履行义务。因此，H公司的此项免责主张，无论在合同上还是法律上均缺乏依据。

2.H公司构成迟延确认实施主体

（1）H公司认为M公司的股权转让工商变更登记迟延构成其迟延确认实施主体的理由不成立

首先，2015年9月22日，W公司通过与H公司指定的T公司签署股权转让协议书，该协议书自双方签字时生效。这也符合原《合同法》第32条的规定：合同自双方当事人签字盖章时成立。③其次，股权转让协议书规定：T公司应于协议书生效日期起三个月内向W

① 即《民法典》第465条：“依法成立的合同，受法律保护。依法成立的合同，仅对当事人具有法律约束力，但是法律另有规定的除外。”

② 即《民法典》第593条：“当事人一方因第三人的原因造成违约的，应当依法向对方承担违约责任。当事人一方和第三人之间的纠纷，依照法律规定或者按照约定处理。”

③ 即《民法典》第490条第1款：“当事人采用合同书形式订立合同的，自当事人均签名、盖章或者按指印时合同成立。在签名、盖章或者按指印之前，当事人一方已经履行主要义务，对方接受时，该合同成立。”

公司一次性地支付股权转让款，在T公司未支付股权转让款前W公司有权暂不配合办理股权工商变更登记。再次，根据H公司片区城市更新项目实施主体确认需补充完善材料清单，政府主管部门并没有提出有关M公司股权的任何问题。最后，根据G区2015年城市更新领导小组会议纪要，明确政府部门不同意核发实施主体的原因系租户的信访维稳问题。

（2）H公司称W公司提出修改项目规划构成其迟延确认实施主体的理由不成立

首先，H公司违约在先，W公司修改规划在后。其次，H公司称只有在项目规划确定后才能确认实施主体，但未提供证据证明。再次，未能在约定时间取得实施主体确认书的真正原因，一是H公司未能适当完成拆迁工作，导致出现了政府担忧的信访和维稳问题；二是申报材料欠缺。最后，虽然修改项目规划的建议是由W公司首先提出的，但H公司如果认为这种修改不适当、有损其利益，是完全有权拒绝的。在本案中，H公司没有拒绝，相反配合提出了修改项目规划的申请。H公司事后否认的行为有违诚信原则。

（3）H公司称合同冲突构成其迟延确认实施主体的理由不成立

一个合同的不同条款之间存在矛盾，或者一个项目的若干合同文件的规定之间存在冲突的现象，在现实中并不罕见。只要合同约定由当事人自愿协商约定，不违反法律、行政法规的强制性规定，合同就是有效的。至于合同条款之间存在矛盾的问题，当事人可以通过补充约定解决，法律上也有处理规则，比如关于合同的解释规则。

（二）关于合同效力

1.合同不存在可撤销情形

合同的撤销是合同当事人的一项权利，但合同的撤销应向法院或依约定向仲裁机构提出，而不是向对方当事人提出。

H公司并未在规定的期限内向仲裁机构申请撤销上述合同，故本案合同并不因H公司向W公司提出撤销而失去效力。

合同的约定对一方不利并不等于显失公平，合作价款等问题属于双方可以协商议定的合同条款范畴，商业合同的内容只要不违反法律、行政法规的强制性规定，始终属于商人们意思自治的领域，适用契约自由与信守约定的原则。法律维护当事人自由约定的权利，但不保护错误的商业决策。譬如，证券交易中股票的买卖双方总会有人赚钱有人亏损。法律是要求那些在正常交易中遭受损失的人自己承担亏损的后果。

本案双方均为有经验的大公司，H公司是上市公司，有完整的公司治理结构，其曾将旧改合同和搬迁协议的主要条款交付董事会（包括独立董事的意见）和股东会讨论批准，并且公告，应为自己的商业决策承担后果。

2.仲裁机构对合同是否解除不发表意见

由于双方当事人均未就旧改合同是否因H公司的致函而解除提出任何仲裁本请求或反请求，因此，关于旧改合同是否已经被有效解除以及双方当事人因此产生的权利义务等相关问题，仲裁庭不发表意见。

（三）关于违约金

1.关于违约金计算标准

首先，“造成的损失”指守约方遭受的实际损失，该实际损失指的是在相关合同得到正常履行的情况下，守约方将遭受的经济或财务损失。其次，只有在证明违约金低于或过分高于实际损失的情况下，仲裁庭才应根据当事人的请求增加或减少违约金数额。最后，由于违约金是当事人在缔约时对违约可能造成的实际损失的预先估计，所以，应由主张不适用违约金约定的一方对实际损失的发生及其数额承担举证责任。换言之，主张约定的违约金低于实际损失、请求增加赔偿数额的，由守约方承担举证责任；认为约定的违约金过分高于实际损失、请求减少赔偿数额的，由违约方承担举证责任。

依据上述理解，除非H公司证明合同约定的违约金过分高于W公司的实际损失，否则仲裁庭应按照双方当事人的约定判定H公司承担赔偿责任。

H公司以W公司的母公司的财务数据为依据，无论这些数据的准确性如何，均难以证明W公司在遇到旧改合同违约时所遭受的实际损失，因为两者相距过于遥远，缺乏必要的关联性。鉴于此，仲裁庭结论是，H公司未能完成对W公司的实际损失的举证责任。

仲裁庭注意到H公司指出的《最高人民法院关于适用〈中华人民共和国合同法〉若干问题的解释（二）》第29条的规定，即关于约定的违约金超过造成损失30%的，可视为过分高于造成的损失的司法解释。仲裁庭认为该条文中的“百分之三十”与旧改合同中计算违约金的数字36%两者之间没有直接的可比性。因为在本案中，H公司未能证明W公司的实际损失，所以也无从谈及高于实际损失多少的问题。

2.违约金的计算期限

不予支持W公司请求违约金计至H公司按约完成项目用地移交之日止的要求。根据旧改合同第7条第4款的规定，H公司迟延履行合同应向W公司支付违约金，迟延超过三个月以上的，H公司仍有义务持续地支付违约金，直至完成规定的工作事项为止，除非出现其他的约定原因或法定原因终止其继续支付违约金的义务。2016年11月10日，H公司向W公司发出解除旧改合同的通知，该解除通知于次日送达W公司，后者签收了该解除通知。又因为双方当事人在本案中均未就认定解除旧改合同通知效力的问题提出仲裁本请求或反请求，因此，关于上述解除通知是否在2016年11月11日之后产生终止H公司继续支付违约金的义务的效力，W公司是否仍然有权请求H公司“完成项目用地移交”，继续支付违约金直至“H公司按约完成项目用地移交之日止”等相关问题，仲裁庭不再作出判断，也不发表意见。

3.违约金不重复计算

H公司对旧改合同第7条第4款的解释更符合双方当事人的共同意思，倘若双方的一致意思是对每一项违约行为单独并重叠地计算违约金的话，该条款应当以更加明确的文字表达该意思，而不是使用现在这样的表述。

仲裁庭对第7条第4款含义的理解是：只要发生第3条规定的未能按时完成第3条所约定的工作事项，无论一项工作事项没有按时完成还是多项工作事项没有按时完成，H公司均应按照W公司已经支付的款项金额按36%的年利率向W公司支付约定的违约金，但不因发生多项违约而重叠计算，直到违约被纠正时为止。如果延迟时间超过3个月，W公司除了有权获得违约金外，还有权单方解除合同。

五、借鉴意义

（一）对项目范围内建/构筑（附属）物的权属情况和租赁情况进行摸底排查

裁决明确了在没有特殊约定的情况下因第三方的原因导致一方当事人没有全面履行或如期履行合同义务的，不能免除该当事人的违约责任。旧改项目中，作为土地方的一项重要合同义务是完成地上建（构）筑物的拆迁，向投资方交付净地；但正如仲裁裁决所述，中国内地普遍存在拆迁难的问题，根据合同相对性，因个别租赁单位拒绝腾退物业而无法依约交付净地，提供土地方仍应当向相对方承担违约责任。因此，在达成合作前，投资方应当对项目范围内建/构筑（附属）物的权属情况和租赁情况进行摸底排查，充分估计工作量及工作难度。此外，还应重点关注合同各方的免责事由，特别注意约定因第三人原因导致违约的免责。

（二）设计“拉链式”履约条款

本案中，H公司的被动之处在于旧改合同的约定对其明显不利，而这种不利又被仲裁庭认定为是双方的真实意思表示。因此，在合同签署阶段应当充分谈判，在明确双方的权利、义务的同时，还应当约定清楚义务履行的先后顺序、时间节点，设置“拉链式”履约条款，即将合同义务细分，且约定当事人双方履行义务均基于对方的履约。

（三）明确约定违约金的数额及计算标准

一方面，尽管H公司认为违约金过高，但是仲裁机构仍认为违约金是合同当事人对违约可能造成实际损失的预先估计，且双方在合同中明确约定了违约金计算基数和标准，除非H公司能够举证W公司的实际损失低于约定的违约金，否则，关于违约金的约定应当全面履行。因此，从投资方的角度看，在设置合同条款过程中，应当对土地方可能发生的违约及违约所造成的损失进行预判，并考量可预期收益，合理设定违约金，结合违约金（过高或过低）举证责任分配的原则，可设定相对较高的违约金条款。另一方面，本案并没有全然否定重复计算违约金，只不过仲裁机构认为当事人的约定不明，而申请人应当承担约定不明的不利后果。因此，尽量明确约定合适的违约金，能为守约方争取最大利益。

（四）注重留存合同履行过程中所产生的各类文件资料，为后续争议解决程序提供保障

本案中，H公司主张W公司逾期转让股权和修规的行为导致其未能依约按期被确认为实施主体，而W公司则提交了G区城市更新领导小组会议纪要，该项证据直接证明了H公司无法取得实施主体确认的真正原因，并获得了裁判机构的认可。

（五）争议发生后，正确选择诉讼仲裁策略

本案中，H公司在对待旧改合同的效力问题上存在反复，先认为是可撤销合同，后又认为应当解除合同，但其均未在争议解决阶段对合同效力提出相应的主张。另外，W公司在处理H公司解除合同的环节也存在一定的疏忽和瑕疵，因其签收了H公司送达的解除合同通知，最终导致裁判机构仅支持将违约金计算至其签收解除合同通知之日，与其预期存在出入。

案例3：J公司与K公司合同纠纷案

一、案例要素

当事人	原告	J公司
	被告	K公司
所在项目	龙华区观澜K片区城市更新项目	
争议类型	城市更新项目中土地方违约	
案由	合同纠纷	
核心法律问题	涉及原农村集体经济组织非农建设用地和征地返还用地土地使用权等项目合作开发/城市更新合同效力认定	
	城市更新项目合作中，土地方违约时，能否要求违约方继续履行合同	

二、基本案情

2015年12月11日，K股份合作公司（以下称K公司）召开“三会”，就原属K公司集体土地，位于龙华新区观澜K区约60万平方米屋村范围内（以下称涉案地块）城市更新合作开发事宜进行审议和表决，经一致同意并决议，在三家公司竞争谈判中最终确定与J公司或J公司指定的第三方公司（或项目公司）进行合作开发，并同意在限期内召开股东代表大会就上述事宜进行表决并签订意向协议。

2015年12月13日，K公司召开股东代表大会，就确定与J公司或J公司指定第三方公司（或项目公司）就上述涉案地块城市更新项目合作事宜进行审议，一致通过了K公司与J公司合作事项，并授权被告董事会与J公司签订合作意向协议。

2015年12月16日，K公司、J公司双方就合作开发观澜K片区城市更新项目事项达成一致，并签订了深圳观澜K片区城市更新项目合作意向协议书，主要约定：双方合作开发深圳观澜K片区城市更新项目，其中，K公司负责提供项目范围内用地及相关原有用地手续，就项目开发组织召开“三会”、股东代表大会（及股东大会），表决通过并授权与J公司为项目成立的项目公司签署合作协议书等，以及协助J公司推进项目等；K公司不得对协议标的进行任何加建、转让等，不得对协议标的与任何第三方签订任何合作协议，否则应由K公司负责解除与第三方的合作关系及支付解除与第三方合作关系的全部费用，本协议继续履行；J公司应于协议签订后5日内向K公司支付意向定金500万元；如因J公司原因致使项目在签订本协议后5年内无任何进展，K公司有权终止协议。

2015年12月4日、17日，J公司向K公司出具两张票面金额分别为100万元、400万元的支票。

2016年1月19日，K公司召开“三会”，就K公司持有的非农建设用地工商指标以3000元/平方米的补偿价格提供给J公司就合作开发事宜进行决议，并一致表决通过；同意召开股东代表大会进行表决并签订意向协议，授权董事会与J公司签订意向协议，同意召开股东代表大会对上述事宜进行表决并签订正式合作协议。

2016年1月25日，K公司召开股东代表大会，就K公司提供上述非农建设用地工商指标与J公司进行合作开发事宜的审议和表决，同意并通过上述决议，授权董事会与J公司签订合作意向协议。

2016年1月27日，J公司与K公司签订非农建设用地工商指标意向合作协议书，约定K公司提供非农建设用地指标与J公司进行合作，协议签订后 5 个工作日内，J公司向K公司支付2000万元预付款；K公司承诺在J公司支付完预付款之日起3个月内就指标合作事宜通过K公司的股东代表大会及（或）股东代表大会决议，双方签订正式的非农建设用地工商指标合作协议书并公证，如未能通过决议或未能签订正式协议，协议继续执行直至通过为止；K公司不得将协议涉及的非农建设用地工商指标以任何方式与第三方合作或转让给第三方，否则K公司应按协议补偿总款的10%向J公司支付违约金，本协议继续履行。该协议书的附件关于深圳市S股份合作公司城市化非农建设用地的批复载明同意将建设用地方案图（0000-50M-040X号）确定范围内的土地划定给深圳市S股份合作公司（以下简称S公司）作非农建设用地，用地类型为工商用地，自批复核发之日起S公司取得该地块的国有土地使用权；S公司在批复文件上加盖公章并确认“此件属实有效”“此批复的面积中的非农建设用地全部归K公司所有”。

2016年1月28日，J公司向K公司支付非农建设用地工商指标合作预付款 2000万元。

后由于K公司及其个别股东以各种理由不履行上述协议，公然与第三方就上述合作标的开展合作并收取了第三方的合作款。

2016年10月，J公司向深圳市宝安区人民法院提起诉讼；2017年1月22日，法院作出民事判决书。

三、争议焦点

（一）深圳观澜K片区城市更新项目合作意向协议书和非农建设用地工商指标意向合作协议书的效力问题

【J公司主张】两份合同是双方的真实意思表示，且不违反法律法规的禁止性规定，不存在《合同法》上的无效及可撤销情形，合法有效。

【K公司主张】未举证亦无提出抗辩，且无正当理由拒不出庭应诉。

（二）深圳观澜K片区城市更新项目合作意向协议书和非农建设用地工商指标意向合作协议书是否应该继续履行

【J公司主张】由于双方签署的协议合法有效，按照协议约定，J公司有权要求合同继续履行。J公司已经依约履行了合同义务，而K公司拒不履行义务并与第三方私下合作，构成严重违约，除继续履行协议外，还需承担违约责任。

【K公司主张】未举证亦无提出抗辩，且无正当理由拒不出庭应诉。

四、裁判要旨

（一）两份合作协议合法有效

依据合同法原理，合同发生法律效力应当满足三个要件：一是当事人具备相应的民事行为能力；二是当事人意思表示真实；三是不违反法律或社会公共利益。结合本案，K公司和J公司签订的深圳观澜K片区城市更新项目合作意向协议书系双方对K片区进行城市更新合作开发所达成的初步协议，约定了合同双方权利义务，符合合同的属性；合同双方均具备缔结合同的民事行为能力，该协议的签订已由K公司按照公司章程的规定经K公司董事会、监事会、集体资产委员会、股东代表大会等审议表决，该协议系双方的真实意思表示，合同内容亦未违反法律、行政法规的强制性规定，不违背社会公共利益，应当认定为合法有效。有关双方签订的非农建设用地工商指标意向合作协议书符合合同特征，被告的签约行为同样符合被告章程规定的表决程序由董事会、监事会、集体资产委员会、股东代表大会审议通过，该协议亦为合同双方的真实意思表示，不违反法律、行政法规的效力性强制性规定，亦应认定为有效。

（二）K公司应当继续履行两份合作协议

合同的效力是法律赋予依法成立的合同具有的拘束当事人乃至第三人的强制力，合同的拘束力主要表现为当事人负有履行合同的义务、当事人享有请求给付的权利、当事人不得随意变更解除合同、第三人不得侵害合同债权；等等。结合本案，双方签订的两份协议经法院认定有效，合同对双方当事人均具有法律约束力，双方均应按照合同约定全面履行各自的义务。有关深圳观澜K片区城市更新项目合作意向协议书的履行，J公司已经按照约定向K公司支付了意向定金500万元，J公司主张K公司部分村民收受第三方公司利益、K公司怠于推动合同履行，虽未能提供证据予以证实，但K公司亦未予反驳，且本案现有证据也未表明本案存在事实上或法律上不能履行的障碍，双方应继续遵循诚实信用的原则，围绕双方的订约目的，严格按照国家和深圳市有关城市更新所涉及法律法规的规定，为履行后续合同义务作出具体安排并按合同约定实际履行。有关非农建设用地工商指标意向合作协议书的履行，关于深圳市K股份合作公司城市化非农建设用地的批复虽显示S公司为非农建设工商用地使用权人，但S公司已经声明该用地的实际权利人为K公司，现有证据亦未表明该协议存在事实或法律上无法继续履行的情形，J公司已经按约支付K公司合作预付款2000万元，J公司主张K公司部分村民收受他人利益、K公司怠于履行合同义务，虽无证据佐证，但K公司亦未予反驳，且K公司未按照约定与J公司签订正式非农建设用地工商指标合作协议书已经构成违约，K公司、J公司应当按照协议约定及法律规定继续履行合同义务。

五、借鉴意义

本案的发生颇受关注，同时本案判决的执行也备受争议。而后的一些类似协议的争议中，尤其是关于城市更新项目合作意向协议书的效力以及可执行性问题，司法实践中存在不同的看法，在本案例集的其他案例中也有所体现。因此，尽可能的在此类合作中通过协议约定维护开发商的合法权益，以及避免出现程序瑕疵或违法违规操作的情形导致合作及合作协议无效，这些问题应该予以特别关注。

（一）避免因程序问题影响合同效力

本案中，K公司属于原农村集体经济组织的继受主体，在将集体建设用地使用权及非农建设用地指标用于与J公司合作开发前，K公司应当依照《深圳经济特区股份合作公司条例》以及所在地集体资产管理、城市更新相关的政策文件规定履行相应内部表决或审批程序，否则，将可能导致相应行为无效。因此，投资方在与土地方（股份合作公司）签署合作框架协议/合作协议前，应履行集体资产交易平台交易的程序，确保土地方已就合作相关事宜履行了股份合作公司董事会、监事会、集体资产管理委员会、股东/股东代表大会等内部表决程序，以及按照规定需要公证的已经办理公证手续，应当报相关政府机构审批的已经办理审批手续等；同时，建议将前述内部表决程序形成的书面材料、公证书以及政府批文的复印件列为合作框架协议/合作协议的附件，并要求土地方对材料真实性作出确认。

（二）设计“拉链式”履约条款和合理的违约责任条款

本案中，法院最终判决K公司继续履行合同，除基于合同合法有效之外，还在于该两份合同对于K公司、J公司的权利义务和履约顺序作出了较为明确的约定，在J公司依约履行己方合同义务后，且不存在根本履行障碍（如法律上或者事实上履行不能）的前提下，K公司应当依约履行义务。因此，在城市更新项目合作开发前，投资方和土地方应当充分谈判，在明确双方的权利、义务的同时，还应当约定清楚义务履行的先后顺序、时间节点，设置“拉链式”履约条款，即将合同义务细分，且约定当事人双方履行义务均基于对方的履约。同时，充分考虑合作方违约给开发商带来的损失，根据预估的损失确定较高金额的违约金，避免损失举证不能的风险。另外，建议约定违约方不得行使合同解除权，如需解除的，需承担高额的违约责任。

（三）正确行使诉讼权利

如遇争议且无法通过协商解决的，建议及时利用法律武器通过司法途径解决争议，并可视情况采取司法保全措施。本案中，J公司起诉K公司继续履行合作协议，诉讼程序启动后，K公司放弃举证、答辩，并拒绝参加庭审，法院在K公司未参加诉讼程序的前提下作出了缺席判决，K公司因此承担不利诉讼后果。因此，诉讼程序启动后，当事人各方不应随意放弃诉讼权利。

案例4：M公司与某村股份公司、居民小组合同纠纷案

一、案例要素

当事人	原告	M公司
	被告	某村股份公司、居民小组
所在项目	L村城市更新项目	
争议类型	原权利人违约纠纷	
案由	合同纠纷	
核心法律问题	未签署合作协议能否要求对方继续履行合作义务	

二、基本案情

2006年3月8日，市规划局出具《关于L村拆迁返还用地与J村局部捆绑改造规划的批复》，建议Y区政府将L村改造纳入2006年改造计划，L村改造项目即于2006年被纳入该市2006年度旧改计划，由M公司负责该改造项目。

2009年3月27日，考虑L村一期项目的实施进度，M公司向街道办和Y区政府部门提交关于将L村改造项目延续至2009年实施计划的请示。该方案得到相关部门的同意和确认。

2009年11月20日，某村股份公司提交2010年城市更新单元规划制定计划申报表，以合作改造的方式申报本项目。

2009年12月1日，《深圳市城市更新办法》施行。其中，第15条规定，有关企事业单位也可以提出城市更新单元规划的制订计划和已具备实施条件的拆除重建类、综合整治

类项目，在征求项目所在区政府意见后，向市规划国土主管部门申报纳入城市更新年度计划。

2009年12月23日，某村股份公司作出董事会决议，同意L村二期项目由某村股份公司牵头与M公司进行合作开发。但某村股份公司尚未就此与M公司订立书面合作协议及相关委托合同等文件。

2010年3月，L村二期项目正式纳入2010年首批城市更新项目并予以公告。

2011年5月，M公司委托S公司完成了L村改造专项规划的编制工作。

2013年11月18日，某村居民小组以内部股东会议的形式确认需要M公司合作的商务条件。

2013年12月18日，M公司根据某村股份公司申报的2010年城市更新单元规划制定计划申报表和某村居民小组提交的2013年11月18日会议纪要制定拆迁补偿方案。

因L村居民委员会发生换届选举，2013年12月21日，该村居民小组以召开居民小组会议的形式，通过对M公司及J公司提交的L村二期项目补偿方案进行评标，最终改而确定由J公司负责L村二期项目。

2014年1月2日，M公司向某村居民小组提交申请函件，请求立即纠正某村居民小组个别成员误导及严重损害村民利益的行为，违法确定L村二期项目合作开发商，严重损害M公司合法利益，要求立即停止侵害M公司利益。

2016年8月29日，某村股份公司召开股东大会，审议并通过J公司作为L村二期项目的计划申报主体和实施主体的事项。

2016年8月30日，某村股份公司与J公司就L村二期项目签订城市更新合作开发协议书，而后J公司按程序协助某村股份公司完成集体资产备案。

2017年，M公司向Y区法院提起诉讼，请求判令M公司在L村二期项目中的申报主体及开发主体资格，并判令某村股份公司、居民小组与M公司签订正式旧改合作开发协议。在诉讼过程中，M公司还要求某村股份公司、居民小组赔偿M公司的重大经济损失。

三、争议焦点

本案争议焦点为M公司是否享有L村二期城市更新项目的开发权限。

【某村股份公司、居民小组主张】M公司与村股份公司未就L村二期项目签署合作开发协议，并且该项目申报主体为某村股份公司，并非M公司。

【M公司主张】因项目申报发生在《深圳市城市更新办法》实施之前，因此申报主体为某村股份公司，而非作为开发商的M公司。但未签署书面的合作协议并不意味着M公司就不享有该项目的开发权限。某村股份公司董事会决议以及关于将L村二期项目延续至2009年实施计划的请示、关于Y区L村（二期）城市更新项目进展情况的说明等相关文件的内容均能佐证M公司作为某村股份公司的合作开发主体对L村二期项目享有开发权利。M公司作为L村二期项目的申报主体已经过政府备案，合作开发各方均确认了M公司的申报和开发主体地位，该项目应继续由M 公司完成合作开发。

四、裁判要旨

在本案诉讼过程中，法院表示M公司的诉讼请求难以得到法院支持，主要原因在于M公司并未与某村股份公司、居民小组就L村二期项目签订书面的合作开发协议，M公司提供的文件也不足以证明其具有该项目的开发权限。合同是基于民事主体之间合意达成，双方并未确定合作开发协议权利义务内容，法院亦不能强制缔约，M公司在诉讼中提出的关于村股份公司和居民小组赔偿其经济损失的主张由于没有合同依据，也没有证据证明该损失与本案的关联性，其主张也无法成立。

五、借鉴意义

本案中，关于L村二期项目，M公司并未与某村股份公司等权利主体正式签订项目合作开发协议，M公司意识到其主张难以得到法院的支持，最终选择主动撤诉。因此，开发商在推进城市更新项目进程时，应当重视及时与村股份公司等权利主体订立书面的项目合作开发协议，将各当事方之间就合作项目的权利义务以书面形式予以明确和固定，为己方在城市更新项目中的主体资格和开发权限提供规范的书面依据。开发商未及时与相关权利主体确立项目合作开发合同关系，使其在相关城市更新项目的主体资格和开发权利处于不确定状态，可能因相对方擅自更换项目合作开发商而遭受经济损失，且赔偿损失等诉求也因无事先约定而难以得到法律支持。需要说明的是，本案的发生在《深圳市城市更新办法》实施之前，现行的城市更新政策对于村集体土地、资产参与城市更新提出了更高的要求，即便签署了相应的协议，如未履行集体资产交易流程及审批程序，未经过“四会”决议，均存在无效的风险。

案例5：A公司与黄某、赵某确认合同无效纠纷案

一、案例要素

<table>
<tr><td rowspan="3">当事人</td><td>原告</td><td>A公司</td></tr>
<tr><td>被告一</td><td>黄某</td></tr>
<tr><td>被告二</td><td>赵某</td></tr>
<tr><td>所在项目</td><td colspan="2">福田区某街道N城市更新单元项目</td></tr>
<tr><td>争议类型</td><td colspan="2">原权利人违约纠纷</td></tr>
<tr><td>案由</td><td colspan="2">确认合同无效纠纷</td></tr>
<tr><td>核心法律问题</td><td colspan="2">房屋买卖合同中恶意串通的认定</td></tr>
</table>

二、基本案情

2015年6月11日，A公司与黄某及其配偶就涉案房产签订拆迁补偿安置协议、拆迁补偿安置补充协议书约定以回迁安置方式进行补偿安置，黄某及其配偶委托A公司作为城市更新单元计划申报主体进行申报。

2016年3月7日，A公司支付黄某搬迁费、3年过渡安置费；同日，完成交接房产证、房产钥匙，拆除水表、电表等事宜。2017年6月，黄某委托黄某某处理转让涉案房产事宜，先登报虚假声明房产证遗失，向深圳市不动产登记中心申请补办不动产权证后，将房产转让给赵某，签订了房屋买卖合同（网签），并办理了不动产变更登记。赵某以涉案房产给银行抵押办理按揭贷款。

随后，赵某向D公司出具承诺书，承诺认可黄某与D公司于2000年4月10日签订的合作开发协议效力，同意合作建房并交出涉案房产，作为新业主，承继合作开发协议的权利义务，继续履行该合同。

2018年4月8日，A公司向法院提请诉讼，请求确认黄某与赵某的房屋买卖合同无效。

三、争议焦点

（一）A公司主体是否适格

【A公司主张】2014年8月，A启动了涉案项目，并于2015年9月30日完成涉案项目更新范围内全体权利人100%意愿征集工作。2016年10月28日，深圳市规划和自然资源委员会发布《市规划国土委关于印发〈2016年深圳市城市更新单元计划第五批计划〉的公

告》，涉案项目已正式纳入2016年深圳市城市更新单元计划第五批计划。

【赵某主张】A公司未就涉案房产进行城市更新获得任何政府许可，而是违反规定，擅自组织意愿征集并擅自与业主签订拆迁补偿安置协议，意欲取得非法利益，因此其不具备适格的原告主体资格。

（二）黄某、赵某是否构成恶意串通

【A公司主张】

1.黄某、赵某签署的房屋买卖合同严重违反一般交易法则

黄某及其配偶签署拆补补偿安置协议、拆迁补偿安置补充协议书后，涉案房产的权益应由A公司承受。因此，黄某无权再处分涉案房产，其通过登报虚假声明房产证遗失的方式，另行出售涉案房产，严重损害了A公司的权益，影响项目的进程，存在明显的恶意。

2.赵某购买涉案房产的行为存在明显恶意

在签署草签合同之时，涉案房产实际不具有可交易性，赵某在未对涉案房产进行实地勘察的情况下购买房屋，未尽到深圳市二手房买卖合同约定的义务，严重违背一般的房屋买卖惯例；赵某在未查验不动产权证原件的情况下，便与黄某签署草签合同并支付购房款，严重不符合一般的房屋买卖惯例。

3.赵某明知黄某恶意行为，协助其补办房产证，恶意串通情节明显

黄某委托黄某某及赵某"到深圳市不动产登记中心办理房产产权继承（包括不动产权证书挂失、补证等）、签署相关文件并缴纳相关费用、领取新的不动产权证等事宜"。该约定说明赵某均清楚涉案房产的房产证已经"遗失"，串通情节明显。

4.赵某与黄某某关系密切，两人勾结D公司，损害A公司权益

【A公司主张】赵某与黄某某关系密切，通过设立C公司间接控制与D公司密切相关的E公司，在赵某获得涉案房产的不动产权证后，即向D公司出具承诺书，赵某与黄某某两人勾结D公司，损害A公司权益。另外，根据F公司自认"D公司为其下属公司"。

【赵某主张】仅凭赵某与黄某某合伙开公司，依法不能认定赵某与黄某存在恶意串通。

四、裁判要旨

（一）A公司主体适格

A公司启动涉案地块拆迁安置工作后，于2015年6月与黄某及其配偶签署了拆迁补

偿安置协议、拆迁补偿安置补充协议书、深圳市城市更新单元（旧居住区）计划申报委托书（试行），申请将涉案房产纳入城市更新单元进行拆除重建，并为城市更新单元规划制订计划唯一申报主体。

2016年10月，涉案项目正式列入《2016年深圳市城市更新单元计划第五批计划》。涉案城市更新项目已完成100%的签约并获得政府批准及公示，A公司与黄某及其配偶签署的拆迁补偿安置协议、拆迁补偿安置补充协议书均不违反法律法规的禁止性规定，合法有效。因此，A公司具备本案适格的原告主体资格。

（二）黄某与赵某恶意串通的问题

黄某及其配偶与A公司签署了拆迁补偿安置协议、拆迁补偿安置补充协议书后，已将涉案房产及房产证原件交付给A公司，并领取了搬迁费及3年过渡期安置费，依法应当正确、完全履行合同义务。但黄某在此情况下，仍然与赵某于2017年3月24日签订涉案房屋的买卖合同（草签），将已交付给A公司的涉案房产证登报声明作废，委托赵某、黄某某办理房产证挂失补证、过户手续，其行为违反了诚实信用原则，主观恶意明显。

赵某在涉案房产没有房产证原件的情况下，在签署二手房买卖合同的次日即全额支付购房款500万元，明显不符合正常的二手房交易习惯。作为黄某处理涉案房产事宜的受托人，赵某与黄某某此前就已共同出资设立了C公司，共同在B公司、E公司等多家公司担任高管。需要特别指出的是，E公司系由F公司和黎某某于2017年3月28日共同出资设立，F公司也曾于2000年4月与原权利人签署合作开发协议，也是D公司的股东，黎某某为D公司的总经理。

2015年12月，F公司作为D公司的股东向深圳市福田区城市更新和土地整备局提交了异议书，对深圳市福田区城市更新和土地整备局发布公示拟实施更新单元主体为A公司提出异议，恳请停止该项目更新单位范围内的权利主体改造意愿确认，未获支持。

2017年5月19日，黎某某、F公司将分别持有的E公司49%、50%股权转让给了B公司（赵某占股70%、案外人孙某占股30%），同时E公司法定代表人、董事长变更为黄某某，董事变更为黎某某（占股1%）、赵某。同月24日，B公司股东孙某变更至C公司（占股30%），黄某某为总经理、赵某为监事。

由此可见，赵某、黄某某不仅关系密切，而且通过对多家公司直接或间接持股、转股、共同担任高管等，与曾对涉案城市更新项目提出过异议的F公司和D公司有千丝万缕的联系。赵某主张，其持股的B公司受让黎某某、F公司持有的E公司股权的时间是在签订涉案二手房买卖合同之后的近两个月，二者之间没有联系。

对此法院认为，公司之间转让股权必然会先经过前期尽职调查、磋商、签订协议及履行，然后由登记机关作出股权变更登记，而且，赵某接受黄某委托办理涉案房产的过户、转移登记等手续，亦是在该股权转让之后，因此，赵某的该项主张明显不符合逻辑，亦与事实不符，本院不予采信。综上所述，赵某与黄某签署涉案深圳市二手房买卖合同的行为主观恶意明显，旨在阻碍城市更新项目的推进，结果上损害了A公司的合法权益，该合同依法应当认定为无效。

五、借鉴意义

（一）搬迁补偿安置协议中商务条款的设立应当合理及严谨

搬迁协议中涉及的相关货币补偿款尽可能地分阶段支付，这样产生纠纷时可以及时止损。房屋移交时，应具备完整的交接手续、签署交接文件，明确产权证原件及房屋的移交时间、房屋移交时候的状态（如用水、用电情况等）。同时，对于被搬迁方设定较为严格的违约责任，增加被搬迁方的恶意违约成本并明确需补偿因此给开发商产生的损失。

（二）被搬迁房屋移交应当固定移交时状态、项目发展状态

被搬迁房屋移交后，如开发商对整片区域及/或房屋所在楼层作出隔离处理后，应通过拍照、录像等手段固定项目开发进展。本案中，A公司通过提交供水、供电部门出具的断水、断电证据材料，及A公司管理层微信朋友圈发布的照片，用以证明涉案房屋在签署买卖合同之前已经不具备正常二手房的使用状态。

定时关注项目区域内被搬迁房屋的产权变更情况。本案通过登报补办新证虽为个案，但实际发生后确对项目进程产生重大影响。鉴于目前未有类似签署搬迁补偿安置协议后进行公示达到预告登记效力之政策，建议项目公司与不动产登记中心及时沟通，了解更新区域内的产权变更情况。

（三）预防此类纠纷，可在与原权利人签约时，采取变通的保证措施

更新实践中，一些开发商为避免已签约的业主变卦、转售房屋等情形出现，会采取一些变通措施，如将拟支付的房租补助、搬迁补偿安置补偿等费用转化为开发商对小业主的借款，再借道担保公司、持牌金融机构等将已签约的小业主的房产进行抵押登记，就是一种可行的保证措施，可有效抑制小业主再次转让房产。

第二章　资源方违约

案例6：X公司与S公司房屋拆迁安置补偿合同纠纷案

一、案例要素

当事人	原审原告、反诉被告、上诉人	X公司
	原审被告、反诉原告、被上诉人	S公司
所在项目	深圳市龙华区某城市更新项目	
争议类型	资源方违约纠纷	
案由	房屋拆迁安置补偿合同纠纷	
核心法律问题	《房屋拆迁补偿意向书》的法律定性	

二、基本案情

1993年8月9日，原宝安××镇××村××经济合作社作为甲方，与作为乙方的港资公司S公司签订了一份借款兴建厂房合同书，约定甲方向乙方借款，在位于宝安××镇××村××村民小组（土名）同谷地地段面积13，500平方米兴建厂房和生活配套设施，乙方愿意借款给甲方1，215，000元，在50年内抵销完毕后不再偿还。厂房租用期限从1992年8月1日起至2042年8月1日止为期50年，甲方将在1993年8月28日开始按每月每平方米0.6元作为租金。在租用厂房期限内，乙方对拥有的资产有权进行出租、转让，但事前须征得甲方同意，在不违背本合同的前提下办好合法手续；在厂房租用期限内出现如国家征收的情形，则土地补偿费归甲方集体所有，厂房、宿舍等地上物补偿费归乙方所有。合同期满后，不动产无偿归甲方所有，动产由乙方自行处理，如乙方需继续合作，在同等条件下可享有优先权，双方协议另行协商。

2015年7月16日，X公司作为甲方（拆迁人）与作为乙方（被拆迁人）的S公司签订了一份房屋拆迁补偿意向书，约定X公司拟对S公司拥有所有权且现正在使用的旧厂房进行拆迁改造（其中包括Y公司使用的厂房）。双方确认S公司房屋土地位于深圳市龙华

××街道××路，地块面积约24，000平方米，房屋现有用途为厂房、仓库、商铺，房屋现有建筑面积约25，000平方米（其中已办理房产证部分面积6980平方米，未办理房产证部分面积约18，000平方米）。双方协商同意以货币补偿的方式进行拆迁补偿，双方同意以138，000，000元的价格作为对S公司房屋的拆迁补偿金额。双方同意补偿金额分五期支付，第一期于意向书签订后10日内由X公司向S公司支付补偿总额的20%，即27，600，000元作为履约保证金；第二期在正式签订拆迁补偿协议后10日内支付补偿总额的10%，即13，800，000元；第三期在项目立项完成后10日内支付补偿总额的30%，即41，400，000元；第四期在X公司向S公司发出搬迁通知书的10日内支付补偿总额的30%，即41，400，000元；第五期在S公司完成搬迁并拆迁房屋交给X公司后10日内支付补偿总额的10%，即13，800，000元。S公司负责在本意向书签订后将房屋、土地相关的权属等资料原件交予X公司，如土地合同、红线图、产权证等，保证资料的完整性和真实性，并签附确权认定书；在签订拆迁补偿协议且X公司向S公司支付第二期拆迁补偿款后，S公司负责将房屋抵押解除。本协议书签订后，S公司不得就房屋、土地之转让、拆迁、抵押（已抵押银行部分除外）等事宜以任何方式与第三方进行接洽；S公司向X公司承诺并保证不在意向书标的物范围内兴建、改建或扩建建筑物，保持不动产现状；双方应恪守条约，S公司应积极配合X公司完成尽职调查，保证所提供土地、房屋相关权属等资料的完整性和真实性，X公司应在2个月内与S公司完成正式拆迁补偿协议的签订。

2015年7月23日，X公司向S公司支付了上述意向书约定的履约保证金27，600，000元。S公司向X公司出具了收据，载明收到上述履约保证金。

X公司聘请测绘公司和规划编制单位，着手准备城市更新立项申报。但在履行过程中，S公司另与其他开发商签订了拆迁补偿协议，委托其他开发商作为城市更新项目申报主体，并且项目已经取得政府批准列入城市更新单元计划。此外，S公司另行借款1亿元并用上述拆迁所涉房地产设置抵押。随后，S公司拒绝与X公司签订正式的搬迁补偿安置协议书。X公司无奈，遂将S公司诉至深圳市宝安区人民法院，主张S公司继续履行意向书并签订搬迁补偿安置协议，并且主张S公司支付赔偿金。该案后续历经了一审、二审及广东省高级人民法院指令深圳市中级人民法院再审，最终作出生效判决。

三、争议焦点

本案的争议焦点为房屋拆迁补偿意向书的法律定性问题。

【X公司主张】房屋拆迁补偿意向书是正式合同，为拆迁补偿安置合同，应继续履行。

【S公司主张】房屋拆迁补偿意向书不是正式合同，名为拆迁补偿，实为买卖，由于所涉交易房屋并未取得房地产证且所占用的土地为原农村集体土地，违反法律和行政法规的强制性规定，应属无效。

四、裁判要旨

深圳市宝安区人民法院审理认为，案涉房屋拆迁补偿意向书名为拆迁补偿，但实为被告将案涉土地和房屋一并出售给原告，符合买卖合同主要内容，房屋拆迁补偿意向书实为房地产买卖合同。该合同虽系双方的真实意思表示，但所涉交易之大部分房屋并未取得房地产证，且所占用的土地为原农村集体土地，违反了法律和行政法规的强制性规定，应属无效，双方都有责任。被告方应返还已收取的款项。

深圳市中级人民法院审理认为，案涉房屋拆迁补偿意向书的目的在于通过支付对价的方式，取得案涉房地产的所有权，案涉合同实质为房地产买卖合同。因合同项下约25，000平方米建筑物中，有约18，000平方米建筑物没有办理权属登记，在行政主管机关对案涉建筑物的合法性进行审查处理前，案涉房产的合法性尚处于不确定状态，当事人对案涉房屋是否享有合法权利亦处于不确定状态，故本案应当先由行政机关对案涉建筑物的合法性进行审查。待行政部门对建筑物合法性进行处理后，当事人可就案涉纠纷向人民法院提起民事诉讼，故裁定驳回起诉。

广东省高级人民法院审理认为，原告是因涉案地块拟列入深圳市拆除重建类城市更新单元规划范围，为了取得涉案地块的申报主体，根据《深圳市城市更新办法实施细则》而与被告签订涉案房屋拆迁补偿意向书。由此可见，涉案房屋拆迁补偿意向书是在深圳市城市更新（旧城改造）的背景下签订的一份意向书，并非普通的房地产买卖合同。本案诉讼标的实质为房屋拆迁补偿意向书是否合法有效，如合法有效，那么继续履行并签订正式的拆迁补偿合同的条件是否具备？且该案未涉及上述约18,000平方米建筑物合法性审查问题，故指令广东省深圳市中级人民法院再审本案。

深圳中级人民法院再审判决，房屋拆迁补偿意向书约定将来一定期限双方再签订正式拆迁补偿协议，属于预约合同，但双方通过该协议及将来可能签订的正式协议的履行，S公司一方意图获得拆迁补偿，而X公司意图取得拆迁市场主体资格，因此该协议本质上仍属于拆迁补偿安置合同，该协议为双方真实意思表示，未违反效力性强制性法律规定，一审法院认定该协议为房屋买卖合同性质并认定该协议为无效合同缺乏事实与法律依据。房屋拆迁补偿意向书属于预约合同，缺乏拆迁项目立项期限、房屋交付日期、搬迁过渡方式和过渡期限等主要条款，双方负有就正式拆迁补偿协议内容进一步磋商的义务，并无必须缔约的义务，至于能否达成正式拆迁补偿协议，应视当事人之后具体的协商结果而定。X公司诉请S公司继续履行合同并与其签订正式拆迁补偿协议缺乏法律依据，因此，S公司应返还已收取的款项并支付利息。

五、借鉴意义

鉴于上文所述基本案情及生效司法判决，本案的借鉴意义在于：

第一，在搬迁人资格与被搬迁人资格没有确定的情况下（更新计划没有立项），搬迁补偿安置协议是否能构成搬迁补偿的真实意思表示？对于一个尚未列入城市更新单元计划的项目，能否如广东省高级人民法院所述“是在深圳市城市更新（旧城改造）的背景下”审视搬迁补偿安置协议？司法实践中并未达成一致意见，多取决于法官的主观认知并自由裁量。

第二，因为存在开发周期长、环节多、项目/土地价值变动、商品房销售价格波动幅度大等诸多可变因素，合作开发房地产项目产生的争议逐年增加。比较常见的情形是：在土地逐年升值的大背景下，原业主为了获得更高的超额收益打算摆脱原有合作开发合同（如本案的被告S公司通过恶意违约获取利益）；开发商较早介入项目之筹备和基础开发工作，已经对项目推进有大量投入并且对项目成功后的收益充满期待，所以对项目开发利益即将落空极不甘心。此时，开发商往往发现“心怀叵测”的第三方在原业主的身后若隐若现，原来亲密合作的双方之间的争议不可避免。双方诉至法院以后，开发商通常会请求“继续履行”，原业主通常会请求“解除合同”。此类争议标的额大、案情复杂，在高级人民法院甚至是最高人民法院的上诉案件和再审案件中也有相当大的占比。

第三，注册一家经营范围包括“在合法取得使用权的土地上进行房地产开发”的公司很简单，若是交易协议文本中增加“鉴于”条款，说明本次交易为城市更新背景下的货币补偿协议。若此类协议不被认定为房地产买卖合同而认定有效，那么将为集体土地上的物业（小产权物业）交易打开了一个非正常通道，导致“小产权房可以买卖”，破坏了房地产交易秩序和冲击商品房价值体系。这可能是法院在作出判决时没有考虑到的负面效应。

综上所述，在本案中，对于一份搬迁补偿安置协议的法律定性，三级法院明显不同，说明了城市更新相关问题的法院判决具有不确定性。在城市更新实施主体确认之前，此类风险实质上均是存在的。鉴于此，建议开发商在进驻城市更新项目前，对项目情况现行进行审慎的法律尽职调查，包括评估合作方的领导成员的稳定性、合作方的实际情况、是否已经存在其他合作方的情形等；根据项目情况及公司的投资目的设置合适的交易架构及方式；以有效协议的方式明确合作双方的权利义务，明确违约责任条款，违约责任的制定标准应综合考虑公司的成本、预期利益及可能的损失成本等；投入与重要节点挂钩，设置合理的付款节点，尽可能地将支出合法公开化，留存公司为项目投入所支出的费用及成本等；实时止损，在出现违约情况时及时采取法律手段维护己方的合法权益。

案例7：Y公司与J公司房屋拆迁安置补偿合同纠纷案

一、案例要素

当事人	原告	Y公司
	被告	J公司
所在项目	某城市更新项目	
争议类型	原权利人违约纠纷	
案由	房屋拆迁安置补偿合同纠纷补偿	
核心法律问题	在协议双方对于协议履行期限未作约定的情况下，搬迁方长期未能实施协议约定的义务的，被搬迁人能否行使合同解除权	

二、基本案情

2011年12月，台资Y公司与大陆开发商J公司签订城市更新搬迁补偿协议书，约定：Y公司将其名下的厂房及相应土地交由J公司进行城市更新开发；J公司支付临时安置补助费和拆迁补助款等，并在项目完成后向Y公司交付回迁安置房，协议约定拆赔比例低于1∶0.5。J公司还计划在该区域跟其他多个原业主和农民房业主用同样方式进行合作开发，以便整合更大的地块面积进行统筹更新开发。

作为附加条件，在Y公司向J公司交付厂房的同时，J公司指定第三人与Y公司签订抵押借款协议，将土地抵押给第三人，担保标的是借款10万元（未实际出借）。在合作协议签订2年后，深圳市政府调整城市更新规划，Y公司的厂房不再能单独申请城市更新立项，必须跟附近农民房合并成一个更新单元共同申报。但是，直至J公司接收厂房及土地逾8年以后，仍未获得更新计划立项。J公司对于Y公司旁边区域其他多个原业主也未能签订合作协议或者补偿协议，整体开发计划也一直处于搁置状态。与此同时，该厂房周边相邻地块已与其他开发商进行合作并取得了实际进展。

Y公司要求解除合同并且要求J公司提出替代性补偿方案，双方多次磋商均未有结果。在此情况下，Y公司向有管辖权的人民法院提起诉讼。Y公司第一案起诉要求法院确认抵押权虚假和无效（J公司是案件第三人），以便解除抵押并伺机跟其他开发商展开合作。Y公司第二案起诉要求解除协议并返还房产（被告是J公司）。

目前，第一案在深圳市罗湖区人民法院开庭审理后因为第二案原因被“中止审理”。第二案在深圳市中级人民法院起诉后，因J公司提出管辖权异议，目前仍未进入实体审理。

三、借鉴意义

由于案件尚未进入实体审理，目前无法获悉司法机构将作出如何判决。而事实上，被搬迁人与搬迁方已经产生了纠纷，现有的情况已经为将来合作的开展造成了障碍。关于此类合同的效力如何、能否判决继续履行，本身司法实践也存在争议。对于开发商而言，在开展城市更新过程中，需要注意以下两个方面：

（一）把握战略机遇

本案中，开发商在更新片区内举棋不定，错过战略机遇期，相邻地块相继被其他开发商抢占，开发商继续按照原定计划开发的难度增大，更新项目进退两难，造成合作一直未有进展，原权利人提出解除合同。因此，在城市更新推进过程中，开发商应当把握好战略机遇期，以实现收益的最大化。

（二）严谨设计交易架构

在本案中，原业主对我国的城市更新相关行情和相关法规政策不熟悉，尤其对我国房地产、城市更新行业缺乏了解，所以签了“拆赔比例”很低的搬迁补偿安置协议，而且搬迁补偿安置协议内容对原业主存在诸多不利条款和不清晰内容，致使原业主追悔莫及。相对而言，开发商的做法则为市场通行做法，对交易架构的设计熟稔于心。

第一，为了限制原业主再与其他开发商合作，J公司的方案是虚设借款债权并用项目土地为这个债权设置抵押权，防止和牵制Y公司再去处置厂房土地。这是比较常规的做法，在我国司法实践中也允许“抵押权代持”；但是，在法律上仍有“因为虚假意思表示而无效”的风险。

第二，我国城市更新的“拆赔比例”比较常见的区间是1∶1至1∶1.3，台资企业Y公司是对大陆的城市更新相关行情和相关法规政策不熟悉，尤其对大陆房地产、城市更新行业缺乏了解，所以签了“拆赔比例”很低的协议，而且协议内容对Y公司一方存在诸多不利条款和不清晰内容。

第三，台商Y公司与开发商签订的搬迁补偿安置协议中，签约的开发商主体是一个注册资金1000万元的项目公司，开发商的总公司是大陆知名房地产开发集团，香港上市；在开发商逾期开发和逾期交房回迁户的情形下，开发商需要履行重金回购义务，但是项目公司没有实际承担违约责任和回购的能力，构成巨大风险，包括胜诉之后判决书能否强制执行面临不确定性。另外，台商Y公司在签订搬迁补偿安置协议时没有将开发商在香港上市的总公司列为连带担保人，开发商减小了自己的风险敞口。

案例8：F公司与Y某、S某股权转让合同纠纷案

一、案例要素

<table>
<tr><td rowspan="3">当事人</td><td>申请人</td><td>F公司</td></tr>
<tr><td>第一被申请人</td><td>Y某</td></tr>
<tr><td>第二被申请人</td><td>S某</td></tr>
<tr><td>所在项目</td><td colspan="2">龙华区FM城市更新项目及某统建楼项目</td></tr>
<tr><td>争议类型</td><td colspan="2">项目合作方违约</td></tr>
<tr><td>案由</td><td colspan="2">股权转让合同纠纷</td></tr>
<tr><td rowspan="4">核心法律问题</td><td colspan="2">交易对象为资源方或中介方时的投资风控</td></tr>
<tr><td colspan="2">Y某及S某是否违约</td></tr>
<tr><td colspan="2">Y某及S某的违约是否导致F公司有权行使合同解除权</td></tr>
<tr><td colspan="2">多项违约共存的情形下，能否叠加计算违约金</td></tr>
</table>

二、基本案情

2017年6月19日，申请人F公司与被申请人Y某、S某签订了股权转让及合作协议，约定被申请人Y某和S某将其所持的NK公司（目标公司）100%股权及其全部权益以及FM城市更新项目、某统建楼项目的权益转让给申请人F公司，被申请人有义务促使FM城市更新项目、某统建楼项目及非农建设指标项目等相关事宜得以顺利进行。其中交易对价中明确了FM城市更新项目和某统建楼项目的对价。

在签订股权转让及合作协议前，NK公司与FM股份合作公司于2017年2月签订了城市更新项目合作开发协议及城市更新项目集体用地及物业拆迁补偿安置协议，并支付了FM股份合作公司800万元补偿款及600万元诚意金。就上述合作事宜，已经FM股份合作公司股东大会形成一致决议并提交公证申请，且已经过FM股份合作公司董事会、监事会、集体资产管理委员会的审议和决议通过。但尚未向相关政府部门提交旧屋村认定申请，也未进行更新意愿以及更新计划申报工作，未被依法征收，目标公司也未与任何该项目上私人物业的业主签订拆迁补偿安置协议。

2017年3月20日，目标公司与GH股份合作公司就GH股份合作公司享有国有土地使用权的约30，000平方米的非农建设用地签署了非农建设用地指标合作协议（统建楼项目），GH股份合作公司将该集体非农建设用地指标移交目标公司，目标公司同意给予该100户非农建设用地权益村民（全部未建房户）选择补偿每户人民币200万元或回迁建筑面积130平方米的住宅物业。上述合作协议已经通过GH股份合作公司董事会、监事会、集体资产管理委员会及全部未建房户分别形成决议，并委托办理公证。但针对该非农建设用地合作事宜，GH股份合作公司在2012年7月与SM公司达成非农建设用地合作开发合同，但未能与全部未建房户就安置事宜达成一致意见。而该项目部分未建房户与HC公司达成补偿安置协议并形成决议。基于此，目标公司需妥善解决该统建楼项目上已有的合作事宜，包括解除上述合作协议并支付经济补偿款等。签署本次股权转让及合作协议前，SM公司与GH 股份合作公司已经签署了非农建设用地合作开发合同解除协议，目标公司与SM公司达成了代偿协议书。统建楼项目上无任何在建或已建成的建筑物、构筑物，未进行实际开发建设，未被依法征收征用，也未完善国有土地使用权出让手续。

2017年7月，股权转让方双方进行了股权转让工商变更登记及目标公司交割，基于后续合作的需要，F公司同意将其中的10%的股权暂不办理工商变更登记，由Y某代为持有。F公司按照协议约定支付了第一笔全部交易对价及第二笔已满足支付条件的交易对价共计25，800万元。

由于转让方Y某与S某存在未能在合同约定的时间促成FM城市更新项目列入深圳市城市更新计划单元，也未能在约定时间内完成其他约定义务等违约行为，F公司于2019年5月30日依据协议约定的仲裁条款向深圳国际仲裁院提起仲裁申请，请求裁决解除股权转让及合作协议，并要求Y某与S某依约承担违约责任。

三、争议焦点

（一）Y某及S某是否违约

【F公司主张】根据协议明确约定，Y某和S某需按照约定完成诸如目标公司实缴出资验资、提交FM城市更新项目已有的与其他单位签署的合作协议解除事宜的协议、提交某统建楼项目已有的与其他单位签署的合作协议解除事宜的协议、办理合作所涉担保的抵押登记以及按照约定时间促成FM城市更新项目纳入深圳市城市更新计划等事宜，但Y某和S某未能在约定的时间完成并提交相关资料。

【Y某、S某主张】Y某和S某已经积极履行了包括提交FM城市更新项目已有的与其他单位签署的合作协议解除事宜的协议、提交某统建楼项目已有的与其他单位签署的合作协议解除事宜的协议等主要义务，即使某些合同义务未履行，亦是经过F公司同意和认可，目的是加快推进涉案地产项目的进程，更好促进项目的发展。

（二）Y某及S某的违约是否导致F公司有权行使合同解除权

【F公司主张】根据协议明确约定，自本协议签署日至2018年8月30日，Y某和S某无法负责协调及促成FM 项目列入深圳市城市更新计划的，则每延迟一日，应向F公司支付违约金5万元，且F公司有权单方解除本协议。FM项目至今仍未列入深圳市城市更新计划，F公司依约有权行使合同解除权。协议同时约定，Y某及S某违反协议约定的义务或承诺并实际导致对目标公司项目的开发造成实质性影响的情况，F公司有权要求Y某和S某支付违约金5万元，并有权要求甲方继续履行合同或选择解除本协议。

【Y某、S某主张】Y某和S某一直努力推进项目进程，是由于F公司及其母公司资金过于紧张，怠于履行合同义务，导致目标公司向该城市更新项目注入资金困难，再加上深圳政府不断推出地产政策，导致FM项目未能如期列入深圳城市更新项目，双方仍处于合作之中。合同解除条件尚未成就。

（三）Y某和S某是否需因违约事项支付高额违约金

【F公司主张】(1)合同对于违约责任有明确的约定，而每一项违约责任针对的是不同的违约行为。(2)违约责任并未超过Y某和S某的预期，Y某和S某既然同意合同的约定，在作出行为时就应预见到其违约行为可能导致的后果。(3)最高人民法院的相关判例亦认为关于违约金的认定应充分尊重当事人的约定，不得以违约方简单抗辩违约金过高即作调整，对方如认为违约金高于损失的，应进行举证。

【Y某、S某主张】违约金过高，F公司的主张系重叠计算违约金。

四、裁判要旨

（一）Y某及S某的行为已经构成违约

合同中对于Y某及S某需办理合作所涉担保的抵押登记以及按照约定时间促成FM城市更新项目纳入深圳市城市更新计划等的义务约定明确，合同中没有约定其可享有任何免责理由，合同约定的F公司需履行的付款义务，F公司已经按照约定履行。合同双方也未就该义务的履行另行作出补充变更约定。

根据原《合同法》第8条规定："依法成立的合同，对当事人具有法律约束力。当事人应当按照约定履行自己的义务，不得擅自变更或者解除合同。依法成立的合同，受法律保护。"①

因此，Y某及S某未能按照合同约定及时履行义务，已经构成了违约。

（二）依据合同约定，F公司由于Y某及S某的违约行为有权行使解除权

由于合同对于解除的情况作出了明确的约定，根据原《合同法》第93条："当事人协商一致，可以解除合同。当事人可以约定一方解除合同的条件。解除合同的条件成就时，解除权人可以解除合同。"②Y某及S某所辩称的由于F公司及其母公司资金过于紧张，怠于履行合同义务，导致目标公司向该城市更新项目注入资金困难，再加上深圳政府不断推出地产政策，导致FM项目未能如期列入深圳城市更新项目的理由，由于合同并未将此约定为免责理由，不予成立。

（三）关于违约金

F公司根据合同约定分别就Y某和S某存在的不同情况的违约行为要求分别承担违约责任，支付违约金。Y某和S某认为F公司主张的违约金存在重复主张的问题，合同条款约定的违约责任系对同一违约行为而产生的双重违约责任，F公司只能主张其中一种违约责任。协议方签署的股权转让及合作合同对于不同情形的违约责任作出了约定，但是其中确实存在部分重合的情形。由于Y某和S某存在不同的违约情形，针对不同情形的违约可以选择适用相应的违约责任，除非Y某和S某有证据证明约定的违约金过分高于实际损失并请求调整违约金标准。但若针对同一违约行为则不能同时主张要求承担双份以上的违约责任，如存在重合的情况下，应该有选择性的适用，除非F公司能证明其损失远远高于该选择的违约金。

---

① 即《民法典》第465条："依法成立的合同，受法律保护。依法成立的合同，仅对当事人具有法律约束力，但是法律另有规定的除外。"

② 即《民法典》第562条："当事人协商一致，可以解除合同。当事人可以约定一方解除合同的事由。解除合同的事由发生时，解除权人可以解除合同。"

五、借鉴意义

（一）对合作方及合作方与更新项目的关联度进行必要的尽职调查是合作开展的前提

合作方的履约能力、合作方与更新项目是否存在关联度决定了合同目的能否实现，因此，需要在合作前对其开展必要的尽职调查，尤其是合作方与项目的关联度，需要核查合作方取得跟该城市更新项目已签署的协议情况、协议的履行情况及是否履行法定的程序等。实践中，如合作方无法提供上述资料的，则需要审慎考虑合作的必要性，确需合作的，需要设置合理的付款节点。

（二）完善的合作协议是开展合作及维护投资方权益的利器

本案中，F公司的有利之处在于股权转让及合作协议的约定对其比较有利，合同明确了协议各方的责任义务及相应的违约责任，甚至解除权。因此，在合同签署阶段，应当充分谈判，在明确双方的权利、义务的同时，还应当约定清楚义务履行的先后顺序、时间节点，设置“拉链式”履约条款，即将合同义务细分，且约定当事人双方履行义务均基于对方的履约，尤其是在该城市更新项目中已经存在合作方的情况下，应特别注意将解除原有的合作作为本次合作开展及付款的前提。同时，明确约定违约金的数额及计算标准，实践中，如对方认为违约金过高的，司法机构一般认为违约金是合同当事人对违约可能造成实际损失的预先估计，且合同中明确约定了违约金计算基数和标准，除非对方能够举证实际损失低于约定的违约金，否则，关于违约金的约定应当全面履行。因此，从投资方的角度看，在设置合同条款过程中，应当对合作方可能发生的违约及违约所造成的损失进行预判，考量可预期收入，合理设定违约金，并结合违约金（过高或过低）举证责任分配的原则，可设定相对较高的违约金条款。因此，尽量明确的约定违约金能为守约方争取最大利益。同时，在合作项目中，建议明确约定违约方不能行使合同解除权，避免合作方恶意导致合同解除条件成就。

（三）注意防止踏入和资源方或中介方合作的陷阱，探讨与其合作的各类模式

因城市更新的特点决定，资源方或中介方在深圳城市更新中非常活跃，诸多投资企业或开发商通过与资源方或中介方的合作，进入城市更新领域并获取项目。不过，由于资源方自身实力不足或自身诉求与投资方的差异，往往导致资源方在利益实现的过程中产生许多纠纷。我们需要认真研究不同模式，并运用各种合规路径推进与资源方合作，这些模式通常有：

1.债权模式

此种模式又包括以下几种形式：

（1）居间服务费。资源方与房地产企业达成合意，由资源方提供居间服务，负责促成房地产企业与项目业主达成项目合作、办理项目申报立项、完成集体资产交易、确认项目实施主体等事项。这是目前较为常见的资源方权益实现路径，但这种方式难以合法规避高额增值税或个人所得税，因此一般适用于小额居间费或项目部分居间费用，而较大额的居间费用、佣金的支付则比较困难。

（2）项目利润分成。资源方与房地产企业达成合作，由资源方协调促成房地产企业和业主之间达成项目合作，一般资源方不实际出资而由房地产企业垫付，资源方在项目建成销售后就项目利润进行一定比例的分成。这种方式同样难以规避较高税赋，而且，如房地产企业是国有企业或上市公司，会产生一定的合规性审查风险。

（3）搬迁（拆迁）服务收益。资源方通过自有或合作的拆迁服务公司参与项目的拆迁服务谈判及咨询服务，或者由拆迁服务公司与项目公司合作，承担拆迁服务的部分专项，通过服务收取一定的拆迁服务费。

2.股权模式

此种模式又包括以下几种形式：

（1）股权溢价收购。在资源方已经与业主达成初步合作意向的前提下，房地产企业逐步收购资源方项目公司股权并实现资源方变现退出。一般操作步骤包括：签订股权转让协议，以远期评估价值确定股权转让对价，设定股权转让对价的生效条件，分批次按节点支付股权转让款。

（2）股权现值收购。在资源方获得项目且项目达到一定阶段后（如已取得专项规划批复），由房地产企业按项目公司的股权现值收购部分股权，项目的后续操作和实际投入均由房地产企业承担，资源方配合协助。当项目进一步优化到一定阶段，如具备实施主体认定条件，或实施主体已确认，房地产企业再以当时评估价收购资源方部分项目公司股权，资源方留存部分股权，并将该部分股权质押给房地产企业，以便后期就税务和成本进行结算，进而就房地产企业和资源方权益进行清算。

（3）增资。在资源方和房地产企业共同持有项目公司股权的基础上，资源方通过增资、分红的方式实现项目权益并退出项目，具体步骤包括：房地产企业向项目公司增资稀释项目公司每股净资产价值、资源方按照稀释后的股权价值向房地产企业低价转让股权、资源方通过股东分红方式清算资源方合作权益。

3.物权模式

此种模式又包括以下几种形式：

（1）搬迁补偿。在资源方持有部分项目物业的前提下，资源方作为被搬迁人与房地产企业签订搬迁补偿协议，按照资源方实际权益确定搬迁补偿标准，以物业回迁方式实现资源方权益。在房地产企业角度，该物业补偿还能计入项目成本。

（2）收购物业后进行搬迁补偿。如资源方本身不持有项目物业，可通过收购部分被搬迁物业成为被搬迁人，按照资源方实际权益确定搬迁补偿标准，以物业回迁方式实现资源方权益。如资源方缺乏资金收购项目物业，房地产企业可向资源方提供借款用以收购部分低价项目物业，并进行相关产权监管。

4.“股+债”模式

此种模式又包括以下几种形式：

（1）借款+分红。在资源方和房地产企业共同持有项目公司股权的基础上，可通过借款方式实现资源方权益。具体步骤如下：房地产企业向资源方提供一笔借款，该借款利率可高于银行同期贷款利率。出借款项时，资源方将所持项目公司股权质押给房地产企业，资源方将该笔借款注入项目公司；作为资源方的实缴注册资本，资源方在项目公司分红中抵扣前述借款本息并取得合作权益。

（2）承债式收购。房地产企业在收购资源方控股的项目公司时，除支付股权转让款，还向项目公司支付一定费用，用于项目公司清偿到期债务，此债务包括资源方向项目公司提供的借款等。具体步骤包括：资源方向项目公司提供借款，形成项目公司对资源方的债务；房地产企业承债式收购资源方控股的项目公司；房地产企业向持股项目公司提供借款，项目公司以该借款向资源方清偿债务，资源方由此实现项目权益并退出；房地产企业以项目公司分红抵扣借款本息。

5.“同股不同权”模式

在深圳城市更新特殊政策背景下，由于资源方在更新项目资源中得天独厚的优势，“同股同权”“同股同投”已成为制约深圳城市更新的重大障碍。在部分国企或上市公司主导的更新项目中，个别项目久拖不决、长期停滞，正是因为资源方没有足够的资金与国企或上市公司同股同投，而“同股不同权”恰恰为此提供了巨大的腾挪空间。可以实现“同股不同权”的路径包括：（1）预分红给资源方并冲抵其出资款。即在公司章程或股东会决议中明确，资源方与房地产企业合作后，在尚未实现盈利的项目初始阶段，提前向资源方分配部分利润，冲抵其出资款。（2）设定“同股不同权”规则。即在公司章程或股东协议中，调整股东的分红权和表决权等股东权利义务，资源方可享有超过其实际持股比例的分红权与表决权，以解决资源方资金实力不足的问题。值得注意的是，作为国有企业投资方，在项目实施过程中采用“同股不同权”模式实现资源方权益时，应关注投资时涉及的国资审批风险，并完善风控措施和退出机制等争取“同股不同权”方案通过国资审批。

第三章　相邻权纠纷

案例9：D公司与L业委会相邻权纠纷案

一、案例要素

当事人	原告	D公司
	被告	L业委会
所在项目	深圳市罗湖区G大厦城市更新项目	
争议类型	相邻权纠纷	
案由	确认合同无效纠纷	
核心法律问题	合同约定不能履行且将会侵害公共利益	
	合同履行不能的责任承担	

二、基本案情

G大厦东侧（L小区西侧）部分道路及花池占地属于G大厦所有，因历史原因一直由L小区全体业主占有使用。

2017年3月16日，罗湖区人民政府向原告D公司发出《深圳市罗湖区人民政府关于〈罗湖区G大厦城市更新单元规划〉的批复》，原则同意《罗湖区G大厦城市更新单元规划》（以下简称《G大厦更新单元规划》）确定的功能定位与改造目标以及主要经济技术指标，并且，罗湖区政府对《G大厦更新单元规划》中的公共空间控制提出了具体要求。

为了落实G大厦城市更新项目，2018年7月3日，D公司作为乙方与被告L业委会作为甲方，就D公司搭建施工围挡须占用G大厦东侧（L小区西侧）道路及花池原有位置，以及在项目施工完成后D公司如何恢复、重建花池的相关事宜签订协议书。

根据协议书第1条和第2条，G大厦东侧原有的花池因为项目施工建设临时围挡而拆除后，D公司须在2019年4月10日前为L业委会将花池恢复原状，否则，D公司将承担违约责任。

根据《G大厦更新单元规划》，G大厦城市更新项目地块东侧应建设一条公共车行通道，宽度不小于7米，建成后产权移交政府。该公共道路建成后正好占用原有花池位置，并且须24小时无条件对公众开放。后D公司起诉L业委会，确认协议书无效。

2019年4月，深圳市罗湖区人民法院受理D公司诉L业委会一案，该案最终调解结案。

三、争议焦点

（一）合同的效力

【D公司主张】根据《G大厦更新单元规划》，G大厦城市更新项目地块东侧应建设一条公共车行通道，宽度不小于7米，建成后产权移交政府；同时，按照消防设计规范要求，地块内部消防通道需形成消防环路。该公共道路建成后正好占用原有花池位置，并且须24小时无条件对公众开放。因此协议书中关于重建花池的约定内容将会侵害公共利益，相关约定应当自始无效。

（二）合同的履行

【D公司主张】G大厦东侧（L小区西侧）道路及花池已经被D公司拆除平整并实际占有使用，且该地块土地权属自始属于D公司，是D公司项目开发建设用地的范围。D公司与L业委会就花池拆除及恢复原状的约定自始不能履行。

（三）合同解除的法律责任

【D公司主张】

1.合同解除

合同的约定自始不能履行且侵害公共利益，合同约定无效。根据原《合同法》第93条的规定“当事人协商一致，可以解除合同。当事人可以约定一方解除合同的条件。解除合同的条件成就时，解除权人可以解除合同”。[①]D公司与L业委会经协商一致，该合同解除。

2.合同解除的法律后果

根据原《合同法》第97条的规定“合同解除后，尚未履行的，终止履行；已经履行的，根据履行情况和合同性质，当事人可以要求恢复原状、采取其他补救措施，并有权要求赔偿损失”。[②]D公司与L业委会协商解除合同后，由于重建花池侵害公共利益，故无恢复

---

① 即《民法典》第562条：“当事人协商一致，可以解除合同。当事人可以约定一方解除合同的事由。解除合同的事由发生时，解除权人可以解除合同。”

② 即《民法典》第566条第1款：“合同解除后，尚未履行的，终止履行；已经履行的，根据履行情况和合同性质，当事人可以请求恢复原状或者采取其他补救措施，并有权请求赔偿损失。”

原状之可能，因而双方达成调解，由D公司补偿L业委会100万元。

四、裁判要旨

本案以调解结案，调解要旨如下：

（一）解除2018年7月3日D公司与L业委会签订的协议书。

（二）D公司向L业委会补偿100万元。

五、借鉴意义

（一）开发商在签订相关合同前需明确相关地块土地权属，厘清相关历史沿革信息。

（二）开发商在签订相关合同前需明确项目周边规划情况，以确认相关约定是否会侵害公共利益。

（三）正确、及时处理好城市更新项目的相邻关系，避免因琐碎纠纷发生诉讼甚至项目迟延。为此，开发商在推进项目的过程中需要进行利益衡量，必要时放弃局部利益换取整体利益最大化。本项目中L小区部分业主缺乏程序意识，滥用权利，影响项目进度，造成停工及延误损失，因而D公司选择补偿损失的方式换取项目顺利实施，赢得项目利益最大化。

第四章 政策变化导致合同履行变化或解除

案例10：V公司N城市更新项目单元专项规划公示案（非诉项目）

一、案例要素

当事人	V公司（N城市更新项目申报单位）
	X管理局
所在项目	深圳市N城市更新项目
争议类型	项目规划草案公示因故暂缓（政策变化导致合同履行变化或解除）
核心法律问题	行政许可的“合法原则”
	行政行为的可信赖原则与拘束性原则
	在更新意愿征集、股东会/股东大会表决环节、签订拆迁安置补偿协议等阶段，需要进行严格的形式审查

二、基本案情

2013年1月25日，根据《深圳市城市更新办法实施细则》（深府〔2012〕1号）等文件的要求，X管理局在N项目现场、该局办公大楼一楼大厅以及该局官方网站上发布了《关于N城市更新单元专项规划（草案）的公示》（以下简称规划草案）；原定公示期间为30个自然日（自2013年1月25日起至2月23日止）。同时，X管理局在公示中指出，在公示期内有关单位和个人可以提交书面反馈，以对该规划草案提出意见或者建议。

2013年1月26日，X管理局又在网站上发布《关于N项目城市更新的通告》（以下简称通告），在宣布“暂缓公示”“待核查结束后，依核查结果决定是否继续公示”的同时，又宣布“公示自行终止”“原专项规划公示的行政和法律效力自然终止”。

据V公司介绍，X管理局之所以对N项目规划草案暂缓公示，是因为部分业主到政府部门信访，反映所谓“N项目更新意愿材料作假”的问题。

2018年9月26日，深圳市Y区城市更新局向深圳市规划和国土资源委员会发出《关于N城市更新项目相关问题处理情况说明》(以下简称情况说明)，对N项目所涉及的“信访所涉问题的核查”“信访维稳处理结果”“项目申报主体名称变更”进行说明。根据有关规定，Y区城市更新局须同意5名业主代表参与核查工作。但是，即便经N街道办多次协调，信访业主至今未形成一套各方同意的代表选举方案。有关问题的核查工作至今仍无法开展。该情况说明还重点提到：(1)项目有关问题之信访社会稳定风险评估结果为“低风险”；(2)项目更新意愿达成情况及拆迁补偿签约情况符合要求。据了解，该情况说明的背景是：N项目的搬迁补偿安置协议的签约户数在所有业主户数中的占比已超过93%，尤其是原核心信访业主已经全部签约，转而支持N项目。

2018年12月19日，深圳市城市更新局向V公司发出《市城市更新局关于催报N项目公示材料的函》，认为项目公示工作应当继续，催促V公司尽快提交公示材料。

2019年7月31日，深圳市规划和自然资源局N管理局重启规划草案，并予以公示。

三、裁判要旨

(一)X管理局暂缓项目规划草案公示缺少法律依据

根据《中华人民共和国行政许可法》(以下简称《行政许可法》)第2条和《中华人民共和国城乡规划法》(以下简称《城乡规划法》)第2条、第57条等规定，X管理局审批N项目的规划属于典型的行政许可。按照合法原则，X管理局实施单元规划审批应当依照法定权限、条件和程序进行，并应遵循“法无授权即禁止”的基本原则。

根据《深圳市城市更新办法实施细则》第43条规定，规划草案形成之后的法定程序是：①公示，②汇总/处理相关意见，③审议，④函复申请人。其中，公示的方式为：现场公示+网站公示；公示的期间为：不少于30日；答复的方式为：书面函件。X管理局应当按照上述程序和要求，对规划草案予以公示并完成后续处理。并且，《深圳市城市更新办法实施细则》第74条第1款规定“本细则所规定的公示，以现场展示或者网站公示形式进行的，若有公示时间要求，应当在规定时间内在现场或者网站进行持续公示；以深圳特区报或者深圳商报刊载形式进行的，若有公示时间要求，应至少刊载一次并明确在规定时间内可进行意见反馈”。所以，X管理局在规划草案公示的30个自然日内，不应暂缓、中止或者终止公示。

(二)X管理局于2013年1月25日发布的规划草案应当有效

1.X管理局发布的通告内容中存在矛盾之处

X管理局发布的通告(共两句话)前一句的内容是“公示之背景”(正在公示且有人

提意见)+“对公示之处理”(决定暂缓)+“后续安排”(根据核查结果确定是否继续);概括起来是“核查=暂缓+可继续”,意思是“暂停公示”或“中止公示”;但通告后一句的内容却表述为“核查=公示终止”+“核查=效力终止”,概括起来就是“核查=全然终止公示”,即“作废公示(公示无效)”,与通告前一句描述的背景和X管理局采取的措施相矛盾。

2.对通告中内容矛盾之处的解释应当有利于V公司,相关处理也应当有利于V公司

(1)行政行为应当具有公信力

根据行政行为可信赖原则,政府部门履行法定职责时所作出的行政行为应当具有公信力,即行政相对人对于政府部门的行为可以合理信赖。因此,V公司可以信赖X管理局在通告中所提到的“暂缓公示”和“可继续公示”的相关内容。并且,这种信赖利益应当获得X管理局保护。

(2)行政行为应当具有拘束性

根据行政行为拘束性原则,政府部门依法行政过程中所作出的行为或所发布的文件,理所应当地对政府部门自身具有约束力;若是有关行为或者文件内容对政府部门自身不利,政府部门也应当继续实施该行为或者继续落实其所发布文件的内容。所以,当X管理局发布的内容有两种不同解释(暂缓/中止和作废/终止)之时,X管理局应当从有利于行政相对人(V公司)的角度来确定文件的含义。对于原有的规划草案公示,应当按照有利于V公司的方式进行处理,即处理为“中止”和“可继续”。

(三)X管理局应当立即继续公示

1.X管理局有权对相关问题进行核查

对于N项目可能涉及的“立项相关文件可能有作假的情形”,根据《深圳市城市更新办法实施细则》第76条的规定,X管理局和有关部门确实负有“及时查处”的法定职责。

2.因为核查旧问题而中止新阶段的项目审批,存在不当

本项目在正式列入城市更新单元计划(立项)之前,即2010年3月5日深圳市规划和国土资源委员会将89个城市更新项目一起依法向全社会进行了公示,其中88个项目(包含本项目)通过公示后正式列入《2010年深圳市城市更新单元规划制定计划第一批计划》。包括参与信访之业主在内的相关方,若是对立项程序或有关材料有异议,应当在立项阶段的公示期限内提出异议,并且由X管理局或者有关部门依法予以处理;逾期提出异议,则不再享有异议的权利。否则,就是允许有人随时对此前阶段的问题(旧问题)提出异议、随时将已经完成的工作推倒重来,由此陷入“但凡有人提出旧问题便无条件中止新阶段的行政许可”的混乱境地。

N项目所涉及的业主1400余户，群体严重分化、利益诉求多元；一部分业主对项目方案不满，甚至对V公司存有敌意也属于情有可原。但是，在法治政府的领导下，业主的任何诉求均应当遵循程序、合法合理提出。在"全面依法治市"原则的指导下，X管理局对有关问题和行政许可的处理也应当有法必依。

3.2013年1月25日公示的规划草案中的各项指标未变，存在继续公示的基础

根据V公司介绍，深圳市城市更新局要求其尽快提交公示材料开展公示。但是，由于相关客观情况没有变化，即使V公司提交新的规划草案，主要规划指标和2013年1月25日公示的规划草案中的指标也是完全一样。因此，2013年1月25日公示的规划草案存在继续公示的基础。

4.从公共利益和企业巨大投资考量，X管理局应当认定该项目的公示仍处于持续中

N项目作为Y区重点项目，其已经公示的规划草案充分考虑到公共利益，还增设了一所小学用地11，306.1平方米。这一考量原来已经获得《规划国土委2011年第19次技术会议纪要》的充分肯定。X管理局和相关职能部门的多位领导、众多工作人员为了审查项目单元规划投入了大量精力；V公司在项目中投资已超过数10亿元，也在项目立项、单元规划编制、修改和报批中投入巨量的人力、物力；此外，立项约8年之后，项目中有超过双2/3（签约户数占比和建筑面积占比，下同）的无辜业主正在热切关注单元规划之继续公示和项目之整体继续推进，其受到时间侵蚀的私有权利亟待获得保护。上述各方的共同付出和持续关切，却因为"少数人的任性"和"个别人的滥权"而正处于危险之中。可见，以一纸通告终止公示的行政和法律效力，并不符合"依法行政""行政公正"和"行政效率"的基本原则。X管理局应当认定规划草案公示仍然处于持续之中，并且只需继续公示29个自然日。

5.暂缓公示的原因早已消除，X管理局应当立即继续公示

在前述规定以及其他关于单元规划审批的文件中，并未规定在接到信访或者发现（可能）违法现象之时可以"暂缓公示"或"终止公示效力"。而且根据Y区城市更新局的意见和V公司的陈述，通告中所指的"部分业主提出的意见"并没有证据可以证明。因此，继续关注这些缺乏依据的主张只会造成行政资源的浪费，对于信访业主无法举证、拒不配合，X管理局和有关部门对无法核实之"莫须有"问题不应持续调查。毕竟目前项目信访社会稳定风险评估结果为"低风险"，若是将来有证据证明相关问题的确属实，有关信访业主也可以通过其他合法途径寻求救济。此外，整个N项目搬迁补偿安置协议签约户数占比已超过93%，尤其是原核心信访业主也已全部签约支持本项目进行城市更新。据此可认为，X管理局暂缓公示的原因早已消除。

四、借鉴意义

（一）在更新意愿征集、股东会/股东大会表决环节、签订拆迁安置补偿协议等阶段，需要进行严格的形式审查

本项目在签订拆迁安置补偿协议时存在有同一当事人签订双份拆迁安置补偿协议、签字者非当事人等情况；股东会/股东大会表决环节亦未进行身份核查，导致信息存在不真实的情况。建议开发商在更新意愿征集、签订搬迁补偿协议抑或股东会/股东大会表决环节等阶段，需要进行严格的形式审查，核实当事人身份信息，并做好相应公证事宜。

（二）当更新主体遭遇不当行政行为时，应当通过各种方式维权，以使更新项目顺利进行

本案中，V公司不仅对城市更新管理部门此前不当的行政行为提出异议，还聘请专业律师论证有关行政决定的适当性及合规性，最终依理依法说服了城市更新部门同意其连续公示，对公司合法利益的维护，堪称典范。

案例11：Z公司城市更新项目并购争议案（非诉项目）

一、案例要素

当事人	D公司（H公司的股东）
	Z公司（项目收购方）
	H公司（土地实际使用权人）
	S市政府
所在项目	拟开展的L区城市更新项目
风险类型	政策变更导致合同变更或解除
核心法律问题	政策变更导致项目收购方合同目的无法实现

二、基本案情

Z公司与D公司于2018年6月20日签署项目投资合作协议书，Z公司拟收购D公司持有的H公司51%股权，以参与涉案的城市更新项目。涉案项目包括两个地块，占地面积

合计约9600平方米，位于L区，土地用途为工业用地，建有若干永久建筑及临时建筑，其中02-**地块及房屋经登记取得了房地产证，03-**地块上建有办公厂房和宿舍，但并未取得房地产证。H公司拟通过调入非农用地指标的方式解决合法用地比例问题。根据D公司针对涉案项目的发展实施计划，涉案项目拟开发建设为商铺及商务公寓。

2018年7月31日，S市政府办公厅发布了《深圳市人民政府办公厅转发市规划国土委等单位关于进一步加强房地产调控促进房地产市场平稳健康发展的通知》（深府办规〔2018〕9号），即“7.31新政”。根据“7.31新政”的规定，“……二、加强商务公寓销售和运营管理。各类新供应用地（含招拍挂、城市更新、征地返还用地等）上建设的商务公寓一律只租不售且不得改变用途。企业整体持有年限与土地出让年限应当一致，并对外出租单次租期原则上不超过10年”。

2018年8月6日，Z公司聘请专业律师对涉案项目及H公司进行法律尽职调查，律师根据对涉案项目及H公司调查的实际情形出具法律尽职调查报告并披露相关法律风险。

2018年8月30日，Z公司根据律师披露的相关法律风险并结合公司财务部门的测算结果，决定终止本次并购项目。D公司在收到Z公司终止本次并购项目的通知后与Z公司再次协商，后经协商，Z公司确定将在涉案项目中的投资模式由股权投资变更为债权投资。

三、争议焦点

“7.31新政”对城市更新并购项目的影响。

【Z公司主张】根据S市政府最新公布的“7.31新政”，涉案项目如建设商务公寓，则H公司必须持续持有上述新建设的商务公寓，且只能对外进行出租，不得通过销售的方式取得资金回款。Z公司财务部门对涉案项目重新进行经济测算，如Z公司通过股权投资的方式参与涉案项目，由于该部分新建设的商务公寓不能及时变现回款，则将给Z公司带来巨大的财务负担。

四、裁判要旨

“7.31新政”对城市更新并购项目的影响。

Z公司虽然在“7.31新政”出台前与D公司就涉案项目合作进行协商谈判，并签署了相关协议。但因政策发生变更，Z公司应当结合最新出台的“7.31新政”对涉案项目未来的预期收益重新进行预估，在重新预估收益的基础上与D公司就未来项目合作利益分配、股权转让对价等问题进行协商，以实现Z公司的商业目的。

在本案的合作项目中，由于双方合作尚处于前期阶段，双方就具体的合作模式、合作条件及合作价款等均未作出最终有约束力的约定，而是在尽职调查阶段出现了政策变更。因此，由于前期协议约定的框架性导致合作对方无法追究Z公司单方放弃股权合作的违约责任，而是双方根据尽调情况对合作方式进行了调整。实践中，由于城市更新政策变化导致合作情况发生变化的情况不在少数，合作方能否据此解除或变更合同需取决于双方合同的约定以及双方的另行协商。

五、借鉴意义

深圳城市更新政策“多”且“变化快”，而且各个区存在差异。为保证投资方在城市更新项目中的收益，避免因政策原因给投资方造成损失，投资方应当在开展城市更新前对项目所在地的房地产政策进行检索、分析，包括但不限于房地产市场调控政策、出让地块竞争保障性住房政策、商品房预售款监管政策、人才引进政策等。在此基础上结合自身合同目的，合理判断项目中的预期收益。如发现因既有政策将导致公司在城市更新项目中无法获益甚至承受巨大风险，公司应当合理判断是否应当继续推进。而对于在合作过程中可能产生的政策风险，建议在合作协议中明确约定当出现导致合同目的无法实现的政策风险时双方的解决方案。

此外，各村股份公司的章程也有差异，若交易对象为村股份公司，要进行差异化研究，并因地制宜研究制定交易对策。

第五章　立项条件不足引起的纠纷

案例12：B公司与H公司合同纠纷案

一、案例要素

当事人	原告	B公司
	被告	H公司
所在项目	龙岗区Y项目	
争议类型	立项条件不足引起的纠纷	
案由	合同纠纷	
核心法律问题	非农指标落地服务的协议是否有效	
	未履行合同义务构成根本违约，合同解除	
	合同解除，应依照合同返还定金及约定的利息	

二、基本案情

2014年12月，H公司与B公司签订合作协议，约定H公司为B公司提供非农指标落地Y项目的服务，B公司支付H公司相应费用。2014年12月3日，H公司对公账户收到B公司支付的300万元。

2016年6月6日，B公司向B区法院起诉，诉请法院判令H公司因未履行合作协议相关义务返还定金300万元及利息和违约金，并要求解除合同。B公司主张H公司未按照合同的约定，在规定的时间内办理非农指标落地事宜，拖延了Y项目的开发进度，给其造成重大经济损失。同时，要求李某、王某承担连带责任。

2018年10月11日，B区法院开庭审理。

2018年10月22日，B区法院判决确认合作协议解除，H公司返还定金300万元及合同约定的利息。

三、争议焦点

（一）H公司是否履行了办理非农指标落地事宜

【B公司主张】B公司提交合作协议及转账凭证，证明双方就办理非农指标落地事宜签订合作协议，且B公司支付了300万元。按照协议约定，H公司应将非农指标的村股份公司董事会决议书、监事会决议书、集体资产管理委员会决议书、股东代表大会决议、公证书等必要文件报送龙岗区街道集体资产管理部门办理指标合作备案手续，该备案手续办结之日起10个工作日内，B公司支付H公司1700万元；在取得深圳市规划国土委龙岗管理局（如需报至深圳市规划国土委同意的，须由其同意）同意将H公司的非农指标调整到龙岗Y项目上的报批回执文件后10个工作日内，B公司应向H公司支付人民币13，000万元。但H公司并未履行上述义务，应承担违约责任，返还B公司已实际支付的300万元及利益，并支付违约金。

【H公司主张】H公司已经履行了协议约定的义务，如提供的股东大会表决同意签字表，证明其已为B公司办理非农指标落地取得深圳市X股份合作公司股东大会同意；坂田街道办办公室处理表证明其已于2016年8月19日按照合作协议的约定为办理非农指标落地在街道办进行了报备，实现了合作协议的部分合同目的；协议书证明其已于2016年促成B公司与深圳市Y股份合作公司及深圳市X股份合作公司签订书面协议，确定B公司有权使用该非农指标进行城市更新项目开发；深圳市X股份合作公司关于将非农建设用地指标调整到Y股份合作公司的报告证明其已促成非农指标的提供方深圳市X股份合作公司和调入方深圳市Y股份合作公司合作，提供方已将调整指标事宜于2016年7月12日报送街道办。

（二）H公司是否应该退还300万元履约金及利息、违约金

【B公司主张】根据合作协议约定，H公司应该在约定时间内完成全部的工作内容，若不能按时履行完毕的，B公司可以选择解除协议，H公司必须在5个工作日内退还已收到的利益回报并按银行同期贷款利息的2倍支付占用期间利息。H公司未在约定时间内完成非农指标落地，B公司有权解除协议并主张退还履约金及利息。

【H公司主张】按照合作协议的约定，H公司在将非农指标的村股份公司的董事会决议、监事会决议书、集体资产管理委员会决议书、股东代表大会决议、公证书等必要文件报送龙岗区街道集体资产管理部门办理指标合作备案手续，B公司应在备案手续办结之日起10个工作日内支付H公司人民币1700万元。H公司已履行阶段性义务，为办理非农指标落地付出了劳动，B公司应该根据合作协议支付阶段性费用。而B公司一直未支付

该笔费用，甚至在双方合作过程中引入新的合作公司介入项目，违背双方的合作原则。H公司无须退还履约金及赔偿损失。

四、裁判要旨

（一）合作协议合法有效

该合作协议为双方真实的意思表示，且未违反法律法规的强制性规定，为合法有效的协议，双方应履行协议约定的义务。

（二）合作协议因H公司未履行义务而被解除

法院依照B公司的陈述认定案件事实，认定H公司未能在约定的时间内完成协议约定的义务，已构成根本违约，B公司有权解除合同，H公司已收到的300万元定金应予返还，并按合同约定支付占用期间的利息。

五、借鉴意义

本案中，由于B公司在协议双方合作协议中明确了义务完成的时间节点，且将付款与重要的合同义务节点挂钩，明确了合理的违约责任，在出现违约情况时能够维护自身的合法权益。因此，开发商在进入项目或就城市更新项目各项工作开展签署协议时，需要设置合理的合同条款，并保留履约过程中的证据，一旦遇到违约情形，及时采取法律途经维护己方的合法权益。

案例13：林某与陈某、吴某不当得利纠纷案

一、案例要素

当事人	林某	林某
	被告	陈某　吴某
	第三人	CS公司
所在项目	坂田某城市更新项目	
争议类型	立项条件不足引起的纠纷	
案由	不当得利纠纷	
核心法律问题	原被告之间成立何种法律关系	
	列入土地整备范围的土地是否可以进行城市更新改造	

二、基本案情

拟更新地块被政府列入2015年、2016年土地整备范围。

2015年12月5日，CS公司与拟更新地块业主陈某、吴某达成初步城市更新合作意向，并签订城市更新项目合作框架协议，协议约定由CS公司对地块进行城市更新，签约后15个工作日内付600万元保证金，收到后协议生效。

2016年1月1日，CS公司与陈某、吴某签订补充协议书，约定保证金支付时间延至2016年1月8日。

2016年1月8日CS公司与陈某、吴某签订备忘录，约定原框架协议有效，但若在2016年3月30日之前CS公司没有完成取得银行的授权证明及地质勘探报告等工作且没有按期交纳履约保证金，框架协议自动失效。

CS公司因能力有限，无力支付履约保证金，故找到林某并提出就涉案项目与林某进行合作的意向，双方达成初步合作意向。

2016年4月10日，林某以KD公司名义与CS公司签订合作协议，约定CS公司协调陈某、吴某，保证框架协议有效，合作方成立项目公司，由KD公司支付600万元给陈某、吴某。

林某取得项目合作权之后，进而联系XB公司，拟由XB公司对项目进行投资。2016年4月11日，XB公司与林某、KD公司签订××工业区旧改项目合作框架意向书，约定KD公司为林某实际控制的公司（林某在KD公司工商信息上签字），XB公司支付600万元保证金，但需给予XB公司90天尽调期，期满后XB公司若决定不合作，林某返还600万元及利息。

林某加入项目后，一直与陈某、吴某保持联系，并协商保证金支付等事宜。2016年4月11日，陈某、吴某通过微信催促林某付款。同日，XB公司将600万元付至林某银行账户，林某随之分别向陈某、吴某银行账户各付300万元。同日，陈某、吴某出具收款收据，证实各收到300万元。

XB公司经评估，于2016年4月26日出具关于投资××“工改工”项目的可行性分析，认为本项目投资风险过大、收益低，决定放弃本项目，并于2016年6月17日召开总经理会议，出具第十三次总经理办公会会议纪要，确定由于投资条件无法落实故不再参与本项目。

2016年6月20日，XB公司向林某、KD公司发送关于退还履约保证金的通知，要求林某及KD公司退还保证金及利息。

2016年7月5日，陈某、吴某向XB公司发送问询函，询问XB公司是否收到林某及KD公司的还款。

2016年7月6日，深圳LH实业发展有限公司成立，陈某占0.5%、彭某某占0.5%，CS公司占99%。

2016年7月8日，XB公司委托律师事务所向林某、KD公司发送律师函，要求林某、KD公司还款，并抄送CS公司、吴某、陈某。

2016年7月23日，CS公司出具情况说明，承认其与林某指定的KD公司签订协议，后林某又引进XB公司。由CS公司负责协调XB公司、林某之间的纠纷。

2016年8月10日，CS公司向陈某、吴某出具请求函，承认其与林某指定的KD公司签订协议，后林某又引进XB公司。请求由CS公司协调纠纷，请求陈某、吴某继续合作。

XB公司就土地是否列入土地整备范围申请政府信息公开，于2017年1月9日取得复函，复函确认涉案地块涉及土地整备计划范围。

2017年6月土地整备计划将涉案地块移出土地整备范围。

现因XB公司起诉林某及KD公司还款，并保全了林某名下房产。林某随即起诉陈某、吴某还款。

三、争议焦点

（一）陈某、吴某是否应返还保证金

【林某主张】2016年4月，林某、XB公司与陈某、吴某达成口头合作意向，但未签订正式的书面合同，基于上述合作意向，XB公司与林某、KD公司签订××工业区旧改项目合作框架意向书。2016年4月11日，XB公司将保证金支付给林某后，林某立即将保证金支付给陈某、吴某。

而早在磋商之前，即2015年8月7日，深圳市规划和国土资源委员会发布《深圳市2015年度土地整备计划》，涉案地块属于龙岗区土地整备项目，且在2016年8月8日深圳市规划和国土资源委员会发布《深圳市2015年度土地整备计划》，涉案地块依旧属于龙岗区土地整备项目。也就是说，在林某、XB公司、陈某、吴某磋商的过程中，涉案土地均属于政府土地整备用地，但根据2017年《深圳市人民政府关于推进土地整备工作的若干意见》第8条规定：“对纳入土地整备规划、计划的区域，市规划国土部门不再受理城市更新项目申报。”该地块根本不具备城市更新的条件。

陈某、吴某对于土地的性质及用途明确知晓，却故意向林某及XB公司隐瞒重要情

况，恶意磋商，企图以一块不可能进行城市更新的地块在市场上招摇撞骗，骗取、侵吞保证金。

XB公司及林某发现上述情况后，拒绝与陈某、吴某签订正式合作协议，决定退出项目合作，XB公司基于××工业区旧改项目合作框架意向书要求林某退还保证金，随后林某通知陈某、吴某退还保证金，二人至今拒不退还。

综上所述，陈某、吴某违反前合同义务，故意隐瞒本项目的重要事实，与林某及XB公司恶意磋商。根据原《合同法》第42条的规定："当事人在订立合同过程中有下列情形之一，给对方造成损失的，应当承担损害赔偿责任：(一)假借订立合同，恶意进行磋商；(二)故意隐瞒与订立合同有关的重要事实或者提供虚假情况；(三)有其他违背诚实信用原则的行为。"①陈某、吴某应当承担缔约过失责任，向林某退还保证金、支付利息及律师费。

【陈某、吴某主张】我方在缔约、履约过程中均不存在任何过错。我方就涉案地块的缔约、履约均与林某无关。林某提交的深圳市规划和自然资源局龙岗管理局出具的复函只答复涉案地块部分涉及土地整备计划范围，并不证明涉案地块不可以进行更新改造，事实上在2015年5月27日深圳市龙岗区人民政府办公会议纪要已经明确该地块已经调出土地整备计划，不影响我方与CS公司履行合作开发计划。深圳市规划和自然资源局发布的《深圳市2017年度土地整备计划》已经明确涉案地块不再列入土地整备计划范围，法定图则以公示的方式明确了各项开发指标，进一步证明涉案地块具备开发和履约条件。林某与我方之间从未有任何缔约意向，更遑论缔约过失责任，请求法院驳回林某的全部诉讼请求。

【CS公司主张】涉案旧改项目在我司与KD公司签订合作协议时为可履行的项目，林某所提交的深圳市规划和自然资源局龙岗管理局的复函仅表明该片地块部分纳入了整备计划，但根据2017年深圳市规划和自然资源局所公布的2017年度土地整备计划，该片区土地已从整备计划中删除。林某因自身原因不能履行协议，应承担相应责任。

(二)涉案合作方是谁，陈某、吴某应向谁返还保证金

【林某主张】

1.陈某、吴某与CS公司之间的合作关系与本案无关

2015年12月5日，CS公司与陈某、吴某签订城市更新项目合作框架协议，约定CS公

① 即《民法典》第500条："当事人在订立合同过程中有下列情形之一，造成对方损失的，应当承担赔偿责任：(一)假借订立合同，恶意进行磋商；(二)故意隐瞒与订立合同有关的重要事实或者提供虚假情况；(三)有其他违背诚信原则的行为。"

司于协议签订后15个工作日内支付600万元保证金给陈某、吴某，保证金收到后协议生效。期限届满，CS公司未付款。

2016年1月1日，CS公司与陈某、吴某签订补充协议书，约定保证金支付时间延期至2016年1月8日。期限届满，CS公司未付款。

2016年1月8日，CS公司又与陈某、吴某签订备忘录，约定原框架协议有效，但若在2016年3月30日之前CS公司没有完成取得银行的授权证明及地质勘探报告等工作且没有按期交纳履约保证金，框架协议自动失效。

直至2016年3月30日，CS公司没有取得银行的授权证明及地质勘探报告等工作并交纳履约保证金，框架协议已经失效。此时，双方并未就上述合作签订进一步的补充协议或备忘录，证明双方已经没有合作意向，CS公司与陈某、吴某的合作关系就此终结，双方之间不存在任何有效的合作关系。

综上所述，基于合同的相对性，陈某、吴某与CS公司之间任何形式的合作均与林某不存在任何法律关系。涉案项目的合作方为林某。

2.林某与CS公司之间不存在任何有效的合作关系

第一，林某与CS公司之间从未签订任何协议或合同。

第二，合作协议系两个案外人之间的合同，基于合同的相对性，与林某或被告没有任何关系，当然也与本案无关。

第三，CS公司在林某与XB公司签订合作协议时，其与陈某、吴某的框架协议已经失效，且合作协议中约定的合作内容至今也并未得到任何的实施，双方均没有履行城市更新开发的任何工作。

第四，林某与KD公司之间不存在任何法律上的关系，林某并非KD公司的股东或法定代表人，KD公司的行为与林某无关。

综上所述，CS公司并非本项目合作方，陈某、吴某应向林某返还保证金。

【陈某、吴某主张】林某与我方之间不存在缔约关系。就涉案地块的开发，我方于2015年12月5日与CS公司签订了城市更新项目合作框架协议，并于2016年1月1日和8日分别签订补充协议书和备忘录。2016年4月11日，CS公司按照协议约定将履约保证金600万元付给我方，款项通过林某账户支付，我方开具收款收据。我方与CS公司亦按照协议约定成立了项目公司履行义务。以上事项均与林某及XB公司无关，唯前述履约保证金600万元系林某支付，但该款项的支付不能证明林某与我方之间存在合作开发涉案土地的意向，我方对林某及XB公司就涉案地块签署相关合作协议毫不知情。综上所述，就涉案地块的合作开发，陈某、吴某只与CS公司协商并书面达成合作开发框架协议，从来没有与林某或XB公司有过协商或达成合作协议，林某支付的履约保证金为代CS公司支付，其权利义务由CS公司承担。从常识判断，涉案地块11，000平方米，建筑面积23，900平方米，即使按每平方米1万元计其价值也达2 个多亿元，不可能仅达成口头合作意向。何况我方已经与CS公司签署并履行合作开发框架协议，CS公司又与林某实际控制的KD公司就同一地块签署了合作协议（该事实我方事先不知情）。林某诉称与我方口头达成合作意向开发涉案地块既违反事实，亦有悖常理。因此，林某为代CS公司支付涉案地块的履约保证金600 万元，如果意图追索履约保证金，CS公司才是适格主体，林某无权提出要求。

【CS公司主张】我司对林某、陈某、吴某之间是否就深圳市龙岗区坂田××工业区旧改项目达成协议不清楚。依我司与KD公司2016年4月10日所签订合作协议的约定，林某在2016年4月11日向陈某、吴某分别支付300万元系代我司履行支付履约保证金的义务。

四、裁判要旨

（一）原被告之间成立何种法律关系

林某以缔约过失责任为由提起本案诉讼，但现有证据不足以证明林某、陈某及吴某之间达成了订立合同的约定，故本案案由应为不当得利纠纷。

（二）陈某、吴某是否应返还保证金以及向谁返还保证金

陈某及吴某确认收到了林某支付的款项600万元，但辩称该款系林某代第三人CS公司支付的履约保证金，林某不是追讨履约保证金的适格主体，且陈某及吴某在与CS公司的缔约、履约中不存在任何过错，故无须向林某退回款项。对于陈某及吴某的抗辩理由是否成立，分析如下：

首先，陈某及吴某与CS公司所签订的深圳市龙岗区××城市更新项目合作协议及其补充协议、备忘录均未约定由林某代CS公司支付履约保证金，陈某及吴某或CS公司也未能提交证据证明林某同意代CS公司支付履约保证金并且相应的法律后果由CS公司承担。

其次，根据备忘录的约定，若CS公司在2016年3月30日前没有按期交纳履约保证金，所签合作框架协议自动失效。依该项约定，林某2016年4月11日向陈某及吴某支付履约保证金时，陈某及吴某和CS公司之间的合作框架协议已经失效。

再次，CS公司与陈某及吴某存在合作开发涉案地块的关系，不能排除双方具有利害关系，CS公司辩称案外人KD公司系林某实际控制的公司，林某的付款行为是履行KD公司与CS公司所签合作协议约定的义务，但未能提交合作协议原件予以核对，该合作协议

的真实性无从考察，退一步说，即便合作协议真实有效，现有证据仍不足以证明林某的付款行为是履行合作协议中KD公司的付款义务，且该协议未就退回履约保证金作出具体约定，林某作为实际付款人要求陈某及吴某退回款项，符合诚实信用原则。

最后，陈某及吴某辩称其并不知晓林某参与涉案地块的合作开发，直至XB公司向其抄送律师函，但根据林某提交的微信聊天记录以及银行流水，陈某在2016年4月11日12时31分催促林某“时间不等人，快决定吧”，林某回复“已经在安排转账，公对私要二点办托”“公司已经完成全部审批手续”；随后15时6分，陈某将收款账号告知林某，林某随即转账支付了600 万元。纵观该交易过程，陈某直接催促林某付款而非催促CS公司，在已与CS公司订立合作开发框架协议的前提下，陈某及吴某辩称不知晓林某意图参与涉案地块的合作开发却催其付款，有悖常理。

综上所述，陈某及吴某应退还林某履约保证金。

五、借鉴意义

（一）投资方之间的关系需及时理顺

本案中，实际投资方为XB公司，林某作为中介方，与陈某及吴某达成合作意向，款项从XB公司流向林某，再由林某流向陈某、吴某，林某与XB公司之间签有协议，而林某作为最终付款方却没有与陈某及吴某签订任何书面协议，并未以任何方式对付款款项的用途、性质进行约定，导致合作关系破裂。纠纷发生时，对事实情况难以还原，取回款项存在种种障碍。因此，开发商在合作过程中，应就具体的事项签署协议并明确付款的性质，避免口头协议的情况。

（二）投资项目之前应进行全面的尽职调查

本案中，开发商拟投资该项目前，涉案地块处于土地整备范围内（虽然后来被移出），不具备城市更新的条件。开发商委托了专业机构进行了前期尽调，并向国土部门查询土地性质，对土地开发可能性及风险进行了全面分析，从而做出了放弃项目合作的决议。

因此，开发商投资项目前应尽到审慎义务，尽量委托专业机构进行全面尽职调查，以保证项目的顺利进行及避免额外的风险及成本产生。

第六章 合同效力纠纷

案例14：A村委会与B公司股权及土地使用权转让纠纷案

一、案例要素

当事人	一审原告、二审被上诉人、原再审被申请人、再审申请人	A村委会
	一审被告、二审上诉人、原再审申请人、再审被申请人	B公司
	一审被告、二审上诉人、原再审申请人、再审被申请人	甲
	一审被告、二审上诉人、原再审申请人、再审被申请人	乙
	一审第三人、原再审申请人、再申被审请人	丙
	原审第三人	C企业
所在项目	某村土地使用权转让项目	
争议类型	合同效力纠纷	
案由	合同纠纷	
核心法律问题	村民会议未集体表决是否会影响合同效力	

二、基本案情

1991年9月3日，A村委会出资人民币150万元成立C企业，企业性质为集体所有制。1991年10月18日，A村委会以该集体企业名义与某经济发展公司（出让单位）订立土地有偿出让合同。合同约定该经济发展公司将某村约10万平方米的用地出让给C企业（经查，该土地至今未取得产权证）。C企业遂在合同签订后分五次汇款，共计2500万元。1995年11月29日，A村委会又以该集体企业名义作为丙方与甲方深圳市规划国土局某分局、乙方深圳市某区村民委员会共同订立征地协议；协议确定前述出让土地所有权归国家，丙方支付给乙方的买地款视作甲方征用上述土地应付的全部征地补偿费和出让地价中应返回村镇的市政配套费，此后，甲方可自行安排丙方或者其他建设单位使用该地。

2002年9月2日，A村委会在未取得前述相关土地使用权证的情况下，与B公司订立项目及股权转让合同书，该合同涉及上述征地协议项下土地使用权转让和C企业股权转让两部分内容，转让价格为1000万元，同时明确此次转让资产仅限于商住项目，其他债权债务仍由A村委会承担，B公司负责商住项目所欠前述某经济发展公司2000万元及补交地价款，并承担股权转让后经营产生的债权债务。A村委会、B公司、C企业及其法定代表人均在合同上签章。事后，A村委会依据该合同书向B公司收取部分转让款。

2002年9月27日，A村委会下发关于村委会与C企业脱钩的决定，决议将村办集体企业评估后出让给员工个人，公司变更为私营有限责任公司，村委会对公司不再承担任何责任。2002年10月15日，C企业向A村委会提交关于C企业改制方案的请示，要求按评估公司净资产数额，将公司整体出让给甲和乙，公司与村委会脱钩，并规范登记为有限责任公司。2002年10月16日，A村委会作出同意批复。同日，C企业与甲、乙签订产（股）权转让协议书。

2002年10月16日，B公司在未完全履行合同、未办理股权变更登记、未依法取得股权的情况下，以办理股权变更登记为由利用C企业已交付的证照、公章与甲、乙订立产（股）权转让协议书，将C企业股权以及包括上述土地使用权在内的全部资产以150万元的价格转让。A村委会在得知该情况后多次致函工商局要求制止该行为。2002年10月28日，B公司申请工商变更登记，将C企业变更为有限责任公司。2004年8月6日，B公司又与A村委会签订协议书，对双方于2002年9月2日签订的项目及股权转让合同书项下未支付款项如何支付作了重新约定。

2004年8月18日，乙与丙签订了股权转让合同，以60万元的价格将其持有的C企业40%的股权转让。2004年8月20日，甲申请变更工商登记，将C企业股东变更为甲占股60%、丙占股40%。A村委会再次致函工商局要求恢复C企业集体所有制性质，确保村委会的集体利益不受侵犯和损害。

2005年4月18日，A村委会起诉至广东省某县人民法院，请求确认案涉项目及股权转让合同书及产（股）权转让协议书为无效合同，C企业仍归村委会所有。县人民法院经审理支持了原告的诉讼请求。一审判决作出后，被告B公司与甲、乙共同提起上诉。2006年1月6日，广东省某市中级人民法院经审理作出维持原判的终审判决。随后，二审上诉人又向该广东省某市中级人民法院申请再审，再审法院于2007年3月29日撤销了一审、二审判决。就此判决，A村委会又向广东省高院提出再审申请，该院于2010年11月25日作出终审判决，裁判内容基本维持二审判决。

三、争议焦点

（一）本案所涉合同效力问题

【A村委会主张】项目及股权转让合同书及产（股）权转让协议书以合法形式掩盖非法目的，违反法律禁止性规定，恶意串通损害国家集体利益，应依法认定自始无效。而依前述合同产生的协议书和股权转让合同亦无效。

【B公司、甲、乙、丙主张】案涉合同均为有效合同。

（二）C企业性质问题

【A村委员会主张】C企业原为集体企业，2002年9月27日，村委员会作出关于村委会与C集体企业脱钩的决定，决议将村办集体企业评估后出让给员工个人，公司变更为私营有限责任公司，村委会对公司不再承担任何责任。

四、裁判要旨

（一）本案属确认之诉，原审法院并未违反最高人民法院关于级别管辖的程序规定

A村委会向原审法院提起的是请求判令股权转让系列协议无效以及判令C企业仍归其所有的确认之诉，且其系以C企业注册资金150万元作为标的数额。而《最高人民法院关于案件级别管辖几个问题的批复》第1条规定："如当事人在诉讼请求中明确要求全部履行合同的，应以合同总金额加上其他请求金额作为诉讼标的金额，并据以确定级别管辖；如当事人在诉讼请求中要求解除合同的，应以其具体的诉讼请求金额来确定诉讼标的金额，并据以确定级别管辖。"该批复只对要求履行合同或解除合同情形下如何确定诉讼标的额及据此确定级别管辖作出了规定，但并未对要求确认合同无效情形下如何确定诉讼标的额及据此确定级别管辖作出规定，因此，原审受理A村委会提起的确认股权转让系列协议无效，及C企业（注册资金150万元）归其所有的确认之诉，均不属于上述两种规定情形，并未违反最高人民法院关于级别管辖的程序规定。2002年9月2日项目及股权转让合同中虽然约定有"由该商住项目所在地法院管辖"的协议管辖条款，但同时基于该股权转让而产生的且于2002年10月16日订立的产（股）权转让协议中又约定有"由当地法院管辖"的协议管辖条款，另2004年8月18日签订的股权转让合同中约定有"可申请仲裁或向法院起诉"的协议管辖条款，由此可见，上述几份协议对于协议管辖的约定并不一致，应视为协议管辖不明确。依照《最高人民法院关于适用〈中华人民共和国民事诉讼法〉若干问题的意见》第24条"选择管辖的协议不明确或者选择民事诉讼法第

二十五条规定的人民法院中的两个以上人民法院管辖的，选择管辖的协议无效，依照民事诉讼法第二十四条的规定确定管辖”的规定，上述协议的选择管辖约定无效。而本案所涉及的是C企业的股权转让纠纷，其合同履行地应为企业工商注册登记地，则依照《中华人民共和国民事诉讼法》（以下简称《民事诉讼法》）第24条“由被告住所地或合同履行地人民法院管辖”的规定，原审法院作为合同履行地法院对本案享有管辖权。

（二）本案涉及工商变更登记问题，属“民行交叉”案件，但处理时仍应先通过民事审判确定基础民事行为的效力

B公司在与A村委会签订股权转让协议后通过办理工商变更手续将C公司股权变更登记至甲、丙名下，该行为实质属于民事关系（股权转让民事行为）与行政关系（工商变更登记具体行政行为）交织在一起的行为。对此类行为提起诉讼是“民事先行”还是“行政先行”，目前程序法并无明确规定，应具体情况具体分析及处理。

本案中，股权工商变更登记的具体行政行为是以当事人股权转让的民事行为为基础作出的，在此情况下民事审判对于基础民事行为应有优先审判权。因为本案所涉及的具体行政行为系行政确认（行政登记），行政确认并不创设权利、不增加义务、对相对人不直接产生约束力和强制执行力，其只是对当事人意思表示的法律事实的确认。因此，本案中有关股权工商变更登记的具体行政行为只是对之前当事人股权转让的基础民事行为的确认。现当事人对于股权转让的基础民事行为发生争议，该基础民事行为的效力只能先通过民事审判才可予以确认，通过民事审判确定的该基础民事行为的效力决定着以此为基础的具体行政行为的效力。因此，本案A村委会起诉确认股权转让行为无效，人民法院应先予受理并作出相应实体认定。此后当事人可依据该认定进行相应的行政诉讼。

（三）案涉合同均无效

一审法院审理认为，A村委会与B公司于2002年9月2日签订的项目及股权转让合同书，以股权转让和合法形式掩盖非法转让未取得产权证的土地为目的，违反了法律禁止性规定，恶意串通，损害国家集体利益，依法应认定无效。此外，C企业原为集体所有制企业，其所有权归A村委会村民集体所有，其股权变更以及产权转让事宜未经村民会议决议通过，亦应认定无效。至于A村委会与B公司于2004年8月6日签订的协议书，是依据双方于2002年9月2日签订的项目及股权转让合同书补充达成，因项目及股权转让合同书无效，此协议书亦当然无效。而B公司在未办理股权变更登记、未依法取得股权的情况下，以办理股权变更登记为由，利用C企业已交付的证照、公章，在未取得A村委会同意的情况下，与甲、乙订立的产（股）权转让协议书不成立。与此相对应，乙依据不成立的

产（股）权转让协议书再次转让股权的行为无效，相关的股权转让合同亦无效。

二审法院审理认为，2002年9月2日，A村委会与签订的项目及股权转让合同书，实质是以股权转让的形式转让尚未取得权属证的土地使用权，已违反《城市房地产管理法》第38条第6项关于“未依法登记领取权属证书的房地产不得转让”的强制性规定；且依据现有证据可证实C企业在工商登记为集体性质，则其公司财产属于A村委会村民集体利益，但村委会在签订上述合同过程中未经村民会议讨论决定，亦已违反《中华人民共和国村民委员会组织法》（以下简称《村民委员会组织法》）第24条关于涉及村民利益的事项，村民委员会必须提请村民会议讨论决定的强制性规定，故依照原《合同法》第52条第3项、第5项[①]的规定，该项目及股权转让合同应认定为无效。因项目及股权转让合同无效，则其后基于该合同而产生的2002年10月16日产（股）权转让协议、2004年8月6日协议书、2004年8月18日股权转让合同均丧失了生效的前提。原审对于上述合同的效力认定及处理有事实和法律依据，应予维持。

再审法院基本支持前述二审判决，并在其基础上做了补充：《中华人民共和国国乡村集体所有制企业条例》（以下简称《乡村集体所有制企业案例》）第18条第1款规定，企业财产属于举办该企业的乡或者村范围内的全体农民集体所有，由乡或村的村民大会或者集体经济组织行使所有权。本案C企业为集体所有制企业，为全体村民所有，作为基层群众自治组织，A村委会无权自行处置本应由村民大会或者集体经济组织决定的事项。据此，案涉项目及股权转让合同书及随后基于该合同产生的协议书、产（股）权转让协议书、股权转让合同均无效。

五、借鉴意义

深圳在数次城市化征转地过程中，原农村土地形成了复杂的权属状态，而在城市更新的大背景下，村集体物业和土地是核心组成部分，城中村改造依然是城市更新的主战场，村股份合作公司更是城市更新项目的主要参与主体。近年来，对于村集体资产保护的力度加大，深圳市不仅规定了集体资产参与城市更新必须履行“四会”或是“三会”决议程序，同时明确了参与集体资产交易需通过交易平台交易并以投标、竞争性谈判等方式进行，为证明决议通过的真实性，通常需委托公证处对会议召集及表决通过情况进行公证。未履行上述程序的，交易的合法合规性将存在问题，导致交易的无效。据此，无

---

① 即《民法典》第153条第1款：“违反法律、行政法规的强制性规定的民事法律行为无效。但是，该强制性规定不导致该民事法律行为无效的除外。”

论是房屋还是土地使用权等标的流转，抑或是合作等方式，在涉及村股份合作公司的交易中，开发商应及时查明合作所涉标的物权属状态、履行集体资产交易流程，以免影响整个交易的效力。

而且，在司法实践中，对涉农土地合作开发合同效力问题，除《村民委员会组织法》《乡村集体所有制企业条例》等上位法规定外，广东省高级人民法院2017年也发布了《广东省高级人民法院关于审理建设用地使用权合同纠纷案件的指引》，该指引第19条规定："农村集体建设用地流转、集体留用地的转让等属于涉及村民利益的重大事项，根据村民委员会组织法第二十四条的规定，应当经过村民委员会或者村民代表会议讨论决定"。

案例15：魏某、曾某确认合同无效纠纷案

一、案例要素

当事人	上诉人（原审被告）	魏某
	被上诉人（原审原告）	曾某
	原审被告	L公司
所在项目	罗湖区湖贝片区城市更新项目	
争议类型	合同效力纠纷	
案由	确认合同无效纠纷	
核心法律问题	无权代理情形下夫妻一方处分共有财产所签合同的效力	

二、基本案情

1990年11月28日，曾某与魏某登记结婚。双方共同拥有深圳市罗湖区某房产，该房产为准成本商品房，登记的权利人为曾某和魏某，各占1/2的产权。

2016年4月18日，魏某作为乙方与甲方L公司签订了深圳市罗湖区湖贝片区城市更新项目东片区房屋（住宅）搬迁补偿安置协议（以下简称搬迁补偿安置协议）。魏某在未经妻子曾某同意的情况下，在落款乙方处签署了曾某的名字和身份证号码。搬迁补偿安置协议确认涉案房屋系有产权证的非市场商品房（绿本），应补偿面积为137.64平方米，临时安置补助费每月共计人民币7527.10元。该涉案房屋现已被拆除。

2018年8月，曾某向人民法院起诉，请求确认L公司与魏某签订的搬迁补偿安置协议

无效。一审判决支持了曾某的诉讼请求，认定协议无效。一审判决作出后，魏某不服判决并提起上诉，二审法院于2019年1月4日作出维持原判的生效判决。

三、争议焦点

无权代理情形下处分夫妻共有财产是否会影响合同效力。

【曾某主张】原审两被告签订的搬迁补偿安置协议在形式上具有重大瑕疵，且两被告恶意串通，损害原告的合法利益，故该协议应属无效合同。

首先，罗湖区人民政府与L公司签署深圳市湖贝片区城市更新项目罗湖区政府所属物业拆迁补偿框架协议，依据该协议，L公司将承担湖贝片区的城市更新项目。2016年4月18日，被告魏某在原告不知情的情况下，伪造原告的签名私自与被告L公司签订搬迁补偿安置协议，涉案房屋的补偿款由被告魏某占为己有，原告不服该搬迁补偿安置协议，多次找到被告L公司要求给予补偿安置。但是被告L公司却对原告的要求置之不理，更是拒绝向原告提供两被告签订的搬迁补偿安置协议。依据《城市房屋拆迁管理条例》第13条的规定："拆迁人与被拆迁人应当依照本条例的规定，就补偿方式和补偿金额、安置用房面积和安置地点、搬迁期限、搬迁过渡方式和过渡期限等事项，订立拆迁补偿安置协议。"而条例中规定，被拆迁人指被拆迁房屋的所有人，本案中的原告和被告魏某作为涉案房屋的共有人，均具有被拆迁人的身份，故拆迁人应当与产权人进行充分协商，签署补偿协议。由于本案中涉及的拆迁房屋是原告与被告魏某的共同财产，鉴于夫妻间的"日常家事代理权"并不能涵盖本案中拆迁补偿安置协议签订事宜，故未经原告同意，被告魏某无权单独处分，该份搬迁补偿安置协议无效。

其次，被告L公司在明知该房屋属于原告的财产且被告魏某无权代理的情况下，仍然与其签订拆迁补偿合同，其主观上具有重大过错，且明显具有恶意，两被告的行为严重损害了原告的利益。由于签订搬迁补偿安置协议前并没有取得原告的授权，事后，原告对其签订的合同又不予追认，由此可见被告魏某属无权代理。根据原《合同法》第48条第1款的规定："行为人没有代理权、超越代理权或者代理权终止后以被代理人名义订立的合同，未经被代理人追认，对被代理人不发生效力，由行为人承担责任。"①因被告魏某属于无权代理行为，故该搬迁补偿安置协议应属无效合同。

最后，本案被拆迁房屋是货币补偿还是房屋产权调换，关系被拆迁房屋做何种处

---

① 即《民法典》第171条第1款："行为人没有代理权、超越代理权或者代理权终止后，仍然实施代理行为，未经被代理人追认的，对被代理人不发生效力。"

分，作为被拆迁人享有选择权，在被拆迁人未能协商一致选择何种方式补偿的情况下，被告魏某作为被拆迁人之一无权擅自处分被拆迁房屋。原《中华人民共和国物权法》（以下简称《物权法》）第97条规定："处分共有不动产或者动产以及对共有的不动产或者动产作重大修缮的，应当经占份额三分之二以上的按份共有人或者全体共同共有人同意，但共有人之间另有约定的除外。"①被告魏某在处分该被拆迁共有房屋时，未经原告的一致同意，其擅自处分被拆迁房屋，属于无权处分行为，其签订的搬迁补偿安置协议当然无效。

【魏某主张】搬迁补偿安置协议有效，原告不享有涉案房屋产权。因为房产是本人与原配妻子古某于1988年11月7日向罗湖区房管局申请购买，并于1989年1月27日与罗湖区房管局签订深圳经济特区职工住房买卖合同。后原妻于1990年7月病故，本人与原告于同年11月登记再婚，1993年8月办理了绿本房产证，当时本人只在房产转移登记申请书上"受让方"填写了本人一人的名字，原告应该是通过隐瞒真实情况，非法添加受让方"曾某"及提供相关资料骗取房产登记机关的登记，实属登记错误。本人提供的证据足以证明原告未享有合法购房资格，而是通过隐瞒真实情况骗取登记，办理的房产证是无效的。

四、裁判要旨

涉案搬迁补偿安置协议无效。

一审法院审理认为，根据原《物权法》第17条的规定："不动产权属证书是权利人享有该不动产物权的证明。"②涉案房产的产权证记载深圳市罗湖区某房产为曾某和魏某各占1/2的产权，故曾某系拥有涉案房产1/2产权的权利人。魏某确认在搬迁补偿安置协议上曾某的签字系其代签。曾某并未授权魏某代为签署该搬迁补偿协议，并且事后也并未对于魏某的代签行为予以追认，故该搬迁补偿安置协议对曾某不发生效力。而L公司在明知涉案房产产权证上有两个权利人，且各占1/2产权的情况下与魏某签署搬迁补偿安置协议，存在明显的过错，属于为了其自己的利益而串通魏某损害原告利益的行为。原告主张两被告恶意串通，损害原告的合法利益，理由成立，本院予以采纳。

二审法院审理认为，根据原《合同法》第48条之规定，行为人没有代理权以被代理人

---

① 即《民法典》第301条："处分共有的不动产或者动产以及对共有的不动产或者动产作重大修缮、变更性质或者用途的，应当经占份额三分之二以上的按份共有人或者全体共同共有人同意，但是共有人之间另有约定的除外。"

② 即《民法典》第217条："不动产权属证书是权利人享有该不动产物权的证明。不动产权属证书记载的事项，应当与不动产登记簿一致；记载不一致的，除有证据证明不动产登记簿确有错误外，以不动产登记簿为准。"

名义签订合同，事后未经得被代理人同意的，合同对被代理人不产生效力。本案中，根据原《物权法》的相关规定，上诉人与被上诉人对涉案房产各享有50%的权利。上诉人在未取得被上诉人授权的前提下在搬迁补偿安置协议上签字，且事后未取得被上诉人的追认，其代理签字行为对被上诉人不产生效力。根据原《物权法》的相关规定，处分共有财产应征得2/3以上的按份共有人或者全体共有人同意，因上诉人只占50%的份额，故其处分行为无效，因此，一审法院认定上诉人与原审被告签署的搬迁补偿安置协议应认定为无效协议，处理正确，本院予以维持。

五、借鉴意义

开发商与被搬迁物业权利人签署搬迁补偿安置协议时，应审慎核查权属情况，如存在物业共有权利人的情况下，应取得全部权利人的同意并签名。如确有必要采取授权签署的方式签署搬迁补偿安置协议的，应要求委托方出具公证的授权委托书。

案例16：张某、李某与王某房屋买卖合同纠纷案

一、案例要素

当事人	申请人（反请求被申请人）	张某、李某
	被申请人（反请求申请人）	王某
所在项目	某城中村城市更新项目	
争议类型	合同无效纠纷	
案由	房屋买卖合同纠纷	
核心法律问题	城市更新政策下集体土地变性对房屋买卖合同效力的影响	

二、基本案情

2013年12月11日，申请人张某、李某作为甲方，与作为乙方的被申请人王某签订了J片区房屋买卖合同（以下简称房屋买卖合同），约定甲方将位于深圳市坪山新区某村的私宅房产（以下简称涉案房产）转让给乙方，转让成交价格为人民币270万元。次日，王某将270万元房屋转让价款一次性支付给张某、李某。

2014年10月29日，涉案房产所在的地块被深圳市规划和国土资源委员会（以下简称

深圳市规土委）列入深圳J片区城市更新单元范围。2014年11月18日，A公司被确认为J片区城市更新项目一期的实施主体，随后，A公司与被申请人王某签订了拆迁补偿协议，并于2016年4月拆除了涉案房产。经查，王某实际上是受A公司委托代为收购涉案片区房产，而李某、张某对此自始知情。

2016年9月，张某、李某以涉案房产的土地用途是村民住宅用地，涉案房产是村民自建房屋，双方以签订的房屋买卖合同违反了《中华人民共和国土地管理法》（2004年修订，以下简称《土地管理法》）第63条为由向仲裁机构提起仲裁，请求确认合同无效，返还涉案房产。被申请人王某则以申请人没有履行房屋买卖合同的约定构成违约为由提出反请求，请求申请人限期履行房屋买卖合同（将附着涉案房产的户口迁出，配合办理涉案房产的权证注销手续）并支付约定的违约金。

三、争议焦点

（一）房屋买卖合同是否因涉案房产的土地用途是村民住宅用地，涉案房产是村民自建房屋而无效

【张某、李某主张】涉案房产是张某、李某使用宅基地自建的房屋，根据涉案房产的不动产登记证书，土地用途是村民住宅用地，涉案房产为非市场商品房，不得买卖。《土地管理法》（2004年修订）第63条规定："农民集体所有的土地的使用权不得出让、转让或者出租用于非农业建设。"结合原《合同法》第52条第5项关于"违反法律、行政法规的强制性规定"的合同无效的规定①，双方签订的房屋买卖合同无效，被申请人应返还涉案房产并支付相关费用。

【王某主张】涉案合同并非普通的房屋买卖合同，而是建立在城市更新改造基础上的房产收购协议，依法有效。

首先，根据《深圳市宝安龙岗两区城市化土地管理办法》《中华人民共和国土地管理法实施条例》以及涉案房产的房地产证，涉案房产所在土地的用地性质已变更为二类居住用地，属于国有土地。

其次，《广东省高级人民法院关于审理农村集体土地出让、转让、出租用于非农业建设纠纷案件若干问题的指导意见》（粤高法发〔2001〕42号）第13条规定："当事人在签订出让、转让、出租农村集体土地合同时，所涉集体土地虽然没有经依法批准为建设用地，

---

① 即《民法典》第153条第1款："违反法律、行政法规的强制性规定的民事法律行为无效。但是，该强制性规定不导致该民事法律行为无效的除外。"

但在起诉前已经被依法批准为建设用地的，不影响合同的效力。”而涉案房产所在土地正是在申请仲裁前已依《深圳市规土委关于批准〈J片区更新单元规划〉的通知》及《深圳市规土委P管理局关于B公司政府信息公开申请的复函》被依法批准为建设用地。

最后，涉案合同完全符合《深圳市城市更新办法》及《深圳市城市更新办法实施细则》的相关法规，合法有效：

1.根据《深圳市城市更新办法》第2条的规定，本办法所称城市更新，是指由符合本办法规定的主体对特定城市建成区（包括旧工业区、旧商业区、旧住宅区、城中村及旧屋村等）内具有相关情形之一的区域，根据城市规划和本办法规定程序进行综合整治、功能改变或者拆除重建的活动。

2.《深圳市城市更新办法实施细则》第46条规定，城市更新单元内项目拆除范围存在多个权利主体的，所有权利主体可通过“（一）权利主体以房地产作价入股成立或加入公司。（二）权利主体与搬迁人签订搬迁补偿安置协议。（三）权利主体的房地产被收购方收购”的方式将房地产的相关权益移转到同一主体后，形成单一主体。该实施细则第53条规定：“权利主体与搬迁人签订搬迁补偿安置协议时，应在协议中约定相应房地产权益由搬迁人承受，并在办理房地产权属证书注销之前向搬迁人提交被搬迁房屋的房地产权属证书及注销房地产权属证书委托书……”

3.涉案房屋买卖合同第8条第3款明确规定，合同签订后，甲方（申请人）对该房地产的使用、收益、出租、买卖、占有等权利一并转让给乙方（被申请人）；甲方保证乙方享有同甲方相同的居住使用等权利，甲方不得就该房地产与他人订立买卖合同；甲方保证配合乙方办理房屋拆迁、房产证注销等相关手续。可见涉案合同并非普通的房屋买卖合同，而是建立在城市更新改造基础上的房产收购协议。

（二）王某是否有购房资格

【张某、李某主张】申请人主张被申请人不具有涉案房产所在村的村民身份，身份主体不符合受让房屋的法定条件。

【王某主张】涉案房产的实际买受人为A公司，申请人张某、李某对此始终知情，而A公司也被依法确认为一期建设的实施主体，有权自行收购或委托他人代为收购涉案房产。

四、裁判要旨

仲裁机构认为，涉案房屋买卖合同有效，申请人应配合被申请人办理涉案房产的房地产注销相关手续，具体理由如下：

（一）涉案集体土地已变更为国有土地，房屋买卖合同有效

1.城市更新政策下，涉案集体土地已变更为国有土地

根据《深圳市规土委关于批准〈J片区更新单元规划〉的通知》及《深圳市规土委P管理局关于B公司政府信息公开申请的复函》，2014年10月29日，土地主管部门已经批准确定了涉案地块的功能定位及改造目标，拟将片区建设成为集住宅、商业、办公等功能复合的综合社区；涉案房产所在地块的法定图则上，用地性质代码为R2，用地性质为二类居住用地。根据《深圳市城市规划标准与准则》2.1及附录B之“深圳市城市规划标准与准则条文说明”2.1.6条之（2）关于“一类居住用地（R1）”和“二类居住用地（R2）”的说明，一类居住用地（R1）和二类居住用地（R2）主要是城市居民住宅用地，属于国有土地，由城市居民区的业主共有居住区的土地使用权。

2.相关司法解释就土地变更为建设用地情况下的合同效力作出了特殊规定

《广东省高级人民法院关于审理农村集体土地出让、转让、出租用于非农业建设纠纷案件若干问题的指导意见》第13条规定：“当事人在签订出让、转让、出租农村集体土地合同时，所涉集体土地虽然没有经依法批准为建设用地，但在起诉前已被依法批准为建设用地的，不影响合同的效力。”本案中，房屋买卖合同并非单纯的土地买卖，而是房屋买卖合同，房屋所占用土地原先虽为村民住宅用地，但申请人提起仲裁申请时该地块经国土主管部门批准，已具备开发条件，不具有违法将农民集体所有的土地使用权用于非农业建设的情形，并不违反《土地管理法》（2004年修订）第63条的规定。

（二）土地性质改变，不再要求房屋购买人具备特定身份

申请人主张被申请人不具有涉案房产所在村的村民身份，身份主体不符合法定条件问题是基于购买村民住宅用地的土地性质而言，现土地性质已经改变，购买人的特定身份要求亦不复存在。

五、借鉴意义

（一）借鉴裁决思路，在城市更新项目中灵活处理农民房买卖的确权问题

农村集体所有的土地不得用于非农业建设，农民住宅用地上房屋转让原本应属无效。但是，在本案中，由于涉案房产所在区域被纳入城市更新项目，且更新单元规划业经深圳市规土委审批通过，根据审批文件，土地性质已变更为国有土地，房屋买卖合同有效。

从开发商的角度看，农民房的买方通常是房屋的实际控制方，其配合程度直接影响城市更新项目的推进进度，但是，农民房的买方通常不具备购房资格，因此交易后无法办理权属转移登记手续，这也就给开发商在项目的注销房产证环节增加了障碍。在此情况下，如何处理农民房买卖的确权问题，到底是积极帮助买方确权，还是在风险可控的情况下直接同买方签约，我们可以借鉴上述裁决的思路：

《土地管理法》（2004年修订）第14条规定："土地所有权和使用权争议，由当事人协商解决；协商不成的，由人民政府处理。"因此，开发商若要积极帮助买方确权，需向人民政府提出，但是，在实践中，人民政府通常怠于处理上述争议，这给城市更新项目的进程带来较大的不确定性。

相反，如果认定买方为房屋权利人，直接同买方签约，在项目专规审批通过后，卖方再以违反《土地管理法》（2004年修订）第63条为由诉请房屋买卖合同无效的，可能得不到支持。在房屋拆除后诉请返还原物则更是无法得到支持。因此，建议在风险可控的情况下同农民房买方签约，当然，在签约时设置一定的风险控制条款仍是必不可少的。

（二）及时关注政策变化及相关解释文件

本案房屋买卖合同有效是建立在城市更新改造基础上的。因此，土地政策的变化、相关建设规划项目的确定都影响着交易主体的判断，交易风险也随之会有所变化。因此，除了借鉴裁决思路解决确权问题，开发商也应在项目推进过程中及时关注政策信息动态，在遇到纠纷后有效利用实时信息来维护自己的权益。

案例17：殷某与N公司合同纠纷案

一、案例要素

当事人	申请人	殷某
	被申请人	N公司
所在项目	某拆除重建项目	
争议类型	合同效力纠纷	
案由	确认合同无效纠纷	
核心法律问题	房屋所有权退还补偿合同的效力	
	未依法登记领取权属证书的房地产作为转让标的是否导致合同无效	

二、基本案情

1992年，N公司向区政府报批建设工业区6号厂房及配套食堂。

1993年，N公司获批将食堂改建为单身公寓，原工业区建设规划室核发了涉案单身公寓2号楼的建设工程规划许可证。

1993年12月20日，N公司与Z公司签订合作建房合同，约定：N公司将其一块自留用地供Z公司兴建单身公寓；土地使用权30年，合同期满后，土地及地上建筑物无偿归N公司所有；Z公司兴建单身公寓，有关土地报建合法手续由N公司负责；Z公司在使用期内有权将其使用权出租或转让给第三方。

1994年8月12日，殷某与Z公司签订集资建房合同书，约定Z公司兴建单身公寓2号楼，殷某通过支付104，664元获得第六层605号房（涉诉房产）一居室的房屋使用权，使用期限为30年，集资者以本合同为依据享有该房使用权。

2011年5月31日，N公司就涉诉房产所在楼房发出房屋拆迁补偿通知书，通知书载明：N公司决定采取自行改造、整治与局部重建相结合的方式，对N公司部分建筑物推倒重建，涉诉房产属于推倒重建范围。

2011年8月20日，殷某与N公司签订房屋使用权退还补偿合同书，约定：殷某愿将涉诉房产向N公司退还，N公司以196，245元的补偿金额补偿殷某的实际损失；N公司严格执行拆除补偿方案，若2号楼其他房号的单位面积补偿价格高于本合同，N公司将向殷某补足其差额部分；拆除补偿方案对在2011年7月31日前签订退还补偿合同的房屋使用权人进行每套3万元的奖励；殷某收到N公司的全额补偿款的同时将房产及附属设施设备、装饰装修、与房屋使用权有关的所有资料原件、房屋钥匙等交付N公司。

后殷某反悔，向一审法院提起诉讼，以N公司欺诈为由请求确认房屋使用权退还补偿合同书无效及返还房屋钥匙和住户使用手册（正本）。一审法院判决驳回殷某的全部诉讼请求。

2016年1月11日，殷某向深圳市中级人民法院提起上诉，请求撤销一审民事判决，依法改判房屋使用权退还补偿合同书无效及返还房屋钥匙和住户使用手册（正本）。

2016年12月5日，二审法院判决驳回上诉，维持原判。

三、争议焦点

（一）合同签订是否存在欺诈

【殷某主张】（1）N公司存在合同目的欺诈。涉案房屋拆除重建属于政府更新重建项目，已进入主体审查阶段。N公司隐瞒真相不签订拆迁补偿协议，骗取殷某签订房屋使用权退还补偿协议。(2)关于合同价款欺诈。N公司骗称以后有更高价格补偿，即会补足差额，当殷某发现存在1万元到8万元不同标准的补偿价格时，要求N公司补偿，N公司置之不理。(3)关于合同主体和合同履行的欺诈。N公司与涉案房屋及土地不存在利害关系，仅是该地块的使用权人。合同实际履行主体是F公司，支付补偿款的也并不是N公司。

【N公司主张】(1)关于违背殷某真实意思表示。房屋使用权退还补偿合同书经双方充分协商后签订的，殷某签订后已收取N公司合作方支付的有关补偿款项，不存在欺诈。(2)关于合同价款。合同的补偿标准远高于殷某购买时的价格，且涉案房屋没有房产证，只有30年使用权，N公司与合作方按照当时的市场价给予补偿，其他人的补偿与本案无关。(3)关于合同主体欺诈。按照殷某与Z公司的约定，合同标的是房屋30年使用期，期满后N公司有权收回。因此，N公司与殷某签订合同时，涉案房屋所在地块的使用权人仍是N公司，不是F公司，F公司目前还在申报本项目的实施主体。

(二)合同是否违反法律、行政法规的强制性规定

【殷某主张】涉案房屋没有进行产权登记，没有产权登记的房屋买卖是法律不允许的。

【N公司主张】N公司在一审中提交了房屋的土地属性，政府批文是自留发展用地，N公司与Z公司的合作经过有关部门的报批、政府报建，涉案房屋虽然没有产权证，但已经过政府的合法报批、备案，涉案房屋属于合法建筑，涉案房屋的买卖行为合法。

四、裁判要旨

(一)殷某以欺诈、国家利益受损为由主张合同无效，缺乏事实依据

殷某提交的证据不足以证明其系受到欺诈而签订合同，更不能证明该合同的签订损害了国家利益，其以原《合同法》第52条第1项[①]为由主张合同无效，缺乏事实依据。

---

① 《合同法》第52条第1项："有下列情形之一的，合同无效：(一)一方以欺诈、胁迫的手段订立合同，损害国家利益。"即《民法典》第148条："一方以欺诈手段，使对方在违背真实意思的情况下实施的民事法律行为，受欺诈方有权请求人民法院或者仲裁机构予以撤销。"和《民法典》第150条："一方或者第三人以胁迫手段，使对方在违背真实意思的情况下实施的民事法律行为，受胁迫方有权请求人民法院或者仲裁机构予以撤销。"

（二）殷某以合同违反原《合同法》第52条第5项[①]为由主张合同无效，缺乏法律依据

《最高人民法院关于适用〈中华人民共和国合同法〉若干问题的解释（二）》第14条规定，原《合同法》第52条第5项规定的“强制性规定”是指效力性强制性规定。《房地产管理法》第38条第6项关于未依法登记领取权属证书的房地产不得转让的规定系管理性强制性规定，并非效力性强制性规定，合同内容违反该条规定并不必然导致无效的法律后果。

五、借鉴意义

本案土地具有使用权证，但地上建筑物未取得房地产证并进行了有期限转让，由此引发了权属争议。N公司采取了回购使用权并支付补偿款的方式取得了拟拆除房屋的使用权，即便后续房屋市场价发生了变化或存在补偿标准不一的情形，只要不存在法定的或合同约定的无效及可撤销情形，已签订的协议具有法律效力。

案例18：张某与S公司房屋拆迁安置补偿合同纠纷案

一、案例要素

当事人	上诉人（原审原告）	张某
	被上诉人（原审被告）	S公司
所在项目	某城市更新项目	
争议类型	合同效力纠纷	
案由	拆迁安置补偿合同纠纷	
核心法律问题	本案是否为房屋拆迁安置补偿合同纠纷	
	房屋产权人对房屋进行拆除重建类更新是否侵犯房屋出资人的财产权利	

二、基本案情

张某与其他村民共同集资兴建了某号厂房，该涉案厂房登记在S公司名下，S公司每年向张某颁发股份证，每年对其进行分红。

---

① 《合同法》第52条第5项：“有下列情形之一的，合同无效；（五）违反法律、行政法规的强制性规定。”即《民法典》第153条第1款：“违反法律、行政法规的强制性规定的民事法律行为无效。但是，该强制性规定不导致该民事法律行为无效的除外。”

2008年11月5日，S公司与F公司签订了合作开发改造协议书，约定F公司对S公司厂房所在地块及地上所有建筑物进行搬迁安置并承担拆迁费用和搬迁安置补偿费用，安置物业经协商同意选址在Z市（二审审理过程中，涉案厂房已拆除，但安置的厂房尚未建设）。

张某获悉上述协议后，向人民法院起诉S公司，认为S公司擅自签署合作开发改造协议书并同意F公司对涉案厂房及所在地块进行更新改造，侵犯了其依法享有的财产权利。

一审法院认为，张某与S公司未达成拆迁安置补偿协议，张某要求以拆迁安置补偿协议合同纠纷立案，不属于民事案件立案标准，依法不予受理。

张某不服后遂向中级人民法院提起上诉，请求中级人民法院指令一审法院立案审理。

二审法院于2016年12月7日裁定撤销一审民事裁定，指令一审法院立案受理。

三、争议焦点

（一）涉案厂房进行拆除重建类城市更新是否侵犯张某的财产权利

【张某主张】S公司擅自签署合作开发改造协议书并同意F公司对涉案厂房及所在地块进行更新改造侵犯了其依法享有的财产权利。

【S公司主张】（1）涉案厂房产权属于S公司，涉案厂房房产证证明产权属于S公司。（2）张某与S公司只存在一种股权关系，张某是S公司的股东。张某参加S公司募集股的行为已经过深圳市政府有关部门的行政审批备案，其成为S公司募集股股东同时也是合作股的股东，根据S公司募集股资金管理办法，S公司对募集来的股本金享有经营权，张某对募集股有转让、继承和收益分红的权利。因此，张某对S公司仅享有募集股的股权，张某交纳的募集股的股本金已由公司作为实收资本纳入整个公司的股份，张某对涉案厂房不享有物权，仅享有募集股的收益分红权。张某以拆迁安置补偿合同纠纷提起诉讼，没有任何事实依据。（3）涉案厂房已经S公司与第三方签订合作开发协议，经S公司内部股东代表大会审议通过，由公证部门出具了公证书，该协议合法有效。同时涉案厂房所在地块已经过2016年6月5日国土部门有关工业区城市更新，已列入城市更新规划，也通过了深圳市规划和自然资源局专项审批，现在涉案厂房城市更新项目已进入了实施主体的公示阶段，公示现已完毕，涉案厂房所在项目正在等待开工。

（二）该案是否属于房屋拆迁安置补偿合同纠纷

【张某主张】本案非原审所述的房屋拆迁安置补偿合同纠纷。

【S公司主张】张某对涉案厂房不享有物权，仅享有S公司的募集股的收益分红权。

张某以拆迁安置补偿合同纠纷提起诉讼，没有任何事实依据。

四、裁判要旨

（一）原审认定本案为房屋拆迁安置补偿合同纠纷有误

涉案厂房登记在S公司名下，张某与S公司并非拆迁人与被拆迁人的关系，原审认定本案为房屋拆迁安置补偿合同纠纷有误。

（二）原审不予受理有误

张某系依据其对涉案厂房的出资向S公司主张相关权利，原审法院不予受理张某的诉讼请求有误，裁定撤销一审民事裁定，指令一审法院立案受理。

五、借鉴意义

城市更新实践中，第三人对被搬迁房屋主张权利或认为拆迁行为侵害其权益的情况时有发生。本案中，法院最终对张某的诉讼请求予以受理，审理结果目前暂未获悉。为避免此类纠纷给开发商开展城市更新项目造成实质性影响，开发商在与房地产权利人签署拆迁安置补偿协议或合作协议前，首先，须对房地产权属情况进行审慎核查，识别可能产生的权属风险点；其次，履行法定的签约审批程序，取得相关权利人的同意；再次，协议中明确被搬迁方及合作方对于权属无瑕疵、无争议的承诺并约定相应的违约责任甚至公司的合同解除权；最后，保留协议签订及履行的证据，积极应对已产生的诉讼纠纷。

案例19：邓某甲与R公司、邓某乙确认合同无效纠纷案

一、案例要素

当事人	原告	邓某甲
	被告	R公司、邓某乙
所在项目	龙华新区S城市更新项目	
争议类型	合同效力纠纷	
案由	确认合同无效纠纷	
核心法律问题	无产权证物业权属认定	

二、基本案情

2015年4月9日，R公司与邓某乙就涉案房屋签订搬迁补偿安置协议，约定R公司对邓某乙享有权利的涉案房屋进行搬迁。2015年7月20日，R公司出具了权利人为邓某乙的签约明细表。

2018年11月9日，邓某甲向L区法院提起诉讼，请求确认搬迁补偿安置协议及签约明细表无效。邓某甲主张其为涉案房屋的权利人，同时向法院提交了居委会证明、部分村民证明等证据材料。

2019年3月10日，邓某乙向法院提交搬迁补偿安置协议、集体土地建设用地使用证、村股份公司出具的物业产权证明以及其母亲钟某的声明书等答辩证据材料，证明其是涉案房屋的权利人，对涉案房屋享有合法权益。R公司还向法院提交邓某乙签署的房屋所有权承诺书及付款申请书等证据材料，证明涉案房屋产权归邓某乙所有，邓某乙享有与R公司签署搬迁补偿安置协议的权利。

2019年4月1日，L区法院开庭审理，邓某甲申请相关证人出庭作证，证明涉案房屋由其建设。

2019年6月20日，L区法院判决驳回邓某甲全部诉讼请求。

三、争议焦点

本案争议焦点为涉案房屋的权属认定。

【邓某甲主张】邓某甲于1971年8月独自出资1600余元建造涉案房屋，于1973年10月起至今定居中国香港，涉案房屋由其同胞兄弟居住与管理。因此，本人为房屋所有权人。R公司未尽谨慎甄别权利主体的义务，且有与邓某乙恶意串通损害邓某甲利益之嫌，所签署的搬迁补偿安置协议及签约明细表无效。

【邓某乙主张】邓某乙对邓某甲的主张及其申请的证人所作的证言不予认可。集体土地建设用地使用证载明土地使用者为邓某乙的母亲，证明邓某乙母亲对涉案房屋及土地拥有合法权益。同时其母亲出具了声明书，声明将涉案房产及所属的一切权利无偿赠与给邓某乙，并由邓某乙作为该房屋权利人同拆迁补偿主体签署相关补偿协议、收取补偿款。该声明书证明了邓某乙对涉案房屋具有合法权益。此外，物业产权证明亦确认邓某乙是涉案房屋的权利人。因此，邓某甲主张其为涉案房屋权利人的主张不应得到支持。

四、裁判要旨

邓某甲主张其为涉案房屋的权利人，要求确认邓某乙与R公司就涉案房屋签署的搬迁补偿安置协议及签约明细表无效，应当依法承担相应的举证责任。本案中，邓某甲提供的证据不足以证明其为涉案房屋的权利人，依法应当承担举证不能的不利后果。因此，邓某甲涉案诉讼请求证据不足，法院不予支持。

五、借鉴意义

（一）开发商应核查并留存无产权证物业的相关权属证明文件

本案涉案房屋所在地于1992年进行过一次旧屋登记，即把历史遗留的旧屋重新登记并发放集体土地使用权登记。涉案房屋建筑物核查时显示未有产权证。R公司在签署搬迁补偿安置协议时以村股份公司确权为准。关于无产权证物业在城市更新项目中的权利人认定，实际操作中若以村股份公司的确权作为签署搬迁补偿安置协议等文件的主要依据，应同时与协议相对方签署房屋所有权承诺书，注意留存村股份公司的物业产权证明等文件，并且须对该房屋的实际使用情况进行实地调查，以便在后续发生房屋权属争议时证明己方已尽到合理的审查和注意义务，较大程度地降低己方的风险。

（二）权利主张者应当及时就无产权证物业权属争议向政府申请处理

本案中，邓某甲试图通过部分村民联名的声明书、居委会出具的证明、证人证言等证据，证明其于1971年8月兴建涉案房屋，从而证明涉案房屋归其所有。然而，即便其所提供的该等证据能证明涉案房屋由其建设，房屋的建设者并不等同于房屋的所有权人。尤其在城市更新项目中，开发商优先以现行合法有效的权利证明文件作为签约依据，而对于无产权证物业，需要根据历史遗留问题情况进行权利证明文件的证明力判断。本案中，邓某乙提供的集体土地建设用地使用证是依据《土地管理法》核发，其证明力显然比邓某甲提供的村民联名声明书、居委会证明、证人证言等更高。同时，结合原《合同法》第52条，合同无效情形在法律中有明确规定，因此法院对邓某甲的诉讼请求不予支持。由此可见，权利主张者在得知物业被登记在他人名下时应及时申请异议登记，或在搬迁项目的确权公示阶段及时进行异议申请，并依法进行变更登记或取得相关权属确认文件，避免在诉讼阶段承担不利后果。

第七章 并购纠纷

案例20：C公司与Z公司股权转让合同纠纷案

一、案例要素

<table>
<tr><td rowspan="2">当事人</td><td>原告（二审上诉人）</td><td>C公司</td></tr>
<tr><td>被告（二审被上诉人）</td><td>Z公司</td></tr>
<tr><td>所在项目</td><td colspan="2">广州市W区南岸南区项目</td></tr>
<tr><td>争议类型</td><td colspan="2">并购纠纷</td></tr>
<tr><td>案由</td><td colspan="2">股权转让合同纠纷</td></tr>
<tr><td rowspan="4">核心法律问题</td><td colspan="2">股权转让合同未对双方履约顺序作出明确约定时，如何认定各方履约条件已经成就</td></tr>
<tr><td colspan="2">争议双方对同一事实分别举出相反证据，但都没有足够的依据否定对方证据时，司法机构可基于一方证据能证明待证事实的发生具有高度盖然性，认定相应事实</td></tr>
<tr><td colspan="2">股权转让合同未约定违约责任时守约方能否向违约方主张违约金</td></tr>
<tr><td colspan="2">项目转让及合作中，税务条款是否明确对争议解决具有决定意义</td></tr>
</table>

二、基本案情

L公司是C公司控股的房地产开发公司，拥有广州市W区南岸路某地块110，869平方米商品房项目开发权（以下简称南岸南区项目）。

2009年7月5日，C公司和Z公司签署了股权转让协议，主要约定：（1）C公司以股权转让方式将L公司除南岸南区项目一期外的全部权益转让给Z公司，项目的转让总价款暂计为人民币19.4483亿元。（2）C公司承诺，于2011年6月30日前完成南岸南区一期项目的竣工验收之日起6个月内，双方聘请会计师事务所完成一期项目的财务清算和税务清算。（3）双方确认C公司已经投入的成本按照每平方米可销售面积计算已经达到3000元，但尚有部分前期投入未能完成结算及取得票据，C公司确保提供每平方米地上可销售面积不少于3000元可进入目标项目土地开发成本的发票，Z公司负责承担其中1000元的成本发票所需要的营业税（税率不高于6%），且该费用不包括在项目转让价款内。（4）若C公司未能按照约定完成结算及取得全部有效凭据，因此导致的目标项目或L公司增加的税费（包括但不限于土地增值税、所得税等）均由C公司承担，Z公司有权在支付转让价款中直接扣除。（5）若Z公司未能按照本协议约定支付项目转让价款，每逾期1日，按照到期未付金额0.02%向C公司支付违约金，若C公司未能按照协议约定的条件、期限履行义务，每逾期一日，按照Z公司已付款的0.02%向Z公司支付违约金，违约金不足以赔偿由此给对方造成损失的，还应当赔偿对方受到的直接损失。

股权转让协议签署后，C公司、Z公司办妥了相关股权转让手续。

2010年4月30日，Z公司委托了B会计师事务所对L公司南岸南区一期、二期、三期项目分账进行专项审计，分账审计报告显示，二期项目开发成本审定值为1，278，262，470.18元。

2010年11月23日，C公司、Z公司共同签署了关于财务资料共管的约定及L公司财务资料共同管理清单，列明了账册、报表、发票及收据、文书、凭证等具体内容。

2014年11月14日，C公司、Z公司签署了关于置换转让协议保障措施的协议约定，按照股权转让协议约定，C公司应在2011年6月30日前完成项目一期的竣工验收，并在6个月内完成一期项目税务清算。而截止到本诉讼发生时C公司尚未完成此项工作。

2017年4月10日，W区国家税务局稽查局作出了税务事项通知书，主要内容为：L公司未按照税务处理决定书的决定缴纳税款11，049，783.38元，限L公司在2017年4月21日前缴纳。

广州市房管局阳光家缘网站上公布南岸南区二期项目地上可销售面积为388，118平方米。

2016年4月6日，C公司向Z公司作出关于贵方应承担前期成本税费的函，向Z公司追索税费。

2016年5月，C公司向W区人民法院提起诉讼；2018年1月，C公司向广州市中级人民法院提起上诉。

三、争议焦点

Z公司是否应当向C公司支付南岸项目土地开发成本发票所需的营业税。

（一）一审程序

【C公司主张】根据B会计师事务所出具的分账审计报告，已审定南岸二期项目平均可销售面积成本为3286.21元/平方米，履行了每平方米土地上可销售面积开发成本不少于3000元的合同约定，因此，Z公司应当按照合同承担1286.31元单位成本的营业税。

【Z公司主张】南岸一期项目在L公司内部实行独立的财务核算，一期项目的全部投资成本、负债、风险、责任、利润等均与二期、三期分列，概由C公司享有或承担，而股权转让协议所约定的特定税务成本问题只是针对二期项目；根据C公司承诺，南岸一期项目累计销售面积达到85%时，C公司应向税务机关申请一期项目税务清算，现在一期项目尚未进行税务清算，C公司提供的可计入土地开发成本的发票金额并未经税务机关审定，故不能确定Z公司是否需要向C公司承担特定税务成本。

（二）二审程序

【C公司主张】

（1）C公司支付特定税务成本的条件已成就，一审法院认为不能确定C公司是否需要承担特定税务成本的结论是错误的。

（2）双方已约定认定土地开发成本及发票的方式为审计，且C公司委托的B会计师事务所所作的分账审计报告已对项目的土地开发成本及发票作出审计认定，一审法院认为不能以审计报告为依据是错误的，违背双方合同约定及意思自治原则。

（3）可计入项目土地开发成本的发票已经开具是客观存在的事实。

（4）Z公司受让的是除南岸南区一期项目外的全部权益，一期项目是否进行税务清算与Z公司应承担二期项目的特定税务成本没有关联性。

（5）可计入土地开发成本的发票均为税务机关开具，真实性可向税务机关核实，Z公司不能以未经税务机关审核为由抗辩而不履行支付特定税务成本的义务。

（6）C公司已将L公司100%股权转让给Z公司，南岸南区项目已无任何权益，其与Z公司签订的股权转让协议应履行的合同义务也应当完全履行完毕，包括特定税务成本。

【Z公司主张】

（1）C公司在一审阶段提供的专项审计报告及在二审开庭前补充的 2010年度及2011年度汇算清缴鉴证报告均不能作为认定二期项目土地开发成本的最终依据，故以此C公司是否需要承担特定税务义务尚不明确。

（2）C公司提出特定税务成本的计算公式不符合双方约定。

（3）C公司主张的违约金没有合同依据。

（4）一个项目的开发成本不能由合作方单方去认定，只有在税务部门审定项目开发的票据之后才能认定。

（5）税务成本是在南岸南区一、二、三期项目中按建筑面积分摊的，所以一期项目不清算，会影响二期项目、三期项目清算成本的认定。

四、裁判要旨

（一）Z公司向C公司支付特定税务成本的条件是否成就

一审法院审理认为，双方虽在股权转让协议约定Z公司承担营业税的条件及计算方法，但经审查C公司提供的证据，未能证实该发票已开具。C公司承诺在南岸南区一期项目的销售面积达到85%时进行税务清算，但其未能举证证明南岸南区项目累积销售面积已经达到85%以上，因此尚未达到双方约定税务清算的条件。在一期项目尚未进行税务清算的情况下，C公司提供的可计入土地开发成本的发票金额并未经税务机关审定，Z公司是否需要承担特定税务成本都还不能确定，故此C公司所提供的证据不足以支持其主张。

二审法院审理认为：

1.双方均确认一期项目和二期项目在签订涉案股权转让协议后，两期项目的财务是独立进行核算的，Z公司虽然提交了税务事项通知书，但该证据不足以证实税务机关的稽查影响了可进入目标项目土地开发成本发票的计算，故Z公司抗辩主张只有在一期项目完成税务清算，并且C公司提供的可以分解到一期项目当中的成本发票全部经过税务机关认定可以计入土地开发成本后，才能确定Z公司需要承担的特定税务成本，事实依据不足，本院不予采纳。

2.双方均确认股权转让协议约定的“确保每平方米地上可销售面积不少于3000元可计入目标项目土地开发成本的发票”中可销售面积指的是二期项目的可销售面积388，966平方米，具体计算公式为：分账后分给二期项目的土地开发成本÷二期项目地上可销售面积。根据涉案分账审计报告记载，二期项目审定的土地开发成本为1，278，262，470.18元，根据上述公式，每平方米可销售面积可以进入目标项目土地开发成本的发票应为1，278，262，470.18元÷388，966平方米=3286.31元/平方米，符合股权转让协议关于“不少于3000元”的约定。故依照双方的约定，涉案特定税务成本的支付条件已经成就。

（二）分账审计报告能否作为判令Z公司支付土地开发成本发票所需营业税税款的依据

一审法院审理认为，在关于置换转让协议保障措施的协议中双方确认南岸南区一期项目尚未完成税务结算，在此之前（2010年12月31日）出具的分账审计报告更不能作为计算土地开发成本发票所需的营业税的依据。分账审计报告就性质而言并非税务清算报告，不能据此认定南岸南区项目的土地开发成本金额。故C公司要求Z公司支付南岸南区项目土地开发成本发票所需营业税的条件未成就，对其请求不予支持。因对C公司的基础诉讼请求已不予支持，对C公司要求Z公司支付逾期付款的利息、违约金的请求亦不予支持。

二审法院审理认为：

1.C公司提交证据证明其已经依约交出相应证照、发票等材料，L公司也依照分账后的成本向税务机关提交了南岸南区二期的汇算清缴报告，说明C公司已依照股权转让协议约定履行了移交票据单证等的义务，C公司也已委托第三方作出分账审计报告，因此，根据股权转让协议的约定，该分账审计报告可以作为认定Z公司支付土地开发成本发票所需营业税的依据。上述股权转让协议中并没有将完成一期项目税务结算设定为支付涉案款项的条件，关于置换转让协议保证措施的协议中虽然对南岸南区一期项目竣工验收及税务清算进行了明确约定，但也没有明确约定未完成上述事项不得支付涉案款项，故一审法院将南岸南区一期项目尚未完成税务结算设定为支付涉案款项的条件，不符合双方的约定，本院予以纠正。涉案分账审计报告是由Z公司委托进行，C公司对其内容予以确认，该证据应作为认定Z公司是否支付涉案款项的依据。

2.涉案的特定税务成本如何计算的问题。股权转让协议明确约定Z公司仅承担其中1000元的成本发票所需的营业税，因此，C公司主张Z公司应承担的成本发票所需营业税，应再加上根据分账审计报告计算的3286.31元与股权转让协议约定的3000元的差额部分，不符合双方的约定，本院不予采纳。双方均确认涉案特定税务成本的营业税（率）应为5.6%，本院对此予以确认，双方同时确认根据广州市房管局阳光家缘网站上公布的南岸南区二期房地产项目信息，二期项目地上可销售面积为388，118平方米，故根据股权转让协议的约定及双方的陈述，涉案特定税务成本应为二期项目地上可销售面积×1000元/平方米×营业税=388，118平方米×1000元/平方米×5.6%=21，734，608元。

（三）C公司主张的违约金及逾期付款利息能否得到支持

一审法院审理认为，C公司要求Z公司支付南岸南区项目土地开发成本发票所需营业税的条件未成就，对其请求不予支持。因对C公司的基础诉讼请求已不予支持，对C公司要求Z公司支付逾期付款的利息、违约金的请求亦不予支持。

二审法院审理认为，涉案股权转让协议的违约条款是对项目转让价款违约金的约定，而股权转让协议已明确约定涉案特定税务成本不包括在项目转让价款内，故C公司在本案中主张涉案特定税务成本的违约金，事实依据不足，本院不予采纳。《最高人民法院关于审理民事案件适用诉讼时效制度若干问题的规定》第6条规定："未约定履行期限的合同，依照合同法第六十一条、第六十二条的规定，可以确定履行期限的，诉讼时效期间从履行期限届满之日起计算；不能确定履行期限的，诉讼时效期间从债权人要求债务人履行义务的宽限期届满之日起计算，但债务人在债权人第一次向其主张权利之时明确表示不履行义务的，诉讼时效期间从债务人明确表示不履行义务之日起计算。”股权转让协议中对于何时支付涉案特定税务成本没有明确的约定，C公司可以随时向Z公司主张，一审法院认定Z公司抗辩本案起诉时诉讼时效已过的理由不成立的结论正确，本院予以维持。C公司虽然提交了落款日期为2016年4月6日的关于贵方应承担前期成本税费的函，证明其向Z公司主张过权利，但并没有举证证明其已将上述函件交予Z公司，故C公司主张自上述日期开始起算逾期付款利息理据不足，本院不予采纳。C公司自2016年5月23日向一审法院提起诉讼主张权利时起，Z公司至今尚未履行付款义务，故逾期付款利息可自C公司向法院起诉之日起计算，该款应按中国人民银行同期同类贷款利率确定。

五、借鉴意义

（一）设计“拉链式”履约条款

本案中，Z公司向C公司支付特定税务成本的条件是否成就，一审、二审法院作出了截然相反的认定，究其原因是对股权转让协议约定之履约条款存在理解差异；二审法院倾向认为，虽然受让方Z公司以税务机关尚未进行最终清算（南岸南区一期项目未完成税务清算）为由主张其支付特定税务成本的条件尚未成就，但是税务机关清算属于行政机关第三方行为，而股权转让协议并未将此等第三方行政行为作为支付条件成就的前提，故对Z公司之抗辩不予认可。因此，在城市更新项目交易前，转让方和受让方应当充分谈判，在明确双方的权利、义务的同时，还应当约定清楚义务履行的先后顺序、时间节点，设置“拉链式”履约条款，即将合同义务细分，且约定当事人双方履行义务均基于对方的履约。

（二）明确约定违约金

本案中，尽管二审法院支持了受让方C公司应当向Z公司支付特定税务成本的诉请，但是，二审法院以股权转让协议未对税务成本支付事项约定违约责任为由，对C公司向Z公司主张延期支付税务成本违约金的诉请予以否定。因此，交易双方在设置合同条款过程中，应当对双方履约可能出现的违约行为，尽量明确的约定违约金或者违约金计算方式、标准，为守约方争取最大利益。

（三）注重留存合同履行过程中所产生的各类文件资料，为后续争议解决程序提供保障

本案中，虽然股权转让协议对Z公司支付税务成本的条件如何成就并未明确约定，但是，在C公司能够提供税务发票（证明其已约定向Z公司履行了合同约定的交付义务）、分账报告（证明双方已经核算出一期项目成本）等证据情况下，C公司所提交证据的证明力更倾向于支持“支付条件已经成就”的诉讼观点，而二审法院正是基于此裁判观点支持了C公司的诉请。

（四）项目合作及转让协议中，税务条款必须清楚明确，具有可操作性

为避免合作双方在协议履行过程中产生争议纠纷，建议在合作相关协议中明确税务承担条款，包括税务承担的节点、结算依据等。

第八章　清租纠纷

案例21：A公司、B公司与C公司房屋租赁合同纠纷案

一、案例要素

当事人	原审原告（被上诉人）	A公司
		B公司
	原审被告（上诉人）	C公司
所在项目	光明新区某工业区旧改项目	
争议类型	清租纠纷	
案由	房屋租赁合同纠纷	
核心法律问题	案涉租赁合同是否已经解除	

二、基本案情

2013年8月12日，原告B公司受A公司委托与被告C公司签订了租赁合同，由B公司将其原有厂房及污水处理站和排污许可证出租给C公司使用。因租赁物业所占用的土地的房屋权利人有整体开发的计划，所以双方就租赁期限问题分情况予以了约定：其中一种情形为，若该租赁场地被政府征用或房屋权利人对其进行房地产整体开发，而合同履行期满2年未满3年，双方仍可提前终止合同，但B公司应赔偿C公司因此受到的损失，同时C公司不得再就双方提前终止合同事宜以任何理由追究B公司责任。除上述内容，合同双方还就租金、管理费、设备使用费、保证金、违约、合同解除等事项进行了约定。

上述合同签订后，B公司又与C公司签订了厂房交付协议，确认厂房交付日期为2014年1月16日，即租赁合同约定的租赁期限从2014年1月16日开始计算。

2014年4月1日，A公司与C公司及B公司，签订了供电、用电协议，三方就供电时间、用电保证金、设施租赁费用等进行了约定；并明确若该设施占用的土地被政府征用、改造或A公司对其进行改造，A公司有权提前单方面解除供电合同，但应提前一个月通知C公司，A公司、B公司不承担任何赔偿责任。C公司承诺放弃一切索赔的权利。

2015年8月26日，案外人W公司作为收购补偿人，A公司和案外人Z公司作为被收购补偿人，三方签订了房屋收购及搬迁补偿安置协议书，就W公司改造开发光明新区某发展单元所涉及A公司、Z公司房屋的收购和搬迁补偿安置事宜达成协议；约定由A公司、Z公司自行处理被搬迁房屋内住户、租户的搬迁和安置问题，其应在协议签字生效后40天内腾空被搬迁标的收回房屋并将房屋移交给W公司。

2015年9月21日，A公司通过特快专递的方式向C公司发出解除供电、用电合同通知书，主张其将于1个月后依约解除供电、用电协议。2015年10月28日，B公司向C公司发出清场搬迁通知书，主张根据双方租赁合同第二条第1款第（2）项的约定，其将于2016年1月16日提前终止合同。C公司应按期自行清理承租场地的设施设备及相关物品，并撤离该场地。2015年12月28日，A公司股东向深圳市宝安区环境保护和水务局申请注销排污许可证。2016年1月7日，排污许可证成功注销，同日B公司向C公司发出告知函，告知前述注销事宜。

2016年8月17日，W公司申请仲裁，请求A公司和Z公司向其支付延迟移交项目用地、延迟办理改造实施主体确认书、延迟取得地价缴交通知单以及签订土地使用权出让合同的违约金。

随后，A公司与B公司作为共同原告起诉被告C公司，请求确认租赁合同及相关合同解除，并要求C公司依约承担相关责任。一审法院于2017年9月1日作出判决，支持了原告的诉请。C公司不服前述判决提出上诉，二审法院于2018年6月6日作出终审判决，判决基本维持了一审判决。

三、争议焦点

（一）A公司与B公司是否可以同时作为原告提起诉讼

【A公司、B公司主张】租赁合同的实际出租方为A公司，两原告为关联公司，A公司委托B公司对涉案房屋进行出租和管理，A公司认可B公司签订合同的行为。

【C公司主张】A公司和B公司在起诉状中表明其两个是委托代理关系，根据原《合同法》第403条的规定，A公司是可以选择依据原合同法或B公司可以依据合同来起诉我方公司，但两原告没有权利作为共同原告来要求我方承担责任。

（二）被告是否构成违约，原告能否解除合同

【A公司、B公司主张】依据合同约定，我方有权在履行一定通知义务后解除合同，而C公司不仅从2015年11月开始拒绝向我方支付租金以及相关的设备使用费等费用，而且

在通知清场搬迁时间届满后依然强硬拒绝搬迁撤离。其行为属于严重违约，直接导致我方不得不对涉案地块改造合作单位承担重大违约责任并赔付巨额违约金。

【C公司主张】两原告违约在先，作为违约方，二者并无解除合同的权利。在两原告未向我方承担违约赔偿责任之前，我方有权拒绝后履行的义务，我方行为并没有构成违约：

首先，我方和B公司已经确认过交付时间是2014年1月16日，根据合同约定，我方有权使用厂房的时间至少为2年，在2016年1月16日前两原告无权单方解除合同。

其次，在2016年1月16日之前，两原告已经多次违反了合同约定，致使我方没有办法正常使用涉案的厂房：(1)A公司在2015年8月26日与第三方签订协议，承诺在2015年9月30日前将涉案的厂房所在的土地清平交付给第三方，此时距离合同期2016年1月16日还有4个月的时间，表明原告预提前解除合同。(2)2015年12月至2016年1月，两原告不仅采取堵路、堵门及找案外人等方式，还通过破坏配电等行为要求我方搬离。(3)原告在未通知我方的情况下申请注销排污许可证的行为影响了我方对厂房的正常使用。原告前述行为使得我方无法实现合同目的，其已经构成根本违约。

(三)被告是否应支付租金、管理费和用电设备使用费

【A公司、B公司主张】被告应依约支付相应的租金、管理费和用电设备使用费。

【C公司主张】根据原《合同法》第67条的规定[①]，如果当事人双方互负债务且有先后的顺序，先履行的一方没有履行，后履行的一方可以拒绝履行，鉴于原告的违约行为，我方没有缴纳房租、使用费及水电费和将厂房交付给原告的义务。因此，对于2016年1月7日之前尚欠的租金和设备使用费及水电费双方没有对账，在原告没有履行向我方公司赔偿责任之前，我方公司无须支付；对于2016年1月7日之后所谓的厂房使用费、设备使用费，由于在2016年1月7日之后排污许可证已注销，在2月初道路挖断、已停电，涉案的厂房对我方没有任何使用价值，我方对该期间内产生的费用亦无支付义务。

四、裁判要旨

(一)B公司与C公司2013年8月12日签订的租赁合同已于2016年1月16日解除

一审法院审理认为，在签订合同前，包括涉案房产在内的地块已经纳入城市更新范

---

① 即《民法典》第526条："当事人互负债务，有先后履行顺序，应当先履行债务一方未履行的，后履行一方有权拒绝其履行请求。先履行一方履行债务不符合约定的，后履行一方有权拒绝其相应的履行请求。"

围，且涉案租赁合同亦明确约定“租赁物业所占用的土地的房屋权利人有整体开发的计划，因此，租赁期限视履约过程中的实际情况按以下方案执行：(1)合同履行满3年后双方都有权解除合同。若C公司提出解除合同应补交3个月免租期厂房租金：若B公司提出解除合同应提前3个月通知C公司且给予3个月的免租期，双方不得追究另一方解除租赁合同的责任。(2)合同履行满2年未满3年，如该租赁场地被政府征用或房屋权利人对其进行房地产整体开发而双方提前终止合同。B公司按以下计算方式赔偿C公司损失［计算方式为：(36个月－已履行的月数)×月租金］，C公司不得再就双方提前终止合同事宜以任何理由追究B公司责任，由此可见，双方对原告A公司出租的涉案地块的相关情况在签订合同时已经予以充分知悉。本案中，租赁期间从2014年1月16日计算，2015年10月28日原告B公司向被告C公司发出清场搬迁通知书，以“因深圳市政府城市更新项目开发建设需要，场地现已进入清场拆迁及平整场地阶段”为由，通知被告C公司于2016年1月16日起将终止合同，即属于原告B公司提前告知被告C公司涉案合同在2016年1月16日解除的情形，符合租赁合同中关于“合同履行满两年未满三年”合同终止的约定，原告提前向被告C公司告知合同依约于2016年1月16日解除事宜的行为属于履行提前告知义务，并不构成违约。本院确认涉案租赁合同于2016年1月16日解除。

二审法院审理认为，根据租赁合同关于“合同履行满两年未满三年，如该租赁场地被政府征用或房屋权利人对其进行房地产整体开发而双方提前终止合同”的约定，可见上诉人C公司对涉案房屋存在被整体开发或政府征用的可能以及因上述条件出现被上诉人可解除合同是知悉的。而之后双方签订的供电、用电协议关于“A公司供电设施所占用的土地已列入政府或甲方改造计划之内，在合同期内，若该设施占用的土地被政府征用、改造或A公司对其进行改造，A公司有权提前单方面解除供电合同，但需提前1个月通知C公司”的约定，进一步告知上诉人C公司涉案土地相关情况，甚至双方将租赁合同中2年以上因涉案土地被政府征用、改造被上诉人才能行使解除权的约定变更为只需提前1个月通知即可。综上所述，涉案房屋于2014年1月16日交付，2016年1月16日满2年期限，被上诉人因政府城市更新项目提前通知解除供电、用电协议和租赁合同，均符合合同的约定，不构成违约。此外，就2016年1月7日被上诉人B公司注销排放许可证的行为，该行为发生在上诉人C公司违约之后，且离被上诉人主张的2016年1月16日解除合同时间非常近，在被上诉人A公司、B公司已经充分履行了提前告知义务的情况下，该行为虽有瑕疵，但并不能成为上诉人C公司对抗解除合同的理由。

(二)C公司应支付相应的租金、管理费和用电设备使用费

一审法院审理认为，虽然原告2015年12月28日向深圳市宝安区环境保护和水务局

申请注销排污许可证，但深圳市宝安区环境保护和水务局2016年1月7日才作出深光环注〔2016〕001号排污许可注销通知，即排污许可证的注销发生在租赁合同解除后，在涉案合同解除且原告已经充分履行了提前告知义务的情况下，被告C公司拒不返还租赁房屋的不利后果应当由其自行承担；虽然排污受限，但被告C公司仍应当按照合同约定的标准向原告支付逾期返还的租金、管理费和用电设备使用费。此外，被告C公司主张原告在2015年12月、2016年1月采取了挖断电缆、砸毁配电房设备、封路等方式影响了涉案房屋的正常使用，但其提供的证据并不足以证明上述行为实施的主体和时间，在原告不予认可的情况下，本院无法对此部分主张予以支持。综上所述，被告C公司应当向原告A公司支付自2015年12月16日起至本判决确定的返还涉案房屋之日为止的租金、管理费和用电设备使用费。

二审法院审理认为，上诉人C公司占有使用涉案房屋，但2015年12月16日之后未再向被上诉人A公司支付租金、管理费和用电设备使用费，没有合理依据，一审法院认定上诉人C公司应当向被上诉人A公司支付自2015年12月16日起至返还涉案房屋之日为止的租金、管理费和用电设备使用费，处理正确，本院予以维持。但租赁合同约定对涉案房屋的使用包括了排污许可，而排放许可证已于2016年1月7日被注销，此时如仍按租赁合同约定的租金、管理费支付则有失公允，本院酌定2016年1月7日起涉案房屋的租金、管理费和用电设备使用费按20万元标准支付。

（三）原告有权没收租赁保证金、环保保证金

一审法院审理认为，涉案租赁合同中“若C公司拖欠租金、管理费、用电设备使用费、水电费等超过三十日，A公司有权单方解除合同，除C公司支付的相关保证金作为违约赔偿金不予退还外，上述欠缴费用仍需向A公司缴纳，造成A公司损失的由C公司承担赔偿责任”，但两原告和被告C公司签订的供电、用电协议中又约定“用电保证金暂定为人民币100万元，因C公司与B公司签订租赁合同时约定由C公司向B公司缴纳人民币50万元（大写：伍拾万元整）保证金，B公司同意在签订本合同三日内将C公司向B公司缴纳的保证金全额转交给A公司，剩余的用电保证金人民币50万元（大写：伍拾万元整）C公司直接缴纳给A公司。合同到期后，C公司结清各项应付费用后，15日内向A公司提交用电保证金收据原件，A公司经审查认定C公司没有违反本合同规定后5日内向C公司无息返还用电保证金”，由此可见，原告和被告C公司变更了对退还用电保证金的约定，即在上述约定条件成就的情况下，原告A公司应当向被告C公司返还用电保证金。综上所述，结合本院查明的事实，被告C公司确实存在至今仍未支付2015年12月16日之后的租金、管理费和用电设备使用费的情况，原告A公司有权根据租赁合同的约定没收被告C公司的

租赁保证金人民币52万元、环保保证金人民币30万元。

二审法院审理认为，根据租赁合同第7条的约定，若上诉人C公司拖欠租金、管理费、用电设备使用费、水电费等超过30日，被上诉人有权单方解除合同，保证金作为违约赔偿金不予退还外，上诉人C公司拖欠2015年11月的租金及管理费超过30日，构成根本违约，一审法院判处被上诉人没收租赁保证金和环保保证金符合合同约定，本院予以维持。

（四）租金、管理费以及用电设备使用费的违约金

一审法院审理认为，涉案租赁合同中关于逾期支付租金、管理费、用电设备使用费的违约责任中仅约定“若C公司拖欠租金、管理费、用电设备使用费、水电费等超过三十日，B公司有权单方解除合同，除C公司支付的相关保证金作为违约赔偿金不予退还外，上述欠缴费用仍需向B公司缴纳，造成B公司损失的由C公司承担赔偿责任”，故原告除没收保证金外另行主张的相关违约金标准缺乏合同依据，本院不予支持。

二审法院维持了一审法院的此项判决。

（五）水电费

一审法院审理认为，关于原告第6项诉讼请求中主张的水电费。原告明确其主张的水电费为被告C公司2015年11月之前未付清的水电费人民币765，781.32元，但除原告单方制作的清单外，原告并未提交证据证明该主张，被告C公司对原告的上述主张不予认可，根据“谁主张，谁举证”原则，在原告提交的证据并不足以证明其关于水电费的主张的情况下，本院对原告关于水电费的主张不予支持。

二审法院维持了一审法院的此项判决。

五、借鉴意义

（一）若租赁房屋所在地块已经或将要被纳入更新规划，出租方应在租赁合同中对相关事项做弹性处理

本案争议纠纷所涉的租赁厂房在签约前已被纳入城市更新项目，而出租方也正是基于此种情况在合同中对于租赁期限分不同情形予以了约定。此种以双方合意为基础的弹性化处理大大降低了原告的违约风险。

（二）开发商制定搬迁补偿安置协议需关注房屋搬迁相关条款的设置

开发商在进入项目前，就应该对项目所在地的租赁情况进行摸底调查。制定搬迁补偿安置协议应注意开发商仅和房屋权利人签订拆补协议，将所有补偿款项支付给房屋权

利人，由房屋权利人自行负责租赁关系的解除、承租人的补偿、房屋移交等。在城市更新项目中，常出现房屋权利人已签订拆补协议，因自身或承租人原因拒不搬迁的情况。为规避上述情况出现，在拆补协议中应约定逾期交房责任，同时，支付临时补偿安置款需与房屋的移交挂钩。

此外，在搬迁房屋移交时间确定后，提前通知被搬迁人进行清租，给予必要合理的清租时间。出现房屋租赁纠纷的，选择有效快速的纠纷解决机制。

案例22：黄某与王某、某中医诊所房屋租赁合同纠纷案

一、案例要素

<table>
<tr><td rowspan="3">当事人</td><td>原告</td><td>黄某</td></tr>
<tr><td rowspan="2">被告</td><td>某中医馆</td></tr>
<tr><td>王某</td></tr>
<tr><td>所在项目</td><td colspan="2">盐田区某旧小区城市更新项目</td></tr>
<tr><td>争议类型</td><td colspan="2">清租纠纷</td></tr>
<tr><td>案由</td><td colspan="2">房屋租赁合同纠纷</td></tr>
<tr><td rowspan="2">核心法律问题</td><td colspan="2">不定期租赁合同的解除权</td></tr>
<tr><td colspan="2">不定期租赁合同解除后装修装饰费用的承担</td></tr>
</table>

二、基本案情

2013年11月11日，黄某与案外第三人吴某签署房屋租赁合同，将房屋租给吴某，月租金为人民币6240元，租赁期限1年，自2013年11月1日起至2014年10月31日止。后吴某将房屋交由王某用于经营某中药店，由王某及某中医馆缴纳租金、水、电及物业管理费用。

2014年10月31日房屋租赁合同期限届满后，黄某未与其他人任何人签订新的书面租赁合同，房屋由王某及某中医馆继续承租使用，房租由月租金6240元变更为月租金8800元，并由王某及某中医馆缴纳房租、水、电、物业管理费等费用。由于该房屋所在小区被纳入城市更新计划，黄某与该更新项目投资方签署了搬迁补偿安置协议。2016年12月，黄某拟收回房屋并进行移交，因此多次与王某、某中医馆协商，要求腾退并搬离房屋，但均被拒绝。为此，2017年7月黄某向王某、某中医馆发出限期搬离房屋的通知，限其1个月内搬离房屋，但王某、某中医馆要求黄某支付20万元装修补偿款。黄某拒绝支付该补

偿款，王某及某中医馆因此拒绝搬离，且停止支付房租。

2018年1月黄某向深圳市盐田区人民法院提起诉讼，后争议双方达成调解协议，并于2018年3月6日收到法院作出的民事调解书。

三、裁判要旨

涉及房屋租赁纠纷，法院在查明租赁事实，遵循各方当事人意见的基础上进行调解，调解书明确，王某、某中医馆于2018年3月10日前交房搬离，黄某免去王某、某中药店4个月租金。

四、借鉴意义

本案最终以调解结案不失为一种最为高效的解决方式。那么，如果该案不能以调解结案，原告是否具有合同解除权呢？我国原《合同法》第236条规定："租赁期限届满，承租人继续使用租赁物，出租人没有提出异议的，原租赁合同继续有效，但租赁期限为不定期。"①基于此，本案的租赁双方形成了不定期租赁合同。同时，原《合同法》第232条规定："当事人对租赁期限没有约定或者约定不明确，依照本法第六十一条的规定仍不能确定的，视为不定期租赁。当事人可以随时解除合同，但出租人解除合同应当在合理期限之前通知承租人。"②因此，不定期租赁关系中，当事人任何一方均有权随时解除租赁合同，即本案原告有权解除租赁合同。而关于装修装饰补偿事宜，由于双方对于解除租赁合同后租赁物的装修装饰费用由谁承担未作约定。本案中，原租赁合同期间为1年，而后双方以不定期的方式继续履行租赁协议，但是该小区早已被纳入城市更新单元，且被告不可能不知情，在此种情况下，被告应该预见到且应自行承担投入过大的损失。

（一）参与城市更新项目前期需对项目范围内出租情况进行摸底调查建档并定期更新

1.在确权阶段（甚至可提前至更前端），对被搬迁范围内的租赁情况进行调查统计，对可能存在清租障碍的情况予以重点关注并提前做好应对方案。例如，提醒被搬迁人与承租人协商签署租赁合同补充协议或到期后签署不定期的租赁协议，协议中必须明确增加诸如"如因城市更新等需要拆除被搬迁房屋，出租人有权单方提前30日书面通知承租

---

① 即《民法典》第734条第1款："租赁期限届满，承租人继续使用租赁物，出租人没有提出异议的，原租赁合同继续有效，但是租赁期限为不定期。"

② 即《民法典》第730条："当事人对租赁期限没有约定或者约定不明确，依据本法第五百一十条的规定仍不能确定的，视为不定期租赁；当事人可以随时解除合同，但是应当在合理期限之前通知对方。"

人解除租赁协议，该租赁协议自书面通知确定的合同解除日自动解除。承租人同意收到出租人书面通知后，配合在合同解除日前自行搬离租赁物业且无权向出租人提出任何补偿或补偿要求。如承租人拒收该通知的，以承租人将该解除合同书面通知以邮政快递向双方约定的送达地址寄出后3日内视为已书面通知承租人。如承租人逾期不予配合搬离的，视为承租人放弃租赁物业内物品的所有权及处分权，出租人有权对租赁物业进行清场处理，由此所造成的损失一律由承租人自行承担”之类的约定。

2.搬迁人视情况对拟搬迁物业进行承租后对外转租，搬迁人作为出租主体与承租人签订租赁协议，并进行上述约定。

3.定期对更新单元范围内的租赁情况进行更新并视情况采取不同的措施。

（二）制定搬迁补偿安置协议需关注房屋搬迁相关条款的设置

旧改小区内存在较多的出租房屋，相关人员的预期较高，为降低谈判成本，规避风险，制定搬迁补偿安置协议应注意开发商仅和房屋权利人签订拆补协议，将所有补偿款项支付给房屋权利人，由房屋权利人自行负责租赁关系的解除、承租人的补偿、房屋移交等；在旧改项目中，常出现房屋权利人已签订拆补协议，因自身或承租人原因拒不搬迁的情况。为规避上述情况出现，在拆补协议中应约定逾期交房责任，同时，支付临时补偿安置款需与房屋的移交挂钩。

此外，在搬迁房屋移交时间确定后，提前通知被搬迁人进行清租，给予必要合理的清租时间。出现房屋租赁纠纷的，选择有效快速的纠纷解决机制。在自行调解协商无果的情况下，果断采取法律途径解决争议，以司法手段促进调解不失为一种可行的做法。

案例23：吴某与殷某房屋租赁合同纠纷案

一、案例要素

当事人	原告（反诉被告）	吴某
	被告（反诉原告）	殷某
所在项目	罗湖区湖贝片区城市更新项目	
争议类型	清租纠纷	
案由	房屋租赁合同纠纷	
核心法律问题	房屋租赁合同能否解除，合同解除的情况下房屋所有权人能否擅自将租赁房屋内的物品搬离	

二、基本案情

吴某与殷某于2015年8月24日签订了房屋租赁合同，约定殷某将深圳市罗湖区某单元出租给原告使用，租期从2015年9月1日起至2018年8月31日止，在此期间，任何一方要求终止合同，须提前1个月通知对方，并支付对方1个月租金的违约金；如果吴某转租该房屋，殷某有权提前收回房屋；如果房屋涉及旧城改造，吴某应无条件退还房屋给殷某；租金为每月4000元，按月结算，每月5号前支付；租赁期间所产生的水费、电费、有线电视费、物业费以及其他由吴某居住而产生的费用由吴某承担；吴某预交4000元作为保证金，合同终止时，保证金可冲抵吴某居住而产生的费用后，余款退还吴某。合同载明房屋内有空调2台、热水器1台、排气扇2台。

合同签订后，吴某交付4000元保证金，租金付至2018年1月31日，殷某确认4000元保证金未退还给吴某。殷某交给吴某一本中国银行存折用于交纳涉案房屋的水电等费用，殷某确认存折交给吴某时账户内没有钱，之后也未向该存折账户存款，该存折账户在2017年5月27日余额为1092元，2018年3月20日余额为433.54元。涉案房屋水电费交至2018年1月31日，2018年1月1日至31日的水费142.71元、电费488.98元，合计631.69元为殷某交纳，其余的水电费为吴某交纳。

吴某于2015年9月16日将涉案房屋转租给他人，转租租金为5500元。殷某于2016年11月16日知晓吴某将涉案房屋转租，于是告知吴某因涉案房屋居住人员太多，违反合同规定，要求吴某于12月前结清水电费，另找居住地方。

2016年11月19日，殷某与L公司就涉案房屋签订搬迁补偿安置协议。2018年1月9日，L公司发出交楼通知书，通知载明于2018年1月9日启动涉案房屋所在小区的收楼工作。该涉案房屋于2018年2月3日被收回。殷某通知吴某于2018年2月2日交接房屋，并在吴某未到场的情况下擅自将屋内物品搬至房屋外走廊未予保管（有床垫、柜子、椅子等物品）。

后吴某向法院提起诉讼，要求殷某补偿一个月的租金、赔偿7个月的房租收益损失及征收分享款等。殷某提出反诉，要求吴某支付所签水电费，赔偿租用房屋内电器损坏的损失。

三、争议焦点

（一）关于解除合同是否需要支付违约金

【吴某主张】2018年1月21日，殷某通知吴某，声称房屋要搬迁，要求吴某搬走。殷某收回房屋行为违反了房屋租赁合同第5条“房屋租赁期为三年，从2015年9月1日至2018年8月31日。在此期间，任何一方要求终止合同，须提前一个月通知对方，并偿付对方一个月租金的违约金”的约定，殷某在2018年1月21日提前收回房屋，应赔付吴某违约金4000元。

【殷某主张】吴某存在转租违约行为，殷某于2016年11月16日即短信通知吴某，由于其将涉案房屋转租违反了合同约定，要求吴某于2016年12月前结清费用，交回涉案房屋。殷某无须支付违约金。

（二）确认收房时间

【吴某主张】2018年1月21日房屋被收回。

【殷某主张】2018年2月3日房屋被收回。

（三）殷某是否要赔偿涉案房屋内物品及房屋配套设施损失

【吴某主张】吴某约殷某见面洽谈租赁合同事宜，但殷某拒绝见面，也拒接电话，并将房屋门锁更换，室内的物品全部扔到房屋外。针对殷某上述行为，2018年2月4日，吴某进行了报案。2018年3月11日，东门派出所对上述事情经过做了笔录。殷某擅自入室换锁，侵害了吴某的租房权益，殷某应返还吴某室内物品，如不能返还，则按损失物品金额价值7500元的一半，折价赔偿3750元。

【殷某主张】殷某一直要求吴某见面处理租赁事宜，吴某一直只在电话中恐吓和推脱，不肯见面。殷某曾遭到吴某电话恐吓，担心吴某纵火或做出违法行为危害公共安全。考虑到消防等公共安全因素，殷某无可奈何下才换锁及清理室内杂物，并将物品存放在楼梯平台，物品并非不知去向。

（四）关于水电存折余额

【吴某主张】吴某在2017年5月27日之后一直向存折存款缴纳水电费。

【殷某主张】存折复印件余额显示1092元，是截至2017年5月27日的数额，而在2018年2月2日结算水电费时已欠费631.69元，因存折余额不足无法扣款，殷某已用微信支付。因此，吴某须偿还拖欠的水电费。

（五）关于水电费

【吴某主张】水电费系由次承租人使用的费用，次承租人至今还欠吴某水电费，因殷某无理收房，导致吴某不能收取次承租人水电费，故吴某无须支付殷某水电费。

【殷某主张】吴某仍欠631.69元水电费。

（六）关于保证金

【吴某主张】殷某应退还保证金4000元。

【殷某主张】吴某违反合同约定转租给第三方，并收取第三方租方押金5000元作为己有，还拖欠水电费631.69元，第三方提出扣除水电费剩余退给第三方。

四、裁判要旨

（一）关于解除合同

关于解除合同，殷某主张吴某存在转租违约行为，并于2016年11月16日即知晓吴某将涉案房屋转租，虽发短信要求吴某于2016年12月前结清费用、搬出涉案房屋，但殷某仅因吴某不予理睬，在之后长达1年的时间未采取措施解除合同，故法院对殷某因吴某转租而解除合同这一理由不予采纳。殷某已与L公司就涉案房屋签订搬迁补偿安置协议，且该公司已启动收楼工作，故根据房屋租赁合同的约定，殷某有权要求吴某无条件退还房屋，提前解除合同。因此，吴某要求殷某补偿一个月的租金、赔偿7个月的房租收益损失及征收分享款于法无据，不予支持。

（二）关于收房

关于收房，吴某、殷某提交的短信记录均有手机原始载体予以核实，且双方对短信来往的手机号码予以确认，法院对短信记录予以采信。根据短信记录显示，吴某于2018年1月22日要求殷某换水电费存折，殷某表示月底结清水电费，结算押金及验收房子等事宜；2018年1月31日吴某询问殷某何时收房，何时结账；殷某于2018年2月2日通知吴某交接涉案房屋。由此可知，吴某在2018年1月31日尚在询问何时收房结账，故法院对原告涉案房屋于2018年1月21日被收回的主张不予采信，确认涉案房屋于2018年2月3日被收回。据此，吴某应支付2018年1月的房租，吴某要求殷某退还该月房租的主张无事实与法律依据，法院不予支持。

（三）殷某是否要赔偿涉案房屋内物品及房屋配套设施损失

殷某虽然通知吴某于2018年2月2日交接房屋，但殷某在吴某未到场的情况下擅自将屋内物品搬至房屋外走廊而未予保管存在过错。殷某抗辩因与吴某通电话时吴某语气带有恐吓因素，担心吴某行为过激纵火，仅是殷某的主观猜测，故殷某应向吴某赔偿涉案屋内物品损失。由于殷某收回涉案房屋时，吴某、殷某双方未交接，结合吴某提交的物品清单和殷某提交涉案房内物品搬至走廊的照片，考虑物品的相关市场价格及折旧等因素，法院酌定殷某应赔偿吴某涉案屋内物品损失1000元。对于殷某主张的2台空调、1台热水器及房屋配套设施的损坏，虽然吴某、殷某签订的合同中载明房屋内有空调2台、热水器1台，但因殷某系自行收回房屋，双方未进行交接，无法确定房屋配套设施的损坏及屋内物品损失情况，且无法认定系吴某所为，故对殷某关于房屋配套设施损坏及空调、热水器赔偿金的主张，法院不予支持。

（四）关于水电存折余额

关于水电存折余额，该存折账户2017年5月27日余额为1092元，2018年3月20日余额为433.54元。吴某主张其在2017年5月27日之后有向上述存折账户存款，但未提交证据证明，且吴某确认2018年1月15日有从该存折账户内扣缴涉案房屋电费1461.01元，故法院认定该水电存折余额为433.54元，上述余额应偿还殷某。

（五）关于水电费

关于水电费，涉案房屋水电费交至2018年1月31日，2018年1月1日至31日的水电费631.69元为殷某交纳，涉案房屋于2018年2月3日被收回，故2018年1月1日至31日的水电费应由吴某承担。吴某抗辩水电费系次承租人使用的费用，次承租人至今还欠吴某水电费，因殷某无理收房导致吴某不能收取次承租人水电费，故原告无须支付殷某水电费。根据法律规定，承租人转租的，承租人与出租人之间的租赁合同继续有效，因此，吴某仍应支付租赁期间的水电费用。吴某的上述抗辩主张于法无据，法院不予采纳。

（六）关于保证金

关于保证金，根据合同约定，合同终止时，吴某预交的保证金冲抵吴某居住而产生的费用后，余款退还原告。由于殷某已解除合同收回涉案房屋，故应将保证金退还吴某。殷某抗辩吴某违反合同约定转租给第三方，并收取第三方租方押金5000元作为己有，还拖欠水电费631.69元，第三方提出扣除水电费剩余退给第三方。因次承租人非涉案合同的相对方，殷某将保证金退予次承租人无法律和事实依据。故殷某应根据合同约定，在扣除吴某应承担的水电费631.69元后，将剩余保证金，即3368.31元退还吴某。

五、借鉴意义

清租是城市更新中不可避免的难题，开发商进入城市更新项目中，需妥善处理租赁事宜，避免因租赁纠纷的存在影响项目搬迁进度。

（一）指导被搬迁方签订有利于己方且有利于清租开展的租赁协议

提醒被搬迁人与承租人协商签署租赁合同补充协议或到期后签署不定期的租赁协议，协议中必须明确增加诸如“如因城市更新等需要拆除被搬迁房屋，出租人有权单方提前30日书面通知承租人解除租赁协议，该租赁协议自书面通知确定的合同解除日自动解除。承租人同意收到出租人书面通知后，配合在合同解除日前自行搬离租赁物业且无权向出租人提出任何补偿或补偿要求。如承租人拒收该通知的，以承租人将该解除合同书面通知以邮政快递向双方约定的送达地址寄出后3日内视为已书面通知承租人。如承租人逾期不予配合搬离的，视为承租人放弃租赁物业内物品的所有权及处分权，出租人有权进行租赁物业并进行清场处理，由此所造成的损失一律由承租人自行承担”之类的约定。本案中没有租赁协议约定，但实际上被搬迁人自行对承租人的物品进行搬离，而因此导致了出租人需支付承租人相应的损失。实践中，对于承租人拒不移交租赁物业的，可以要求中立的第三方对出租人根据约定强行清场行为进行见证并全程录像，同时妥善保管清理的物品。

（二）制定搬迁补偿安置协议需关注房屋搬迁相关条款的设置

制定搬迁补偿安置协议应注意，开发商仅和房屋权利人签订拆补协议，将所有补偿款项支付给房屋权利人，由房屋权利人自行负责租赁关系的解除、承租人的补偿、房屋移交等；将支付临时补偿安置款与房屋的移交挂钩，同时明确约定逾期交房的违约责任。

此外，在搬迁房屋移交时间确定后，提前通知被搬迁人进行清租，给予必要合理的清租时间。出现房屋租赁纠纷的，选择有效快速的纠纷解决机制。

第九章　确权纠纷

案例24：梁某与卢某赠与合同纠纷案

一、案例要素

当事人	原告	梁某
	被告	卢某
所在项目	盐田区××城市更新项目	
争议类型	确权纠纷	
案由	赠与合同纠纷	
核心法律问题	未经公证的赠与合同效力问题	

二、基本案情

19世纪80年代，因某小区房产只能由港澳台及外籍人士购买且购房者亲属有入户深圳指标，梁某自己出资借远房亲戚卢某的名义在该小区购房一套并由卢某与开发商于1989年8月9日签订购房合同。1989年9月9日，卢某出具赠与书，将上述房产赠与梁某，梁某接受赠与后一直居住使用至今。2001年9月24日，卢某在香港去世，由于房产变更登记需要卢某、梁某双方到场，故该房产一直无法办理房产变更手续。鉴于此，梁某于2017年4月25日向深圳市盐田区人民法院起诉要求确认该赠与合同的效力。后经法院缺席审判，并于2018年12月17日作出生效判决，法院支持梁某如下诉讼请求：

（1）卢某出具的赠与书合法有效；

（2）涉案房产归梁某所有；

（3）卢某于本判决书生效之日起10日内将位于涉案房产过户至梁某名下。

三、裁判要旨

在无相反证据证明的情况下，结合案件发生的背景，即涉案房屋实际由梁某出资，且多年来由梁某持续实际占有使用，可以认定卢某出具的赠与书是其真实意思表示，因此该赠与行为合法有效。梁某接受赠与并实际占有使用房产，且占有使用行为发生于原《物权法》实施以前，故房产所有权已于实际交付给梁某使用时发生变动，梁某实际已经是涉案房产的所有权人。同时，根据原《合同法》第187条规定："赠与的财产依法需要办理登记手续的，应当办理登记手续。"①

四、借鉴意义

在城市更新实践中，房屋买卖合同或房产证登记的权利主体和实际权利人不一致的情况时常发生，从而引发确权纠纷。尤其是在取得不动产登记的情况下，如证载权利人和实际权利人不一致的，可能影响产权注销登记。本案中，由于受赠人没有办理房产过户，导致证载权利人与实际权利人不一致。而关于受赠人凭借赠与书是否能办理房产过户问题，盐田区公证处、税务局、深圳市不动产登记中心均回复称，赠与书必须办理公证，且赠与人、受赠人双方当事人必须去上述3个机构办理相关手续，才能完成赠与过户。梁某与卢某赠与合同纠纷案判决结果也突破了一直以来深圳市不动产登记中心以赠与书未公证、赠与人未到场为由拒绝办理房产过户的做法，为城市更新项目内类似情况的确权提供新的解决办法。

案例25：邱某与陈一、陈二继承纠纷案

一、案例要素

当事人	原告	邱某
	被告	陈一
		陈二
所在项目	盐田区某小区城市更新项目	
争议类型	确权纠纷	
案由	法定继承纠纷	
核心法律问题	在中国香港形成的证据文件在中国内地的效力	

① 即《民法典》第659条："赠与的财产依法需要办理登记或者其他手续的，应当办理有关手续。"

二、基本案情

1989年5月，陈某（中国香港）购入盐田区某小区房产。1990年12月陈某与邱某在惠州领取结婚证。1990年2月，陈某、邱某的女儿陈一在深圳出生，1995年1月，陈某、邱某的儿子陈二在中国香港出生。陈某于2006年5月27日去世，陈某生前并未预立遗嘱及遗赠抚养协议，陈某的父母已先于其去世。

陈某是中国香港居民且在中国内地去世，需要提供陈某的死亡公证后方才可以办理房屋的继承过户。中国香港公证处要求提供陈某的死亡证明（惠州公证处出具的死亡公证，或香港死亡登记处出具的死亡证明），但惠州公证处以陈某虽然在惠州去世，但陈某是中国香港居民为由拒绝办理死亡公证，而香港地区死亡登记处以陈某在内地去世且未向该机构申报为由拒绝出具死亡文件。故法定继承陷入僵局无法办理继承过户。

为推进继承过户的办理，2018年7月8日，邱某以陈一、陈二为被告以继承权纠纷为由向深圳市盐田区人民法院提起诉讼。后该案调解结案，法院于2018年11月5日作出民事调解书。

三、争议焦点

本案首先需确认陈一、陈二是否享有法定继承权，即陈一和陈二是不是陈某的子女。由于陈一的出生证明原件污损（由深圳医院出具），陈二的出生证明由中国香港生死登记处出具，故法院在审理过程中要求补充提交陈一的由中国香港出入境机构出具的登记事项证明书（有登记父母信息）、陈二的出生证明并交与司法部确认的中国香港公证人办理公证，且经中国法律服务（香港）有限责任公司加盖转递章，最终认可了香港形成文件的效力。并据此确认了陈一和陈二对涉案房屋的享有法定继承权。

四、裁判要旨

根据《最高人民法院关于民事诉讼证据的若干规定》第11条的规定，在中国香港形成的证据文件应经司法部确认的公证人进行公证，并经中国委托公证人协会加盖转递专用章转递。人民法院根据上述规定审核当事人证据，在查清亲属关系、各方当事人意见的基础上进行调解，即邱某继承陈某遗产，陈一、陈二放弃继承且在调解书生效之日起10日内协助过户至邱某名下。

五、借鉴意义

本案中涉及城市更新的小区历史比较悠久，小区内房屋所有权人老龄化严重，存在较多房屋所有权人早已去世，其家人未办理继承过户的情形。而继承权人要办理继承过户手续时，常常因为资料不齐、费用较高、耗时较久等原因搁置不办理。而上述产权不清晰，证载权利人与实际签约主体不一致的情况将影响后续产权注销手续的办理。

针对上述情况有以下建议：

1.在房屋所有权人人年事已高、病重、丧失民事行为能力之前，建议通过买卖或赠与形式，将房产过户至家人名下。

2.房屋所有权人提前在公证处或司法部确认的香港公证人办理遗嘱公证，确认其去世后房产归属。

3.出现房屋所有权人去世且未办理产权过户变更登记的，开发商可派专人协助办理继承，必要时协助通过诉讼办理继承过户。

案例26：陈某诉阳某转让合同纠纷案

一、案例要素

<table>
<tr><td rowspan="2">当事人</td><td>原告</td><td>陈某</td></tr>
<tr><td>被告</td><td>阳某</td></tr>
<tr><td>所在项目</td><td colspan="2">盐田区某小区城市更新项目</td></tr>
<tr><td>争议类型</td><td colspan="2">确权纠纷</td></tr>
<tr><td>案由</td><td colspan="2">房屋买卖合同纠纷</td></tr>
<tr><td rowspan="2">核心法律问题</td><td colspan="2">未经司法部认可的、公证人公证转递的香港人自书遗嘱的效力</td></tr>
<tr><td colspan="2">房产未过户至其名下但其进行转让并签署房屋转让协议书的效力</td></tr>
</table>

二、基本案情

严某（中国香港）于1998年3月20日立有自书遗嘱，去世后其名下位于深圳盐田区某小区的房产由儿子阳某（中国香港）继承。1998年12月20日严某去世后，阳某在未办理房产产权登记手续的情况下将房产出售给陈某，买卖双方于2006年5月30日签订了房屋转让协议书，并共同委托律师出具房屋转让的见证书。但由于阳某的继承房产事宜未厘清，后续一直未办理产权登记手续。之后阳某失联，该房屋后由陈某占有和使用。现由于该房屋纳入城市更新项目，需要对陈某是否为该房屋所有权人进行确认。

在此背景下，陈某于2015年4月24日将阳某作为被告，以房屋买卖合同纠纷为由向深圳市盐田区人民法院提起诉讼，后经法院公开审理（阳某缺席审判），2015年10月16日法院作出判决：确认陈某与阳某于2006年5月30日签订的房屋转让协议书有效；驳回要求阳某协助陈某将某房产的产权过户至陈某名下的诉讼请求。

三、裁判要旨

（一）在中国香港形成的证据没有依据《最高人民法院关于民事诉讼证据的若干规定》第11条的规定履行司法部认可的香港公证人公证转递程序，法院不予采纳

陈某向法院提交阳某的出生证、严某的自书遗嘱、严某的死亡证明均是中国香港相关机构出具的文件，但未履行经司法部认可的中国香港公证人公证程序，法院不认可严某自书遗嘱的效力。

（二）房产未过户至其名下但其进行转让并签署房屋转让协议书的效力

阳某与陈某签订的房屋转让协议书，根据原《物权法》第15条[①]和《最高人民法院关于审理买卖合同纠纷案件适用法律问题的解释》第3条的规定，未办理物权登记不影响转让合同的效力，因此该协议自成立时生效。

虽然法院支持陈某与阳某签订的房屋转让协议书有效，但是由于阳某下落不明，不能完善继承手续，陈某仍然无法依照房屋转让协议书办理产权变更登记并取得房产产权。

四、借鉴意义

（一）城市更新项目中，部分业主居住境外，对其境外形成的文件要经过公证、认证程序，中国内地才认可其法律效力，以下是法律认可的不同区域形成的文件所需履行的公证认证程序要求：

---

① 即《民法典》第215条："当事人之间订立有关设立、变更、转让和消灭不动产物权的合同，除法律另有规定或者当事人另有约定外，自合同成立时生效；未办理物权登记的，不影响合同效力。"

1.在中国香港形成的文件，要经司法部认可的香港公证人公证，中国法律服务（香港）有限公司盖章转递；

2.在中国澳门形成的文件，要经司法部认可的澳门公证人公证，中国法律服务（澳门）公司盖章转递；

3.在中国台湾形成的文件，要经司法部认可的台湾公证人公证，台湾财团法人海峡交流基金会加章转递至海峡两岸关系协会，再转递；

4.在国外形成的文件，要经司法部认可的公证人公证，中国驻该地领事馆认证盖章转递。

（二）由于涉案房屋未能办理产权登记，在没有证据确认继承权的真实合法有效性的前提下，现有的司法实践无法对该转让的房屋进行确权。但由于该房屋买卖协议签约行为本身真实合法，对于协议的效力可以认定。

案例27：李某与D公司房屋买卖合同纠纷案

一、案例要素

<table>
<tr><td rowspan="2">当事人</td><td>原告</td><td>李某</td></tr>
<tr><td>被告</td><td>D公司</td></tr>
<tr><td>所在项目</td><td colspan="2">盐田区某城市更新项目</td></tr>
<tr><td>争议类型</td><td colspan="2">确权纠纷</td></tr>
<tr><td>案由</td><td colspan="2">房屋买卖合同纠纷</td></tr>
<tr><td>核心法律问题</td><td colspan="2">1988年签署的商品房购买合同且房产已交付使用但一直未办理房产证，是否产生物权变动效力</td></tr>
</table>

二、基本案情

1988年7月8日，李某父亲与D公司（原名为深圳某有限公司，经5次变更为D公司）签订商品房购买合同，以港元172，900元购入盐田区某小区房产，该商品房购买合同经深圳市沙头角公证处公证。签订商品房购买合同后，李某父亲遂向D公司支付了购房款港元172，900元，并接收某房屋，但双方一直未办理涉案房屋的房屋转移登记手续。李某父亲将涉案房屋交由李某管理、占有、使用至今。

2014年12月16日李某父亲在老家广东省陆丰去世。李某父亲生前并未预立遗嘱及遗赠抚养协议，李某的爷爷、奶奶先于李某父亲去世。2016年7月5日李某母亲邱某出具经公证的放弃继承权声明书，放弃了对该房屋的继承。由于该房产未办理房产证至李某父亲名下，李某父亲去世后，李某无法办理继承过户手续。

由于该房屋所在小区纳入城市更新计划，为确定该房屋的权属事宜，2018年1月5日李某以D公司为被告，以房屋买卖合同纠纷为由向深圳市盐田区人民法院提起诉讼。2018年8月7日，一审法院作出一审判决，判决确认商品房购买合同有效，但是驳回了其他诉讼请求。后李某不服一审判决，遂向深圳市中级人民法院提起上诉，2019年2月14日，二审法院作出判决，判决维持了确认商品房购买合同有效的部分，同时D公司需配合李某办理过户登记手续。

三、争议焦点

D公司是否需要依据商品房购买合同履行协助办理房产证义务。

【D公司主张】李某父亲与D公司签订合同时，该公司隶属于国资办。D公司现在的大股东于2010年从张某等38位股东处收购了D公司54%的股权，在收购股权时未明确约定股权转让前后的权利义务承担。在新旧公司负责人进行交接时，移交的材料中没有任何关于涉案房产的资料，D公司对于涉案房产的情况不清楚。

深圳房管部门无涉案房产的任何资料，只有分户汇总表且显示涉案房产权利人为陈某，故确认该房产权利人是陈某，而非李某父亲。

【李某主张】案涉商品房购买合同办理过公证，经当时公证机关核查，且出具确认函确认李某父亲为该合同签约主体。同时，购房销售发票原件属实，李某父亲已履行完付清涉案房屋购房款的义务。

深圳不动产登记中心函件称，涉案房产未办理不动产权证，未查及该房产抵押、查封、预售备案记录。深圳房管部门留存的分户汇总表记载的涉案房产权利人为陈某，该表格系由开发单位提供，内容手写且未加盖任何公章。涉案房产从李某父亲接收后一直使用并管理至今，且无人提出异议。

四、裁判要旨

商品房购买合同有效，D公司需继续履行协助办理房产证的义务。

根据原《合同法》第44条的规定："依法成立的合同，自成立时生效。法律、行政法规规定应当办理批准、登记等手续生效的，依照其规定。”①该法第60条规定：“当事人应当按照约定全面履行自己的义务。当事人应当遵循诚实信用原则，根据合同的性质、目的和交易习惯履行通知、协助、保密等义务。”②该法第107条规定：“当事人一方不履行合同义务或者履行合同义务不符合约定的，应当承担继续履行、采取补救措施或者赔偿损失等违约责任。”③本案中商品房购买合同是双方真实意思表示，合法有效，李某父亲已按照合同约定履行了买方义务，深圳某有限公司应按照合同履行卖方义务，配合李某父亲将涉案房产过户至李某父亲名下。由于李某父亲于2014年12月16日去世，其配偶邱某放弃了对涉案房产的继承，李某是涉案房产的唯一继承人。李某作为某房产的唯一继承人，有权要求D公司配合李某将涉案房产过户至李某名下。

五、借鉴意义

该案例突破了不动产登记中心以买卖一方未到场为由拒绝办理房产过户的做法，继承资料齐全，直接将房产过户至买受人继承人名下，实现了房产的两次转移，节省时间及金钱。

如城市更新项目中存在房产未办理房产证（前提是转让合同真实有效、购楼款已支付、一直使用居住）的，由于后续不涉及房产证注销问题，故此类型可与政府部门沟通，协商回迁房直接办理至房产买受人/买受人继承人名下，如政府部门同意，此类型也可以不用再办理房产证登记。

---

① 即《民法典》第502条第1款、第2款：“依法成立的合同，自成立时生效，但是法律另有规定或者当事人另有约定的除外。依照法律、行政法规的规定，合同应当办理批准等手续的，依照其规定。未办理批准等手续影响合同生效的，不影响合同中履行报批等义务条款以及相关条款的效力。应当办理申请批准等手续的当事人未履行义务的，对方可以请求其承担违反该义务的责任。”

② 即《民法典》第509条：“当事人应当按照约定全面履行自己的义务。当事人应当遵循诚信原则，根据合同的性质、目的和交易习惯履行通知、协助、保密等义务。”

③ 即《民法典》第577条：“当事人一方不履行合同义务或者履行合同义务不符合约定的,应当承担继续履行、采取补救措施或者赔偿损失等违约责任。”

案例28：詹某、张某房屋所有权确认纠纷案

一、案例要素

当事人	上诉人（原审被告、反诉原告）	詹某
	被上诉人（原审原告，反诉被告）	张某
所在项目	罗湖区湖贝片区城市更新项目	
争议类型	确认纠纷	
案由	房屋所有权确认纠纷	
核心法律问题	对未经国土部门登记备案并核发房地产权证的房屋如何确定权利归属	

二、基本案情

本案因双方当事人无法充分举证，且涉案房屋属历史遗留违法私房，法院无法对有关案件事实予以确认。因此，以下对本案基本案情的阐述仍主要依据双方当事人的主张：

本案被上诉人张某主张，本人为罗湖区某房屋的权利人，能够证明该事实的证据材料主要是2013年6月21日经L公司盖章确认的湖贝旧村私人房屋权属确认登记表（以下简称房屋权属确认登记表）以及其与M公司签订的深圳市罗湖区湖贝片区城市更新项目湖贝旧村房屋搬迁补偿安置协议（以下简称搬迁补偿安置协议）。从20世纪90年代起，本人就将涉案房屋出租给詹某，但双方未签订书面租赁合同，詹某也一直是以现金方式支付租金。现因詹某拖欠租金且拒绝搬出，本人选择以诉讼方式维护自身权益。

但就前述主张，詹某持异议。詹某主张，其与张某之间并不存在房屋租赁合同关系，涉案房屋系其与一中国香港的女士合作建成，本人为合作建房人，属于合法占有房屋。能够支持该事实的证据材料主要是深圳市供电局发票、污水立即处理数据、水务公司发票等。此外，即使不能认定本人为所有权人，但房屋由本人所扩建，本人也承担了相应的建筑费用，而张某因此却受益了约为46平方米的房屋面积，得到了更多的补偿款。根据民法受益人原则，张某应当在受益的范围内合理补偿本人。

2018年4月12日，张某以房屋租赁合同纠纷为案由，依据其陈述向深圳市罗湖区人民法院起诉。但法院以张某未能举证证明双方存在租赁合同关系为由驳回了张某的诉讼请求。

2018年年底，张某又向深圳市罗湖区人民法院起诉，请求判令詹某立即返还涉案房

产，并支付自2015年5月至实际返还房屋期间的占有使用费。詹某也向一审法院提出反诉请求，要求张某将M公司支付的全部补偿款返还给自己。经审理，一审法院支持了张某的诉讼请求。随后，詹某上诉，二审法院于2019年4月18日以相关案件事实仍需待行政机关作出处理为由撤销原判，并同时驳回原审原告的起诉及原审被告的反诉。

三、争议焦点

（一）当事人之间是否存在有效的房屋租赁合同关系

【张某主张】本人于20世纪90年代将涉案房屋出租给詹某，但双方未签订书面租赁合同，詹某一直是以现金方式支付租金。

【詹某主张】本人与张某之间不存在房屋租赁合同关系，涉案房屋系与一中国香港女士合作建成。本人于20世纪90年代便居住在涉案房屋内，从未向张某支付过任何款项。

（二）是否可以依据房屋权属确认登记表以及搬迁补偿安置协议确定房屋所有权人

【张某主张】本人为涉案房屋所有权人，能够证明该事实的证据材料主要是2013年6月21日经L公司盖章确认的房屋权属确认登记表以及本人与M公司签订的搬迁补偿安置协议。

【詹某主张】张某L公司登记的房屋权属确认登记表只能证明L公司同意张某申报或者对张某申报事项不持异议，该登记表中亦没有对于权属作出确认，不能证明房屋属于张某所有。

（三）房屋占有使用费从何时开始计算

【张某主张】房屋占有费应自2015年5月起算，直计至詹某返还涉案房屋之日止。

四、裁判要旨

（一）案涉房屋权属确认登记表及搬迁补偿安置协议并非确认房屋权属的法定文件，不可以作为确定房屋所有权人的依据

一审法院审理认为，涉案房产属于未取得建设工程规划许可证或者未按建设工程规划许可证的规定建设的房屋，故该房产未经国土部门登记备案并核发房地产权证。张某主张其为涉案房产的权利人，并提交了由L公司签章确认的房屋权属确认登记表为证。L公司是由社区集体经济组织改组设立，在事实上行使一定的管理职能，对深圳经济特

区历史遗留违法建筑之利益相关主体的确认有较强的证明效力；詹某辩称其为涉案房产的合作建房人，但未能提供其建房的相应证据，亦未能提供其他合作建房人的身份信息，仅凭水电、有线电视等费用的缴纳凭证不足以反驳上述房屋权属确认登记表的证明效力，据此，法院对房屋权属确认登记表予以采信。

二审法院审理认为，本案为所有权纠纷，涉案房屋未取得建设工程规划许可证，张某向主管部门按历史遗留违法私房申报后，主管部门并未对产权作出相应认定，而张某提交的房屋权属确认登记表及搬迁补偿安置协议并非确认房屋权属的法定文件，因此涉案房产尚属违法建筑及主管行政机关未对权属作出认定的情形。因涉案房产的权属认定属于国家有关行政机关的职权范围，在行政机关对涉案房屋作出处理前，法律上尚不能确定涉案房屋的所有权归属。

（二）房屋占用使用费的计算时点

一审法院审理认为，詹某占有使用涉案房产，但未支付房屋占有使用费，侵犯了张某就涉案房产享有的财产权益，张某有权要求詹某搬离涉案房屋，并支付相应房屋占有使用费。但本案属侵权责任纠纷，非普通的房屋租赁合同纠纷，故张某以该案的起诉日期为节点向前推算3年，要求詹某支付自2015年5月起计的房屋占有使用费缺乏事实及法律依据。根据《最高人民法院关于适用〈中华人民共和国民法总则〉诉讼时效制度若干问题的解释》第2条的规定："民法总则施行之日，诉讼时效期间尚未满民法通则规定的二年或者一年，当事人主张适用民法总则关于三年诉讼时效期间规定的，人民法院应予支持。"故詹某支付房屋占有使用费的起算日期应为我国原《民法总则》施行之日（2017年10月1日）向前推算2年，即詹某应自2015年10月2日起计支付张某的房屋占有使用费。

二审法院审理认为，因涉案房产的权属认定属于国家有关行政机关的职权范围，在行政机关对涉案房屋作出处理前，在法律上尚不能确定涉案房屋的所有权归属。故驳回了张某的主张。

五、借鉴意义

由于本案涉及的房屋特殊，虽然进行了历史遗留违法私房申报，但主管部门并未对产权作出相应认定，因此出现涉案房产尚属违法建筑及主管行政机关未对权属作出认定的情形。根据《深圳经济特区处理历史遗留违法私房若干规定》和《〈深圳经济特区处理历史遗留违法私房若干规定〉实施细则》的规定，对于历史遗留违法私房权属的认定属于政府职能部门。因涉案房产的权属认定属于国家有关行政机关的职权范围，在行政机关对涉案房屋作出处理前，在法律上尚不能确定涉案房屋的所有权归属，因此法院对此不作出审理。在城市更新项目中，如遇未经处理和认定的历史遗留违法私房发生权属争议的，应当先申请相关政府部门处理，直接向人民法院起诉可能会面临不予受理或者驳回起诉的风险。

案例29：S公司与G委员会土地收回行政纠纷案

一、案例要素

当事人	原告（上诉人）	S公司
	被告（被上诉人）	Z市G委员会
所在项目	某村城市更新项目	
争议类型	确权纠纷	
案由	收回土地函告行政纠纷	
核心法律问题	收回土地行政行为是否有事实和法律依据	涉案土地的取得方式是否为划拨用地问题
		涉案土地使用年限问题
		涉案土地是否已纳入改制资产的问题

二、基本案情

2013年，因地铁施工需征用某村土地，Z市政府部门拟将S公司使用的位于F区的约30，000多平方米地块收回作为征地返还地补偿给N村，N村有意将该涉案土地与第三人合作开展城市更新项目并签署了合作意向协议。现S公司对Z市政府发函收地行为不服，以G委员会为被告诉至Z市F区法院。而该城市更新项目合作也因无法完成收地交付使用暂时无法开展。

1986年，S公司（国有全资企业）取得Z市城市规划局征用土地通知书及Z市政府征用土地的批复，同意S公司征用土地用于鲜花技术开发工厂工程。1987年2月，S公司与Z市N村委签订了征地协议书并经该地块所处街道办事处签证确认，通过该征地协议S公司取得了涉案土地使用权。随后S公司按照协议约定付清征地补偿款等费用。根据征地协议书第3条明确规定“所征土地的使用权永远归属S公司，N村委不得干涉”。据此，S公司一直在涉案土地上经营，期间未办理和完善相关用地手续。直至2006年8月，S公司向

Z市规划局申请完善用地手续，但规划局以该用地大部分为生产防护绿地、高压走廊，用地范围内已建建筑与规划不符，所提材料仅有征地批复文件为由，要求就土地确权问题征求国土主管部门意见。2006年10月，S公司向Z市国土资源和房产管理局提交了关于给予土地确权的请示，申请对涉案土地进行确权，Z市国土资源和房产管理局要求补充用地资料。2007年4月，S公司再次向Z市规划局请求完善用地手续，Z市规划局仍以上述理由要求补充用地资料后再行申报相关申请。之后相关手续一直未能办理。

2007年至2008年，S公司进行改制，改制后为民营企业。改制过程中，S公司取得了Z市国土资源和房产管理局关于改制土地资产处置方案的批复，其中并未涉及涉案土地。改制所涉资产评估报告中，土地一栏为空白。改制所涉的股权转让合同中明确"根据原Z市国土局×号文，核定给S公司临时使用的土地使用期已过，国土部门随时收回，受让方在本次股权转让中，支付该地块地上建筑物对价××××元。今后若政府无偿收回该地块及地上建筑物，受让方同意不得以任何理由向出让方及政府相关部门提起补偿要求，并承担由此产生的所有风险及相关损失"。

2013年6月，Z市G委员会向S公司作出《关于尽快清场并移交×号红线用地的函》，认为：S公司占用的×号行政划拨用地（涉案土地）已于2007年3月到期。经查，该用地未纳入国企改制资产范围且未办理国有土地用地手续，要求S公司在该函送达之日起一个月内进行清场并移交。2013年6月24日，S公司复函恳请G委员会根据涉案土地历史和现状及S公司的实际情况，让S公司保留土地使用权。2013年7月，Z市G委员会再次发函S公司，认为拟收回土地为行政划拨用地，该用地使用年限已经届满，且未纳入改制资产，不属于改制后的S公司资产，因此要求S公司清理场地并进行移交。

2015年2月，S公司向Z市F区法院提起行政诉讼。

三、争议焦点

（一）涉案土地是否为行政划拨用地

【G委员会主张】当时在全国范围内都是采用行政划拨方式出让国有土地，没有其他出让土地的方式。1986年通过的《土地管理法》第23条规定，国家建设征用土地，建设单位必须持批准文件向县级以上地方人民政府土地主管部门提出申请，经人民政府批准后由土地管理部门划拨土地。《深圳经济特区城市建设管理暂行办法》第10条规定，内资、外资、中外合资和华侨、港澳同胞投资建设用地，无论利用原有场地还是新征土地，应取得政府部门的批准报市规划局划拨用地。因此，当时的土地政策决定了S公司取得涉案土地只能是行政划拨，行政划拨取得国土土地使用权的，也需要按照国家统一制定的标准，向被征地单位支付征地费。

【S公司主张】根据我国1990年5月19日实施的《中华人民共和国城镇国有土地使用权出让和转让暂行条例》(以下简称《城镇国有土地使用权出让和转让暂行条例》)第43条：划拨土地使用权是指土地使用者通过各种方式依法无偿取得的土地使用权。基于此，划拨用地的基本特征之一就是“无偿”，而S公司取得该涉案土地使用权时支付了相应的对价，包括征地费、附着物补偿费用等。另外，原告取得土地使用权后，将涉案土地一直按照土地征用合同约定、政府批复规定的用途使用，是商业用途，未用于现行法律规定的行政划拨用地用途。因而，从用途上也可证明，涉案土地符合出让的性质，不是行政划拨用地。即使G委员会认为S公司获得涉案土地使用权当时只有划拨一种渠道取得土地使用权，即包括公益事业、基础设施建设、行政机关用地、商业建设用地等都依赖于划拨这种渠道。但自1990年开始已经有行政划拨与出让两种途径取得土地使用权，公益事业、基础设施建设、行政机关用地是用行政划拨的渠道，而商业建设用地则应通过出让渠道。据此，1987年的行政划拨与1990年以后的行政划拨不能等同。

S公司在取得涉案土地使用权时，征地行为是在经市政府多个部门批准后，签约行为由基层政府组织见证。综上所述，涉案土地从有偿、用途、取得程序等方面，符合协议出让的特征，不属于无偿划拨的情形，不属于行政划拨用地。

(二)涉案土地使用年限是否届满

【G委员会主张】S公司取得涉案土地为1987年3月，取得土地的用途是种植业用地，依据《深圳经济特区土地管理暂行规定》第20条的规定，种植业用地的最长使用年限为20年。S公司在申请征地以及申请确权均自认为是种植鲜花，现在却认为该用地为科研产业用地没有任何依据。涉案土地已于2007年3月到期。

【S公司主张】涉案土地所有用地审批文件均明确用于“兴建鲜花技术开发工厂工程”，用地性质应该为科研产业用地。且双方对于用地性质和使用期限均没有明确约定。G委员会认为涉案土地到期所依据的《深圳经济特区土地管理暂行规定》实际已在1988年1月3日废止，G委员会不具有立法权，无权在相关法律失效的情况下作出如何适用的规范性文件。

(三)涉案土地是否列入改制土地资产范围，是否属于改制后的S公司资产

【G委员会主张】2003年6月2日Z市政府批准发布的《关于深圳市国有企业改制中土地资产管理若干意见》为Z市国有企业改制中土地资产管理处置的依据，该意见第2条第1款第6项规定，国土管理部门依据有关法律、法规应予收回的土地资产不纳入改制的资产范围。涉案土地已经超过规定的使用期限，依法应予以收回，不应纳入改制资产范围。

该意见第2条第1款第4项规定，市政府、国资办、资产经营公司及上级产权单位确认不纳入改制资产范围的土地资产不纳入改制的资产范围。涉案土地提交给政府主管部门的报告以及政府的批复文件中均未涉及改制土地，改制中的资产评估报告中未涉及涉案土地。且改制所涉的股权转让合同明确指出涉案土地使用期已过，国土部门可随时收回。故涉案土地没有纳入改制土地资产范围，不属于改制后的S公司资产。

【S公司主张】改制文件已经将涉案土地纳入改制范围，改制所涉的股权转让合同约定受让方受让的是S公司100%股权，合同明确了改制企业资产剥离范围，涉案土地并未作为剥离资产进行剥离，同时合同约定除本协议另有约定外，资产评估报告中已列明的标的企业的债权、债务及或有债权、债务随同目标股权一并转让，出让方不再承担任何责任。涉案土地的资产及相关债权、债务已经作为或有资产、债权、债务一并转让给改制受让方承接。同时，受让方为取得涉案地块地上建筑物支付了相应的对价，如不能使用土地，则地上建筑物也无法使用。

四、裁判要旨

该案件历经一审、二审，两审法院均保持一致的观点，具体如下：

（一）涉案土地的取得方式问题

1.判断土地使用权的取得方式，应以用地单位最初获准使用相关土地时法律、法规的规定作为判断依据。涉案土地取得时间为1987年3月，而在1988年1月3日《深圳经济特区土地管理条例》开始实行之前，Z市并没有实行出让土地制度。根据1987年1月1日施行的《土地管理法》第23条第1款规定："国家建设征用土地，建设单位必须持有国务院主管部门或县级以上地方人民政府按照国家基本建设程序批准的设计任务书或者其他批准文件，向县级以上地方人民政府土地管理部门提出申请，经县级以上人民政府审查批准后，由土地管理部门划拨土地。"涉案土地依据当时的法律通过行政划拨方式取得使用权。S公司提及的《城镇国有土地使用权出让和转让暂行条例》和《中华人民共和国城市房地产管理法》（以下简称《城市房地产管理法》）均是在S公司取得涉案土地后施行，故涉案土地取得方式的认定不适用上述法律、法规的规定。

2.1988年1月3日施行的《深圳经济特区土地管理条例》第18条规定，本条例公布前，用地单位、个人同市政府及其授权部门签订的土地使用合同仍然有效。但没有确定土地使用年限和土地使用费的，应补办国有土地使用权登记，由市国土局根据生产行业和经营项目确定土地使用年限和土地使用费的标准。而本案中S公司未补办过国土土地使用权登记手续，因此不存在Z市开始施行土地使用权出让制度后，通过补办手续由行政划拨用地转化为出让用地的问题。G委员会依据涉案土地取得时的法律认定涉案土地系通过行政划拨方式取得并无不当。

(二)关于涉案土地使用期限

根据1988年1月3日施行的《深圳经济特区土地管理条例》第18条规定,对于该条例规定的土地使用权出让制度施行前相关单位已获准使用的土地,如果没有明确土地使用年限和土地使用费的,应通过补办国有土地使用权登记手续确定。但本案S公司没有补办手续并确定土地用途和土地使用费。关于土地使用年限和土地使用费的标准问题,依据上述《深圳经济特区土地管理条例》授权Z市国土局根据生产行业和经营项目予以确定。而Z市国土局《关于房地产登记发证计算土地使用年限的通知》明确种植用地使用年限为20年。因此依据涉案土地取得用地审批时有效的法律法规确定使用年限为20年并无不当。同时,涉案土地从用地审批及S公司自认的证明材料中均可确认为取得土地的用途是鲜花种植,故认定为种植用地,使用年限20年,并依据用地审批时间认定土地使用期限已到期,事实和法律依据充分。

(三)关于涉案土地是否纳入企业改制资产范围

1.涉案土地已经超过规定的使用年限,依法应予收回。根据Z市政府批准发布的《关于深圳市国有企业改制中土地资产管理若干意见》第2条第1款第6项规定,国土管理部门依据有关法律、法规应予收回的土地资产不纳入改制的资产范围。因此,按照上述意见涉案土地不应纳入改制的资产范围。

2.根据《关于深圳市国有企业改制中土地资产管理若干意见》第2条第4项规定,国有企业申请改制,涉及土地资产处置的,应当对企业所使用的土地资产进行全面清理,并由改制企业会同资产经营公司及其上级产权单位提出土地资产处置方案,报国土管理部门审批。另外,根据《关于深圳市国有企业改制中土地资产管理若干意见》第4条规定,国有企业改制涉及转移到改制后企业的所有土地资产,均需要委托相关评估机构进行评估,且相关评估报告必须报市国土管理部门备案,由市国土管理部门出具备案意见。而S公司改制时,依法履行了资产评估并提交了土地资产处置方案报告交国土部门审批,但评估及审批均不涉及涉案土地。

3.本案亦无其他证据显示S公司在企业改制后针对涉案土地办理过国有土地用地审批手续。

故涉案土地没有纳入企业改制土地资产处置范围且未办理国有土地用地手续,事实清楚。

五、借鉴意义

本案件的发生尚处于城市更新项目开展的前端，合作方与村委会仅签署了合作意向，由于无法顺利收回土地，城市更新项目无法正式开展。本案对于城市更新中涉及权属争议纠纷的权利人的确定也有一定借鉴意义，尤其是涉及经历国企改制的企业取得的历史遗留用地的确权问题。

（一）需核查历史遗留用地取得的方式

在特定的历史背景下，土地的取得与现行的法律规定不一致，存在与现行法律规定取得方式相同的语言用词但内涵完全不同的情况，如“划拨”一词，历史上的划拨和现行法律的划拨规定完全不同。在土地未进行完善用地手续或历史遗留问题处理的情况下，需充分尊重历史，遵守当时法律规定来判定土地取得方式。

（二）需核查历史遗留用地是否到期

在土地用途和使用期限未明确且存在争议的情况下，司法实践是倾向于按照土地取得时的法律规定来判定土地的用途以及对应的使用期限。

（三）历经改制的企业需特别关注土地、房屋资产是否纳入改制资产

对于国有资产的处置需履行特别的监管规定，尤其是关于房地产事宜，由于所涉利益重大，需履行评估及审批手续，没有列入评估资产及履行规定的审批手续的，按照司法实践，一般不认可改制后的企业取得使用权和所有权。

案例30：T公司与A局排除妨害纠纷案

一、案例要素

<table>
<tr><td rowspan="4">当事人</td><td>原告（上诉人）</td><td>A局</td></tr>
<tr><td>被告（上诉人）</td><td>T公司</td></tr>
<tr><td>第三人（有独立请求权）</td><td>X公司</td></tr>
<tr><td>第三人（无独立请求权）</td><td>Z公司</td></tr>
<tr><td>所在项目</td><td colspan="2">某城市更新项目</td></tr>
<tr><td>争议类型</td><td colspan="2">确权纠纷</td></tr>
<tr><td>案由</td><td colspan="2">排除妨害纠纷</td></tr>
<tr><td rowspan="2">核心法律问题</td><td colspan="2">涉案土地的权属问题</td></tr>
<tr><td colspan="2">涉案土地地上建筑物的权属问题</td></tr>
</table>

二、基本案情

1990年4月，S市国土局与H公司签订了一份土地使用合同书，约定S市国土局将地块编号为×号土地约16万平方米一次性批给H公司，土地使用期为50年（1990年4月28日至2040年4月27日），约定了本地块中A局用地25，000平方米免地价等内容。1992年6月25日，A局下属企业W公司与X公司前身（X企业发展公司）、香港F公司签署了关于合作设立T公司的合同书，约定共同投资经营合资公司T公司。按照X企业发展公司25%、W公司25%、香港F公司50%的比例出资及分享利润、承担风险。合资公司T公司注册资本人民币2000万元，总投资额3000万元，其中X企业发展公司和香港F公司以现金出资，W公司以上述25，000平方米土地中的1500平方米用地（涉案土地）供T公司兴建办公经营大楼使用17年，作价人民币500万元。W公司负责提供涉案土地并取得建设开工的相关手续。T公司经营期限为17年，期限届满后，土地使用权归W公司所有，房产、设备等其他资产按照持股比例清算。在合资期满6个月前，经董事会会议一致通过，可向本合同审批机构申请延长合营期限。1993年，T公司在涉案土地上建设办公经营大楼，但报建主体为A局。1999年4月，W公司因政策原因被注销并由Z公司（国有资产管理企业）承接其权利义务。1999年8月，Z公司将所持T公司25%的股权依法经审批转让给X企业发展公司（当时实际为Z公司全资子公司）。2003年和2009年，X企业发展公司经两次改制相关的股权转让并更名为X公司，Z公司转让了其所持X企业发展公司的全部股权至X公司员工。改制所涉评估报告中明确了W公司以1500平方米涉案土地的17年的土地使用权作价500万元出资T公司并占股25%，涉案土地所在地块的用地性质为A局办公、住宅及宿舍，土地未办理使用权过户登记手续，现已建办公经营大楼，报建主体为A局，实际建筑面积约为12，500平方米，未进行竣工决算，未办理房产证，评估报告中土地使用权一栏为空白。

2009年4月26日，T公司申请延长经营期限至50年并获政府部门批准，同时经批准的出资及持股比例为：X公司出资1000万元，比例为50%，香港F公司出资1000万元，比例为50%。

2009年7月，S市国土资源和房产管理局直属分局给A局关于涉案土地权属事宜复函中明确，A局取得涉案土地免收地价，A局属于市财政拨款行政机关，故涉案土地的权利人应为S市人民政府，A局仅为实际使用单位，仅享有占有和使用权益，无收益和处分的权利。

2009年8月，A局与T公司就解决涉案土地使用权问题形成会议纪要，达成如下共识：

一是涉案土地权属为A局；二是设立合资企业T公司的合同书到期后自动终止；三是T公司在合同书到期后可继续使用地面建筑物作为经营场地并按市场价缴纳土地使用费；四是后续A局须使用该地块，T公司须无条件接受。同时对于收回地上建筑物作价时，必须扣除A局享有的25%的股权应得的份额。

2009年10月，A局与T公司签订了场地使用协议，约定A局将涉案土地提供给T公司使用，协议期限为5年，A局需使用涉案土地时，T公司需无条件撤离并交还土地。T公司向A局每月缴纳管理费30，000元，无论何种原因解除合同，双方均应对涉案土地地上建筑物残值进行评估并按照会议纪要约定办理补偿事宜。

2015年，由于该地块所在片区被纳入城市更新单元计划，A局要求T公司撤离并交还涉案土地，双方未能就补偿事宜达成一致，T公司拒绝搬离。A局遂于2015年5月向S市F区法院提起诉讼并被受理。案件受理后，T公司要求法院追加Z公司为第三人，X公司主动请求法院追加为第三人参与案件审理。2015年9月2日，S市F区法院公开审理了该案并于2016年2月29日作出一审判决。后A局和T公司对一审判决均不服，依法向S市中级人民法院提供上诉，S市中级人民法院于2016年6月23日予以受理，并于2016年7月25日公开审理，二审法院于2016年9月20日作出维持原判的终审判决。

三、争议焦点

（一）涉案土地的权属

【T公司和X公司主张】(1)涉案土地使用权已经是W公司对T公司出资。后虽然W公司被注销，但其所持T公司相应的股权已经转让给Z公司，后Z公司又转让给了X公司，X公司承受W公司对T公司所享有的股权支付了相应的对价。涉案土地使用权应该视为X公司对T公司的出资。(2)公司延期已经获得批准，在合资公司存续期间，该土地使用权应该归T公司享有，否则，对应的出资比例就不会存在。

【A局主张】(1)涉案土地为划拨用地，S市国土资源和房产管理局直属分局给A局关于涉案土地权属事宜复函中明确涉案土地权利人为S市人民政府，A局仅有使用权，无处分权。(2)X公司改制评估中，明确W公司仅以17年的土地使用权出资，且土地使用权一栏为空白，即X公司改制后的股东并未就取得涉案土地使用权支付任何对价，也未见改制所涉主管部门对于涉案土地资产列入改制资产的批复文件。(3)W公司仅以涉案土地17年的使用权出资，现17年的使用权已经届满，而关于T公司延期的问题，由于承接W公司所持T公司股权的X公司并不享有涉案土地使用权，其无权就T公司延期使用涉案土地作出决定。

（二）关于争议所涉土地的地上建筑物权属

【T公司和X公司主张】(1)涉案土地地上建筑物虽然由A局报建，但实际由T公司出资建设，其所有权应归T公司。(2)由于涉案土地经过此流转，其实际权利人为X公司，且A局并非T公司股东，A局对地上建筑物不享有权利。

【A局主张】根据房随地走的原则，该地上建筑物应归A局所有。

（三）关于侵权期间的费用问题

1.涉案土地的费用问题

【T公司主张】依据A局与T公司签署的场地使用协议约定的场地使用费用标准，支付场地使用协议约定的期限届满后的使用费。

【A局主张】场地使用协议约定的场地使用费用标准严重过低，明显低于市场价，应该按照政府同地块、同用途房屋租赁指导价标准支付侵占费用。

2.涉案土地地上建筑物的费用问题

【T公司主张】地上建筑物所有权归T公司，无须支付使用费用。

【A局主张】由于地上建筑物建造在涉案土地上，应按照政府周边同用途房屋租赁指导价标准支付侵占费用。

四、裁判要旨

（一）涉案土地的权属

1.S市国土资源和房产管理局直属分局给A局关于涉案土地权属事宜复函中明确涉案土地使用权人为A局。

2.合资公司的合同书明确W公司是以涉案土地的17年使用权作为出资投入T公司。同时明确合资期满后，土地使用权归W公司所有，房产、设备及其他资产按照股权比例清算。

3.W公司被注销后，其所享有的T公司25%的股权最终被X公司取得，但X公司只是取代W公司的股东地位，对T公司享有股权。涉案土地合资合同书约定的17年期间作为公司股东的出资由T公司享有并使用，并不是涉案土地的使用权归X公司，也不是X公司继受了W公司债权债务，并非W公司的财产应归X公司。合同书约定的土地使用期届满后涉案土地使用权应归还W公司，因W公司被注销，应归还给W公司的开办人和土地使用权人A局。

4.T公司虽然被政府部门批准延长，但并不意味着涉案土地使用权人又出资再次投入T公司，X公司并非涉案土地使用权人，无权处分涉案土地。

故T公司及X公司请求确认涉案土地使用权属于X公司对T公司的出资，涉案土地使用权在T公司合资期满后归属于X公司，没有合同及法律依据。

（二）关于涉案土地地上建筑物权属

按照合资公司合同书的约定，涉案土地地上建筑物在合资期满后，按照三方出资比例进行清算。由于合资期满前，三方股东变为两方股东，W公司所持T公司股权最终变更为X公司持有。涉案土地地上建筑物为T公司财产，本应依据合同书进行清算，A局没有股权，对该地上建筑物不享有权利。但T公司在合资期限届满前并未进行清算，而是进行了延期经营，涉案土地地上建筑物仍然属于T公司财产。X公司主张对地上建筑物享有50%的所有权，由于T公司并未进入清算阶段，存在诸多不确定性，其主张没有合同和法律依据。

（三）关于侵权期间的费用问题

1.关于侵占期间涉案土地的费用问题

T公司在场地使用协议届满后，A局明确告知需收回涉案土地的情况下，仍不交还涉案土地，其继续占用和使用涉案土地没有合法依据，构成了侵权。理应停止侵占、交还涉案土地并支付使用费。但由于政府没有公布土地租赁指导租金标准，因此须参照A局与T公司签订的场地使用协议约定的租金标准支付侵占费用。

2.关于侵占期间涉案土地地上建筑物费用

由于涉案土地地上建筑物所有权人是T公司，但房地不能分离，根据房随地走的原则，T公司也应将地上建筑物交给A局。A局获得了T公司的涉案地上建筑物，应补偿T公司。但T公司在本案没有主张，故根据不告不理原则，对此不作处理。

由于涉案土地的地上建筑物房屋的权利人并非A局，A局主张的应按照同地段房屋租赁指导租金标准计算占用使用费，没有依据。

本案二审予以维持原判。

五、借鉴意义

本案件的发生尚处于城市更新项目开展的前端，土地使用权人和地上建筑物所有权人就权属产生争议。本案是在特殊历史背景下产生的使用有限的土地使用权作为对企业的出资从而遗留下来的土地和地上建筑物权利人不一致的情形，其中还历经股权转让及国企改制，背景相对比较复杂，需要梳理其中的线索，抓住核心问题，同时在尊重历史的情况下对有期限的土地使用权出资行为作为认定，对于城市更新中涉及权属争议纠纷的土地使用权人和地上建筑物权利人不一致的情况下如何确认权属有一定的指导意义。

（一）需核查历史遗留用地取得的方式

关于土地使用权的关键问题就是土地通过何种方式取得，是否支付了对价。从本案来看，涉案土地为划拨取得，虽然在特殊历史背景下被附期限的作为其他出资，但仍改变不了涉案土地的本质，即划拨用地，且未通过补偿手续转变为T公司资产。

（二）根据出资建设情况确认地上建筑物的权利主体

地上建筑物的权属问题需首先考虑是否有合法报建手续、报建的主体，但在报建主体和实际出资人不一致时，还需充分考虑到出资主体及出现出资主体和报建主体不一致情况的原因，来确认实际的权利人。

（三）房地权属不一致时处理问题

出现房地权属不一致的情况是，基于房随地走的原则，一般应确定地上建筑物应与土地一同移交给土地使用权人。在城市更新项目中，如土地使用权人与地上建筑物的权利人不一致出现争议时，需考虑土地的性质及双方曾就土地使用权合作、出租等协议的有效性等，一般宜确认土地使用权人为搬迁补偿协议的被搬迁人，由被搬迁人自行解决地上建筑物的补偿问题。

案例31：Q公司土地权属争议案（非诉项目）

一、案例要素

当事人	Q公司（原征地行为人及土地实际使用人）
	L区政府
	Z公司（Q公司改制前原股东）
	T公司（Q公司改制前原股东）
所在项目	拟开展的城市更新项目
争议类型	确权纠纷
核心法律问题	历史遗留用地的权属问题
	历史遗留用地地上建筑物的权属问题

二、基本案情

涉案土地约3000平方米，位于L区，原为仓储用地，建有若干永久建筑及临时建筑，但土地及房屋均未取得房地产证。Q公司拟将该地块与周边依法取得房地产证或已按房地产登记历史遗留问题处理的办公、工业、住宅等用地共计约28，000平方米用地一同申报商住类拆除重建类城市更新计划单元。但L区政府对涉案土地权属提出主张并要求收回。

Q公司原为国有全资企业，负责该片区土地开发及经营管理，于1985年至1987年根据政府批复，在L区片区向A村、B村和C村共征地约为80万平方米，并支付了征地补偿费。后1991年至1995年，通过与政府签订补偿协议收回土地，另行对外出让或按照政府要求直接对外出让的方式转让了其中大部分土地，获得了土地出让金和土地开发费等收益。剩余的3000平方米土地未进行出让，由Q公司使用至今。期间Q公司自行搭建了部分永久性建筑及临时建筑并对外出租。

2002年，Q公司实行第一次国有企业改制，改制前的Q公司向L区规划与国土资源局就涉案土地权属事宜致函并获得复函，复函明确由于该企业提供的材料不能证明其享有该土地的使用权，因此建议不将该土地列入改制评估资产范围。改制所涉的资产评估报告中土地使用权一栏为空白，同时资产评估报告摘要中指出，Q公司依据政府要求向M公司转让该片区部分用地时，经Q公司与M公司协商，建设局同意M公司支付50元/平方米的基础设施补贴费和280元/平方米的土地开发费给Q公司。因此，在今后转征其他蓝线用地时，亦存在获得类似收益的可能，由于规划国土部门对该类历史用地没有明确规定，本次评估未能考虑过类似行为产生的“或有收益”对评估价值的影响。改制评估报告中未涉及涉案土地地上建筑物事宜。原股东Z公司在与受让方Y公司签署了股权转让合同书，合同书明确股权转让以前述的资产评估报告书为依据，Y公司同意承受至产权交接日止的Q公司的一切债权债务。

2008年，Q公司进行第二次改制，原股东T公司对外转让所持Q公司的全部股权。至此，Q公司改制为民营企业。第二次改制前，Q公司仍向市国土资源和房产管理局就涉案土地权属事宜征询意见，复函明确该用地未办理出让手续未纳入第一次改制土地资产范围，不属于Q公司土地资产，本次也不能纳入土地资产处置和评估范围，该用地应纳入政府储备用地管理。改制所涉资产评估说明中土地使用权一栏为空白。改制评估报告中未涉及涉案土地地上建筑物事宜。在Z公司与自然人B签订的股权转让合同书中，合同书明确股权转让以前述的资产评估报告书为依据，若发现属于本次股权转让前资产评估报告以外的Q公司的债权债务，由自然人B和Q公司自行承担，与Z公司无关。

2018年，Z公司以其原持有Q公司70%的股权，且涉案土地未纳入改制资产为由请求法院确认其享有该涉案土地70%的份额权益。但该案法院最终以土地权属争议不属于法院民事案件受理范围为由予以驳回。

目前，该案件处理尚未达成共识，律师就该争议事项向L区政府出具了法律意见书，供政府部门处理该案件时予以参考。

三、争议焦点

（一）历史遗留用地的权属问题

【Q公司主张】涉案土地属于历史遗留用地，由Q公司通过与村委签署征地协议取得，Q公司支付了相关的征地费用，且按规定缴纳土地使用费，土地使用权理应归Q公司所有。

【Z公司和T公司主张】该历史遗留用地由Q公司通过与村委签署征地协议取得，并支付了相关的征地费用。但由于Q公司涉及改制，改制时未纳入改制土地资产评估范围，因此土地相关权益应归原股东享有。

【L区政府主张】该历史遗留用地实际由Q公司代政府征用之土地，Q公司的占有使用行为仅仅是临时使用，不能改变土地的权属和性质，该土地应该属于政府储备用地。

（二）历史遗留用地地上建筑物的权属问题

【Q公司主张】地上建筑物由Q公司出资建设，理应由Q公司享有所有权。

【Z公司和T公司主张】地上建筑物在改制时未纳入改制土地资产评估范围，因此土地相关权益应归原股东享有。

【L区政府主张】上述地上建筑物属于违法建筑，本次收回时依法可以不予赔偿。土地使用权归政府所有，根据房随地走原则，该地上建筑物应一并移交政府。

四、律师意见

（一）历史遗留用地的权属问题

1.历史遗留用地并非出让土地，其不具备土地出让的特征。

2.历史遗留用地属于改制前的Q公司在特定历史背景下承担特殊职责履行代征代管义务而临时使用的土地。

3.该历史遗留用地不属于改制后的Q公司的资产，且在改制文件中明确为应纳入政府储备用地管理。

4.改制后的Q公司对于土地出让的操作方式和争议土地未纳入改制资产是知情的。

5.缴纳土地使用费并不等同于拥有土地使用权。

综上所述，无论是改制前的Q公司或是改制后的Q公司，都没有通过土地出让方式取得历史遗留用地的使用权，该土地为改制前的Q公司代征代管的临时用地，属于政府所有，政府职能部门有权依法进行处置。

（二）历史遗留用地地上建筑物的权属问题

由于该地上建筑物未取得权属登记，也未取得报建手续，依法可归属于违法违章建筑。由于政府享有涉案土地的所有权，根据房随地走的原则，政府收回涉案土地时有权收回上述地上建筑物。就本案现有的情况而言，依据法律规定，L区政府可以不予补偿。

但是如将本案纳入城市更新实践中，为了推进项目进程，对于此类地上建筑物和临时建筑仍会确认相应的权利人并进行补偿。

在确认权利人时，需考虑房屋的实际出资人及实际报建方进行综合评判。Q公司如有证据证明上述地上建筑物由其出资兴建的，可以主张权利。但本案中还需考虑另一个方面，Q公司历经两次改制，两次改制所涉资产评估报告均未涉及该地上建筑物。因此，如上述地上建筑物实际建造在Q公司改制前，由于上述地上建筑物未能进行评估，不能纳入改制后的Q公司的资产，需要根据报建情况和出资情况确定权利人为原股东Z公司和T公司或是其他主体。若地上建筑物实际建造在Q公司改制后，则相应的补偿应归改制后的Q公司。

五、借鉴意义

为避免权属争议，在开展城市更新前需对项目土地及地上建筑物进行初步核查。尤其是在未取得土地及房屋产权登记的情况下。

（一）充分考虑历史背景确认土地的权属

确认土地权属时，应充分关注土地取得的协议文件、是否履行土地出让的手续及支付土地出让的费用，结合土地取得背景（包括企业取得土地时的性质及承担的职能）。

（二）历经改制企业所涉房地产问题的特殊性规定

需关注房地产权利人的历史沿革，如是否曾进行过改制，一般情况下如企业历经改制的，需核查房地产是否纳入改制资产评估及审批。

(三)土地权属争议解决方式的特殊性

对土地权属产生争议的,属于政府部门处理的范围,不属于法院民事案件受理范围。

案例32:罗某与Z公司、X公司、P公司财产损害赔偿纠纷案

一、案例要素

当事人	原告	罗某强
	被告	Z公司、X公司、P公司
	第三人	罗某雄、罗某良
所在项目	坪山T城市更新项目	
争议类型	确权纠纷	
案由	财产损害赔偿纠纷	
核心法律问题	房产所有权证和土地使用证不一致时如何认定房屋权属	
	不符合法定形式要件的遗嘱的效力认定	

二、基本案情

本案诉争房产即10号房屋、25号房屋系两层建筑,位于坪山T城市更新项目范围内。深圳市坪山T城市更新项目开发商系Z公司,X公司系该项目的项目公司,P公司为村股份公司。廖某系原告罗某强、第三人罗某雄和罗某良的母亲,于2016年10月30日去世。

本案原告罗某强主张10号、25号均为其所有。被告和第三人主张25号为罗某雄所有,10号为罗某良所有;被告还主张10号已经由罗某良转卖给孙某辉,孙某辉又转卖给苏某华。

1992年10月29日,经原B县国土局颁发有集体土地建设用地使用证,涉案房产所在土地使用权人为廖某。

2011年3月1日,廖某及其三个儿子罗某雄、罗某良、罗某强签订协议书一份,主要内容为:由罗某强负责照顾母亲廖某,而廖某现持有的居民小组的股份、宅基地、祖留老房子一间(26号),还有每月的养老金及扶贫款都由罗某强管理支配。廖某百年归老后,其名下所有财产由罗某强继承,罗某雄和罗某良不得有任何异议。四方当事人均签字捺印,另有两名见证人签字,人民调解委员会加盖公章。

2015年6月9日，在两位律师见证下，廖某立遗嘱一份。主要内容为：10号、25号房屋待廖某逝世后由罗某强继承。

X公司和P公司于2014年2月28日、2016年1月6日分别与罗某雄、苏某华就涉案房产25号、10号拆迁补偿事宜签订拆迁补偿安置协议。

2017年2月左右，涉案房产由X公司予以拆除。

2017年3月10日，罗某强向L区法院起诉，请求判令三被告停止侵害、恢复原状。

2017年11月10日，L区法院开庭审理。

2017年11月29日，罗某强向L区法院申请将诉讼请求变更为“请求判令三被告连带赔偿损失4，091，355元”。

2017年12月21日，L区法院开庭审理。

2018年2月6日，罗某雄、罗某良向L区法院申请作为第三人参加诉讼，提出独立请求：认定罗某雄是25号房屋的房产权利人，罗某良是10号房屋的房产权利人。罗某雄、罗某良主张涉案房产为两人同其父亲罗某共同出资所建，1985年10月31日办理了广东省房产共有权执照、广东省房产所有权证，权利人为罗某、罗某良、罗某雄、罗某强。约在本案发生30年前，因分家对房产进行了分割，25号、10号的房屋分别归属罗某雄、罗某良，26号归廖某，涉案房产西侧还建有一间约30平方米房屋即11号房屋归罗某强。

2018年4月9日，L区法院开庭审理。

2018年6月5日，L区法院判决被告X公司支付原告罗某强赔偿款4，091，355元，驳回第三人罗某雄、罗某良的诉讼请求。

2018年6月24日，罗某雄、罗某良不服一审判决，向广东省某市中级人民法院上诉，请求撤销一审判决，依法改判涉案房产分别归属罗某雄、罗某良。

2018年6月28日，X公司不服一审判决，向广东省某市中级人民法院上诉，请求撤销一审判决书，驳回罗某强的起诉。

2018年10月18日，广东省某市中级人民法院二审开庭审理。

2019年2月22日，广东省某市中级人民法院判决撤销一审判决，驳回罗某强的诉讼请求，驳回罗某雄和罗某良的诉讼请求。

三、争议焦点

（一）房产所有权证和土地使用证不一致时如何认定涉案房屋权属

【罗某雄、罗某良主张】1985年10月31日的广东省房产共有权执照、广东省房产所有权证显示涉案房产为罗某、罗某良、罗某雄、罗某强共有。房屋所有权证证明房屋的权属，土地使用证只能证明土地使用权的权属，依据土地使用证来确定土地上的涉案房屋归土地使用者所有明显不合理。集体土地建设用地使用证是1992年10月29日办理的，当时25号、10号房屋的所有权人罗某雄和罗某良并未将房屋转让给廖某，也未授权其办理该房屋的土地使用证。根据1989年11月28日颁布施行的《土地登记规则》第12条第3款和第4款以及第13条第3款可知，土地登记申请者申请土地使用登记应当提交土地权属来源证明、地上附着物等权属证明等相关资料，土地管理部门应根据地籍调查结果对土地权属、面积进行全面审核，并对审核结果予以公告。在罗某雄、罗某良持有广东省房产所有权证的情况下，擅自给廖某颁发集体土地建设用地使用证的行为属明显错误，应对该集体土地建设用地使用证予以撤销。

【罗某强主张】广东省房产所有权证、广东省房产共有权执照记载的内容自相矛盾，无法确认其真实性。根据1987年《广东省土地证书颁发办法》和《土地管理法》，无论是持有房产权证，还是未持有房产权证，均必须申领集体土地建设用地使用证，集体土地建设用地使用证是对房屋土地所有权确认。1992年10月29日办理的集体土地建设用地使用证是经过小村、大村、坪山镇相关部门核查确认无误后，由B县政府依据为《土地管理法》第11条颁发，显示涉案房产的土地使用者为廖某。根据现行我国《土地管理法》及《深圳经济特区房产登记条例》相关规定，我国目前实行房地合一登记。集体土地建设用地使用证可以确定廖某为涉案房产的权利人。

【X公司主张】广东省房产共有权执照、广东省房产所有权证记载涉诉房产的权属清晰，足以认定。根据原《物权法》第16条的规定，不动产登记簿是物权归属和内容的根据，第17条规定不动产权属证书是权利人享有该不动产物权的证明，如果是两者不一致时以不动产登记簿为准，因此不动产登记簿或不动产登记证书才是权利人享有该物权的证明。①在本案中，罗某强提交的集体土地建设用地使用证等证据既不是不动产登记簿也不是不动产登记证书，从根本上不足以证明罗某强系涉案房产的合法产权人。

（二）协议书对涉案房屋权属的认定作用

【罗某强主张】在2011年3月1日人民调解委员会的主持调解下签署的协议书中，罗某雄、罗某良均确认其母亲廖某为祖屋（26号）的所有人，对涉案土地和房屋属于其母亲廖某并不持异议。罗某雄和罗某良在利益的驱使下，采取非法手段通过P公司非法确权，与X公司签订拆迁补偿安置协议，其行为违反协议书，违背了被赡养人廖某真实意愿，侵

① 即《民法典》第216条："不动产登记簿是物权归属和内容的根据。不动产登记簿由登记机构管理。"以及第217条："不动产权属证书是权利人享有该不动产物权的证明。不动产权属证书记载的事项，应当与不动产登记簿一致；记载不一致的，除有证据证明不动产登记簿确有错误外，以不动产登记簿为准。"

害了罗某强应有的合法权益。

【X公司主张】协议书中约定的表述可以明确该协议书经在场的4位亲属罗某雄、罗某良、罗某强、廖某及T社区的有关工作人员确认，廖某的财产包括居民小组的股份、宅基地及老房26号，并没有提及10号、25号等其他任何房屋。并且，协议书形成是在2011年，当时廖某尚且身体健康神志清醒，涉事的当事人都在场，所以对涉诉的房产进行了一致的确认，在这种情况下对廖某的财产份额存在重大遗漏和误解的可能性几乎不存在。由此可见廖某、罗某强早在2011年均自认涉诉房屋10号、25号不归其所有。

（三）遗嘱的效力认定

【罗某雄、罗某良主张】第一，老屋不属于廖某所有，且廖某无权在遗嘱中处理不属于其所有的房产。当年分家时，25号、10号的房屋分别分给罗某雄、罗某良，且根据广东省房产共有权执照、广东省房产所有权证可知，廖某对该老屋并不享有产权，其无权在遗嘱中处理不属于其所有的房产，所作遗嘱应认定无效。第二，遗嘱上只有廖某的盖章，而廖某从小不认字也不会写字，所以该份遗嘱应属于代书遗嘱，根据原《中华人民共和国继承法》（以下简称原《继承法》）第17条第2款，代书遗嘱应该有两个以上见证人在场见证，由其中一人代书，注明年、月、日，并由代书人、其他见证人和遗嘱人签名，而该份遗嘱上并没有代书人、其他见证人的签名，且上面廖某的指纹亦无法证明是其本人指纹，因此该份遗嘱应认定为无效。

【罗某强主张】遗嘱是由两名律师作见证，并有录像和照片，可以证实廖某订立的遗嘱是其真实意思表达，由其本人自述。

【X公司主张】第一，遗嘱因为形成程序不合法，不具有法定的效力，应予以排除，不能证明涉案房屋10号、25号归罗某强所有。第二，罗某强所提交的遗嘱虽然经过律师见证，但见证的房产没有任何合法产权证明，属于典型的违法见证。第三，遗嘱的形成时间是在2015年6月9日，形成背景是X公司已经启动了涉诉房产所在片区拆迁补偿工作，并已经进入了拆赔阶段。期间正是立遗嘱人廖某身体处于比较虚弱及弥留状态的情形，在此种情况下，其形成的背景以及立遗嘱人的精神状态都不足以反映立遗嘱人的真实意思表示，而更容易受到外界的其他因素的左右和影响。

四、裁判要旨

（一）房产所有权证才是确认房产权利人的凭证

一审法院审理认为，《广东省土地证书颁发办法》第4条、第9条、第10条规定，我省境内拥有农村集体土地所有权的农业集体经济组织，以及使用国有或集体所有土地的单位和个人，必须按照本办法规定申领或换领土地证书，领证（换证）工作截至1992年年底，逾期不办理领证（换证）手续又不申请暂缓办理的，原批准用地证件或土地证书作废，其土地所有权或使用权不受法律保护。罗某雄、罗某良提交的广东省房产共有权执照、广东省房产所有权证颁发于1985年，属于应申请换领证书的范围。综合罗某强提交的颁发于1992年10月29日的集体土地建设用地使用证，可以认定上述广东省房产共有权执照、广东省房产所有权证已经办理了换证手续，换后证件即为集体土地建设用地使用证，权利人为廖某。

二审法院审理认为，土地使用证确认的是土地用益物权的归属，房产所有权证才是确认房产权利人的凭证。故原审依据集体土地建设用地使用证确认涉案房产的权利人为廖某，缺乏事实依据。涉案集体土地建设用地使用证颁发时间虽然在后，但结合《广东省土地证书颁发办法》“应于1992年年底前申领或换领土地证书”的规定，可以认定该土地使用证为后补或换领的证书，据此并不能否定前述广东省房产所有权证的效力，原审混淆土地使用证和房产所有权证的性质，以土地使用证颁发在后为由否定房产所有权证的效力，显然不当。故根据广东省房产所有权证，应认定涉案房产为罗某、罗某良、罗某雄、罗某强共有。

（二）赡养协议与罗某强、罗某良关于涉案房产早已分家的主张相对应

一审法院审理认为，经人民调解委员会调解，罗某强同罗某雄、罗某良达成的调解协议亦确认26号属于廖某。根据赡养协议和廖某遗嘱，法院确认诉争房产（10号、25号房产）原为廖某所有，现房产权利人为罗某强。

二审法院审理认为，廖某、罗某雄、罗某良和罗某强在人民调解委员会主持下签订的协议书载明，廖某当时持有的财产为居民小组的股份、宅基地和26号房产，并未提及10号和25号房产。该赡养协议的内容与罗某雄、罗某良关于涉案房产早已分家的主张相对应，结合罗某强本人关于涉案房屋10号和25号拆迁前系分别由罗某良、罗某雄居住的陈述，可以认定10号、25号房屋在分家时系分给了罗某良、罗某雄。

（二）遗嘱不产生遗嘱效力

一审法院审理认为，根据赡养协议和廖某遗嘱，法院确认诉争房产（10号、25号房产）原为廖某所有，现房产权利人为罗某强。

二审法院审理认为，罗某强提交了廖某的遗嘱，称系由见证律师按廖某的口述整理出打印文档后由廖某签名确认，但遗嘱上并没有见证人的签名，故该遗嘱既不属于自书遗嘱，亦不符合代书遗嘱的法定条件，不产生遗嘱效力。故罗某强据此主张廖某将涉案房产处分给其一人，缺乏事实依据。

五、借鉴意义

（一）土地使用证与房产所有权证不一致时，应以房产所有权证认定房屋权属

根据《不动产登记暂行条例》和《不动产登记暂行条例实施细则》的相关规定，土地及其上的附着物的权利主体应当一致。由于历史遗留等原因，部分房屋可能因土地使用证和房屋所有权证不一致而并未进行统一的不动产登记。而根据《不动产登记暂行条例》第33条的规定，该条例施行前依法颁发的各类不动产权属证书和制作的不动产登记簿继续有效。即使未进行不动产统一登记，相关不动产的土地使用证和房产所有权证继续有效。根据本案二审判决，当两者权属记载不一致，应当对二者性质进行区分，土地使用证确认的仅是土地用益物权的归属，房产所有权证则是确认房产所有权的凭证。即使土地使用证和房产所有权不一致时，由于二者确认的权利对象不同，在后颁发的证书也并不能否定在前颁发的另一证书的效力。故当房屋并未进行不动产统一登记，且土地使用证与房产所有权证记载权利主体不一致时，应以房产所有权证作为认定房屋权利人的依据。

（二）审慎认定遗嘱的效力

遗嘱的形式不符合法律的规定，可能面临被认定为无效的风险。立遗嘱是要式民事法律行为，遗嘱形式必须符合法律规定才能产生法律效力。因此在城市更新涉及遗嘱继承事宜并据此认定权属时，务必审慎审查遗嘱的效力，如因此导致权属争议的，建议通过司法认定作出权属认定并据此确定被搬迁人。

案例33：何C与何D房屋所有权确认纠纷案

一、案例要素

当事人	原告	何C
	被告	何D
所在项目	盐田某村整体搬迁项目	
争议类型	确权纠纷	
案由	房屋所有权确认纠纷	
核心法律问题	村民宅基地确权是否属于法院受案范围	
	1952年宝安县人民政府出具的土地房产所有权证的效力	

二、基本案情

涉案房屋位于盐田某村整体搬迁项目范围内，房屋所在地块尚处于房屋搬迁补偿安置协议签订阶段。

何A与张某为夫妻关系，二人有一女何C，同时在何B13岁左右时将其收养作为养子，一家人共同居住在涉案房屋中，直至全家移居海外。何A、张某、何B已经死亡，何B与妻子潘某育有一女何D、一儿何E。

现何C及何D各持有一张土地房屋所有权证存根。何C持有的存根编号为173号，该存根上户主一栏显示为张某，人口姓名一栏显示为张某、何A、何C；何D持有的存根编号为202号，该存根上户主一栏显示为何B。两张存根均颁发于1953年，但指示的均为同一宗地上所建的同一栋房屋。

双方均对涉案房屋权属主张权利并产生争议，导致该房屋至今未签订拆迁补偿协议。何C将何D诉至深圳市盐田区法院（同时列居民小组为第三人），请求法院确认其为涉案房屋的所有权人并要求何D承担全部诉讼费用。

三、争议焦点

（一）此类纠纷是否属于法院受案范围

【何C主张】在庭审之前，何C已通过合法途径向政府相关部门进行了申诉、调查或调解，但政府部门均推诿，要求双方向法院起诉解决争议，因此，何C诉至法院，法院应当受理。法院应当以主动的姿态去解决问题，而不是简单地不予受理、驳回起诉，这样会导致当事人矛盾更加尖锐，也影响旧改进展，不利于社会和谐。

【何D主张】根据“房地一体处理”的原则，本案涉及房屋土地使用权的确定问题。根据当时《土地管理法》（2004年修订）第16条“土地所有权和使用权争议，由当事人协商解决；协商不成的，由人民政府处理。单位之间的争议，由县级以上人民政府处理；个人之间、个人与单位之间的争议，由乡级人民政府或者县级以上人民政府处理。当事人对有关人民政府的处理决定不服的，可以自接到处理决定通知之日起三十日内，向人民法院起诉。在土地所有权和使用权争议解决前，任何一方不得改变土地利用现状”的规定，土地所有权和使用权争议，由当事人协商解决；协商不成的，由人民政府处理。

涉案房屋既未经过初始登记，又无相关报建手续，在无证据证明相关行政主管部门已经对涉案房屋的权属以及合法性进行了相关认定的情况下，法院不应受理何C的起诉。因此本案争议不属于人民法院受理民事诉讼案件的范围，何C的起诉应当被驳回。

（二）旧宝安土地房产所有权证的效力

【何C主张】虽然土地房屋所有证存根随着法律法规及政策变更为无效，但该存根可以反映出何C对房屋的所有权归属，法院应根据该存根记载情况进行确权。

【何D主张】新中国成立后，我国废除了地主土地所有制，建立农民土地私有制，因此政府为农民颁布了土地房屋所有证存根。但我国于1962年进行了农村土地人民公社化改造，1962年9月公布的《农村人民公社工作条例修正草案》第21条规定："生产队范围内的土地，都归生产队所有。生产队所有的土地，包括社员的自留地、自留山、宅基地等，一律不准出租和买卖。生产队所有的土地，不经过县级以上人民委员会的审查和批准，任何单位和个人都不得占用。要爱惜耕地。基本建设必须尽可能地不占用或者少占用耕地。生产队范围内的劳动力，都由生产队支配。公社或者生产大队向生产队调用劳动力，必须同生产队的社员群众商量，不得到他们的同意，不许抽调。生产队集体所有的大牲畜、农具，公社和大队都不能抽调。原来公社、大队所有的农具、小型农业机械、大牲畜，凡是适合于生产队所有和使用的，应该归生产队所有；不适合于一个生产队所有和使用的，可以仍旧归公社或者大队所有；有些也可以归几个生产队共有，联合经营。集体所有的山林、水面和草原，凡是归生产队所有比较有利的，都归生产队所有。生产队可以把零星的树木，交给社员专责经营，并且订立收益分配的合同，或者划归社员所有。上面所说的土地、牲畜、农具、山林、水面、草原的所有权和经营权，经过社员大会或者社员代表大会讨论同意，分下来以后，长期不变。除了这些以外，还有别的所有权和经营权的问题，经过社员大会或者社员代表大会讨论同意，定下来以后，也长期不变。"可认定生产队范围内的土地，都归生产队所有。因此村镇土地自《农村人民公社工作条例修正草案》公布后，社员对宅基地只有使用权，没有所有权。公民个人所持有的20世纪50年代当地政府所发房屋土地所有权证照在人民公社化改造以后已经失效。

因此，1952年原广东省宝安县人民政府颁发的土地房产所有证存根不能作为确定涉案房地产权利归属的依据，即不能证明涉案房地产归何C所有。

四、裁判要旨

（一）旧宝安土地房产所有权证不能作为认定房屋权属的依据

涉案房屋属于祖屋，未经权属登记，旧宝安土地房产所有权证不能作为认定房屋权属的依据。

（二）此类纠纷不属于民事诉讼的受理范围

根据《土地管理法》（2004年修订）第16条[①]的规定，土地所有权和使用权争议，由当事人协商解决；协商不成的，由人民政府处理。本案双方当事人对涉案房屋的所有权和宅基地使用权存在争议，应按照法律规定由人民政府处理。本案不属于人民法院受理民事诉讼的范围，不符合起诉的条件，应予驳回。

五、借鉴意义

如遇此类纠纷，需要先由当事人向政府有关部门申请土地权属争议调处，由政府有关部门对土地使用权进行确认后，不服的一方才可提起诉讼。一般来讲，多数农村祖屋并未取得房地产权登记，且在经历了多次土地变革后，深圳市全市土地均已收归国有，当事人并不持有证明其拥有土地合法使用权的相关证据。但根据《确定土地所有权和使用权的若干规定》第16条的规定："因国家建设征用土地，农民集体建制被撤销或其人口全部转为非农业人口，其未经征用的土地，归国家所有。继续使用原有土地的原农民集体及其成员享有国有土地使用权。"当事人只要提供相关证据证明该土地一直由其使用至今，便可要求规划和国土资源管理委员会将土地使用权确认至当事人名下。深圳市土地权属争议调处案例极少，本案在一审后，因双方无法达成调解导致拆迁补偿协议一直搁置，何D已向规土委提交土地权属争议调处申请，争取在该程序中确认土地使用权，虽无法预估最终结果如何，但也可将该程序作为一种和解的途径。

案例34：郑某与R公司、钟某侵权责任纠纷案

一、案例要素

当事人	原告	郑某
	被告	R公司
	第三人	钟某
所在项目	龙华新区S城市更新项目	
争议类型	确权纠纷	
案由	侵权责任纠纷	
核心法律问题	土地房产所有证与土地使用证不一致时，如何认定房屋权属	
	土地权属争议应先由人民政府处理	

① 即现行《土地管理法》（2019年修订）第14条。

二、基本案情

2016年4月5日，R公司与钟某签订搬迁补偿安置协议。协议签订后，R公司对涉案房屋实施了拆迁，钟某已获得相应拆迁补偿。

2017年8月22日，郑某向B区法院起诉，诉请法院判令R公司因侵权行为需赔偿郑某损失暂计720，000元。理由为：郑某与其丈夫钟某共同拥有涉案房屋（上述已签订协议并实施拆迁的房屋）的所有权，R公司未经其同意擅自拆除郑某房屋，其行为已构成侵权。郑某提交了土地使用权登记申请书、土地登记审批表、集体土地建设用地使用证以及深圳市建筑物测绘报告以证明其对涉案地块上的房屋享有所有权。

2017年11月14日，B区法院开庭审理。2018年1月24日，B区法院追加钟某为第三人。2018年3月20日，B区法院再次开庭审理。2018年6月6日，B区法院判决驳回郑某全部诉讼请求。

2018年6月25日，郑某不服一审判决向中级人民法院提起上诉，请求撤销一审判决，改判支持R公司因侵权行为向郑某赔偿损失暂计720，000元，确认R公司与钟某签订的搬迁补偿安置协议无效。

2018年11月12日，中级人民法院开庭审理。2018年11月15日，R公司和钟某向二审法院提交了土地房产所有证、物业产权证明以及政府侨务办公室及街道社会事务科出具的函复等证据，证明涉案房屋原产权人为钟某的父亲，于其去世后转归钟某所有。

2018年12月5日，中级人民法院裁定撤销一审判决，驳回郑某的起诉。

三、争议焦点

（一）土地房产所有证与土地使用证不一致时如何认定房屋权属

【郑某主张】R公司及钟某不能证明钟某对涉案房屋享有权利：其提交的土地房产所有证早已失效，不具有法律效力，且上面记载的房屋不能说明是涉案房屋；村集体组织出具的物业产权证明对涉案房产的权属不产生效力；政府侨务办公室及街道社会事务科出具的函复等证据均不能作为不动产权属的证据。根据《土地管理法》（2004年修订）第13条、《土地管理法实施条例》第4条第2款和当时的《土地登记规则》第3条的规定，郑某提供的土地登记使用权登记申请书、土地登记审批表和集体土地建设用地使用证属于法定的不动产登记证明，能证明涉案房屋归郑某所有。

【R公司主张】R公司已穷尽一切合理审查义务，审查权属相关证明，结合政府侨务办公室、街道社会事务科及集体组织出具的各种证明，证实该涉案房产属于钟某所有；

同时钟某个人也提供相关证据证明该房产为其所有。虽然土地房产所有证颁发时间久远，但并未丧失证明涉案房屋真正权属的证明力。郑某仅提供集体土地使用权证，并未提供涉案房地产权证明。

（二）房屋权属争议的处理

【R公司主张】因本案涉案房产是属于祖屋，未办理任何房产证明。郑某与R公司争议的前提是郑某与钟某之间对涉案房产的土地使用权和所有权的争议，是确权案件。依据《土地管理法》（2004年修订）第16条，土地使用权争议应由人民政府先行处理，郑某的起诉应当被驳回。

四、裁判要旨

（一）不动产登记簿或不动产登记证书是权利人享有不动产物权的证明

一审法院审理认为，根据原《物权法》第16条的规定："不动产登记簿是物权归属和内容的根据。"①第17条规定："不动产权属证书是权利人享有该不动产物权的证明。不动产权属证书记载的事项，应当与不动产登记簿一致；记载不一致的，除有证据证明不动产登记簿确有错误外，以不动产登记簿为准。"②故不动产登记簿或不动产登记证书才是权利人享有该不动产物权的证明。

（二）郑某提交的证据不足以证明其系涉案房屋的合法产权人

一审法院审理认为，本案为侵权责任纠纷，郑某主张R公司存在侵权行为，应就此承担相应的举证责任。郑某提交的土地使用权登记申请书、土地登记审批表和集体土地建设用地使用证既不是不动产登记簿，也不是不动产登记证书，不能产生不动产物权证明的效力，不足以证明郑某系涉案房屋的合法产权人。故其主张缺乏事实依据，法院不予采信。

（三）涉案房屋权属争议应先由人民政府处理，不属于法院主管范围

二审法院审理认为，本案表面上是郑某诉R公司侵权责任纠纷，但还包含确认房屋所有权纠纷，郑某和钟某所诉争的房屋系集体土地上建造的房屋，双方对该房屋的权属争议，其实也是对该房屋所对应的土地使用权争议。根据《土地管理法》（2004年修订）第16条第1款的规定："土地所有权和使用权争议，由当事人协商解决；协商不成的，由人民政府处理。"在双方协商不成的情况下，应当向人民政府申请处理。根据《民事诉讼

---

① 《民法典》第216条第1款："不动产登记簿是物权归属和内容的根据。"

② 《民法典》第217条："不动产权属证书是权利人享有该不动产物权的证明。不动产权属证书记载的事项，应当与不动产登记簿一致；记载不一致的，除有证据证明不动产登记簿确有错误外，以不动产登记簿为准。"

法》第124条第3项的规定，依照法律规定应当由其他机关处理的争议，应当告知当事人向有关机关申请解决。涉案房屋权属的争议应当先由人民政府处理，不属于法院的主管范围。郑某可以就涉案房屋权属的纠纷向人民政府申请处理。原审法院对本案进行实体处理不符合上述规定，属于适用法律不当，依法应予纠正。

本案中钟某所主张的依据是1952年有关政府部门签发的权利证书，而郑某所主张的依据则是1992年有关政府部门签出的权利证书，根据粤府函〔1988〕149号《广东省土地证书颁发办法》规定，出现此种情况的，权属如何处理由人民政府定夺为妥。

五、借鉴意义

根据现行《土地管理法》（2019年修订）第14条第1款的规定："土地所有权和使用权争议，由当事人协商解决；协商不成的，由人民政府处理。"根据广东省高级人民法院《全省民事审判工作会议纪要》（粤高法〔2012〕240号）第68项的规定，当事人因农村宅基地使用权权属引发的纠纷，根据《土地管理法》第14条的规定，应由人民政府处理。当事人就此提起民事诉讼的，不予受理。此外，根据2012年9月深圳市中级人民法院《房地产审判工作白皮书》，深圳两级法院对土地权属不清的小产权房也采取了"先行政再司法"的原则，即对尚未经过行政处理程序的小产权房所提起的产权相关诉讼，深圳法院原则上不予受理；对于已经受理的案件，原则上予以驳回。根据上述相关规定，在城市更新项目中，如遇涉及土地权属的争议，当事人协商不成的，应当先申请人民政府处理，直接向人民法院起诉可能会面临不予受理或者驳回起诉的风险。

案例35：刘某与赵某房屋所有权纠纷案

一、案例要素

<table>
<tr><td rowspan="2">当事人</td><td>原告（二审上诉人）</td><td>刘某</td></tr>
<tr><td>被告（二审被上诉人）</td><td>赵某</td></tr>
<tr><td>所在项目</td><td colspan="2">罗湖区某城市更新项目</td></tr>
<tr><td>争议类型</td><td colspan="2">确权纠纷</td></tr>
<tr><td>案由</td><td colspan="2">房屋所有权确认纠纷</td></tr>
<tr><td>核心法律问题</td><td colspan="2">未经处理的历史遗留违法私房权属如何确定</td></tr>
</table>

二、基本案情

1980年3月3日，刘某向原深圳市罗湖区M大队购买了位于某巷41号面积为208平方米建房用地，并取得了深圳市M大队个人建房许可证。刘某邀请赵某共同在该地块上合作建设房屋（以下简称争议房产）；但是刘某和赵某均不是M大队的村民。

1980年11月15日，刘某向深圳市城市建设局办理了建筑许可证，建筑层数为二层，深圳市规划国土局向刘某核发了该地块土地的用地红线图；1981年5月，赵某也向深圳市城市建设局申办了建筑许可证；后实际上该楼房建造了四层，未能办理房地产证。

1984年7月，刘某和赵某签署了合建房屋立约，主要约定该栋房产的第一层系由赵某出资建造，所有权归赵某，第二、三、四层由刘某出资建造，所有权归刘某。

1992年12月24日，深圳市规划国土局下达《关于取消赵某的建筑许可证的通知》，取消并收回了赵某重领的建筑许可证，并将赵某领取的用地红线图一并收回。

上述房产建成后，一层一直由赵某居住。2009年10月，赵某与A公司就房屋（一层）拆迁补偿事宜签署了搬迁补偿安置协议，后该房产因城市更新而被拆除。

2010年11月16日，刘某就上述房产（一层）搬迁补偿安置问题向深圳市规划和国土资源委员会申请裁决，2010年12月1日，该委向其下达了《关于房屋拆迁行政裁决申请的复函》，要求刘某依法律途径解决。

2010年12月10日，刘某就上述房产的搬迁补偿安置事宜以赵某、A公司为被告向深圳市罗湖区人民法院提起民事诉讼，请求确认刘某对上述房产享有搬迁补偿及获得安置的权利，而赵某对上述房产不享有搬迁补偿及获得安置的权利。

2011年8月，深圳市罗湖区人民法院以刘某的诉请不明确，且现实中无法执行为由，裁定驳回其起诉；2011年9月，刘某不服裁定，提起上诉；2012年3月，深圳市中级人民法院认为刘某主张诉讼请求的前提基础应为房屋所有权确认，应另循法律途径解决。

2012年5月，刘某向深圳市罗湖区人民法院提起所有权确权诉讼；2013年11月，深圳市罗湖区人民法院作出民事裁定书，认为法院对该案没有管辖权，驳回刘某的诉讼请求。

2013年12月，刘某向深圳市中级人民法院提起上诉；2014年9月23日，深圳市中级人民法院作出民事裁定书，维持原审裁定。

三、争议焦点

刘某对争议房产确权的诉请能否获得支持。

【刘某主张】

1.一审法院认定事实严重错误，以争议土地属于农村城市化历史遗留建筑且必须由行政机关作出处理为由驳回刘某起诉，不符合《民事诉讼法》第119条的规定。

2.根据1983年国务院批准的《关于城镇个人建造住宅管理办法》的规定，争议土地住宅属于城镇个人建造管理办法的范畴，依法属于刘某个人所有，不存在原审裁定所认定的争议房产为农村城市化历史遗留问题建筑物。

3.深圳市规划国土局发出的《关于取消赵某的建筑许可证的通知》证明刘某系争议房产的所有人。

【赵某主张】

1.争议房产为深圳市原集体用地转为国家所有之前自行建造，属农村城市化历史遗留建筑，关于争议房产的产权性质及所有权应由行政机关先行处理，在行政部门处理之前人民法院不应受理，故原审裁定驳回起诉于法有据，理应维持。

2.争议房产因拆迁而灭失，物权随之消灭，刘某要求对其确权不符合原《物权法》之相关规定。

3.刘某主张对争议房产确权，已超出原《中华人民共和国民法通则》（以下简称原《民法通则》）规定的诉讼时效。

4.刘某与赵某已书面约定争议房产第一层归赵所有，现刘某起诉要求确认其拥有争议房产的所有权，严重违反双方书面约定及诚实信用的基本原则。

5.刘某认为《关于取消赵的建筑许可证的通知》意味着确认刘某系争议房产的所有人，无法律依据。

四、裁判要旨

刘某请求对争议房产确权不属于人民法院先行处理的受案范围。

一审法院审理认为，争议房产为深圳市原集体用地转为国家所有之前自行建造，属农村城市化历史遗留建筑，在该房屋产权性质及所有权未经行政机关确认之前，应先由行政机关作出处理，在行政部门对上述问题作出处理之前，人民法院不应受理。因此，本院对本案并没有管辖权，对于刘某的起诉应当予以驳回。

二审法院审理认为，争议房产从未办理房地产证，相关部门核发的建筑许可证只准建两层，而实际已建成四层，属于违反规划建房。房屋所有权通过司法程序确认的前提是房屋必须系合法建筑，在争议房产存在违反规划建设、相关行政部门对此未作出处理的情形下，刘某提起本案民事诉讼要求确认争议房产所有权归其所有，缺失诉请基础，一审法院驳回其起诉，处理得当，本院予以维持。刘某的上诉请求理由不能成立，予以驳回。

五、借鉴意义

（一）审慎确认被搬迁房产的权利人，从风控、效率及合规的角度看，本案所涉开发商和实际占有人签署搬迁补偿协议值得学习

本案中，对于被拆迁的争议房产，由于没有办理房地产证，刘某和赵某均主张对其享有所有权，在刘某、赵某两方曾就争议房产权利归属作出约定的前提下，A公司根据现有证据，选择与争议房屋实际使用人赵某签署了搬迁补偿安置协议。后续事实亦表明A公司的做法能够将搬迁安置可能引发的争议风险降至最低。因此，作为搬迁方而言，对于权属存在争议的建/构筑（附属）物，应当综合考察权利主张各方，全面核查各方提供的证明文件，走访房屋实际使用情况，依据优势证据确定签约主体，切勿为盲目推进项目而草率签署搬迁补偿安置协议。

（二）明确被搬迁方的权属保证义务及违约责任

在协议中明确签约主体的权属保证义务及相应的违约责任，违约金应充分考虑可能产生的损失。同时可建议约定，如产生权属争议的情况下，在权属争议未得到司法机关或有关政府部门作出认定的情况下，搬迁方有权暂停支付有关费用及交付补偿房产。

案例36：王某、吉某与马某、杨某共有物分割纠纷案

一、案例要素

当事人	原告	吉某、王某
	被告	马某
	第三人	杨某
所在项目	盐田区某城市更新项目	
争议类型	其他类型民事纠纷	
案由	共有物分割纠纷	
核心法律问题	房屋产权协议书的性质认定	

二、基本案情

2003年12月26日，涉案厂房从J公司转移登记到马某名下，登记价为2800多万元。

后马某、王某、吉某和杨某合资设立K公司。据会计师事务所出具的注册资本实收情况明细表（截至2004年4月1日），该表记载内容为：拟设立K公司，股东为马某、王某、吉某、杨某，申请的注册资本分别为：30万元、29万元、21万元、20万元，合计100万元；实缴注册资本分别为：30万元、29万元、21万元、20万元，合计100万元；占注册资本总额比例分别为：30%、29%、21%、20%，合计100%。

2004年4月1日，王某向K公司转账支付29万元。

2004年5月15日，吉某向K公司转账支付50万元。

2012年6月26日，吉某、王某与马某、杨某签署房屋产权协议书，内容为吉某、王某、马某、杨某经协商，本着自愿、平等、互利原则，决定共同出资购买登记在马某名下的厂房，并就产权比例等相关事项明确如下：该厂房实际出资人以及各方所占股份分别为马某占30%，王某占25%，杨某占25%，吉某占20%；该厂房购买后全部用于租赁；由马某代管租赁期间的日常收租及维修事宜，租赁收入用于归还马某名下的银行按揭贷款及该厂房的管理、维修等费用；按揭贷款还清后扣除厂房维修及管理费用外的净利润再按投资比例分红；该厂房如遇股权转让或结构性改革等重大事件，马某应征得其他三方产权人同意；为保证资产的完整性，四方中如有一方申请退出，另三方有优先购买权；如在该厂房经营、租赁、转让过程中发生争议，应由四方当事人协商解决，协商不成，可以向房屋所在地法院提起诉讼。

2016年2月1日，吉某、王某向Y区法院起诉，请求确认马某名下涉案厂房由吉某、王某、马某及杨某四人按约定份额共有。

由于马某和杨某没有到庭，Y区法院经缺席审理，判决确认涉案厂房由吉某、王某、马某、杨某共有，所有权份额分别为20%、25%、30%、25%，马某、杨某应于判决生效之日起三日内协助吉某、王某按照上述份额办理在不动产登记簿上加名的手续。

2016年12月9日，Y区法院执行局在涉案厂房张贴执行通知书。

马某、杨某不服一审生效判决，向Y区法院申请再审，请求撤销原审判决，确认吉某、王某不享有涉案厂房的权益，驳回吉某、王某的原审诉讼请求。

2017年1月18日，Y区法院裁定另行组成合议庭对该案进行再审。

2017年7月25日，Y区法院判决驳回马某、杨某的再审请求。

2017年9月6日，马某、杨某不服再审判决，向广东省某市中级人民法院提起上诉，请求撤销一审、原审判决，判令吉某、王某不享有涉案厂房的权益。

2017年12月18日，广东省某市中级人民法院判决撤销一审再审判决和原审判决，驳回吉某、王某的诉讼请求。

三、争议焦点

（一）王某、吉某支付的款项是否为涉案厂房房款

【王某、吉某主张】王某、吉某分别在2004年4月1日支付到K公司账户29万元、2004年5月16日支付到K公司账户50万元和现金1万元，该两笔款项即为涉案厂房房款。

【马某、杨某主张】马某早在2003年12月26日就取得产权证书，王某、吉某于2004年4月支付的29万元及5月支付的50万元款项不可能用于涉案厂房的购买。

（二）房屋产权协议书的性质认定

【王某、吉某主张】房屋产权协议书是所有权份额的确认协议。该协议书确认了马某、杨某与吉某、王某对涉案标的各自享有相应的所有权份额。

【马某、杨某主张】房屋产权协议书是所有权份额的转让协议。在涉案厂房面临拆除重建的背景下，王某想参与共同投资并经营，拿出了提前准备好的协议书让马某和杨某签署。所以，协议书才出现了“决定共同出资购买”“出资比例”“按投资比例分红”“该厂房购买后全部用于租赁”等对于后期厂房出资、经营管理的约定。而该等约定也恰恰证明了，该协议是对未来经营投资的约定，各方均清楚是需要履行相应的出资义务后才享有涉案厂房相应的权益。后因各方对房屋产权的投资总值存在争议，最后没有对房屋进行评估，没有达成最终的合意签订合同，吉某、王某也没有根据协议书约定的出资比例履行出资义务，吉某、王某不应享有涉案厂房任何权益。

四、裁判要旨

（一）不能认定吉某和王某已经支付涉案厂房45%份额的对价

一审法院再审认为，王某、吉某向K公司转账的款项被马某计入投资涉案厂房的应付款项，但应付款项并不能等同于投资款，王某、吉某主张是投资款，但并没有提交相应的证据予以证明，故对其主张不予采纳。

二审法院审理认为，涉案厂房登记在马某名下的时间是在2003年12月26日，登记价格为2800多万元，在登记时马某已经全额支付了涉案厂房的房款，吉某和王某在登记时未支付任何房款。两人在2004年4月1日及5月16日支付到K公司账户款项共计79万元，

在支付该两笔款项时，涉案厂房的交易早已完成，且该两笔费用不是直接支付给马某或者出卖人，金额也与涉案厂房交易金额的45%相距甚远，因此，不能认定该两笔款项是吉某和王某支付涉案厂房45%份额的房款。

（二）没有相反证据时，应根据不动产登记状态认定不动产权属

一审法院再审认为，房屋产权协议书是在涉案厂房登记在马某名下9年之后才签订的，协议内容只涉及四方共同出资购买涉案厂房以及出资比例、管理方式和收益分配方式等，如果是所有权份额转让协议的话就应当载明马某将涉案房屋25%、20%的份额分别转让给王某、吉某的意思表示，同时应当约定转让价款、支付方式等实质性内容，但该协议均无这样的表述，综合考虑王某、吉某向K公司转账的款项被计入投资涉案厂房的应付款项以及马某、杨某不能证明通过自行筹集的资金支付购买涉案厂房首付款的事实，根据《最高人民法院关于适用〈中华人民共和国民事诉讼法〉的解释》第108条第1款的规定，该协议为双方确认所有权份额的事实存在具有高度可能性，予以认定。

二审法院审理认为，涉案厂房登记在马某名下，如果没有相反证据，应根据不动产登记的公示效力认定属于马某的财产。房屋产权协议书内容虽然约定了涉案厂房的份额，但并没有约定吉某和王某取得涉案厂房份额应支付的对价及支付时间。吉某和王某在本案中也没有举证证明两人与马某之间存在其他债权债务从而换取涉案厂房份额，因此，应认定该协议书不具备房屋买卖合同的必备要件，买卖合同没有成立，亦不能据此认定吉某和王某获得涉案厂房45%的份额。即使该协议书是马某对其他三方的赠与，也由于尚未办理过户手续，权利尚未转移，依照原《合同法》关于赠与的规定，马某可以撤销赠与。①因此，吉某和王某认为依据该协议书取得涉案厂房45%份额的理由亦不成立，故予以驳回。

五、借鉴意义

在涉案厂房面临拆除重建的背景下，四方当事人签订的房屋产权协议书只涉及四方共同出资购买涉案厂房以及出资比例、管理方式和收益分配方式等，而未约定取得涉案厂房份额应支付的对价及支付时间，因而该协议的性质也具有模糊性。两审法院对其性质认定也存在明显差异，一审法院认为该协议足以确认涉案房产所有权份额的事实，而二审法院则认为该协议并没有约定取得涉案厂房份额应支付的对价及支付时间，缺乏房

① 《合同法》第186条第1款："赠与人在赠与财产的权利转移之前可以撤销赠与。"即《民法典》第658条第1款。

屋买卖合同的必备要件，因此不构成房屋买卖协议。同时法院提出，在没有相反证据时，应根据不动产登记状态认定不动产权属。在城市更新实践中，关于被搬迁房屋的权属认定极易产生争议，搬迁方在认定权利人时应审慎核查，除非有相反证据，一般情况下应根据不动产登记状态确认权利人并签署搬迁补偿安置协议。

第十章 搬迁纠纷

案例37：石某与阮某房屋买卖合同纠纷案

一、案例要素

当事人	申请人	石某
	被申请人	阮某
所在项目	南山区某旧村改造项目	
争议类型	回迁纠纷	
案由	房屋买卖合同纠纷	
核心法律问题	房屋买卖合同的效力	
	回迁物业是否可以转让	
	回迁物业办理产权变更登记的可行性	
	回迁物业价值的确定标准	

二、基本案情

2010年3月23日，阮某与D公司、H公司签订拆迁补偿安置协议，约定H公司对阮某所有的建筑面积为300.58平方米的物业实施拆迁并进行安置和补偿。其中物业补偿为2房1厅1卫的回迁出租区住宅或五套公寓物业，每套建筑面积约为60平方米，建筑面积共计300平方米，货币补偿为人民币6380元。

2013年6月5日，石某与阮某签订物业买卖合同，约定：(1)石某向阮某购买的物业系H公司承建的旧村改造项目的旧改回迁房两套(以下简称标的物业)，每套建筑面积均为60平方米，建筑面积合计120平方米，具体楼层及房屋位置待阮某参与抽签后确定；(2)标的物业是从阮某抽签确定的五套回迁补偿物业中抽签确定的两套；(3)标的物业的价格共计人民币2，748，000元；(4)石某于物业买卖合同签订当日向阮某支付履约定金人民币600，000元，于本合同签订后3日内向阮某支付剩余价款人民币2，148，000元；

（5）阮某从H公司取得房产证或具备办理过户条件之日起3日内办理标的物业的过户手续，将标的物业过户到石某本人或石某指定人名下。

石某分别于2013年6月5日、8日分别向阮某支付了购房款人民币600，000元、2，148，000元，合计人民币2，748，000元。阮某于石某付款当日分别向其出具两份收条以确认收到上述两笔购房款。

2016年3月29日，阮某经抽签确定其获得的五套回迁补偿物业。

2016年5月4日，石某与阮某签订补充协议，约定：（1）双方确定石某向阮某购买的标的物业为阮某获得的回迁补偿物业中的两套房产，即C花园2栋1A909、2栋2D1701；（2）阮某应积极配合石某将两套标的物业过户至石某或石某指定的人员（A和B）名下。同日，阮某向石某交付两套标的物业。

2016年6月25日，石某将标的物业出租给S公司使用并每月实际收取租金。

标的物业所在花园的宗地权属来源为协议出让，土地性质为商品房，标的物业均为商务公寓，目前尚未办理房屋产权初始登记。

由于阮某一直未能配合石某将上述物业办理房屋产权登记，石某遂依据协议约定的仲裁条款于2018年3月21日向仲裁机构提起仲裁。

2018年9月21日，仲裁机构开庭审理，并于2019年1月17日作出裁决。

三、争议焦点

（一）物业买卖合同及补充协议是否有效

【石某主张】标的物业系城市更新项目的回迁房屋，所涉地块经过城市更新这一合法、有效的行为已全部转为了国有土地，开发商H公司已与规划和国土资源委员会直属管理局重新签署了土地使用权出让合同书并取得国有土地使用权，房屋性质为市场商品房，因此标的物业不属于村集体土地所建房屋。物业买卖合同及补充协议没有违反法律、行政法规的强制性规定，合法有效。

（二）标的物业是否可转让

【石某主张】根据《深圳市人民政府办公厅转发市规划国土委等单位关于进一步加强房地产调控促进房地产市场平稳健康发展的通知》（深府办规〔2018〕9号文）的规定，新购商务公寓自取得不动产登记证书之日起5年内禁止转让，但“通知发布之日前已办理网签但尚未取得不动产权利证书的，不在禁止转让之列”。根据《深圳市规划和国土资源委员会关于贯彻落实市政府房地产调控政策的通知》（深规土规〔2018〕7号文）的规定，2018年7月31日（含）之前购买的商务公寓和住房，能提供“支付购房定金、部分或全部购房款（不含现金支付）的银行转账有效凭证（POS机购房签购单、购房转账单等）”，视为已办理网签（预）录入，不在禁止转让之列。标的物业用途为商务公寓，石某已于2013年6月付清全部购房款项，并出具银行转账凭证佐证，不属于《深圳市人民政府办公厅转发市规划国土委等单位关于进一步加强房地产调控促进房地产市场平稳健康发展的通知》《深圳市规划和国土资源委员会关于贯彻落实市政府房地产调控政策的通知》房产新政规定的禁止转让范围之内。

（三）石某要求过户的仲裁请求是否具有可履行性

【石某主张】标的物业未能办理登记过户手续的客观原因在于城市更新及房地产项目的周期较长。标的物业虽未完成首次登记（初始登记），未取得不动产权利证书，但并非不能履行或办理，且能否办理过户手续属于执行程序或后续履行中需解决的问题，不应在实体程序中处理。即便涉案房屋属于《深圳市人民政府办公厅转发市规划国土委等单位关于进一步加强房地产调控促进房地产市场平稳健康发展的通知》《深圳市规划和国土资源委员会关于贯彻落实市政府房地产调控政策的通知》房产新政规定的禁止转让范围之内，也仅是有条件、有期限的限制，并非永远禁止转让，5年后办理登记仍具有确定性且能够正常执行，因此合同的履行不存在政策障碍。

（四）标的物业房产价值是否应以合同约定为准

【石某主张】石某依据物业买卖合同中约定的标的物业每平方米的价格及建筑面积计算出两套标的物业的房屋价值金额。

四、裁判要旨

（一）物业买卖合同及补充协议合法有效

首先，石某和阮某签订物业买卖合同和补充协议时均清楚标的物业的产权现状，并就将来如何办理产权登记进行了约定，属于双方真实意思的表示。其次，标的物业属于商务公寓，不属于禁止流转的不动产。最后，两份合同不存在违反法律、行政法规效力性强制规定的情况。因此，物业买卖合同和补充协议合法有效。

（二）支持石某请求办理标的物业转移登记的主张

虽然标的物业尚未完成首次登记（初始登记），阮某目前无法办理涉案房屋的不动产权证书，但由于石某和阮某在物业买卖合同中明确约定，阮某应积极配合H公司办理回迁补偿物业的房地产证，并及时向石某通报进展信息，其从H公司取得房地产证或具备办理过户条件之日起3日内办理标的物业的过户手续，将两套标的物业分别过户到石某本人或石某指定第三人的名下。双方还在补充协议确定了标的物业的具体房产信息，约定阮某应积极配合石某将标的物业过户至石某指定人A和B名下。

对于申请人请求两套物业办理首次登记后，阮某应先将两套标的物业办理转移登记至阮某名下，再从阮某名下办理转移登记至石某指定人A和B名下的主张，仲裁庭予以支持。

（三）标的物业价值的问题

仲裁庭认为标的物业交易的计税价格和实际价值应当依据深圳税务和不动产的有关规定确定，对石某主张的房屋价值不予认可。

五、借鉴意义

（一）开发商须谨慎履行涉回迁房的合同义务

被搬迁人在签署搬迁补偿安置协议后，就待回迁物业进行转让的情形不在少数，与此同时，就回迁房买卖产生争议纠纷的也容易发生。作为开发商，本身并不是相关房屋买卖合同的主体，由于涉及房屋的权属登记及过户，不排除争议双方将开发商列为案件第三人甚至被告。实践中，也存在开发商对此类回迁房的交易行为进行配合，如回迁房买卖双方在开发商处进行登记备案。再如，开发商被卷入回迁房买卖纠纷的，以及开发商对于回迁房交易情况不知情且并未进行登记备案的，开发商可严格依据与被搬迁人签署的协议将回迁房屋移交被搬迁人并将产权登记至搬迁补偿安置协议确定的权利人名下。但若开发商对回迁房交易进行了登记备案，则需依据备案提交的材料，视具体情况进行移交及权属登记。

（二）切勿违反合同办证义务，以免卷入办证的群体性诉讼

旧改及城市更新实践中，开发商为回迁户办理房地产证是极为敏感的问题。通常情况下，开发商都会为回迁房依法办证，但在办理房地产初始登记时，往往由于合作方股份公司的部分村民在宗地内非法加建等因素，导致初始登记无法办理。一旦无法进行初始登记，分户办理房地产证便遥遥无期，部分回迁房业主或其他业主起诉开发商，进而逐步发展为群体性诉讼，常常给开发商带来很大困扰及损失。因此，为避免此类纠纷，规划验收、合规及具备初始登记条件十分重要，针对违规违法加减等防范措施必须到位。

案例38：M公司与Y某房屋拆迁安置补偿合同纠纷案

一、案例要素

<table>
<tr><td rowspan="2">当事人</td><td>原告</td><td>Y某</td></tr>
<tr><td>被告</td><td>M公司</td></tr>
<tr><td>所在项目</td><td colspan="2">深圳市龙岗区A城市更新项目</td></tr>
<tr><td>争议类型</td><td colspan="2">回迁纠纷</td></tr>
<tr><td>案由</td><td colspan="2">房屋拆迁安置补偿合同纠纷</td></tr>
<tr><td rowspan="2">核心法律问题</td><td colspan="2">城市更新项目中签订房屋拆迁安置补偿协议无须明确回迁房具体户型情况</td></tr>
<tr><td colspan="2">非开发商原因导致户型图调整，开发商的法律风险</td></tr>
</table>

二、基本案情

2014年11月13日，原告Y某与被告M公司签订龙岗区A城市更新项目房屋搬迁补偿安置协议。协议第3条第3款约定：乙方（原告）置换后的商业位置及面积详见附件八（由双方在原方案图案中的首层平面图上确定位置、朝向、左右相邻、表明尺寸等）；第4款约定：乙方（原告）换置后，位于晨光路的商业用房面积约为82.71平方米，分割为三套，随后双方在附件八对商铺基本样式达成合意，被告M公司亦盖章确认。

2016年8月20日，原告Y某现场查看认为被告M公司所建设的商铺与被告盖章确认的商铺图纸差别甚远，改变了之前的结构。

2016年11月16日，原告Y某向深圳市龙岗区人民法院提起诉讼，请求被告M公司按原约定向原告交付商铺并支付违约金。

三、争议焦点

（一）Y某依据搬迁补偿安置协议附件八图纸向M公司主张房产价值贬损是否有法律依据和合同依据

【Y某主张】原告Y某认为2016年8月20日去现场查看实际在建的商铺与龙岗区A城市更新项目房屋搬迁补偿安置协议附件八的图纸完全不符，且被告M公司自始至终未向原告Y某说明原有图纸被改变的任何情况。搬迁补偿安置协议规定三间商铺的总面积为

82.8平方米，长8.99米，总宽度6.80米，商铺户型方正规则，而实际在建的商铺总面积为81.05平方米，总宽度4.35米，三间商铺宽度分别为1.55米、1.40米、1.40米，比双方确认的宽度减少了36%，商铺变成狭长曲折且有多部分不规则图形组成，甚至把其他商铺后面的楼梯间亦算作原告Y某商铺的一部分。建成后的商铺实用性及市场价值极大降低，根本无法满足正常商铺所需要的整体长宽空间，直接导致原告Y某的预期利益从根本上无法实现。

【M公司主张】搬迁补偿安置协议签订时，原告Y某的回迁房户型并未确定，原告Y某依据搬迁补偿安置协议附件八图纸向被告M公司主张房产价值贬损没有法律依据和合同依据。理由如下：(1)被告M公司置换给原告Y某的商铺属于回迁房的一部分，依据搬迁补偿安置协议约定之精神，户型应最终以政府审批为准；(2)搬迁补偿安置协议附件八图纸是依据建筑方案图进行的初步划分，而建筑方案图是设计阶段的初稿，户型并未确定，原告Y某应该清楚附件所列户型不是回迁房的最终户型；(3)虽然被告M公司的建筑方案设计经过深圳市规划和国土资源委员会龙岗管理局核查通过，但最终专业完整的设计仍需要交通、消防等其他相关部门的审查意见，故建筑方案设计的确定性也会最终影响置换给原告Y某的户型。

(二)被告M公司对置换给原告Y某的商铺与搬迁补偿安置协议附件八图纸户型不一致是否有过错

【Y某主张】被告M公司存在如下过错：(1)搬迁补偿安置协议对原告Y某显失公平。原告Y某与被告M公司的权利义务不对等，被告M公司因此协议获得巨大利益，申请人因此协议利益严重受损；协议订立中被告M公司故意利用其优势和原告Y某轻率及没有经验，对协议的“尽量避免柱子落在商铺中间”“套房面积、户型最终以政府审批为准”等不公平内容缺乏正确认识的能力(如被告M公司故意隐瞒规划方案，用虚假的附件八图纸与原告Y某订约)，原告Y某并非出于真正的自愿而接受了被告M公司提出的合同条件。(2)被告M公司有欺诈Y某的行为。根据房地产项目的开发流程及《深圳市城市规划条例》的相关规定，只有在施工图符合规划、消防及环境要求，经规划主管部门审批同意后才能核发建设工程规划许可证。被告M公司声称由于人防和消防原因，设计方案图未通过测绘部门审批，需要变更施工图设计，直至2016年5月30日C版建筑设计审批图通过人防和消防审查，但是被告M公司早在2015年7月15日取得了M广场桩基工程施工许可证，并在2015年11月11日取得了M广场的建设工程规划许可证，在送审前的人防及消防意见书中根本未提到任何有关设计施工图需要修改的地方。所以，所谓送审的设计方案图是被申请人早已委托设计公司设计好并交相关部门审核后，才拿到建设工程规划许可证。被申请人存在故意隐瞒事实，有意用协议附件八的图纸欺诈申请人的行为。

【M公司主张】被告M公司对置换给原告Y某的商铺与搬迁补偿安置协议附件八图纸户型不一致并无过错。理由如下：(1)被告M公司第一版报审的施工图中户型与搬迁补偿安置协议附件八图纸中户型基本一致。(2)因设置政府的轨道枢纽站，审批部门要求预留人行通道作为人行疏散口，被告M公司第一版施工图送审后被规划部门要求变更施工图设计，结果导致置换给原告Y某的商铺户型面宽被压缩(店铺面积未变)，并非被告M公司原因所致。(3)A版、B版、C版的建设工程规划许可证、施工图设计文件等均由政府审批通过，建设工程规划许可审批通过后，施工图可以修改完善，并非被告M公司利用虚假的规划方案而与原告Y某订约，不存在欺诈行为。深圳实务惯例中，只要桩基础工程图纸经审定，政府审批后便可以先进行桩基础工程，待项目其余图纸审定后再进行其他工程施工，施工行为完全合法合规。(4)与其他签约户相比，原告Y某签约时间较晚(第66户，共77户)，即使如此，原告Y某的临时安置补助费比在其签订前的以及签订后的部分签约户相对较高，非但不是显失公平，反而原告Y某受益较多。(5)原告Y某签约时间晚，为准钉子户，很早拿到协议版本，认真研究并对合同内容进行多处核对修改，具有一定的谈判能力和对合同内容正确认识的能力，并非显失公平。

(三)原告Y某主张的价值贬损数额是否具备法律依据和合同依据

【Y某主张】被告M公司的行为违反《合同法》规定，造成商铺交付不能，已构成实际违约，依约应当承担违约责任，按原约定向原告交付商铺并支付违约金。

【M公司主张】原告Y某主张的价值贬损数额无法律依据和合同依据。理由如下：(1)被告M公司对置换给原告Y某的商铺户型搬迁补偿安置协议附件八图纸户型不一致并无过错。(2)搬迁补偿安置协议第3条第3款约定“甲方(被告)在设计及建筑时在不影响建筑结构的情况下尽量避免柱子落在商铺中间”，被告M公司委托的设计单位在设计时需要综合整栋建筑情况予以设计，既不可能只顾某户不顾其余，也不可能故意将柱子设计在商铺中间。在设计确定后，施工单位也是按照施工图纸建筑，不可能擅自更改建筑结构，原告Y某因为柱子靠近商铺中间就向被告主张巨额赔偿无任何法律依据和合同依据。

四、裁判要旨

裁定准许原告撤诉，法院作出民事裁定书，准许原告撤诉。

五、借鉴意义

（一）城市更新项目中签订房屋搬迁补偿安置协议无须明确回迁房具体户型情况

城市更新项目中签订房屋搬迁补偿安置协议可以约定回迁房面积，无须明确回迁房具体户型情况。由于建设工程规划许可证、施工图设计文件、后续消防图等需政府审批通过，可能会导致户型图发生变化，建议回迁房户型相关条款标注“最终以政府审批为准”，如政府审批的户型、朝向、方向与合同约定不一致，开发商不承担违约责任。

（二）非开发商原因导致户型图调整，开发商可能会承担违约责任

一般情况下，如果非开发商原因（如政府审批、消防等原因）导致户型图发生调整，开发商不承担违约/赔偿责任，但司法实践中也有判例认为，政府审批原因导致合同约定户型、朝向、结构、建筑物区位变化是第三人因素，如违约应酌情承担相应的违约责任。

案例39：某公司与邓某房屋拆迁安置补偿合同纠纷案

一、案例要素

当事人	原告	某公司
	被告	邓某
所在项目	盐田区某城市更新项目	
争议类型	民事纠纷	
案由	房屋拆迁安置补偿合同纠纷	
核心法律问题	已签搬迁协议的主体将搬迁房产转让给第三人，搬迁方是否有权解除搬迁协议	

二、基本案情

某公司系盐田某花园城市更新单元的合法申报主体，邓某为某花园20栋3A号（以下简称该房屋）当时登记的合法产权人。某公司于2013年7月7日就该房屋与邓某达成合意，签订编号为“0443”的产权置换协议，签订后某公司于2013年7月26日向邓某发放了签约并确认协议奖励款（以下简称奖励款）￥10，000.00（大写：人民币壹万元整），邓某

收悉并出具收款收据。

但2013年12月，某公司得知邓某已于2013年8月20日将该房屋转让给顾某，并已经办理了过户登记。为此，某公司于2015年2月13日向邓某发出关于解除产权置换协议书的通知函，并于2015年3月19日委托律师事务所向邓某发出关于解除产权置换协议书及返还奖励款律师函（以下简称律师函），要求邓某在收到律师函之日起3日内联系原告，办理解除合同后续事宜并返还奖励款，邓某对此置之不理。

2015年7月21日某公司向人民法院就上述事项提起诉讼。2015年8月16日邓某向某公司返还奖励金。后某公司向法院提起撤诉申请，2015年9月7日法院向某公司送达准许撤诉裁定书。

三、裁判要旨

本案中，由于被告自知理亏，遂在某公司向人民法院提起诉讼后主动履行了义务，案件得以了结。

房屋搬迁补偿安置协议的主体一方必须是搬迁房屋的权利人，如该房屋实际进行了转让，则原签约主体已经并非适格的签约主体，依据协议，搬迁方有权解除已经签订的房屋搬迁补偿安置协议并要求退还已收取的费用及赔偿损失，如协议约定违约责任的，搬迁方还有权要求原签约主体支付违约金。

四、借鉴意义

某小区住宅房屋市场均价从2012年的1.2万元/平方米一路飙升至现今的5万元/平方米。在此期间，部分已签约业主因城市更新利好带来的房屋价值市场溢价的格局转变继而转让。因与房屋市场溢价利益空间相比，违约成本相对较低，致使某小区在更新期间交易频繁。但如此操作必然导致开发商成本的增加，如开发商需重新与新业主谈判签约。

为遏制签约后转让房产现象，某公司修改产权置换协议，加大业主违约责任，即约定如业主转让房产给第三人，第三人需要在拿到房产证后与某公司签署产权置换协议，且原业主向某公司返还所有相关补偿款；如业主违约，业主除需要向公司返还所有相关补偿款外，还需要支付一定比例的违约金。

由于项目周期过长，签约后转让房产的现象实际上无法避免，在完善协议条款及加强违约责任约束的同时，开发商须做好证据留存，以备后续起诉维权之用。

案例40：T公司与R公司物业服务合同纠纷案

一、案例要素

当事人	原告	T公司
	被告	R公司
所在项目	盐田区T工业区更新单元规划	
争议类型	民事纠纷	
案由	物业服务合同纠纷	
核心法律问题	物业服务关联城市更新进度	

二、基本案情

T公司与R公司并未签订物业服务合同，R公司仅在2003年2月至4月每月向T公司缴纳管理费2776元，此后一直未缴纳管理费。涉案物业长期空置未有经营。

2013年3月27日，深圳市规划和国土资源委员会发布关于批准《盐田区T工业区更新单元规划》的通知，R公司所在地块属于更新单元规划范围内。

2013年6月起，T公司一直通过发送特快专递的形式向R公司催缴物业管理费。

2017年1月4日，T公司向Y区法院起诉，诉请R公司支付自2003年5月起拖欠的物业管理费本金及滞纳金。

2017年4月27日，Y区法院开庭审理了本案。2017年5月31日，Y区法院认为双方不存在物业服务合同，T公司的诉求没有法律依据，驳回了T公司的诉讼请求。后T公司不服，于2017年7月3日提起上诉。2017年9月1日，中级人民法院进行了开庭审理。2017年9月15日，中级人民法院作出了驳回上诉请求，维持原判的裁定。

三、争议焦点

本案争议焦点为T公司是否为R公司提供了物业管理服务。

【T公司主张】自2002年10月以来，T公司一直为R公司的物业管理服务单位，为R公司提供物业管理服务。但自2003年5月起至今，R公司一直没有向原告支付物业管理费，期间T公司通过上门送达缴费单、电话催缴、在R公司住所地张贴公告、邮寄送达缴费单等方式通知R公司支付物业管理费及滞纳金，但R公司一直拒不缴纳相关费用也不与T公司联系。

【R公司主张】(1)T公司不具有物业管理资质，也并非涉案物业备案的物业服务提供单位，不是本案的适格主体。(2)T公司诉请2003年至今的物业管理费早已超过诉讼时效。(3)收费标准不明，利息计算无法律依据。(4)T公司与R公司从未签署任何物业服务协议，T公司事实上也从未为R公司提供任何物业管理服务，T公司诉请物业管理费没有合同和事实依据。(5)涉案物业系R公司住所地，已经在2012年列入更新范围，R公司早已停止经营，该物业一直闲置。

四、裁判要旨

一审法院审理认为，虽然T公司主张被告拖欠其自2003年5月至今的物业管理费，但双方并未签署关于物业服务的合同，T公司亦未能举证证明事实上为R公司提供了物业管理服务。T公司也未提交在2003年5月至2013年5月向R公司催收物业管理费的证据，如果确有提供物业管理服务却一直不催收管理费，实属不合常理。故T公司主张双方存在物业服务合同关系，要求R公司支付拖欠的物业服务费及滞纳金，法院不予支持。

二审法院审理认为，首先，双方之间并未签订任何物业服务合同，虽然T公司在二审过程中改称双方有签订合同，但未提供证据予以证明，应当承担举证不能的不利后果。其次，虽然曾经在2003年2月至4月，R公司有向T公司缴纳管理费，但并不能证明目前双方仍存在物业服务关系，而且在长达10年的时间里T公司并未向R公司主张过任何权利，也不符合常理。最后，T公司并未提交证据证明其为R公司提供了哪些物业服务，双方提交的照片反而显示R公司厂区内外均一片破败，长期无人打理。因此，原审认定T公司并未提供物业管理服务，有事实依据，法院予以确认。

五、借鉴意义

上述纠纷发生在该物业被纳入城市更新单元后，不排除在搬迁物业清场的实践过程中，物业公司向被搬迁权利人主张物业管理费用并影响更新清场顺利开展的情况。在本案中，政府部门发布的城市更新项目文件为R公司证明涉案物业长期闲置的证据之一，对认定其与T公司不存在物业管理服务合同关系起到一定证明作用。此类纠纷的发生也提示相关业主和开发商，为避免后续产生不必要的纠纷，当物业所属城市更新规划项目完成报批、完成搬迁补偿安置协议签订或者推动到一定阶段时，应当根据届时的项目进展及实际情况需要及时做好风险防控，及时对物业所涉合同等法律关系进行处理，并就项目范围进行围挡等。

案例41：张某与HF公司占有物返还纠纷案

一、案例要素

当事人	原告	张某
	被告	HF公司
所在项目	观澜观城某片区旧村城市更新项目	
争议类型	其他类型民事纠纷	
案由	占有物返还纠纷	
核心法律问题	拆迁安置补偿纠纷是否属于行政诉讼	
	HF公司的行为是否构成侵权	

二、基本案情

观城某片区城市更新单元项目列入《2015年深圳市城市更新单元计划第一批计划》，申报主体为CAW股份合作公司。HF公司与CAW股份合作公司签订合作协议书，双方约定对本项目进行合作开发。涉案房屋处于该项目范围内。目前HF公司正在与项目范围内的业主进行搬迁补偿安置谈判。

张某与前夫姚某于1977年2月18日登记结婚，涉案房屋（涉案房屋于1992年6月1日取得建设工程规划许可证，权利人为YD公司）于1997年由姚某通过司法拍卖取得，深圳市福田区人民法院出具了相应的裁定书。

2007年7月，张某及姚某拟就涉案房屋以SYS公司名义进行两规申报。在申报过程中，CAW股份合作公司与SYS公司签订承诺书，约定双方承诺已自行理清相互之间的经济关系并一致同意将该宗地的房地产权利人确定为SYS公司，姚某作为SYS公司法定代表人在承诺书上签字；BGC股份合作公司与SYS公司出具了违法建筑权属调查及分宗定界表；SYS公司法定代表人姚某出具了权属声明，承诺用地及建筑物如有经济纠纷自行负责，BGC股份合作公司、CAW股份合作公司与SYS公司在文件上盖章。但后因房屋不符合两规条件，两规申报未成功。

2010年3月22日，张某及姚某又就涉案房屋进行三规申报，申报人为姚某，并取得申报回执。

2016年3月24日，张某与姚某登记离婚，双方签署离婚协议书，协议书约定涉案房屋归张某所有。

2016年10月24日，姚A、姚B、姚C（该三人为张某与姚某的子女，且为SYS公司的股东）与HF公司签订拆迁补偿协议及补充协议，约定由HF公司对涉案房屋进行回迁房屋置换及补偿。同日，HF公司、姚A、姚B、姚C、SYS公司、姚某共同签订协议书，确认涉案房屋的所有权、处置权由姚A、姚B、姚C实际拥有，SYS公司、姚某不享有该房产的任何权益。

2016年11月3日，姚A、姚B、姚C将涉案房屋及相关产权证照原件交付给HF公司。HF公司开始向该三人支付过渡安置费。

2017年10月，张某提起诉讼，认为姚A、姚B、姚C未经其本人同意与HF公司签订搬迁补偿安置协议，并向HF公司交付房屋及证照，其诉请HF公司返还房屋及证照。

三、争议焦点

（一）此类纠纷属于行政诉讼还是民事诉讼的范畴

【立案庭主张】根据《广东省高级人民法院关于明确土地、房屋征收征用补偿协议纠纷案件作为行政案件处理的通知》第2条规定："签订土地、房屋征收征用补偿协议，是行政机关履行补偿法定职责的方式，属于行政行为，因此引发的争议，属于行政诉讼受案范围。"第3条规定："集体土地上房屋征收与补偿协议的签订主体为村集体或房地产开发公司的，应视为受房屋征收部门委托签订合同，被拆迁人提起诉讼的，应当同时将房屋征收部门列为共同被告。"本案应属于行政诉讼。

【张某主张】回归《广东省高级人民法院关于明确土地、房屋征收征用补偿协议纠纷案件作为行政案件处理的通知》原意，该文开头即说明该文系对"土地、房屋征收征用补偿协议纠纷案件"处理中应注意的问题进行说明，首先，便将市场主体主导的城市更新行为排除在外。其次，就《广东省高级人民法院关于明确土地、房屋征收征用补偿协议纠纷案件作为行政案件处理的通知》第3条来看，该条所述的征收行为意指政府主导的城市更新行为，村集体或房地产开发公司受政府委托协助进行城市更新，上述城市更新行为中才涉及政府征收行为，与本案的城市更新行为存在本质区别。涉案纠纷不属于行政征收的范畴。本案最终以民事诉讼立案受理。

（二）HF公司的行为是否构成侵权

【张某主张】涉案房屋于1992年取得建设工程规划许可证，且该房屋严格按照许可证进行建设，许可证从未失效，且许可证不因距今时间长短而产生任何效力瑕疵。

1997年，张某的前夫姚某在双方夫妻关系存续期间经法院拍卖购得涉案房屋，并由福田区法院作出裁定书，裁定涉案房屋转为姚某所有。根据原《物权法》第28条[①]、《最高人民法院关于适用〈中华人民共和国物权法〉若干问题的解释（一）》第7条的规定，拍卖成交裁定书属于人民法院的法律文书，虽涉案房屋并未进行不动产登记，但上述裁定书导致了物权的变动，也即姚某在拍卖后已取得了涉案房屋的物权，物权处于确定的状态。而姚某于夫妻关系存续期间取得该房屋，该房屋属于姚某与张某的夫妻共同财产。

2016年，姚某与张某离婚，双方签订离婚协议书约定涉案房屋分配给张某，张某取得涉案房屋的物权。

综上所述，涉案房屋是姚某经拍卖取得，并在离婚后将房屋分配给张某，涉案房屋的权属确认依据应是裁定书及离婚协议书，涉案房屋并不属于未确权的房屋，张某享有房屋的占有使用的权利，他人在未经张某许可的情况下不能对房屋进行占有使用或处分，HF公司的行为构成对张某财产权利的侵害，应将房屋及证照返还张某。

另外，承诺书、权属声明及深圳市宝安区处理历史遗留生产经营性违法建筑权属调查及分宗定界表显示，该三份文件均系依据两规而出具的程序性材料。之所以会出现这三份文件，系因姚某及张某曾经拟以SYS公司名义进行两规申报，但因涉案房屋不符合两规条件而申报失败，上述文件自然失效。深圳市政府于2009年颁布了三规，姚某及张某以姚某的名义进行了三规申报，本次申报成功且取得申报回执，回执上显示的申报人为姚某。即使上述三份文件没有失效，该三份文件也因姚某及张某申报三规的行为而对历史遗留违法建筑的申报主体作出了改变，申报主体绝非SYS公司，房屋权属不归属于该公司也更不可能归属于姚A、姚B、姚C。

【HF公司】

1.根据《土地管理法》（2004年修订）第16条的规定："土地所有权和使用权争议，由当事人协商解决；协商不成的，由人民政府处理。"根据《深圳市人民代表大会常务委员

---

① 《物权法》第28条："因人民法院、仲裁委员会的法律文书或者人民政府的征收决定等，导致物权设立、变更、转让或者消灭的，自法律文书或者人民政府的征收决定等生效时发生效力。"即《民法典》第229条。

会关于农村城市化历史遗留违法建筑的决定》第5条关于“经普查记录的违法建筑，市政府应当区别其违法程度，根据本决定以及土地利用总体规划、城市规划和土地利用计划的要求，分别采取确认产权、依法拆除或者没收、临时使用等方式，分期分批处理”的规定，深圳市农村城市化历史遗留违法建筑经普查记录后，应先由行政主管部门区分情况进行处理。而涉案房屋在深圳市龙华区“两规办”办理了深圳市农村城市化历史遗留违法建筑普查登记后，目前没有证据显示相关政府主管部门已处理完毕。涉案房屋属于违法建筑，对于违法建筑的处置，应当遵循法定程序办理，由相关政府部门予以先行处理或认定，不属于法院受理范围，依法应予驳回起诉。

2.HF公司与姚A、姚B、姚C签订的搬迁补偿安置协议及补充协议系合同双方当事人的真实意思表示，不存在合同无效事由。

1997年，深圳市福田区人民法院在执行过程中，对涉案房屋委托拍卖公司进行拍卖，姚某购得该厂房。福田区人民法院作出裁定，裁定该厂房转归姚某所有。根据原《物权法》第28条的规定：“因人民法院、仲裁委员会的法律文书或者人民政府的征收决定等，导致物权设立、变更、转让或者消灭的，自法律文书或者人民政府的征收决定等生效时发生效力。”①姚某取得涉案房屋的所有权。

根据《深圳市人民代表大会常务委员会〈关于农村城市化历史遗留违法建筑的处理决定〉试点实施办法》第16条的规定：“对历史遗留违法建筑进行权属调查时，申报人应当向街道办事处提供申报人与原农村集体经济组织继受单位共同出具的承诺书，承诺同意征地或者转地且并不再需要政府支付征转地补偿、与历史遗留违法建筑有关的经济利益关系已自行理清、自行承担相关法律责任等。原农村集体经济组织继受单位出具的承诺书及相关经济利益关系的处理，应当根据本市集体资产处分决策程序的有关规定和股份合作公司章程，经股份合作公司股东大会或者股东代表大会表决确认。”2007年姚某以SYS公司的名义对涉案房屋作为历史遗留生产经营性违法建筑进行权属核查和分宗定界，SYS公司出具的权属声明、CAW股份合作公司与SYS公司盖章签字的承诺书均确认SYS公司为该厂房的权利人。

2016年，在姚某和张某在离婚协议书中约定将涉案房屋分配给张某之前，姚某和张某就已申请将自己所持有的SYS公司的股权全部转让给姚A、姚B、姚C三人。张某作为SYS公司的股东对于公司股权的转让及其法律后果应当是清楚知悉的。同年，HF公司与

① 即《民法典》第229条：“因人民法院、仲裁机构的法律文书或者人民政府的征收决定等，导致物权设立、变更、转让或者消灭的，自法律文书或者征收决定等生效时发生效力。”

姚某、SYS公司、姚A、姚B、姚C签订了协议书，将涉案厂房的权利人确定为姚A、姚B、姚C三人。后HF公司与姚A、姚B、姚C签订搬迁补偿安置协议及其补充协议。因此，HF公司就涉案房屋与姚A、姚B、姚C签订搬迁补偿安置协议及其补充协议是符合原《物权法》《合同法》等相关法律法规规定的。

2017年，CAW公司和深圳市龙华区GH街道某社区工作站就深圳市龙华新区GH办事处观城某片区旧村城市更新项目对涉案房屋进行权属核查，确认姚A、姚B、姚C为涉房地产的权利人，并对核查结果进行了公示。在公示期间，张某也未曾提出任何异议。若张某对涉案房屋的权属核查的结果有异议，其也应该在相应的异议期内提出，否则应当视为无异议或者对自身权利的放弃。

HF公司在与姚A、姚B、姚C签订搬迁补偿安置协议及相关协议之前，通过对其提供的与涉案厂房权属有关的一系列文件、证明、材料等进行充分、详尽地审查，HF公司有充足的理由相信姚A、姚B、姚C对该厂房拥有合法的处分权。并且，HF公司在与姚A、姚B、姚C签订搬迁补偿安置协议及相关协议过程中始终保持着审慎、善良的态度，尽到了合同当事人的审查义务，也不存在通过签订合同损害第三人权益的做法。因此，HF公司与姚A、姚B、姚C签订的搬迁补偿安置协议及补充协议为合法有效的合同。张某针对HF公司与姚A、姚B、姚C签订搬迁补偿安置协议及相关补充协议的意见前后不一致，相互矛盾。

在与涉案厂房相关的另一案件（黄某诉姚某租赁合同纠纷案）中，张某的代理人主张搬迁补偿安置协议及相关补充协议是姚A、姚B、姚C代其签订的。而在本案一审中，张某又主张其为涉案房屋的权利人，姚A、姚B、姚C与HF公司签订搬迁补偿安置协议及其补充协议系无权处分，属于无权代理的行为。张某的上述主张和意见均有庭审笔录可查。张某在与涉案房屋有关的一系列案件中，关于同一件事的意见前后不一、相互矛盾，违反了诚实信用的原则。

综上所述，HF公司与姚A，姚B、姚C签订的搬迁补偿安置协议及其补充协议属于合法有效的合同，不存在无效事由。HF公司无须返还房屋及证照。

四、裁判要旨

此类纠纷不属于民事诉讼的受理范围。

涉案房产已申报深圳市农村城镇化历史遗留问题违法建筑普查登记，现等待行政主管部门分批分期依次处理，在行政主管部门对涉案房产的合法性作出认定和处理以前，法院难以对该房产的权属问题进行审理，张某的主张不能成立。

五、借鉴意义

由于开发商前线工作人员法律意识薄弱，现实中经常出现未核实拆迁房屋权利人或者出现权利人家属代权利人签约的情况，导致签约主体错误，而上述情况也随之成为房屋权利人毁约的理由，使开发商的拆迁谈判成果付诸东流，故在拆迁谈判过程中确定拆迁房屋权利人的工作显得尤为重要，需要有专业法律知识的人员参加。拆迁谈判通常是一项艰巨的工作，应尽量避免出现上述错误，避免实施主体确认的障碍。

案例42：J公司与A公司八村分公司、第三人A公司的合同纠纷案

一、案例要素

当事人	原告	A公司八村分公司
	被告	J公司
	第三人	A公司
所在项目	A公司旧村改造城市更新项目	
争议类型	其他类型民事纠纷	
案由	合同纠纷	
核心法律问题	未约定履行期间的情况下能否主张对方迟延履行并依法行使解除权	

二、基本案情

2009年12月29日，J公司分别与A公司及A公司八村分公司（以下简称八村分公司）签订八村旧村改造协议书（以下简称原协议），约定J公司作为开发主体对八村辖区内的旧村进行改造，以房屋产权置换与现金补偿相结合作为拆迁补偿安置原则，J公司向八村分公司支付人民币300万元作为履约定金。J公司、A公司及其八村分公司在原协议上盖章。协议签订后，J公司向八村分公司支付履约定金300万元。

2011年3月，A公司与J公司签订八村改造合作协议补充协议（一），约定A公司协助J公司推动该旧村改造项目相关物业的查丈确权事宜。

2012年，A公司与J公司签订关于城市更新项目履约保证金事宜的协议书，约定J公司向A公司支付履约保证金人民币1500万元。该协议签订后，J公司按约向A公司支付了

1500万元履约保证金。

2015年8月17日，八村分公司向J公司致履约催告函，要求J公司于收到函件之日起30日内制定出拆迁补偿安置方案、编制旧改预案、启动签署拆迁补偿协议、向政府申报立项等事宜，否则该函到达J公司之日起30日后自动解除，并不予返还定金300万元。

2015年11月23日，八村分公司向法院提起请求判决确认其与J公司原协议已解除、判决其有权罚没履约定金300万元的诉讼。J公司提出管辖异议，认为三个案件应由中级人民法院管辖。法院于2016年3月30日作出驳回J公司管辖异议的裁定。2016年4月12日，J公司向广东省某市中级人民法院上诉，请求撤销区法院民事裁定书，将案件移送至广东省某市中级人民法院管辖。2016年5月16日，广东省某市中级人民法院作出驳回上诉，维持原裁定。

2016年7月18日，J公司向法院申请追加A公司为本合同纠纷案的第三人。

后A公司与J公司签订关于城市更新项目履约保证金事宜的协议书之补充协议一，约定J公司向A公司追加支付发展基金（保证金）人民币1800万元，同时J公司、A公司及其八村分公司签订八村旧村改造协议之补充协议一，约定J公司向八村分公司支付发展基金（保证金）2700万元，并对原旧村改造范围进行调整。

2016年11月10日，八村分公司、A公司及J公司私下签订调解协议，约定：（1）双方同意继续履行原协议；（2）双方重新对城市更新范围的坐标进行确认，重新测绘红线，确定城市更新的范围；（3）J公司向八村分公司支付发展基金（保证金）2700万元，并约定了支付方式；（4）J公司未于该协议签订之日起5年内使项目列入城市更新单元计划申报的，八村分公司有权解除原协议及全部协议，不予退还已收取的保证金及发展基金（保证金）。

同日，八村分公司与J公司在法院主持下签订民事调解书，达成协议如下：（1）原告八村分公司、被告J公司及第三人A公司继续履行已签订的原协议和关于城市更新项目履约保证金事宜的协议书、八村改造合作协议补充协议（一）；（2）被告J公司自调解协议签订之日起15个工作日内向原告八村分公司支付发展基金（保证金）人民币1500万元；（3）原告八村分公司收到上述1500万元后在15个工作日内召开经公证的股东大会，第三人A公司召开经公证的股东代表大会、董事会、村集体资产委员会、监事会，并表决同意原告八村分公司与被告J公司及第三人A公司签订调解协议、原协议及补充协议的内容，委托J公司作为本项目的计划申报主体及改造主体，配合J公司办理转地事宜等议题，出具相关决议文件；（4）J公司自收到上述决议文件之日起15个工作日内向原告支付发展基金（保证金）1200万元。

后八村分公司召开经公证的股东大会，A公司召开经公证的股东代表大会、董事会、村集体资产委员会及监事会表决通过调解协议书的内容，双方按调解协议书履行义务。

三、争议焦点

在合同未明确约定义务履行时间的情况下，A公司能否以J公司迟延履行为由解除合同。

【八村分公司主张】双方原协议约定，协议签订后，双方应成立联系工作小组，负责推进本项目各项前期准备工作，包括但不限于改造范围核准、拆迁量统计、相关资料收集、拟定工作计划及工作安排、开展测量查丈工作、委托评估、制定拆迁补偿安置方案、编制旧改预案、召开居民小组大会、进行成本预测。双方约定，本协议签署后，J公司负责以原被告双方名义向政府主管部门提交“由J公司或J公司指定的项目公司作为改造单位对本项目用地进行拆迁改造和商住开发”的申请。八村分公司与J公司签订八村旧村改造协议书至今已经7年，在7年的时间里，J公司除进行了测绘查丈、产业研究、指定专项规划方案之外，其他工作均未进行。八村分公司已给予被告充分的履行时间，但J公司在这漫长的时间里，甚至连申报立项都未完成，属于迟延履行合同主要义务的行为。

四、调解要旨

（一）双方继续履行原协议和补充协议

J公司应于该协议签订之日起5年内使项目列入城市更新单元计划申报，否则八村分公司有权解除原协议及全部协议，且有权不予退还已收取的保证金及发展基金（保证金）。

（二）J公司向八村分公司支付发展基金（保证金）

J公司向八村分公司支付发展基金（保证金）人民币2700万元，其中在调解协议签订之日起15个工作日内向八村分公司支付发展基金（保证金）1500万元，八村分公司收到款项之日起15个工作日内召开经公证的股东大会，A公司召开经公证的股东代表大会、董事会、集体资产委员会、监事会，并表决同意八村分公司、A公司与J公司签订调解协议、原协议及补充协议内容，委托J公司作为项目的计划申报主体及改造主体、配合J公司办理转地事宜等议题，出具相关决议文件，剩余1200万元在J公司收到八村分公司及A公司出具上述决议文件（原件）之日起15个工作日内支付。

（三）J公司逾期支付发展基金（保证金）应承担责任

J公司逾期支付发展基金（保证金）的，应承担逾期违约金责任，逾期支付达60日构成根本违约，八村分公司有权解除所有协议并不予退还已收取的履约定金及发展基金（保证金）。

（四）八村分公司及A公司未按约召开会议

八村分公司未能在调解协议约定期限内召开股东大会，A公司未能召开股东代表大会、董事会、集体资产委员会、监事会并通过上述决议的，八村分公司应向J公司无息返还发展基金（保证金）。

五、借鉴意义

本案虽然最终以调解结案，也不失为一种双赢的结果。根据合同法有关规定，即便合同对于履行期限没有约定，债务人可以随时履行，债权人也可以随时要求履行，但应当给对方必要的准备时间。①因此，八村分公司可以要求J公司在合理的期限内履行义务，如果J公司迟延履行主要债务，经催告后在合理期限内仍未履行的，八村分公司可以依法行使合同解除权。由于双方并未约定此种情况下的违约责任，因此，除非八村分公司能够证明J公司迟延履行的行为给其造成了损失，否则一般情况下，J公司无须承担违约责任。

开发商与股份合作公司签署合作协议时，即使协议中未约定意愿征集、立项、专规报批等事宜的完成时间，仍然可能面临股份合作公司起诉解除合同之风险。针对该事宜，首先，开发商在参与项目之前应进行尽职调查，做好项目的可行性分析，充分预估项目的整体进展及期限，设置合理的时间节点；其次，在合作协议中明确股份公司的配合义务，同时明确不可归因于开发商的原因不能追究开发商的违约责任；再次，在履行过程中对已完成的工作内容及时固定；最后，当项目推进遇到障碍时，及时与股份合作公司沟通，通过签署补充协议等方式延长合作期限。

---

① 原《合同法》第62条："当事人就有关合同内容约定不明确，依照本法第六十一条的规定仍不能确定的，适用下列规定：……（四）履行期限不明确的，债务人可以随时履行，债权人也可以随时要求履行，但应当给对方必要的准备时间。"即《民法典》第511条。

案例43：B公司与王某房屋拆迁安置补偿合同纠纷案

一、案例要素

<table>
<tr><td rowspan="2">当事人</td><td>原告（二审上诉人）</td><td>B公司</td></tr>
<tr><td>被告（二审被上诉人）</td><td>王某</td></tr>
<tr><td>所在项目</td><td colspan="2">罗湖区C社区E地块城市更新项目</td></tr>
<tr><td>争议类型</td><td colspan="2">原权利人违约纠纷</td></tr>
<tr><td>案由</td><td colspan="2">房屋拆迁补偿安置合同纠纷</td></tr>
<tr><td rowspan="3">核心法律问题</td><td colspan="2">拆迁协议是否有效</td></tr>
<tr><td colspan="2">被拆迁方是否应当向拆迁方交付涉案房屋的房地产证及配合其办理房地产注销登记手续</td></tr>
<tr><td colspan="2">被拆迁方是否应为迟延履行配合注销义务承担损失赔偿责任</td></tr>
</table>

二、基本案情

1997年5月12日，B公司与王某签订了拆迁赔偿协议书，主要约定：(1)王某将位于罗湖区C社区10号E地块总建筑面积为152.85平方米的房屋（以下简称涉案房屋）交由B公司拆迁，B公司同意拆除上述房屋后，在改造所在地段范围内赔偿王某新建房屋，面积与上述合法房屋面积相等，并给予王某免补新、旧房差价的优惠，对于临时建筑和擅自超标准用地，超面积建造的面积部分不给予面积赔偿和安置费，但考虑到历史原因和王某的切身经济利益，B公司按照市政府有关补偿规定，按同类旧房折价收购这部分房屋，该款项在王某空出旧房并交给B公司（双方签字交收为依据）之后第4个月内与第一期安置费一起交付。(2)B公司实际赔偿给王某新房作为拆迁安置房屋，分别为3号楼东座B型302、东座C型303，共计面积121.08平方米。(3)自王某空出旧房交给B公司之日起至B公司交新房钥匙给王某之日止，B公司负责在王某空出旧房交给B公司之日起25个月内建好新房交给王某使用，超过时间未能交付新房时，安置费补偿标准改按每月30元每平方米计算（超出时间部分）。(4)B公司一次性补偿给王某的电话停机、迁移、复机手续等费用500元。(5)B公司按情况不同给予王某一次性搬迁费1000元补偿（含回迁费）。(6)本协议签订时，王某立即将涉案房屋产权证明原件交给B公司，以便统一办理注销手续，王某所得之拆迁安置房的房地产证由B公司负责办理，办证费由王某自理（政府规定之费用）。

拆迁赔偿协议书签订之后，王某将C社区10号房屋交由B公司拆迁，但是至今未将涉案房屋的房地产证交付给B公司。B公司已按约定将拆迁改造所在地段3号楼二套新房交付王某使用至今，但是该拆迁安置房屋一直未办理房产证。

1997年7月3日，B公司取得了C社区E地块（旧改项目）的深圳市拆迁房屋许可证。

1999年9月9日，B公司取得了C社区E地块（旧改项目）的深圳市拆除房屋许可证。

2013年3月18日，B公司取得了C社区E地块（旧改项目）的深圳市建设用地规划许可证，该深圳市建设用地规划许可证备注载明“本地块需捆绑2014-041-0036、2014-041-0037、2014-041-0039地块同时开发建设、同步完善用地手续”。

由于王某一直未能根据拆迁赔偿协议书约定向B公司交付产权证明原件，也未配合B公司办理房地产注销登记手续，B公司于2017年9月20日向深圳市罗湖区人民法院提起诉讼。深圳市罗湖区人民法院以超过诉讼时效为由作出了驳回B公司诉讼请求的判决，B公司不服，遂向深圳市中级人民法院上诉。2018年10月31日，深圳市中级人民法院作出二审判决，对一审判决进行改判，要求王某配合B公司办理房屋产权注销登记。

三、争议焦点

（一）拆迁赔偿协议书是否有效

1.一审程序

【B 公司主张】双方签署的拆迁赔偿协议书真实有效。

【王某主张】拆迁赔偿协议书无效。理由为：（1）B公司在协议签订时不具有合法的改造主体资格；（2）B公司在协议签订时未获得有效的房屋拆迁许可证；（3）王某无权单独行使涉案房屋之处分权，涉案房屋为王某及其配偶共有，但拆迁赔偿协议书仅为王某一人签字，且未见其配偶授权材料，由此可以推定王某在未征得其配偶同意的情况下单独行使涉案房屋的处分权。

2.二审程序

【B 公司主张】观点与原审一致。

【王某主张】观点与原审一致。

（二）王某是否应当向B公司交付涉案房屋的房地产证及配合其办理房地产注销登记手续

1.一审程序

【B 公司主张】拆迁赔偿协议书明确约定B公司就涉案房产对王某通过产权调换方

式进行补偿安置，并约定王某应于1997年6月30日前搬迁完毕，并且王某应在协议签订时将其产权证明原件交给B公司，以便办理注销手续；但王某一直未将房屋产权证明文件交付改造主体。

【王某主张】第一，王某有权行使不安抗辩权，无须向B公司交付涉案房屋产权证明原件及配合办理房地产注销登记手续。理由：(1)B公司交付之回迁房产权不明，不符合合同约定目的，B公司为王某提供的回迁安置房，至今无法办理房地产证，故B公司交付的新房不符合合同约定目的；(2)B公司交付回迁安置房时存在严重违规行为，存在履约的重大瑕疵和主观故意，回迁安置房的交付时间为1997年，但该房产于1998年7月2日才通过规划验收，即当时交付使用时该房产还未通过规划验收，B公司罔顾法律法规等有关规定向王某交付禁止使用的房产，存在严重的违规问题，且并未将该情况向王某进行披露，严重违反诚实信用原则，并存在履约的重大瑕疵和主观故意；(3)B公司存在明知回迁安置房无法办理房产证仍然缔约的主观故意；(4)B公司未能在拆迁赔偿协议书签订后20余年内履行其合同义务即办理回迁安置房的房地产证，王某感到不安。第二，B公司存在严重的违反诚实信用原则的情形。2015年至2016年，因安置房无法办理房地产证问题，B公司已经分别与存在同样问题的其他业主进行了谈判，并通过现金补偿或原地重建回迁等形式为其解决了该类问题，但B公司却始终未与王某就此问题进行协商谈判。第三，B公司起诉已过诉讼时效，拆迁赔偿协议书签订的时间为1997年5月12日，根据原《民法通则》《民法总则》之规定，B公司所提起的请求之诉已过法定诉讼时效，故不享有胜诉权。

2.二审程序

【B 公司主张】首先，B公司有关王某配合办理产权注销手续的请求具有物权请求权性质，不适用诉讼时效制度。其次，即使原审法院认定B公司在原审中的诉请应适用诉讼时效制度，原审法院关于本案诉讼时效的计算也存在错误。理由为：(1)原审法院将协议条款中约定的“立即”交付等同于“当日”交付，将原条款“立即交付产权证明原件，以便办理产权注销手续”等同于“立即交付产权证明原件，并立即办理产权注销手续”属认定事实错误。(2)本案诉讼时效曾经多次出现中止、中断的情形，按照正常时效计算，B公司的请求并未超过2年的诉讼时效。最后，拆迁赔偿协议书约定了王某产权注销的协议义务，但并未对产权注销设定履行期限，如认为此项诉讼请求适用诉讼时效的规定，也应自本涉案地块具备产权注销条件之日起起算。

【王某主张】B公司请求交付涉案房屋产权证明原件并配合其办理房产注销手续属于债权请求权，原审法院认定超过诉讼时效正确。

（三）王某是否应当承担B公司所主张的经济损失

1.一审程序

【B公司主张】因王某至今未将涉案房屋产权证明原件交付原告，导致涉案房屋的产权无法注销，E地块无法完成土地使用权出让手续及报批报建手续，项目开发建设处于停滞状态。

【王某主张】B公司索赔经济损失的诉求既不符合事实也无法理依据，其所主张对外融资利息损失与本案所涉纠纷不存在因果联系。理由为：（1）目前E地块建设项目不具有合法开发建设的审批手续，即该项目并未正式进入开发建设程序，B公司声称为了维持项目运转所需大量费用纯粹无稽之谈；（2）未办理规划建设审批手续的项目不可能得到银行融资贷款，因此，B公司提供的融资专用票据也不可能是用于E地块开发建设之用的贷款项目；（3）B公司所谓融资利息损失与王某并无因果联系。

2.二审程序

【B 公司主张】原审判决驳回B公司全部诉讼请求，未从根本上发挥定分止争的裁判效果，B公司的诉讼请求立足于本案争议全局，既能顾全自身需求和其他业主的利益，也未对王某利益造成损害，应予支持。

【王某主张】B公司有关注销产权登记导致项目停滞的观点不能成立。注销产权登记只是核发建设用地规划许可证的条件，B公司没有提供证据证明项目的停滞仅仅是因为涉案房产未注销引起的，其所主张对经济损失的赔偿请求与王某无因果关系，无论经济损失是否存在，均是其自身的经营风险，应当自行承担。

四、裁判要旨

（一）拆迁赔偿协议书合法有效

一审法院审理认为，双方签署拆迁赔偿协议书，是双方当事人的真实意思表示，内容不违反法律、行政法规的强制性规定，合法有效。上述协议签订之后，王某依约将其所有的位于C社区1X号房屋交付B公司拆迁，B公司亦依约在拆迁改造所在地段向王某交付了拆迁安置房屋，并使用至今。

二审法院审理认为，1997年5月12日签订的拆迁赔偿协议书是双方的真实意思表示，内容不违反法律、行政法规的效力性强制规定，应当认定合法有效。

（二）B公司诉请王某交付涉案房屋产权证明原件不应得到支持

一审法院审理认为，拆迁赔偿协议书签订的时间为1997年5月12日，协议书约定“本协议签订时，乙方立即将其产权证明原件交给甲方，以便统一办理注销手续”，即王某应在合同签订当日将产权证明原件交付给B公司，B公司在王某未交付产权证明原件时就已知道其权利受到了侵害，本案的诉讼时效应自1997年5月13日起计算，至B公司于2017年9月20日向本院提起诉讼之日已经超过20年，对该项请求权人民法院不予保护，故王某的有关超过诉讼时效的抗辩意见成立。综上所述，B公司要求王某交付产权证明原件并配合B公司办理房地产注销登记手续的诉讼请求本院不予支持。

二审法院审理认为，1997年5月12日签订的拆迁赔偿协议书明确约定：“本协议签订时，王某立即将其产权证明原件交给B公司，以便统一办理注销手续”，该条款应当理解为王某签订上述合同后立即将涉案房屋的房产证明原件交付给B公司，以便涉案地块业主统一委托B公司办理房产注销手续。B公司要求王某交付涉案房屋的房产证原件的上诉请求，属于债权请求权，原审法院适用诉讼时效的规定，认定该请求权已经超过20年，人民法院不予保护，处理正确，本院予以维持。

（三）B公司诉请王某配合办理房地产注销登记手续应予以支持

一审法院审理认为，拆迁赔偿协议书签订的时间为1997年5月12日，协议书约定“本协议签订时，乙方立即将其产权证明原件交给甲方，以便统一办理注销手续”，即王某应在合同签订当日将产权证明原件交付给B公司，B公司在王某未交付产权证明原件时就已知道其权利受到了侵害，本案的诉讼时效应自1997年5月13日起计算，至B公司于2017年9月20日向该院提起诉讼之日已经超过20年，对该项请求权人民法院不予保护，故王某的有关超过诉讼时效的抗辩意见成立。综上所述，B公司要求王某交付产权证明原件并配合B公司办理房地产注销登记手续的诉讼请求本院不予支持。

二审法院审理认为，B公司上诉要求王某配合办理涉案房产注销登记手续，该请求权属于物权请求权，不应适用诉讼时效的规定，且涉案房产于2015年被拆除后才具备注销的条件，原审对此认定不当，本院予以纠正。按照上述合同的约定，王某应当配合B公司办理涉案房屋的产权注销登记手续。

（四）王某不应当承担B公司所主张的经济损失

一审法院审理认为，B公司要求王某赔偿B公司因其不履行合同义务导致的经济损失（融资损失），其提交的证据无法证明其申请的贷款是用于涉案拆迁项目，且融资费用支出为B公司正常商业经营活动支出，该损失不属于王某订立合同时预见到或者应当预见到的因违反合同可能造成的损失，要求王某承担缺乏法律依据，对该项诉讼请求不予支持。

二审法院审理认为，B公司上诉要求王某赔偿因其不履行合同义务导致的经济损失，因B公司提交的证据不能充分证明王某给其造成了上述金额的损失，即无法确认二者之间必然的因果关系，故本院对其该项上诉请求不予支持。

五、借鉴意义

（一）明确约定违约金的数额及计算标准

本案中，尽管王某已经实际违约，但是拆迁赔偿协议并未明确约定违约金的数额及计算标准，这对于B公司而言，无依据主张违约金，而只能诉请王某赔偿因其违约给B公司及城市更新项目造成的损失，而损失往往不易举证；对于王某而言，因违约金未作约定而无法对王某履约形成“威慑”效果，以至于其在履约条件成就后几十年中仍旧拒绝履行。因此，从拆迁方的角度来看，在设置搬迁补偿安置合同条款过程中，应当对被拆迁人的可能发生的违约及违约所造成的损失进行预判，并考量可预期收入，合理设定违约金，结合违约金（过高或过低）举证责任分配的原则，可设定相对较高的违约金条款。故尽量明确的约定违约金，能为守约方争取最大利益。

（二）依法及时行使权利

本案中，B公司与王某已就拆迁赔偿事宜达成协议，并明确了各方权利义务，然而在王某拒绝依约履行合同义务时B公司并未及时在法定时限内向有权机构主张权利，导致后续再行主张权利无法获得支持。因此，作为拆迁方，在遭遇被拆迁人违约时，应当委托专业机构对拆迁双方权利义务关系、法律责任及行权等事项作出全面分析与风险评判，及时制定应对方案。在落实解决方案过程中，应当准确区分债权请求权（如本案B公司要求王某交付房产证明原件）和物权请求权（如本案B公司要求王某配合其注销房地产证），切记对于债权请求权受到民事法律诉讼时效限制，一旦权利人怠于行权，若超出诉讼时效，该权利主张将不再受法律保护，这将使拆迁方在主张权利时陷于无法逆转的境地。

（三）夯实证据基础

本案中，B公司向王某主张因其违约造成损失的赔偿，并向司法机构举证了项目融资借款相关材料，但是因无法证明损失与王某违约行为存在因果关系，而不被司法机构认可。因此，拆迁方应当注重留存合同履行过程中所产生的各类文件资料，包括产生损失的证据，夯实证据资料，为后续争议解决程序提供有力保障。

（四）争议发生后，正确策划诉讼或者仲裁方案

本案中，一审法院将B公司诉请王某交付房地产证明原件和配合注销房地产证的诉

讼基础一概认定为债权请求权，但是，B公司以所主张权利系物权请求权为由提起上诉，二审法院予以部分改判，从而实现B公司之终极目的。因此，争议发生后，应准确确定案由、诉讼或仲裁请求，妥善谋划诉讼或仲裁策略，并在诉讼或仲裁程序中结合案情变化及实际需要，及时作出调整。

（五）本案将房地证注销归为物权请求权，从而突破诉讼时效的规定，意义重大

B公司的核心诉求是判令王某注销房地产证，以改变开发项目迟缓的状况。一审法院将此请求归入一般诉讼时效，认定因B公司行使权力经过最长诉讼时效20年，而不予支持其请求。二审法院认为，B公司要求王某协助办理房地产证注销手续，是基于物权的存续和消灭而提出的权利请求，将此归为物权请求权，因而不受诉讼时效的限制支持了B公司的主张，二审法院的改判意义重大。

第十一章 其他民事纠纷

案例44：L公司与郑某名誉权纠纷案

一、案例要素

当事人	原告	L公司
	被告	郑某
所在项目	盐田区某城市更新项目	
争议类型	民事纠纷	
案由	名誉权纠纷	
核心法律问题	城市更新中法人名誉权与舆情管理	

二、基本案情

L公司系某花园城市更新单元的合法申报主体。郑某于2016年10月11日在“初页”发表了《某无良开发商强拆某小区》，文章提及“强拆门窗花园”“破坏环境”等不实言论，在该文章中使用“无良奸商”“恶行”等侮辱性词语。

事发后，L公司与郑某沟通制止上述行为，但郑某置之不理。截至2017年7月25日，该文章已有约7.9万次浏览量，256次分享。L公司认为郑某的上述行为造成了不良的社会影响，且传播范围较广，严重侵犯L公司的名誉权，遂于2017年7月31日向人民法院提起诉讼。2018年1月4日，一审法院作出判决。2018年1月18日，郑某对一审判决不服，向法院提起上诉。2018年9月11日，二审法院作出维持原判的终审判决。

三、争议焦点

（一）郑某是否是适格诉讼主体

【郑某主张】《某无良开发商强拆某小区》是某小区部分业主共同制作，郑某是参与人之一，由郑某手机在初页注册并发布上述文章，上述文章只是为了引起全体业主的重视，故上述行为并非郑某的个人行为，郑某不应作为本案被告。

【L公司主张】《某无良开发商强拆某小区》是由郑某手机发表的，且郑某认可其用手机发表上述文章的事实，以其作为本案被告并没有不妥。

（二）文章反映的问题部分属实，但文章中涉及侮辱性字眼，且传播范围较广，是否构成侵权

【郑某主张】文章中“奸商”“恶行”等字眼只是业主对事发实际情况的真实描述，未涉及其他事项，不存在主观过错。文章反映的事实属实，浏览量的多少不能作为评判名誉侵权的标准。

【L公司主张】文章中“奸商”“恶行”等字眼，这些词语明显具有贬损性。文章发布后浏览量较多，在一定程度上会减低L公司的社会评价。

四、裁判要旨

（一）郑某是适格的诉讼主体

《民事诉讼法》第64条第1款规定：“当事人对自己提出的主张，有责任提供证据。”

《某无良开发商强拆某小区》是由郑某手机发表，L公司提供公证书、公证费发票、北京七厘米科技有限公司出具的调查令（回执）、深圳市腾讯某公司出具的调查令回函、中国联通某营业厅出具的证明等证据给予证明。

郑某主张该文章由该小区部分业主集体制作，未提供证据证明。故郑某为本案适格的诉讼主体。

（二）文章反映的事实基本属实，但文章中使用侮辱性字眼，且传播范围较广，确属对法人名誉权造成损害

《最高人民法院关于审理名誉权案件若干问题的解答》第8条规定：“文章反映的问题虽基本属实，但有侮辱他人人格的内容，使他人名誉受到侵害的，应认定为侵害他人名誉权。”

法院认为文章中“奸商”“恶行”“无良开发商”等词语具有贬损性，且发布后浏览人数较多，在一定程度上导致L公司的社会评价的较低，故郑某发布《某无良开发商强拆某小区》行为应认定为侵害L公司名誉权的行为。

五、借鉴意义

城市更新项目中，开发商与业主拆迁谈判是持久漫长的博弈过程。由于业主众多以

及各自诉求不同，故评价描述某一客观事实容易带有个人情绪，有失偏颇。开发商应与业主建立良性互动沟通平台，涉及重大的举措应及时发布，在业主的监督下良性推行更新进程。同时，一旦出现涉及侵犯开发商名誉权的事件时，一定要积极采取措施应对，必要时可采取司法手段，避免不利影响的进一步扩大。及时采用包括诉讼在内的手段，能够有效管控城市更新舆情，为项目的实施创造优良氛围。

案例45：林某与BLQ公司、钟某合资合作开发房地产合同纠纷案

一、案例要素

当事人	原告	林某
	被告	BLQ公司钟某
所在项目	罗湖区某城市更新项目	
争议类型	合同纠纷	
案由	合资合作开发房地产合同纠纷	
核心法律问题	合作关系解除后投资款是否应该退还	

二、基本案情

2016年1月5日，H公司与KD公司签订H置业有限责任公司深圳城市更新项目战略合作框架协议，双方约定在深圳市范围内合作实施城市更新项目。

2016年1月12日，KD公司（实际控制人林某）、J公司、BLQ公司（实际控制人钟某）签订深圳市罗湖区某城市更新项目合作协议书，约定对该项目进行合作开发，该项目KD公司持90%、BLQ公司持10%；J公司的10%实为替BLQ公司代持；BLQ公司取得的收益按照以下比例分配：钟某4%、蔡某4%、史某2%；BLQ公司开发业务需200万元急用，经钟某、蔡某、史某同意，史某保留2‰原始收益，转让200万元投资股权，该200万元由KD公司筹集，利息支付由BLQ公司及钟某负责落实；同意将项目中KD公司更换为SX公司。

2016年1月29日，H公司、H深圳公司（H公司的子公司）与BLQ公司、SX公司签订合作框架协议，约定双方设立项目公司，甲方（H公司、H深圳公司）、乙方（BLQ公司、SX公司）股权占比为51%、49%；双方分工约定，H公司、H深圳公司负责前期拆迁补偿金的筹

集（0.3亿元至1.0亿元）等；BLQ公司、SX公司负责城市更新计划申请、业主意愿征集等。

2016年3月12日，H公司、H深圳公司与BLQ公司、SX公司签订深圳市罗湖区某城市更新项目合作协议书，约定BLQ公司、SX公司于2016年3月成立的RG公司作为BLQ公司、SX公司在该项目的唯一指定合作方，并就项目的主要工作内容、合作模式、具体工作要求、工作计划、甲乙方权利义务、项目奖励与违约责任等作了约定。

2016年3月26日，SX公司、BLQ公司签订城市更新项目合作协议书，明确双方责任分工，BLQ公司负责主导框架协议以及意愿征集、签订拆赔协议，其余由SX公司负责；双方成立的RG公司，SX公司股权占比84%，BLQ公司股权占比16%；SX公司负责投融资，但需确保BLQ公司股权不被稀释；SX公司可优先收购BLQ公司股权；SX公司不得擅自决策，所有经营决策需经双方协商一致。RG公司作为见证方在本协议盖章。

2016年6月8日，H公司与RG公司签订深圳市罗湖区某城市更新项目合作协议书，约定：因BLQ公司与SX公司成立了RG公司，双方同意由RG公司享受在本项目的权益；H公司项目占股51%、RG公司项目占股49%；本项目以H深圳公司作为项目公司；H公司出资9000万元、RG公司出资1000万元。

2016年6月8日，H公司、RG公司、BLQ公司、SX公司签订深圳市罗湖区某城市更新项目合作协议书之补充协议，约定：BLQ公司、SX公司是RG公司的关联公司；在实施主体资格阶段，如因意愿征集或签署拆赔协议未达到条件导致H公司未能确认为实施主体的，H公司有权通过三种方式退出；获得实施主体资格后，H公司按51%比例承担开发建设资金的筹集；RG公司按49%比例承担。

2016年6月10日，H公司、H深圳公司与RG公司、BLQ公司、SX公司签订深圳市罗湖区某城市更新项目合作协议书之补充协议，本协议除增加H深圳公司作为签约主体外，其他内容与2016年6月8日的深圳市罗湖区某城市更新项目合作协议书之补充协议一致。

2016年7月15日，KD公司、BLQ公司、史某、SX公司签订深圳市罗湖区某城市更新项目合作协议书之补充协议，约定林某已支付90万元给钟某；KD公司、林某同意于2016年7月15日前退还2%股权给史某；BLQ公司及钟某同意于2016年8月31日前全额退还90万元给林某；如钟某未能在于2016年8月31日前全额退还90万元给林某，BLQ公司及钟某、史某同意将史某2%股权以90万元的对价转让给SX公司或林某或其利益继承人；如钟某在2016年8月31日前全额退还90万元给林某，则SX公司及KD公司、林某负责将史某2%股权退还给BLQ公司，并变更RG公司的股权比例为SX公司80%、BLQ公司20%。

2016年12月2日，BLQ公司、SX公司签订城市更新项目合作协议书之补充协议约定：

确认BLQ公司持有RG公司16%股权、SX公司持有RG公司84%股权，双方共同持有该项目49%股权，即BLQ公司持7.84%、SX公司持41.16%；双方同意转让RG公司30%股权对外融资5000万元。见证方RG公司在本协议盖章。

2016年1月至3月，林某共向钟某或BLQ公司转账188万元（其中有一笔转账4万为KD公司账户转出），并向钟某或BLQ公司交付价值约32万元的红酒抵做投资款。共计投资220万元。

之后，由于本项目出现了新的投资方，承诺对本项目进行高额投资并给予钟某高额回报，并已向钟某注入初步资金。钟某十分心动，决心将SX公司移出本项目，并同意将SX公司的投资款（实际由林某投入的金额）进行返还。后SX公司同意退出本项目。

2017年1月21日，SX公司、RG公司、林某、BLQ公司签订解除合作合同协议，约定2016年3月26日签订的城市更新项目合作协议书及2016年7月15日签订的深圳市罗湖区某城市更新项目合作协议书之补充协议解除，合作关系终止。

2017年1月21日，SX公司、RG公司、林某、BLQ公司、钟某签订还款协议，约定各方同意终止合作关系，解除协议，SX公司、RG公司、林某投资到BLQ公司，钟某至今为止累计220万元由BLQ公司和钟某分期偿还给SX公司、RG公司、林某。

2017年3月17日，JRC公司（法定代表人为钟某）与GS公司签订城市更新项目合作框架协议，约定双方对该项目进行合作开发。

合作关系解除后，BLQ公司及钟某拒不还款。

2018年5月，林某诉至法院，要求BLQ公司及钟某退还220万元投资款及支付违约金。

2018年7月26日，SX公司、RG公司、林某签订三方协议，确认该项目中向BLQ公司、钟某支付的所有项目资金均由林某个人支付，现合作关系解除，该等款项由BLQ公司及钟某直接退还林某即可，且确认若林某根据还款协议或其他文件通过诉讼、调解等方式获得的所有款项（包括但不限于退还本金、利息及违约金）均归林某个人所有，SX公司、RG公司无权以任何形式向林某主张。

三、争议焦点

BLQ公司、钟某是否应向林某退还投资款及支付违约金。

【林某主张】林某系SX公司的实际控制人，林某通过SX公司与BLQ公司签订城市更新项目合作协议书、深圳市罗湖区某城市更新项目合作协议书之补充协议。钟某系BLQ

公司的实际控制人。林某先后向BLQ公司、钟某支付项目前期资金共220万元。后钟某寻找到其他合作方，将林某移出项目，并与林某解除合作关系，钟某违反诚实信用原则，是主要过错方，基于三方协议以及还款协议，BLQ公司、钟某应向林某退还投资款及支付违约金。

【BLQ公司、钟某主张】钟某及BLQ公司确认其与林某合作了旧改项目，但约定前期费用全部由林某及案外人H公司支付，BLQ公司及钟某投入很多资金，林某总投资不到220万元，林某也存在违约行为，要求林某赔偿BLQ公司及钟某5000万元，但其未提起反诉。

四、裁判要旨

经双方确认，林某与BLQ公司及钟某合作了旧改项目，且林某对此项目进行了投资。林某与BLQ公司及钟某签订的解除合作合同协议、还款协议是双方真实意思表示，内容未违反法律及行政法规的强制性规定，合法有效，双方当事人应严格依约履行。SX公司、RG公司及林某签订三方协议，约定2017 年1月21日共同作为甲方与BLQ公司、钟某签署的解除合作协议及还款协议中约定涉案还款协议中所列的所有款项均由林某个人支付，该款项应由BLQ公司及钟某直接退还林某，SX公司、RG公司均无异议。故BLQ公司及钟某未按时偿还投资款，林某有权根据还款协议约定要求BLQ公司及钟某偿还投资款220万元及违约金。BLQ公司及钟某辩称林某存在违约行为并要求返还5000万元，BLQ公司及钟某未提交证据予以证明，且BLQ公司及钟某上述抗辩意见理由不充分，法院不予采纳。

五、借鉴意义

本案投资方缺乏相关法律意识，在与其他合作方订立合同时合同条款描述不清、混乱，支付投资款时以多个主体进行支付，且投资款形式以现金及实物夹杂出资，合作方之间也未以书面形式对出资形式及出资额进行确认，在合作关系破裂时，便出现难以对投资款支付事实进行举证的情况，造成退款障碍。建议在投资项目时，与各合作方之间均应明确权利义务，对投资款的支付应多加谨慎，及时以书面形式进行确认，在合作关系破裂时及时签订解约协议，对款项退还进行约定，并约定相应的违约责任。

第十二章 行政纠纷

案例46：A公司与B局政府信息公开纠纷案

一、案例要素

当事人	原告	A公司
	被告	B局
所在项目	龙岗区布吉街道J片区城市更新改造项目	
争议类型	行政纠纷	
案由	政府信息公开	
核心法律问题	申请人申请公开的政府信息是否属于基于自身生产、生活、科研等特殊需要的问题	
	申请公开的政府信息是否属于依法应予公开的政府信息范围问题	
	政府信息区分处理以及个人隐私处理问题	
	诉讼证据的调取能否通过政府信息公开途径获得的问题	

二、基本案情

2007年，A公司通过系列文件的确认取得了J区改造项目的主体资格，关于项目开展进度，原龙岗区旧改办签发的确认函中明确要求A公司须在五年内完成项目改造，一年内取得实质性进展，否则取消其改造资格。

在项目改造过程中，因权利人D公司等违反了与A公司的搬迁补偿安置协议约定，导致项目改进工作推进缓慢，在一年内未取得任何实质性进展。

2016年11月1日，B局在网上公示拟确认C公司为J区改造项目的实施主体，并将原权利人、搬迁补偿和建筑物现状情况进行公示。

因C公司在被确认为实施主体资格所提交的文件中包含了D公司及其关联公司等筹划运作自行改造J区项目的事实说明，对于认定D公司是否违反A公司与D公司签订的搬迁补偿安置协议约定具有重大意义，直接关系到A公司以D公司等为被告而提起的房屋拆迁补偿安置合同纠纷一案的审理结果，与A公司具有重大利害关系。为此，2016年11

月15日，A公司向B局提交信息公开申请书，要求B局公开C公司为申请项目实施主体资格的全部申请文件，包括但不限于相关法律规定中关于申请实施主体资格确认C公司所须提交的全部材料以及B局对该申请进行审议的相关资料。

2016年12月1日，B局就A公司的信息公开申请作出如下答复：经审核，C公司已经来文申请J区项目实施主体资格的确认事项，经核查申请人符合实施主体确认条件，B局拟确认C公司为该项目的实施主体并在相应媒体和政府网站予以了公示；该部分信息属于B局主动公开信息，A公司可直接在相关媒体及政府网站上进行查询；因A公司不是涉案项目拆除范围内被搬迁人，C公司所签订搬迁补偿安置协议及其他资料不涉及A公司，A公司申请公开的政府信息与自身生产、生活、科研等特殊需要无关，除B局主动公开政府信息，其余属于不予公开范围。

A公司不服B局答复，于2016年12月提起本案行政诉讼，要求撤销B局作出的答复以及判令B局向A公司公开C公司为申请J区项目实施主体资格的全部申请文件及相关审定文件。

三、争议焦点

（一）A公司申请本次政府信息是否基于自身生产、生活、科研等特殊需要事由的问题

【B局主张】A公司申请的本次政府信息并非信息公开条例规定的因自身生产、生活、科研等特殊需要的信息。

【A公司主张】(1)相关文件均确认A公司是实施J区旧改项目首期的改造主体。依据相关法律文件效力之优先排序，根据龙岗区政府和龙岗区城市更新办的相关会议纪要，A公司仍是涉案片区城市更新单元立项申报主体和专规批复主体。B局在履行职责过程中获取的有关涉案片区城市更新单元实施主体资格确认事宜的信息均会对A公司在涉案片区城市更新单元项目上的生产经营活动构成实质影响，并与A公司具有法律上的利害关系。B局作出的有关确认C公司为涉案项目城市更新主体资格的行为以及C公司提交的申请资料，均对作为涉案项目改造单位的A公司的生产经营活动产生重大影响，与A公司具有重大利害关系，A公司依法具有申请公开该等信息的申请人资格。(2)A公司被B局前身认定为涉案项目改造单位资格这一事实足以证明A公司具有申请与涉案项目有关的政府信息的特殊需要，无论这一资格在之后是否被取消。况且B局也没有提供有效证据证实A公司对该项目的改造单位资格已经被取消，A公司与B局就与A公司的改造单位

资格问题有关的诉讼尚在审理过程中。(3)A公司被相关政府文件确认为项目改造单位，与D公司等基于搬迁补偿安置协议产生诉讼案件，而C公司为申请本项目实施主体资格所提交的全部文件中关于D公司其关联方等筹划运作自行改造本项目的事实说明，对于认定D公司是否违反A公司与其签订的搬迁补偿安置协议约定具有重大意义，直接关系到A公司以D公司等为被告的房屋拆迁安置补偿合同纠纷的审理结果。同时，根据深圳市城市更新相关规定，搬迁补偿安置协议系形成单一主体并进而确认实施主体的关键资料，直接影响实施主体资格是否会被确认。涉案项目范围内所有地块的拆迁补偿安置协议均与作为改造单位A公司具有法律上的利害关系，A公司均有权申请予以公开。(4)根据《中华人民共和国政府信息公开条例》(2007年版，以下简称《政府信息公开条例》)第13条的规定，除行政机关主动公开的政府信息外，公民、法人或者其他组织还可以根据自身生产、生活、科研等特殊需要，向行政机关申请获取相关政府信息。对于是否根据自身生产、生活、科研等特殊需要，依照《最高人民法院关于审理政府信息公开行政案件若干问题的规定》第5条的规定，A公司仅承担对特殊需要事由作出说明的义务。

根据以上几点，可以确认A公司基于公司的生产经营等特殊事由申请政府信息公开，同时基于A公司系涉案项目改造单位并且申请公开的政府信息对于涉及A公司的诉讼案件审理结果具有重大影响，有关涉案项目实施主体资格确认的相关政府信息会对A公司的生产经营活动造成实质性影响，对A公司具有有别于其他法律主体的独特的个别化的意义。

(二)关于A公司申请公开的政府信息是否属于依法应予公开的政府信息范围问题

【B局主张】A公司申请的本次政府信息中除其主动公开内容外，其他信息均不属于依法应予公开的政府信息。

【A公司主张】(1)依照《政府信息公开条例》第2条的规定："本条例所称政府信息，是指行政机关在履行职责过程中制作或者获取的，以一定形式记录、保存的信息。"该条例第13条规定，除行政机关依法应予以主动公开的信息外，公民、法人或者其他组织还可以根据自身生产、生活、科研等特殊需要，向国务院部门、地方各级人民政府及县级以上地方人民政府部门申请获取相关政府信息。B局在其向A公司的答复中明确确认C公司向其提出了申请本项目实施主体资格确认的申请以及B局拟确认C公司为本项目实施主体。因此，C公司提交的全部申请材料属于B局在履行职责过程中获取的信息，B局对该申请予以审定的资料属于B局履行职责过程中制作的信息，依法均属于B局应予以公开的政府信息范围。(2)依照《深圳市城市更新办法实施细则》第49条的规定："城市更新单元内项目拆除范围的单一主体，应当向区城市更新职能部门申请实施主体资格确认，并提供以下材料：(一)项目实施主体资格确认申请书。(二)申请人身份证明文件。(三)城市更新单元规划确定的项目拆除范围内土地和建筑物的测绘报告、权属证明及抵押、查封情况核查文件。(四)申请人形成或者作为单一主体的相关证明材料。(五)其他相关文件资料。前款第(四)项规定材料包括：(一)申请人收购权利主体房地产的证明材料及付款凭证。(二)申请人制定的搬迁补偿安置方案及与权利主体签订的搬迁补偿安置协议、付款凭证、异地安置情况和回迁安置表。(三)权利主体以其房地产作价入股成立或者加入公司的证明文件。(四)申请人本身即为权利主体或者权利主体之一的相关证明文件。(五)以合作方式实施的城中村改造项目的改造合作协议。”C公司为申请本项目实施主体资格确认，须依照上述规定提交相关资料，B局亦应对上述材料予以审查并出具相关审定文件。B局在相关媒体和政府网站所做的《龙岗区布吉街道J片区更新单元三期实施主体公示》仅公示了该项目原权利人、搬迁补偿、建筑物现状以及实施主体等简要情况，并未公示C公司的全部申请材料。B局有关要求A公司直接查询的答复并不能够满足A公司提出的信息公开申请。

(三)关于政府信息区分处理以及个人隐私处理问题

【B局主张】其主动公示内容系对涉案项目实施主体资格确认材料进行区分处理后形成的公开资料，A公司申请公开的其他政府信息涉及他人个人隐私，不属于应予以公开的范围。

【A公司主张】(1)在时间顺序上，B局发布《龙岗区布吉街道J片区更新单元三期实施主体公示》在前(2016年11月1日、4日)，早于A公司提起本次政府信息公开申请的时间(2016年11月15日)，显然该公示内容并非根据A公司申请从而对A公司申请公开的材料进行区分处理后形成的公开资料。(2)在个人隐私认定和处理上，B局并未提供证据证明A公司申请公开的政府信息涉及个人隐私，同时B局主动公示内容已经对项目范围内原权利人、土地、房屋编号、用途、面积等涉及个人隐私的事项予以公开，该等事项也已经不属于应予以保密的个人隐私，相应的搬迁补偿安置协议也不属于个人隐私。特别是根据《深圳市城市更新办法实施细则》第50条第2款的规定，经主管部门核查申请人符合实施主体确认条件的，应就申请人提供的土地、建筑物权属情况及单一主体形成情况进行不少于7日的公示。作为单一主体形成的重要依据，相应的搬迁补偿安置协议依法应予以公示。因B局未予以公示，A公司申请B局将搬迁补偿安置协议以及《深圳市城市更新办法实施细则》第49条规定的其他材料公开，符合法律规定。即使B局有证据证明A公司申请公开的某项信息涉及个人隐私，依照《政府信息公开条例》第23条的规定，B局应履行征求第三人意见程序基础上作出处理，并非一概不予公开。因此，B局没有证据证明A公司申请公开的《深圳市城市更新办法实施细则》第49条规定的材料均涉及个人隐私，同时B局也未依法履行相应的个人隐私处理程序，其有关其他资料涉及个人隐私一概不予公开的意见违反法律规定。

（四）关于诉讼证据的调取能否通过政府信息公开途径获得的问题

【B局主张】因诉讼案件审理需要获取相关证据的，可以通过申请法院调取证据等途径获取，无须通过申请政府信息公开方式获得。

【A公司主张】相关法律法规并未将有关能够通过法院调取证据获取的政府信息排除在政府信息公开范围之外，申请人可以基于自身权利，选择通过申请法院调取，或者申请政府信息公开。只要申请人的申请符合《政府信息公开条例》的规定，B局就应该依法予以公开。

四、裁判要旨

（一）A公司申请本次政府信息构成基于其自身生产、生活、科研等特殊需要事由的情形

《政府信息公开条例》第14条规定，行政机关公开政府信息，不得危及国家安全、公共安全、经济安全和社会稳定；该条例第15条规定，行政机关不得公开涉及国家秘密、商业秘密、个人隐私的政府信息。但是，经权利人同意公开或者行政机关认为不公开可能对公共利益造成重大影响的涉及商业秘密、个人隐私的政府信息，可以予以公开。根据上述法律规定：（1）当事人申请公开的信息是否属于不予公开范围的判断标准为是否涉及国家安全、公共安全、经济安全和社会稳定，是否为国家秘密、商业秘密、个人隐私；（2）对于商业秘密、个人隐私，经权利人同意公开或者行政机关认为不公开可能对公共利益造成重大影响可以公开。本案中，根据A公司提交的申请书、民事起诉状等证据可以相互印证说明A公司与要求公开的信息存在因另案诉讼需求而产生的生产、生活需要，而且该事由A公司也已在申请阶段向被告进行了明确说明。因此，B局作出的答复以A公司与B局未公开的C公司申请材料部分的信息无生产、生活、科研需要并不予公开，缺乏事实和法律依据。

（二）A公司申请公开的政府信息属于依法应予公开的政府信息，且B局抗辩的信息涉及个人隐私问题的理由也不成立

法院并未对A公司申请公开的政府信息是否属于依法应予公开的政府信息范围作

出直接认定，但法院在判决书中认为"A公司申请公开的政府信息还包括B局就C公司申请材料的审议文件，而B局作出的答复既没有公开该部分信息也并没有就不予公开的理由作出说明，故B局未完全回应A公司的申请内容，作出的答复主要证据不足，适用法律法规错误，依法应予以撤销重作"。至于B局抗辩的A公司申请公开而B局未予公开的信息系涉及C公司与相关权利人签订的搬迁补偿安置协议等个人隐私问题故不予公开的问题，法院认为，B局并未将该等事由作为答复中不予公开的事由，且即便该部分信息属于个人隐私，B局也未征求C公司意见，不符合《政府信息公开条例》规定的不予公开的法定程序，因此，对B局的该项抗辩不予采信。

（三）诉讼证据的调取与政府信息公开并不存在相互矛盾的关系

法院认为，诉讼证据的调取与政府信息公开并不存在相互否定、排斥的关系，因此对B局的该项抗辩理由不予采纳。

五、借鉴意义

（一）以政府信息公开对项目改造范围内权利人违约行为进行证据收集

由于城市更新项目所涉利益重大、实施期限较长，在实施过程中容易受到众多不确定性因素的影响，其中就包含了因合同违约行为导致项目无法推进情形下实施主体资格被撤销的风险，即权利人在签订搬迁补偿安置协议后接受第三方提出的高价条件将房屋过户给第三方或与第三方直接签订其他搬迁补偿安置协议等足以影响项目继续履行的违约行为。对利益的天然追逐导致上述风险在项目实施过程中全程存在，为此，一旦第三方被确认为新的项目实施主体，势必会引发原项目实施主体与项目改造范围内权利人就搬迁补偿安置协议违约行为的违约责任追究问题，对与权利人违约行为的认定，其与第三方所签署有关搬迁补偿安置协议即为最有利的违约事实证明依据。而对该证据的收集，根据《政府信息公开条例》的相关规定，对政府部门在履行行政管理职能过程中制作或者获取的，以一定形式记录、保存的信息，申请人可以通过申请方式获取相关政府信息。可见，涉诉案件中如对与政府职能部门职责范围内的有关证据，在其他途径难以有效取得的情况下，通过政府信息公开方式不失为一种有效解决途径。

（二）注重留存提起信息公开申请过程中所产生的各类文件资料，为后续争议解决程序提供保障

本案中，A公司基于其自身生产、生活、科研等特殊需要向B局提交了信息公开申

请，且在申请函中明确告知B局其公开申请的特殊需要系基于另案诉讼的实际需求。对此，在A公司具备本案利害关系人主体资格，且提出申请时已向B局告知申请的特殊需要事由情况下，A公司提出的有关信息公开申请符合相关法律规定，于法有据。

案例47：S公司与S局行政纠纷案

一、案例要素

当事人	原告	S公司
	被告	S局
所在项目	龙华新区S村土地	
争议类型	行政纠纷	
案由	撤销S局作出的行政复议决定书	
核心法律问题	土地出租后，行政机关出具的复工通知是否与土地权利人有利害关系，土地权利人能否提出行政复议	

二、基本案情

1999年8月1日，S公司与G公司签订土地租赁合约，将深圳市龙华新区S村一块约48，690平方米工业用地出租给G公司使用，租赁期限70年，土地用途为住宅或厂房。同时，合同约定S公司提供土地的用途是住宅或厂房，如果不能达成这两种用途，S公司应无条件退回G公司全部的土地使用费及赔偿G公司由此引起所受到的一切损失。S公司协助G公司办理建设所需的报建等手续，协助办理用水、用电手续，费用由G公司承担。合同期内，国家或有关部门征用其土地上不动产建筑物及其配套设施，因而造成的一切费用需补偿给G公司，其余赔偿或补偿给S公司。

2005年5月26日，G公司向原深圳市宝安区观澜街道办事处提交所建宿舍和厂房复工申报表及有关材料，经初审、核实审查及联审，并经BA局同意。G公司缴纳了相应的保证金及办理质量安全监督管理手续后，BA局查处违法建筑工作办公室和深圳市宝安区城市管理行政执法局于2005年6月28日向G公司发出复工通知，准许厂房和宿舍建设复工。2015年7月8日，S公司得到深圳市龙华新区规划土地监察大队作出的政府信息公开申请答复告知书，S局告知G公司在涉案土地上的建筑物已经取得复工通知书。复工通知书载明，“G公司经审查，下列建设工程符合《宝安区工业和公共配套类停建违法建筑申请复工管理暂行办法》，准予复工……” 2015年9月6日，S局收到S公司提出的行政复议申请及相关材料，S公司以不服BA局查处违法建筑工作办公室和深圳市宝安区城市管理行政执法局于2005年6月28日对G公司作出的复工通知行政行为，向S局申请行政复议。2015年9月8日，S局通知要求S公司补正与复工通知行为具有利害关系的证明材料并变更被申请人为BA局，S公司按照通知提交了材料并变更被申请人。2015年9月16日，S局向BA局送达行政复议答复通知，要求在10日内书面答复并提交证据、依据。2015年9月24日，BA局提交了答复书及相关证据材料。2015年11月5日，由于案情复杂，S局决定延长行政复议期限30日，并送达S公司和BA局。2015年12月7日，S局根据S公司提交的证据及相关法律法规，作出行政复议决定，并于12月12日将行政复议决定书送达S公司。S公司不服提起行政诉讼，请求撤销S局作出的行政复议决定，并判令S局重新作出行政复议决定。

三、争议焦点

S公司是否为适格的主体。

【S公司主张】S公司是涉案地块的合法权利人，G公司依据其与S公司签订的土地租赁合同获得涉案地块的使用权。土地租赁合同中明确约定承租方必须依法使用该地块，依法办理经营所需的相关证照，依法经营；合同期满，住宅或厂房及相关配套设施等不动产归甲方所有。但G公司罔顾法律和约定，在涉案地块上建设违法建筑。在土地租赁合同解除、终止或履行完毕后，一方面，作为涉案土地的权利人，该违法建筑的存在对S公司产生了巨大的行政责任风险；另一方面，为了日后能够合法使用涉案土地，S公司需要花费大量人力、财力对该违法建筑进行清理和拆除。因此，G公司在涉案土地上建设违法建筑的行为，严重侵害了S公司的合法权益。G公司进行复工申请提交的材料，明显不符合《宝安区工业和公共配套类停建违法建筑申请复工管理暂行办法》第8条的强制要求。审批机关在不符合法定条件的情况下，违法向G公司颁发了复工通知书，实属违法行政行为。且该行政行为客观上纵容了G公司的违法加建行为，进一步侵害了S公司的权益。综上所述，涉案具体行政行为严重侵害了S公司的合法权益，根据《中华人民共和国行政复议法》（以下简称《行政复议法》）第9条的规定，公民、法人或者其他组织认为具体行政行为侵犯其合法权益的可以自知道该具体行政行为之日起60日内提出行政复议申请，故S公司有权针对涉案具体行政行为提出行政复议申请，S局理应受理该申请。

【S局主张】S局作出的行政复议不予受理决定程序合法，S公司并非该行政行为的利害关系人。2015年9月6日，S局收到S公司提出的行政复议材料，S公司以不服BA局查处违法建筑工作办公室和深圳市宝安区城市管理行政执法局于2005年6月28日对G公司作出的复工通知行政行为，向S局申请行政复议。2015年9月8日，S局通知要求S公司补正与复工通知行为具有利害关系的证明材料并变更被申请人为BA局，S公司按照通知提交了材料并变更被申请人。2015年9月16日，S局向BA局送达行政复议答复通知，要求在10日内书面答复并提交证据、依据。2015年9月24日，BA局提交了答复书及相关证据材料。2015年11月5日，由于案情复杂，S局决定延长行政复议期限30日，并送达S公司和BA局。2015年12月7日，S局根据S公司提交的证据及相关法律法规，作出行政复议决定，并依法送达S公司。行政复议决定认定事实清楚，适用法律正确。1999年8月1日，S公司与G公司签订土地租赁合约，将48，690平方米土地租赁给G公司使用，租赁期限70年，土地用途为住宅或厂房。2005年5月26日，G公司向原深圳市宝安区观澜街道办事处提交复工申报表及有关材料，经初审、核实审查及联审，并经BA局同意。G公司缴纳了相应的保证金及办理质量安全监督管理手续后，BA局查处违法建筑工作办公室和深圳市宝安区城市管理行政执法局于2005年6月28日向G公司发出复工通知，准许厂房和宿舍复工。S公司与该复工通知行政行为没有法律上的利害关系，不具有申请行政复议的主体资格，不符合《中华人民共和国行政复议法实施条例》（以下简称《行政复议法实施条例》）第28条第2项的规定，根据该法第48条第1款第2项的规定，应当驳回行政复议。

四、裁判要旨

本案为行政复议决定纠纷，争议焦点为S局的行政复议决定是否合法。《行政复议法实施条例》第28条规定："行政复议申请符合下列规定的，应当予以受理：……（二）申请人与具体行政行为有利害关系……" 本案中，S公司申请复议的行政行为是BA局查处违法建筑工作办公室和深圳市宝安区城市管理行政执法局对G公司作出的复工通知书，该通知的内容是准许G公司的厂房和宿舍复工，S公司并非该复工通知的行政相对人，而准许G公司厂房和宿舍复工建设的行为也并未对S公司的权利义务产生任何实际的影响。S公司主张G公司在涉案土地上进行违法建设的行为违背了土地租赁合同的初衷，S公司有权对其土地上G公司的行为进行管理，对G公司的违法行为进行监督制止。对此，法院认为，从S公司与G公司签订的土地租赁合同中约定的内容来看，G公司承租涉案土地的目的就在于建设住宅或厂房，并且S公司负有配合G公司实现上述目的的义务，包括协助G公司办理建设所需的报建手续等。此外，合同还约定在合同期内地上不动产建筑物及其配套设施如涉及征用补偿，补偿费用也归G公司。据此可以认定，G公司的厂房和宿舍得以复工，其产生的法律后果亦是在土地租赁合同约定的权利义务范围之内的，复工后更有利于双方签订土地租赁合同目的的实现，而不会对S公司产生不利的影响。基于上述理由，S局认定S公司与复工通知书没有法律上的利害关系，依据《行政复议法实施条例》第48条有关“有下列情形之一的，行政复议机关应当决定驳回行政复议申请：……（二）受理行政复议申请后，发现该行政复议申请不符合行政复议法和本条例规定的受理条件的。……”规定，作出复议决定驳回S公司提出的行政复议申请，并无不当。

五、借鉴意义

鉴于村股份合作公司将集体土地出租给第三人修建厂房事宜较为常见，如开发商在城市更新项目过程中遇到此类纠纷时，需注意：

一般而言，如果该集体土地未被批准为建设用地，租赁行为又未办理任何手续的，土地租赁合同一般会被认定为合同无效。若农村集体土地被依法批准为建设用地或经行政主管部门依法批准补办了征用手续转为国有土地等手续，可认定涉案土地使用权租赁合同有效。关于土地租赁纠纷中所涉土地地上建筑物全部或部分为历史遗留违法建筑，法院一般不予受理，并告知当事人去行政机关对涉及的土地及其地上建筑物、构筑物或其他设施进行处理后，另行就履行合同而发生的财产纠纷再向人民法院提起民事诉讼。

因此，此类纠纷如通过诉讼或行政确权的方式会耗费大量的人力成本、时间成本，且结果不可预计。针对上述问题最好采取协商、调解的方案，可由开发商牵头股份合作公司及/或街道办，邀请争议双方协商确认利益分配等问题。

如协商不能解决且严重影响到项目进程时，开发商可以协商请求街道办、更新局或村股份合作公司作为第三方保管涉案房屋，将涉案房屋所涉之利益提存。待争议双方解决后，交付给司法机关或政府有关机关确认的权利人。此方法如可得到有关部门认可的，可暂且搁置争议，有效推进项目进程。

案例48：X公司与SZ局行政纠纷案

一、案例要素

当事人	原告	X公司
	被告	SZ局
所在项目	龙华新区观澜街道G工业园	
争议类型	行政纠纷	
案由	对征收龙华新区观澜街道G工业园土地为国有土地的具体行为提出行政复议申请	
核心法律问题	未进行必要调查的行政决定是否有效	

二、基本案情

2015年9月14日，SZ局收到X公司对BA局于2004年6月26日征收涉案土地为国有土地的行政行为提出的行政复议申请及相关材料。2015年9月17日，SZ局作出通知，要求X公司补正BA局作出征收涉案土地为国有土地行政行为的证明材料。2015年9月28日，SZ局收到X公司提交的补正材料。2015年10月8日，SZ局对X公司作出不予受理决定书，认为X公司对BA局2004年6月26日征收涉案土地为国有土地的具体行政行为提起的行政复议申请，经通知补正证据，仍不能证明BA局作出过上述具体行政行为，因此复议申请不符合《行政复议法》第6条的规定，根据《行政复议法》第17条第1款的规定，决定对行政复议申请不予受理。SZ局于2015年10月9日将不予受理决定书邮寄送达X公司。X公司不服提起行政诉讼，请求撤销SZ局作出的不予受理决定书，并判令SZ局依法受理X公司的行政复议申请。后法院依法判决SZ局对X公司申请行政复议解决的争议没有进行必要调查，认定不存在具体行政行为的证据不足，不予受理决定应予撤销。

三、争议焦点

行政复议申请不予受理决定的程序是否合法。

【X公司主张】BA局将涉案土地征为国有土地的行政行为违反了《土地管理法》（2004年修订）中关于土地征转的相关规定，应为无效的行政行为。我司作为土地权利人于2015年7月15日知道了关于BA局于2004年作出的征收涉案土地的行政复议决定，并于2015年9月12日以EMS邮寄的方式向SZ局内设机构深圳市政府行政复议办公室提交了行政复议申请并提交了相关材料。SZ局于2015年9月17日作出《补正行政复议申请通知书》(深府复办补正〔2015〕114号)，要求X公司补正：BA局作出的征收深圳市龙华新区观澜街道桂花居委会G工业园所在土地为国有土地的具体行政行为的证明材料。

X公司认为不需要提交上述证明材料，理由为：X公司已在复议申请时向SZ局提交了深规土龙华函文件，证明涉案土地已被收归国有。根据《深圳市宝安龙岗两区城市化土地管理办法》明确规定，征地的具体行政行为由BA局宝安区政府实施。从上述证据来看，只有BA局实施了具体行政行为，才能导致X公司争议所涉土地被收回国有。若没有上述具体行政行为，争议所涉土地应当仍为集体所有。BA局虽然实施了这一具体行政行为，但是并没有将相应文件交付于申请人，因此BA局依法履行了具体行政行为的证据应当由BA局提供，而不应当由X公司提供。

【SZ局】2015年9月14日，SZ局收到X公司提出的行政复议申请及相关材料。2015年9月17日，SZ局作出通知要求X公司补正BA局作出征收涉案土地为国有土地行政行为的证明材料。2015年9月28日，SZ局收到X公司提交的补正材料。2015年10月8日，SZ局根据X公司提交的证据及相关法律法规，作出不予受理决定，并依法送达原告。X公司提交的证据材料均不能证明BA局于2004年6月26日作出了征收涉案土地为国有土地的行政行为，不符合《行政复议法》第6条的规定，根据《行政复议法》第17条第1款的规定应当不予受理。综上所述，X公司诉讼请求不成立。

四、裁判要旨

虽然《行政复议法》规定，复议机关需要对行政复议申请是否符合受理条件进行审查，但本案X公司申请行政复议时已经表明没有收到BA局就涉案土地征收转为国有土地的手续材料，而BA局答复X公司涉案土地已转为国有土地，故SZ局未经通知BA局答复并提交证据材料，直接认定X公司没有证据证明BA局实施了征收涉案土地的行政行为，作出不予受理决定显然缺乏足够证据。为查明X公司申请复议针对的涉案土地被征收转为国有土地的基本情况，SZ局应当在通知BA局答复并提交相关证据材料之后，再依法对复议申请作出行政复议决定。X公司的诉讼请求成立，法院予以支持。SZ局虽然在作出不予受理决定前履行了行政复议程序，但是对X公司申请行政复议解决的争议没有进行必要调查，认定不存在具体行政行为的证据不足，不予受理决定应予撤销。

五、借鉴意义

城市更新项目前期工作中土地信息的核查，针对可能有问题的项目地块，除审查土地来源的材料外，应当向主管部门申请信息公开核查相关情况，避免在项目后续推进中出现阻碍。

案例49：谢某与S登记中心、Z公司行政诉讼纠纷案

一、案例要素

当事人	上诉人	谢某
	被上诉人	S登记中心
	第三人	Z公司
所在项目	—	
争议类型	行政纠纷	
案由	诉请确认房地产证转移登记行为无效	
核心法律问题	原告能否就同一宗地上其他建筑物的转移登记行为提起诉讼	
	在房屋灭失的情况下作出的转移登记行为是否合法有效	

二、基本案情

2004年3月3日，谢某从深圳市福田区人民法院以竞价拍卖的方式取得了位于B区某镇某村的宿舍、别墅、厂房等各一栋，谢某取得上述房屋后并未重新办理产权证书，记载的权利人为G公司，共有使用权面积为10，365.2平方米。

2004年4月3日，案外人廖某根据深圳市中级人民法院民事裁定书和协助执行通知书办理了位于B区某镇某村的娱乐室（以下简称涉案房地产）的房地产证，共有使用权面积为10，365.2平方米。

2016年8月23日，案外人廖某与第三人Z公司向S登记中心申请涉案房地产转移登记，并提交了深圳房地产转移登记申请表、深圳市二手房买卖合同、房地产证等材料，S登记中心于2016年9月21日核准了前述转移登记，并向第三人Z公司核发了不动产权证书。

2017年9月12日，谢某起诉请求确认涉案房地产的转移登记行为无效，认为涉案房地产在S登记中心作出转移登记之前即已消灭。S登记中心对已经灭失不存在的涉案房地产作出的转移登记行为，违反了原《物权法》第12条“登记机构应当履行下列职责：……

（三）如实、及时登记有关事项……”[①]的规定，应为无效具体行政行为。

经查明，涉案房地产与谢某通过深圳市福田区人民法院拍卖取得的房地产系同一宗地号上的房产，但谢某手中持有的房产证与第三人Z公司持有的房产证指向的分别为不同的建筑物。

三、争议焦点

（一）谢某是否具备原告主体资格

【谢某主张】具备原告主体资格。

【S登记中心主张】原告不是本案的适格原告，应驳回其起诉。涉案房地产所有权人廖某是依据深圳市中级人民法院民事裁定书和协助执行通知书取得涉案房地产权利。涉案房地产与原告所主张其持有房地产证的房产并不是一栋建筑。因此，原告与本案转移登记行为不具备法律上的利害关系，不是本案适格原告。

【Z公司主张】原告既不是涉案房地产的权利人，也不是被告核发产权证书具体行政行为的利害关系人，并非本案适格主体。

（二）涉案转移登记行为是否合法有效

【谢某主张】涉案转移登记行为作出时涉案房地产即已灭失，因此该行为是无效的。2017年8月，深圳市B区土地规划监察局对原告位于深圳市B区某镇某村的工业厂房处进行调查，称第三人Z公司向其投诉其在2016年8月23日通过购买取得的涉案不动产于2004年被原告拆除。在原告于2004年3月3日通过拍卖购得位于深圳市B区某镇某村的工业厂、宿舍和别墅时，涉案房地产就不存在了。深圳市福田区人民法院在2002年委托深圳市某评估公司作出的评估报告中可以证明，涉案房地产在2002年评估时就已经灭失，且Z公司向深圳市B区土地规划监察局等部门的投诉文件也可以证明涉案房地产在2016年8月23日被告作出涉案房地产不动产产权转移登记行为之前就已经灭失。根据原《物权法》第30条“因合法建造、拆除房屋等实施行为设立或消灭物权的，自事实行为成就时发生效力”[②]的规定，涉案房地产在2016年8月23日被告作出转移登记前物权已消灭，因此，被告作出转移登记行为违反了原《物权法》第12条“登记机构应当履行下列职责：……

---

① 《民法典》第212条：“登记机构应当履行下列职责：（一）查验申请人提供的权属证明和其他必要材料；（二）就有关登记事项询问申请人；（三）如实、及时登记有关事项；（四）法律、行政法规规定的其他职责。申请登记的不动产的有关情况需要进一步证明的，登记机构可以要求申请人补充材料，必要时可以实地查看。”

② 即《民法典》第231条：“因合法建造、拆除房屋等事实行为设立或者消灭物权的，自事实行为成就时发生效力。”

（三）如实、及时登记有关事项……”的规定①，应为无效具体行政行为。

【S登记中心主张】转移登记行为合法有效。第一，2016年8月23日，涉案房地产的房屋所有权人廖某与第三人Z公司共同向被告提交深圳市房地产转移登记申请表、深圳二手房买卖合同、房地产证、存量房交易税款计征申明、工业楼宇转让承诺书等文件，申请将涉案房地产由廖某名下转移登记至Z公司名下。被告依据原《物权法》第12条第1款第2项“登记机构应当履行下列职责：……（二）就有关登记事项询问申请人……”②以及《房屋登记办法》第18条第1款之规定“房屋登记机构应当查验申请登记材料，并根据不同登记申请就申请登记事项是否是申请人的真实意思表示、申请登记房屋是否为共有房屋、房屋登记簿记载的权利人是否同意更正，以及申请登记材料中需进一步明确的其他有关事项询问申请人。询问结果应当经申请人签字确认，并归档保留”。对申请人进行了询问并依据《不动产登记暂行条例》第18条“不动产登记机构受理不动产登记申请的，应当按照下列要求进行查验：（一）不动产界址、空间界限、面积等材料与申请登记的不动产状况是否一致；（二）有关证明材料、文件与申请登记的内容是否一致；（三）登记申请是否违反法律、行政法规规定”。《深圳经济特区房地产登记条例》第24条以及《不动产登记暂行条例实施细则》第15条的规定进行审查。经审查，上述申请符合《深圳经济特区房地产登记条例》第13条规定的房地产转移登记的程序以及第37条规定的申请转移登记应提交的文件，且不存在《不动产登记暂行条例》第22条以及《深圳经济特区房地产登记条例》第24条第1款第5项规定的不予登记的情形。因此，被告核发涉案房地产不动产权证书，认定事实清楚，适用法律正确，程序合法，是合法有效的行政行为。第二，原告诉称涉案房地产在被告核准转移登记时即已灭失，进而主张该转移登记行为无效的诉求缺乏事实根据。原告提供的评估报告，其评估范围不包括涉案房地产，该报告不能证明原告所称的涉案房地产在2002年评估时就已经灭失的事实，也不能证明被告核发涉案不动产权证书时涉案房地产已经灭失的事实。涉案房地产的所有权人廖某系依据深圳市中级人民法院民事裁定书、协助执行通知书取得涉案房地产权利，该事实不仅证明涉案房地产不在原告提供的评估范围内，也进一步证明原告诉称“涉案房产在2002年评估时就已经灭失”的主张缺乏事实依据。

【Z公司主张】Z公司受让原房屋所有权人廖某名下的涉案房地产，被告核发不动产权证行为有事实和法律依据。根据原房地产证，廖某系涉案房地产的合法产权人，Z公

① 即《民法典》第212条。
② 即《民法典》第212条。

司与廖某签署的关于涉案房地产的深圳市二手房买卖合同为真实意思表示，内容合法，系有效合同。双方根据相关法律规定办理涉案转移登记行为合法有效。

四、裁判要旨

（一）原告与第三人对同一宗地上不同的房屋享有产权，登记机构向第三人核发权属证书，对原告的权利义务不产生实际影响，原告不具备诉讼主体资格

原告在案件中一直主张，登记机构在向第三人核发不动产权属证书时涉案房地产即已灭失，但因原告所持有房地产权属证书的建筑物与第三人建筑物是同一宗地上不同建筑物，登记机构向第三人核发不动产权属证书不会对原告的权利义务造成实际的影响，原告与涉案登记行为不具有法律上的利害关系，不具备原告的诉讼主体资格。

（二）S登记中心系依据先前有效的房地产权属登记，作出涉案房地产转移登记行为

S登记中心将涉案房地产从廖某名下转移登记至第三人Z公司名下时，涉案房地产已登记在廖某名下，该前述登记行为是合法有效的，而转移登记是基于该合法有效的权属登记行为。

五、借鉴意义

在房屋已灭失的情况下，应及时办理权属证书注销登记，防止相关权利人再次转移登记。

二审法院除认同一审裁定中关于“涉案房产的转移登记行为对原告的权利义务不产生实际影响”的内容外，同时认为“被诉房产转移登记行为是依据先前有效的房产权属登记”，以此演化而言，房屋是在办理权属登记之后灭失的，并不影响之前所作出权属登记行为的效力，在该权属登记行为有效的前提下，登记机构再次作出转移登记行为，并不能认定其违法。并且，《不动产登记暂行条例》以及相关规定并未规定登记机构在办理转移登记时“应当”进行实地查看，仅规定“可以”，且在无初步证据证明涉案房屋灭失的情况下，要求登记机构一一进行实地查看也是不现实的，很难以此认定转移登记行为无效。鉴于此，从开发商角度而言，在房屋已灭失的情况下，应及时办理权属证书注销登记。

案例50：Z股份合作公司与深圳市规划和国土资源委员会、S公司行政诉讼纠纷案

一、案例要素

当事人	原告	Z股份合作公司
	被告	深圳市规划和国土资源委员会
	第三人	S公司
所在项目	南山区某城市更新项目	
争议类型	行政纠纷	
案由	诉请撤销房地产证登记行为	
核心法律问题	登记行为所依据的权属来源是否合法有效	

二、基本案情

1995年8月8日，M公司和Z村民委员会设立的Z公司签署协议书，约定M公司在某山地段兴建一座占地约12，738.7平方米的发展中心，由Z公司承担自然村征地、补偿、开发山地等责任，并协助M公司办理有关征地手续。

1996年1月25日，深圳市规划国土局B分局（甲方）与Z村委（乙方）签署征地补偿协议书，约定甲方征用乙方位于Z村的土地20.3亩，征地补偿费按综合价计，共计324，800元；本协议双方盖章签字后，其土地所有权归属国家，任何单位和个人无权干涉。合同中约定：关于补偿费，由M公司与乙方协商解决，甲方不再另外作任何征地补偿，征地返还地按总面积10%计算，返还1353平方米，位置和功能待乙方申请后再做确定。

1996年12月20日，深圳市规划国土局作为甲方、M公司作为乙方签署深圳市土地使用权出让合同书，约定甲方将土地编号为A811-0006、土地面积约12，874.4平方米的土地出让给乙方使用，使用年期为50年，从1996年12月20日到2046年12月19日止，土地用途为工业用地；乙方向甲方支付2，619，675元地价款取得上述土地使用权，本地块由乙方自行完成七通一平及市政配套工程。

1998年2月18日，M公司对涉案土地办理房地产证。2008年11月26日，M公司更名为S公司。2009年4月24日，深圳市国土资源和房产管理局B分局给S公司核发新房地产证。

2004年12月28日，深圳市B区城市化工作领导小组办公室、深圳市B区国有资产管理

办公室下发《关于处理好原村、组集体经济组织与新组建的股份合作公司相关问题的通知》，该通知对通过改制方式设立股份合作公司的原村委会及其经济发展公司予以取消，其一切经济活动由股份合作公司进行。

2011年5月6日，S公司提起民事诉讼，请求法院判令继续履行其与Z股份合作公司签订的协议书。Z股份公司在该案中提起反诉，要求法院依法确认Z股份合作公司与S公司签订的协议书无效，并立即将该协议书中约定的土地返还给Z股份公司。

Z股份合作公司起诉撤销深圳市规划国土管理局于1998年2月18日对涉案土地办理的房地产证。

三、争议焦点

（一）征地补偿协议书是否合法有效

【Z股份合作公司主张】征地补偿协议书所征土地并不为Z村委所有，实际应属于Z公司，Z股份合作公司无权处分。并且，该协议签署以及征地审批的主要依据是B区人民政府会议纪要，该纪要违反深圳市会议纪要及土地管理法律法规的规定（所涉土地面积为20.3亩，需要地市级以上人民政府审批，B区人民政府无权审批）。

【深圳市规划和国土资源委员会主张】未就协议效力发表答辩意见，并认为，本次登记行为主要依据申请人提交的深圳市土地使用权出让合同、付清地价款等材料，在上述材料合法有效的前提下，登记行为本身是合法有效的。

【S公司主张】征地补偿协议书合法、有效。涉案土地属于Z村民委员会所有。依据《村民委员会组织法》，村民委员会是自我管理、自我教育、自我服务的基层群众性自治组织。村民委员会依照法律规定，管理本村属于村农民集体所有的土地和其他财产。Z公司作为一个企业，并不享有管理Z村集体土地的职能，Z村也未将集体所有的土地验资入股作为Z公司名下的资产，Z村土地仍属于村民集体所有，Z村民委员会作为集体土地管理权的自治组织，依法签署的征地补偿协议书合法有效。

（二）法律适用问题

【Z股份合作公司主张】本案应适用《深圳经济特区房地产登记条例》，而不是《广东省城镇房地产权登记条例》。第一，《广东省城镇房地产权登记条例》第2条规定该条例的适用范围，即本省行政区域内城镇的新建非商品房屋、商品房屋、房改房屋、拆迁补偿房屋的权属登记，已确认产权的房地产权变更登记，房地产设定抵押权登记才适用本条例；第9条也明确规定该条例适用的是房屋登记。而本案仅涉及土地权属的初始登记，不适用该条例的规定。第二，起诉撤销2009年4月24日变更登记行为的案件中（另案），适用的也是《深圳经济特区房地产登记条例》，虽然当时深圳特区没有扩大到整个深圳市。

【深圳市规划和国土资源委员会主张】Z股份合作公司起诉的是1998年的房地产登记行为，此时应适用《广东省城镇房地产权登记条例》。

四、裁判要旨

（一）登记行为依据的权属基础是合法有效的

Z股份合作公司所主张的其不享有涉案土地使用权，因此其与S公司签署的《协议书》为无效协议，没有事实和法律依据。而国土部门已履行了涉案土地的征地补偿手续，S公司与国土部门签署了关于涉案土地的国有土地使用权出让合同，该合同为规划国土部门核发房地产证的权属基础，该基础合同合法有效。

（二）法律适用方面，应适用《广东省城镇房地产权登记条例》，而非《深圳经济特区房地产登记条例》

涉案土地位于原深圳经济特区外宝安区，登记行为发生于1998年2月18日，按照1995年《全国人民代表大会常务委员会办公厅关于经济特区法规适用区域问题的解释》确定在经济特区外宝安、龙岗两区适用特区法规与广东省地地方性法规的意见，深圳市规划和国土资源委员会适用1994年9月1日起施行的《广东省城镇房地产权登记条例》并无不当。

五、借鉴意义

在不动产登记行政诉讼中，法院也会对登记行为的基础法律关系进行审查，一旦基础法律关系存在效力瑕疵，行政行为的合法性也存在质疑。

本案所涉登记行为系基于土地使用权出让合同作出的初始登记，涉案土地权属获得履行了两个程序，先由土地管理部门征收村集体土地，再由土地管理部门与该公司签署土地使用权出让合同。在无证据证明征收程序违法以及土地出让合同存在无效情形的情况下，土地使用权出让行为合法有效，而基于该出让合同作出的土地权属登记行为亦是合法有效的。因此，在该土地使用权出让行为合法有效的前提下，第三人拟通过诉请撤销初始登记的方式排除相关权利人的土地使用权，较难获得法律和事实上的支撑。但是，从该案可以看到，在不动产登记的行政诉讼中，原告一旦对登记行为的基础法律关系提出质疑，法院便会对该基础法律关系进行审查，如果基础法律关系存在效力瑕疵，登记行为本身的合法性也是存在质疑的。而关于该基础法律关系，可直接在一个行政诉讼中解决，无须先行提出民事诉讼，再行提出行政诉讼。

案例51：C业委会与深圳市不动产登记中心、B公司行政诉讼纠纷案

一、案例要素

当事人	上诉人	C业委会
	被上诉人	深圳市不动产登记中心
	第三人	B公司
所在项目	宝安区某城市更新项目	
争议类型	行政纠纷	
案由	诉请撤销房地产证分割登记行为	
核心法律问题	第三人是否具备原告主体资格	
	涉案房产是否属于全体业主所有的物业管理用房	
	分割登记行为是否符合法律规定	

二、基本案情

C 楼由B公司开发建设，1999年通过竣工验收。B公司向深圳市不动产登记中心申请初始登记，于2000年8月14日获得核准，权利人为B公司。2014年3月14日，B公司向深圳市不动产登记中心提出对C楼中的某号房（涉案房屋）分割登记申请，并提交了房屋登记申请表、原房地产证、房屋建筑面积竣工查丈报告等材料，深圳市不动产登记中心经审查于同年4月9日核发了房地产权证，权利人仍为B公司。该房地产他项权利摘要及附记一栏中记载："1.市场商品房。2.该权属来源于2000年年初始登记成果的分割。"

B公司提交的C楼初始登记申请材料及涉案房屋分割登记申请材料均未载明物业管理用房的情况。

C业委会向法院起诉B公司，请求判决B公司向全体业主提供物业管理用房4套（其中包括涉案房屋），该案于2015年7月作出终审判决，该判决认为C业委会诉讼请求基础"须是相关四间房屋不论是在规划建设时、竣工验收交付使用时，抑或当时在法律上或合同上有据可循，能够证明涉案四间房屋属于C业委会所有"，但C业委会没有证据证明该主张，故对C业委会的诉讼请求不予支持。

后C业委会以深圳市不动产登记中心为被告提起行政诉讼，认为涉案房屋属于物业用房，深圳市不动产登记中心的分割登记行为侵害了全体业主的合法权益，起诉请求撤销深圳市不动产登记中心作出的上述分割登记行为。

三、争议焦点

（一）C业委会是否具备原告主体资格

【C业委会主张】具备原告主体资格。

【深圳市不动产登记中心主张】C业委会不具备原告主体资格。涉案登记行为系初始登记基础进行的分割登记，登记的权利主体并未发生变化。C楼的初始登记结果以及初始登记档案中土地使用权出让合同、建设工程规划许可证、规划竣工验收证明、竣工查丈报告等有关资料均未记载或标注涉案房地产为物业管理用房。C业委会不能提供有效的证据证明涉案房屋属于C楼全体业主共有，与涉案房屋没有法律上的利害关系，不具备行政诉讼主体资格。

（二）关于涉案房屋是否属于物业管理用房

【C业委会主张】C楼于1997年4月1日取得深圳市建设工程规划许可证，根据《〈深圳经济特区物业管理条例〉实施若干规定》第39条规定："2008年1月1日之前取得建设工程规划许可证的物业项目，建设单位应当按照《〈深圳经济特区物业管理条例〉实施细则》的规定配置和移交物业服务用房。"《〈深圳经济特区住宅区物业管理条例〉实施细则》第21条规定："开发建设单位应在管委会成立之日起二个月内，按《条例》规定向管委会提供住宅区物业管理用房。物业管理用房的计算公式为：管理用房面积（平方米）=人均管理用房规划指标×住宅区房屋总套数×户均人口数。前款有关测算系数以市政府有关部门最新公布的数据为准。"经测算，物业管理用房及商业用房的总面积与涉案房屋的总面积仅相差2.85869平方米。因此B公司对涉案房屋不享有合法权利。

【深圳市不动产登记中心主张】涉案房地产登记行为仅根据初始登记结果就涉案房产做的分割登记，而初始登记并未登记涉案房产为物业管理用房。C业委会与B公司之间就有关物业管理用房的配置产生的权属争议与涉案房屋分割登记行为的合法性之间没有法律上的关联，开发商无论是否应该配置物业管理用房还是配置何种物业管理用房，不影响涉案房屋分割登记行为的合法性。通过本案不能解决物业管理用房的配置问题，建议另寻民事途径解决。

（三）涉案房屋分割登记行为是否合法有效

【C业委会主张】在程序方面：(1)涉案房屋分割登记未重新编号。依据中华人民共和国住房和城乡建设部《关于印发〈房屋登记簿管理试行办法〉的通知》第5条规定"房屋登记簿应按照房屋基本单元建立。房屋基本单元应有唯一的编号。房屋分割、合并时应重新编号。"深圳市不动产登记中心在作出涉案分割登记行为时未进行重新编号，援用以前的房屋编号。(2)分割登记仅由C公司单方提出申请，应该由当事人双方提出。(3)分割应是共有房屋的分割，但根据深圳市不动产登记中心提供的材料，涉案房屋没有共有权人。在实体方面，本案中分割登记前房地产证就已注销，分割登记的权属来源没有进行法律层面解释。

【深圳市不动产登记中心主张】涉案房屋登记行为系初始登记基础上的分割登记，登记的权利主体并未发生变化，该登记行为依法的申请材料齐全，符合《房屋登记办法》第36条、第37条的规定。

四、裁判要旨

(一)未有证据证明涉案房屋为开发建设单位应向业委会移交的物业管理用房

C住宅楼于1999年竣工验收交付使用，根据当时施行的《广东省物业管理条例》第34条规定："建设单位向业主委员会移交物业管理权时，应当按规定向业主委员会移交已分摊到户的用于公共服务的公共用房和管理用房"，第41条规定："建设单位违反本条例第三十二条、第三十四条规定，不按规定划拨物业管理维修基金、移交公共用房和管理用房的，由县级以上人民政府物业管理行政主管部门责令其限期履行；逾期不履行的，业主委员会可以依法向人民法院起诉。"B公司作为建设单位，负有移交分摊到户的公共用房和管理用房的义务，县级以上人民政府物业管理行政主管部门也有责令限期履行的职责。

但是，该条例没规定分摊到户的公共用房和管理用房面积，C楼的房产登记档案也没有将涉案房屋分摊到户的记载，C业委会于2014年11月才备案，故涉案房屋虽作为保安宿舍用房实际使用，但尚未确定为B公司应向C业委会移交的公共用房或管理用房。

(二)房地产分割登记由开发建设单位单方申请，分割登记至其名下，符合法律规定

C楼由B公司开发建设后，B公司取得房地产所有权，由B公司申请办理房地产初始登记。但因B公司进行房地产销售需向业主转移房地产权利，初始登记的房地产权证记载的房地产权属不能与转移登记的业主房地产权属产生冲突，因此初始登记的房地产证应予注销。初始登记的房地产证注销不等于初始登记所确认的房地产权利灭失，而是转移给业主的房地产权登记在业主名下，未转移的房地产权仍因初始登记保留在B公司名下。根据深圳市不动产登记中心提供的初始登记档案及已注销的初始登记房地产证，没有证

据表明因B公司放弃涉案房屋所有权或该房面积已分摊到户不可独立办理房地产证。参照建设部《房屋登记办法》第36条规定，B公司作为经初始登记的未转让房地产的所有权人申请分割登记，以及深圳市不动产登记中心准予分割登记，具有事实和法律依据。

五、借鉴意义

城市更新中应注意物业管理用房的建设及权利归属问题

物业管理用房的权利归属一直以来都是小区业主与开发商之间的权属争议焦点，如城市更新中涉及物业管理用房的，需关注此类用房的权属问题。本案中，争议标的"物业管理用房"已经初始登记、分割登记办理房地产权证，业委会先通过民事诉讼主张权利，在民事诉讼无果的情况下又提起行政诉讼，有意通过行政诉讼撤销该已办理房地产证的涉案房屋并获得"物业管理用房"。房地产权登记行为与"物业管理用房"的权利归属，属于完全不同的两个法律关系，在基础的民事权利无法确定的情况下，难以通过行政诉讼的方式实现不动产物权归属的问题。此种情况下，参与城市更新开发的公司应该根据权属登记确认的证载权利人认定权利主体。

在后续城市更新项目建成后关于物业管理用房的配套问题，一般而言，建设工程规划许可证等规划文件对物业管理用房的位置、面积均有所规定，在该种情况下，开发商应严格按照规划文件的要求建设配套物业管理用房，且该用房属于全体业主共同所有，开发商无法单独办证。

案例52：M公司与SL局、S局土地权属行政确认纠纷案

一、案例要素

当事人	申请人（原告、上诉人）	M公司
	被申请人一（被告一、被上诉人一）	SL局
	被申请人二（被告二、被上诉人二）	S局
所在项目	龙华新区观澜街道某社区土地确权项目	
争议类型	原权利人土地权属确认	
案由	土地权属行政确认纠纷	
核心法律问题	土地权属的确认流程和救济程序	

二、基本案情

为加快深圳城市化进程，2004年，深圳市人民政府颁布了《深圳市宝安龙岗两区城市化土地管理办法》(深府〔2004〕102号文)，依据该办法，宝安、龙岗两区原属于集体经济组织成员所有的土地转归为国家所有，同时由两区政府对原集体组织的继受单位或者经济组织和个人分期分批给予适当补偿。补偿工作由区政府负责组织实施，国土管理部门负责补偿工作的业务指导。补偿工作按以下程序实施：(1)制定实施方案并公告；(2)由农林管理部门确认农业、林业用途；(3)委托测量、定界并制作范围图；(4)核定土地、青苗和地上附着物的权属；(5)现场清点、查丈，公告清点结果；(6)制定补偿方案；(7)签订补偿协议书并支付补偿款；(8)国土管理部门接收土地。

在深圳市人民政府颁布《深圳市宝安龙岗两区城市化土地管理办法》之前，Y地块属于集体土地，M公司是该涉案地块的权利人。在《深圳市宝安龙岗两区城市化土地管理办法》颁布之后，该地块所属的区政府及国土管理部门并未对该地块的原集体组织进行征转补偿，该幅地块的征转手续没有实际履行，因此M公司认为该幅土地的性质依然为集体土地，该土地的使用权仍归原集体组织继受单位享有，即M公司为涉案土地的权利人。同时根据《确定土地所有权和使用权的若干规定》(〔1995〕国土［籍］字第26号)第14条规定，因国家建设征用土地，农民集体建制被撤销或其人口全部转为非农业人口，继续使用原有土地的原农民集体及其成员享有国有土地使用权。即使涉案土地于日后履行完毕征转手续，申请人依然应当享有涉案土地的使用权。因此，为明确Y地块的性质和权属，M公司多次通过申请信息公开、业务询问函等方式向该地块所属的土地管理部门SL局了解土地的权属、征转补偿情况、征转实施主体及征转前土地权属等信息。2015年11月6日，SL局依据《深圳市宝安龙岗两区城市化土地管理办法》作出1009号复函：涉案地块已经转为国有土地，但是政府尚未与该地块的原集体组织继受单位或者经济组织和个人理顺经济补偿关系。该答复没有明确指出案涉地块的权利人。

2015年11月30日，M公司向SL局提交土地确权申请书，希望该局确认未完善征转手续的涉案土地归原集体组织即M公司所有。

2015年12月18日，SL局作出1169号复函：SL局已经于2015年11月6日的1009号复函中对M公司申请的Y地块的权属状况作出答复，即Y地块已转为国有且未出让土地使用权。

2016年2月18日，M公司不服SL局作出的1169号复函，向S局申请行政复议，请求撤销SL局作出的1169号复函，并就Y地块的权属重新作出认定。

2016年4月14日，S局就M公司提起的行政复议作出深规土复决〔2016〕3号复议决定：SL局已经就M公司的问题进行了回复，不存在法律适用的不当，维持SL局作出的1169号复函的具体行政行为。

2016年4月28日，M公司不服S局作出深规土复决〔2016〕3号复议决定向深圳市盐田区人民法院提起行政诉讼：请求撤销S局作出的3号复议决定并重新作出复议决定。

2016年8月21日，深圳市盐田区人民法院作出一审判决：SL局已经依据有效的法律、法规对M公司的土地确权申请作出答复，适用法律、法规正确、程序合法，S局对SL局的行为予以维持，程序合法，故驳回M公司的诉讼请求。

2017年9月15日，M公司不服深圳市盐田区人民法院作出的一审判决向深圳市中级人民法院提起上诉：请求撤销一审判决以及S局和SL局的复函，并判决两局重新对涉案地块权属作出处理。

2018年1月16日，深圳市中级人民法院作出二审判决：确定土地所有权、使用权等属于人民政府的职权，土地管理部门承办后，应当由人民政府最终作出决定，S局和SL局的做法违反法定程序，作出的复函依法应当撤销。故判决S局和SL局对M公司的土地确权申请重新作出处理。

三、争议焦点

（一）土地权属确认的程序

【M公司主张】根据法律法规规定，土地管理部门仅是土地权属争议及土地确权程序的具体承办部门，可以提出处理意见，但是处理决定仍应上报县级及县级以上人民政府。由县级以上政府处理或经县级以上政府批准后由土地管理部门依据政府的批准下达处理决定。土地管理部门没有权利直接处理或直接决定。本案中土地所有权属调查处理程序及提请政府批准的程序均没有被依法履行。

【SL局和S局主张】M公司所称的土地权属争议处理程序问题，指的是平等主体之间的土地权属争议处理，而本案对依据《深圳市宝安龙岗两区城市化土地管理办法》规定将集体土地转为国有事宜提出的异议，不是平等主体之间的权属争议，这在《土地权属争议调查处理办法》里有非常清晰的规定。SL局收到M公司的申请后，客观地将土地属性包括现状告知M公司，并非对平等主体之间的土地权属争议作出裁定，不存在程序错误。

（二）仅依据《深圳市宝安龙岗两区城市化土地管理办法》（深府〔2004〕102号文）能否作为土地权属确权依据

【M公司主张】SL局和S局土地确权所依据的文件不符合上位法的规定。（1）SL局和S局的回复及复议决定，均依据《深圳市宝安龙岗两区城市化土地管理办法》作出。《深圳市宝安龙岗两区城市化土地管理办法》属于地方政府规章，不能作为处理土地争议的依据。《土地权属争议调查处理办法》第3条明确规定："调查处理土地权属争议，应当以法律、法规和土地管理规章为依据。"而SL局和S局在处理土地权属争议时却依据《深圳市宝安龙岗两区城市化土地管理办法》处理土地权属争议，是适用法律依据错误。（2）针对《深圳市宝安龙岗两区城市化土地管理办法》，国务院法制办公室、国土资源部在2005年3月4日出台了关于对《中华人民共和国土地管理法实施条例》（以下简称《土地管理法实施条例》）第2条第5项的司法解释意见（国法函〔2005〕36号），该司法解释明确指出，该条款是指农村集体土地被征收后，才能实行村改居，才可以将集体土地转为国有土地。同时，根据《国务院关于深化改革严格土地管理的决定》（国发〔2004〕28号）的规定，禁止擅自通过村改居，将集体土地转为国有土地，并明确要求，征地补偿不落实的，不得强行使用被征用土地。本案的涉案土地虽然未被强行使用，但是正是由于SL局和S局的错误行为，导致M公司不能行使对该涉案土地的全部财产权利。综上所述，SL局和S局不应依据《深圳市宝安龙岗两区城市化土地管理办法》进行土地确权。

【SL局和S局主张】根据《深圳市宝安龙岗两区城市化土地管理办法》第2条的相关规定，两区农村集体经济组织全部成员转化为城镇居民后，原属于其成员集体所有的土地现属于国家所有。随着该办法的实施以及户籍身份的转变，这实际上宣告了农民集体所有的土地整体上转化为国家所有，在法律属性上确立了国家所有的特征，这是本案最核心的问题。《土地管理法实施条例》第2条第5项规定，农村集体经济组织全部成员转为城镇居民的，原属于其成员集体所有的土地，属于全民所有即国家所有。《深圳市宝安龙岗两区城市化土地管理办法》第2条完全与上述法规吻合，由此可见，土地权属的变更不仅来自深圳市政府规章的规定，且有国家法律法规作为依据。因此，认定本案涉案土地属于国有土地有充分的法律依据。

（三）未完善征转手续的土地性质和权属

【M公司主张】如将《深圳市宝安龙岗两区城市化土地管理办法》作为确定土地权属的依据，该文附件《深圳市宝安龙岗两区城市化土地管理办法》规定，集体土地"转"为国有土地的，至少要履行公告、书面确认、土地核定及确权、查丈、评估、公告、制定补偿方案、签订补偿协议、支付补偿款等程序后，集体土地才能"转"为国有土地，并由国土部门接收土地。而经M公司申请信息公开，SL局出具的复函均显示，涉案土地未见任何“转地”手续。在未经“转地”程序的情况下，涉案土地属于未“转地”范围，仍属于M公司所有的集体土地。涉案土地在深圳市龙华新区观澜街道办集体资产办仍建有台账，集体资产办仍对涉案土地进行管理，该土地确属未征未“转”的集体土地。农村城市化进程中所产生的“转”地为深圳市独创，但该政府规章应与现行法律法规相一致。依法改变土地权属和用途的，应当办理土地变更登记手续。本案如依《深圳市宝安龙岗两区城市化土地管理办法》所要求，应当属于集体土地所有权转为国有土地所有权的变更，该权属变更的生效日期应当自变更登记之日起生效。本案经当事人多次申请信息公开，均未查找到相应的国有土地登记手续。

《深圳市宝安龙岗两区城市化土地管理办法》第2条规定：“根据《土地管理法实施条例》的相关规定，两区农村集体经济组织全部成员转为城镇居民后，原属于其成员集体所有的土地属于国家所有。”自《深圳市宝安龙岗两区城市化土地管理办法》颁布并生效后，两区的村民改居民、集体土地应当依照法定程序才能转为国有土地。依据法律的规定，土地权属变更的时间点应当以合法有效的登记时间点为变更时间点，而不能是以《深圳市宝安龙岗两区城市化土地管理办法》生效的时间点为土地权利变更的时间点。

【SL局和S局主张】M公司的主张并不符合本案的实际情况，本案中，集体组织土地权属变化的根本原因是因城市化进程的推进而由政府从法律层面上宣告集体组织的土地在附设条件下归国家所有。这是一个法律后果，也是已经产生的事实。对于补偿存在争议，是另一个经济范畴的事情，与土地权属没有必然的联系。

M公司申请土地确权，但是未提出相应证据材料支持其权利要求。根据《土地登记办法》(已于2018年2月1日失效)的规定，提出集体土地所有权或使用权登记的，应按照第9条的规定提交“土地权属来源证明”“地上附着物权属证明”等材料，M公司在2015年12月1日提出土地确权申请时只提交了某工作站和居委会的联合证明，上述两个机构并非土地权属的有权管理部门，其出具的证明不具有合法性及证明力。另查明，涉案土地未出让土地使用权。

四、裁判要旨

M公司的申请事项是要求确定土地所有权仍归原集体的继受组织即自己享有，根据《确定土地所有权和使用权若干规定》第2条规定：“土地所有权和使用权由县级以上人民政府确定，土地管理部门具体承办。”“土地权属争议，由土地管理部门提出处理意见，报人民政府下达处理决定或报人民政府批准后由土地管理部门下达处理决定。”因此，确定土地所有权、使用权和对土地所有权、使用权权属争议作出处理决定属于人民政府的职权，土地管理部门承办后应当由人民政府最终作出决定。SL局收到土地确权申请后，对M公司针对涉案土地提出的重大权利诉求，未按照土地确权或土地权属争议程序报人民政府决定，而直接以复函回复M公司，对申请事项认定不清，处理违反法定程序适用法律错误，作出的复函应当撤销。S局在行政复议过程中，未能纠正SL局自行以复函形式对土地确权申请作出处理的错误，复议决定应当予以撤销。由SL局和S局对M公司的土地确权申请予以受理。

五、借鉴意义

由于深圳的特殊性，深圳市宝安、龙岗两区已于2004年全面实现城市化，两区农村集体经济组织全部成员转为城镇居民后，原属于其成员集体所有的土地均属于国家所有，因此确认被搬迁人是现有土地的所有权人意义不大，证明是《深圳市宝安龙岗两区城市化土地管理办法》颁布实施之前的权利主体才能真正保障权利。

因此，开发商在项目前期阶段应当进行充分的尽职调查，收集相关证明材料证明被搬迁人在《深圳市宝安龙岗两区城市化土地管理办法》颁布实施之前已经是合法权利人。在证明是合法权利人之后，再积极督促相关部门进行征转补偿手续的办理。对涉案征地补偿费问题，应依据征地当时的法律、法规和规范性文件重新作出处理，使被搬迁人合法的土地权利得以实现，有效推进项目进度。

第十三章 刑事纠纷

案例53：朱某故意毁坏财物案

一、案例要素

办案机关	龙岗区公安分局
被告人	朱某
审理法院	深圳市龙岗区人民法院及深圳市中级人民法院
风险类型	刑事责任
涉嫌罪名	故意毁坏财物罪
核心法律问题	强制拆迁行为是否构成故意毁坏财物罪

二、基本案情

1991年6月8日，M公司与N村经济发展公司（后变更为N股份合作公司，以下简称N公司）签订土地租用合同，N公司将N工业区内1400平方米土地租赁给M公司，租赁期为50年，租赁期限届满后土地交还N公司，M公司支付了租金16.8万元。M公司在租用的土地上兴建了建设面积为2016平方米厂房（共三层），该厂房取得了建设土地规划许可证和建设工程开工许可证。

2011年9月，K旧工业区升级改造项目专项规划获得了深圳市规划和土地委批准。2012年6月，K旧工业区升级改造项目正式启动，M公司所在土地、建筑物属于城市更新范围。项目启动后，N公司、T实业有限公司（以下简称T公司）与M公司多次协商拆迁事宜，但是未达成拆迁补偿安置协议。

2014年7月16日下午，N公司员工朱某找到C某（另案处理），并签下了“委托书”，委托C某对M公司的厂房进行强拆。

2014年7月19日，朱某带领C某等人一起到达M公司，使用重型机器强行将其厂房进行强拆，致使厂房内所有的设备机器、货物、办公设备、生活用具、相关的资料全都压在废墟里面。

后经S土地估价公司评估，被拆迁的厂房重建重置成本为人民币4，626，720元。

2014年10月27日，N公司与M公司签订了调解协议书，约定N公司于2014年11月15日前一次性支付M公司经济补偿款共计人民币22，519，348元，该款项由T公司代为支付，M公司将厂房及附属建筑物、厂内所有的机器、设备、库存货物等一切财物转让给N公司。

2014年11月6日，M公司收到了全部经济补偿款项，出具了刑事谅解书，对朱某予以谅解，请求不再追究其刑事责任、行政责任、民事责任。

2014年12月4日，朱某向龙岗区公安分局投案自首。

2015年3月，龙岗区人民检察院以故意毁坏财物罪对朱某提出公诉；2015年11月，深圳市龙岗区人民法院作出刑事判决书，判决朱某犯故意毁坏财物罪，判处有期徒刑二年。

2015年12月，朱某以原审法院量刑过重为由向深圳市中级人民法院提起上诉。二审法院认为一审定罪准确，但量刑不当，予以改判，判处有期徒刑七个月。

三、争议焦点

朱某强制拆迁行为是否构成故意毁坏财物罪。

【朱某主张】(1)朱某具有自首情节，且积极赔偿被害人，已取得被害人的谅解，原判量刑畸重。(2)本案的起因是朱某为了单位利益而实施的，与典型的因为积怨泄愤或者为了私利故意毁坏财物完全不同，主观恶性较小。(3)犯罪对象具有特殊性，即涉案厂房未取得建筑工程规划许可证，相关权证不齐全，属于依法应当强制拆除的违法建筑，且列入政府旧城改造项目，涉案项目的旧城改造已经过合法程序审批。(4)事后朱某已积极超额赔偿，朱某的行为并没有造成实质的社会危害。(5)一审判决认定“故意毁坏他人财物，数额巨大”的事实不清、证据不足，作出判决所依据的损失金额的土地估价公司并不具备建筑工程造价司法鉴定机构资格。

【龙岗区人民检察院主张】朱某的行为具有主观故意，客观上造成了被告财产损失，且损失金额巨大，已构成故意毁坏财物罪，理应依法承担责任。

四、裁判要旨

一审法院审理认为：朱某故意毁坏他人财物，数额巨大，其行为已构成故意毁坏财物罪。公诉机关指控的罪名成立。朱某系自首，依法予以减轻处罚。案发后，被害单位的损失已获得赔偿，朱某取得了被害单位的谅解，对朱某酌情予以从轻处罚。辩护人辩护意见中合理的部分，本院予以采纳。公诉机关向本院出具量刑建议，量刑过重，本院不予采纳。依照《中华人民共和国刑法》(以下简称《刑法》)第67条第1款、第275条之规定，判决朱某犯故意毁坏财物罪，判处有期徒刑2年。

二审法院审理认为：朱某故意毁坏他人财物，数额巨大，其行为已构成故意毁坏财物罪。关于朱某涉案金额的认定，有相关评估机构的评估意见及涉案有关当事方之间的调解补偿协议佐证，原审认定朱某涉案金额为数额巨大，并无不当，故对朱某及其辩护人关于对涉案数额认定有异议的意见，本院不予采纳。朱某主动投案，并如实供述，具自首情节，依法可予以减轻处罚。案发后，涉案有关当事方之间达成调解补偿协议，被害单位的损失已获得全额赔偿，朱某也取得了被害单位的谅解，对朱某予以从轻处罚，故对朱某及其辩护人有关对朱某从轻处罚的意见，本院予以采纳。综上所述，原审判决认定事实清楚，证据确实充分，定罪准确，审判程序合法，但量刑不当，本院予以改判，朱某犯故意毁坏财物罪，判处有期徒刑7个月。

五、借鉴意义

(一)对项目范围内建/构筑(附属)物的权属情况和租赁情况进行摸底排查

城市更新项目中作为土地方的一项重要合同义务是完成地上建(构)筑物的拆迁，向开发商交付“净地”；但是在实践中，土地方经常会因为项目上存在个别拆迁“钉子户”而无法依约向开发商交付“净地”，从而导致项目停滞，造成违约，也影响了开发商的项目开发进度。因此，在与土地方达成合作协议前，开发商应当对土地方及项目范围内建/构筑(附属)物的权属情况和租赁情况进行全面而详实地尽职调查，充分估计工作量和工作难度，衡量项目开发风险，并重点围绕土地方履行交付“净地”义务及违约责任设置完善的合同条款，降低因个别“钉子户”拒绝配合拆迁导致项目停滞所给开发商造成较大损失。

(二)避免陷入违法拆迁的困局

本案中，在N公司、T公司和M公司未能就拆迁补偿事宜达成一致意见，拆迁方N公司在未获得拆迁许可的情况下，其员工朱某授意C某对M公司实施了强拆，给M公司造成了严重的经济损失，其行为严重违法，不仅产生的民事赔偿责任，还需承担刑事责任。因此，在城市更新项目中，拆迁方(无论是土地方还是开发商)均应当合法实施拆迁行为，而合法拆迁的前提是应当已就被拆迁建/构筑(附属)物与相关权利人达成搬迁补偿安置协议，否则，拆迁方将可能面临被追究民事赔偿责任、行政违法责任甚至刑事责任的法律风险。这对于拆迁方而言，既产生较大经济损失，又损坏其已经形成的良好商业信誉及商业形象，故拆迁方应避免陷入违法拆迁的困局。

（三）及时采取措施消除违法拆迁所产生的不利影响

本案中，N公司在“强拆”发生后积极与M公司达成经济补偿协议，及时支付了补偿款，并获得了M公司刑事谅解，从而减轻了朱某的刑罚。因此，违法拆迁发生后，拆迁方应及时与被拆迁人协商解决问题，防止事态进一步扩大，将不利影响降低至最小程度。

案例54：K公司、邹某、秦某涉嫌非法占用农地罪

一、案例要素

办案机关	深圳市林业公安部门
被告人	K公司和邹某、秦某
审理法院	—
风险类型	刑事责任
涉嫌罪名	非法占用农地罪
核心法律问题	是否构成非法占用农地罪

二、基本案情

2014年8月17日，K房地产开发有限公司（以下简称K公司）与深圳市C股份合作公司（以下简称C公司）签订关于羊台山XX项目城市更新框架协议，该协议主要内容：（1）以C公司名义申请C公司所在城中村进行拆除重建类城市更新项目及专规批复；（2）C公司负责办理C公司“四会”并通过相关决议；（3）K公司全额出资实施城中村改造；（4）K公司负责清退此前与C公司签约的开发商并赔偿相关损失；（5）K公司负责全体村民的补偿安置，原则上村民住宅（含“两证一书”类住宅）补偿比例不得低于现有建筑面积；（6）若合法用地面积达不到政策规定的比例，C公司愿意调入其自有非农建设用地指标。

上述框架协议签订后，K公司与C公司于2014年12月又签订一份关于C公司历史遗留用地合作协议，该协议约定：C公司将其拥有的与羊台山风景区毗邻的约4000平方米历史遗留用地（以下简称A地块）交由K公司临时管理及经营，由K公司修建公共体育设施

或其他公益设施，K公司每年以年地租3万元向C公司支付租金。

上述补充协议签订后，K公司现场调研发现，A地块实际上由高低不平的两块土地连接而成，地表无任何建筑物，K公司接手前系C公司临时垃圾堆放点，环境较差，A地块并无实际测绘数据。C公司出具的该地块的法定图则显示，该地块的土地使用用途为公共绿地。为改变A地块的现状及环境治理，K公司投资将A地块进行平整，铺上人工草坪，并于2015年年底在A地块区域内设立简易露天足球场，供周边学校学生踢球及居民休闲。

2017年8月，经人举报，深圳市林业公安部门对K公司、K公司法定代表人邹某及K公司A地块项目负责人秦某进行立案调查，法律依据为《中华人民共和国刑法修正案（二）》（以下简称《刑法修正案（二）》）规定：违法土地管理法规，非法占有耕地、林地等农用地，改变被占用土地用途，数量较大，造成耕地、林地等农用地大量破坏。林业公安部门调查的证据显示：A地块位于羊台山国家森林公园用地范围内，该地块的用途为景观林，C公司和K公司以及法定图则编制部门均未征得林业主管部门的同意，对原属景观林的A地块进行开发改造，也未办理土地征用及性质变更手续。立案调查期间，林业公安部门委托某地勘院实地查丈，证实K公司实际占用的A地块面积为3100平方米，K公司在平整和占用A地块的过程中并无实际砍伐树的毁林事实。K公司在非法占用A地块的过程中也并无实际获益。

三、争议焦点

K公司和邹某、秦某是否构成非法占用农地罪。

非法占用农地罪最初来源于我国《刑法》第342条，2001年8月31日，全国人大常委会通过的《刑法修正案（二）》进一步明确该案的定性。而根据《最高人民法院关于审理破坏林地资源刑事案件具体应用法律若干问题解释》第1条规定，违反土地管理法规，非法占用林地，改变被占用林地用途，在非法占用的林地上实施建设、建房、挖沙、采石、堆放或排泄废弃物等行为造成原有植被或林业种植条件严重破坏或者严重污染，并具有下列情形之一的，属于《刑法修正案（二）》规定的“数量较大，造成林地大量毁坏”，应当以非法占用农地罪判处五年以下有期徒刑或者拘役，并处罚金：（1）非法占用并毁坏防护林地、特种用途林地数量分别或者合计达到五亩以上；（2）非法占用并毁坏其他林地数量达到10亩以上。

本案中，K公司、邹某、秦某认为，其行为并不构成非法占有农地罪，理由是：

其一，被举报人并不具有明知的犯罪故意。不仅深圳市规划国土部门的法定图则显示，A地块并非林地而是绿地，即市政建设配套的公共设施用地，而且从C公司交付的土地现状显示，A地块上并无一颗树木，更谈不上成片林木。因而，被举报人是在不知土地用途为林地情况下进行的土地利用，没有犯罪故意。

其二，被举报人的行为没有社会危害性。被举报人施工建设的A地块原本为垃圾存放地，环境质量极差，经过K公司平整及建设后，建成了体育设施，供周边学生和居民休闲健身，K公司也无从中获取任何利益，从本质上是一个公益项目，没有任何社会危害性。

其三，不具备法定刑事立案条件。按现行法律规定，占用防护林及特种用途林地5亩以上，其他用途林地十亩以上才构成非法占用农地罪，K公司实际占用的林地不足5亩。就其土地用途而言，属于景观林地不属于防护林地或特种用途林地，而且K公司在项目改造过程中，没有毁坏一颗树木，因而不具备法定立案标准。

综上所述，K公司、邹某、秦某认为，林业公安机关应撤销刑事立案。

四、裁判要旨

对上述案件刑事立案后，林业公安机关经过调查取证，并听取K公司、邹某、秦某的辩解后，认为：鉴于本案被举报人的行为不具备非法占用农地罪的立案的主观和客观条件，应撤销刑事案件立案。据此，公安机关于2017年11月撤销立案处理。2017年12月，市林业主管部门在上述刑事案件撤案后，认定K公司及邹某、秦某的行为虽未构成犯罪，但其行为违反了《中华人民共和国森林法》（以下简称《森林法》）第44条的规定，依《森林法》和《中华人民共和国行政处罚法》（以下简称《行政处罚法》）的有关规定，对K公司做出行政处罚，行政处罚措施为：（1）责令K公司对A地块于2018年2月20日前恢复原状；（2）罚款30，000元人民币。

五、借鉴意义

上述案件当事人K公司、邹某、秦某的行为，虽然依法未予刑事制裁，但终被林业主管部门予以行政处罚，教训深刻。该案的借鉴意义在于：

（一）城市更新中，要关注特殊邻接区域的土地用途及性质

城市更新实务中，涉及农地、林地、绿地、海岸线用地、高压线区域、文物保护地段、公共配套区域、水源保护区等特殊用途区域，应给予特别关注。由于上述土地通常由特殊法律规范或政策调整，如林地涉及《森林法》，农用地涉及国家基本农田政策，文物涉

及《中华人民共和国文物保护法》等，如违反这些特殊法规、政策的规定，可能会面临所涉合作合同无效、被撤销、被解除的法律后果，面临公益诉讼，也可能承担相应的民事、行政或刑事责任。了解这些土地的性质并依其法律规范办理相关许可手续极为重要。

（二）深圳市对林地保护有特殊政策和要求

2018年11月，深圳市人民政府发布了《深圳市人民政府关于全面加强林地保护管理工作的意见》，明文规定：用地单位未经林业部门审核同意的绿地变林地用途；建设项目需用林地的，须在规划选址阶段征求辖区林业主管部门意见；以招拍挂形式出让林地的土地使用权的，应由各区土地整备部门先行办理使用林地手续；未取得林地审核同意的，使用林地的建设项目不得开工建设；未征转集体土地涉及林地的，在土地出让或出租给建设单位使用前，需征求辖区林业主管部门意见。

（三）对涉农、涉林土地实施合规尽调极为重要

由于深圳土地使用权法律关系复杂，纵向和横向管理部门众多，加之深圳国土开发的历史特殊，导致不少项目所涉及的用地权属不清晰、边界不清、用途重叠，甚至不同的有权机关对同一宗地的认定各不相同，对涉农、涉林等地块的全方位、多角度合规尽调极为重要。

对K公司而言，本案极其重要的教训之一是，多规重叠情况下，仅根据法定图则显示的绿地用途进行开发利用，并听信C公司单方面的陈述而没有多方询证土地的用途、性质及权属。在土地证载用途、性质、权属不明或没有相关权证情况下，城市更新实施主体应当委托专业机构对其拟合作地块的基本资料进行充分、专业的调查，并使可能多个结果相互印证。

案例55：姜某非国家工作人员受贿案

一、案例要素

公诉机关	深圳市宝安区人民检察院
被告人	姜某
审理法院	深圳市宝安区人民法院
风险类型	刑事责任
涉嫌罪名	非国家工作人员受贿罪
核心法律问题	是否构成非国家工作人员受贿罪

二、基本案情

（一）公诉机关指控

被告人姜某案发前系宝安区沙井街道和一社区综合党委书记、居委会主任、董事长。2011年年初时，姜某认识了深圳市某投资集团有限公司（以下简称某公司）董事长许某。约一个月后，许某到H社区拜访了姜某，向其提出可否由某公司承揽H社区的城市更新项目，姜某表示可以同许某的公司合作开发H社区第三工业区的部分土地。随后不久，姜某组织社区领导班子对某公司进行了考察。为推动项目尽快落实，2011年上半年的一天，许某在其办公室将一瓶洋酒和20万港元送给了姜某。2011年年中时，姜某组织社区股东大会通过了H社区明鑫厂同排和宿舍区占地面积约45，000平方米地块与某公司合作开发房地产项目。项目通过后不久，为表示对姜某的感谢，许某在宝安区某酒店停车场将装有300万港元的箱子交给了姜某，收下该贿赂款后，姜某留下了其中190万港元，其余110万港元姜某转送给了其社区班子的其他成员。

2013年年初时，许某再次找到被告人姜某，提出希望姜某帮助其公司收购H社区某广场的物业，姜某表示答应帮忙。在姜某的支持下，2013年六七月H社区班子会议以及股东大会通过许某收购广场的方案。收购成功后不久，为了感谢姜某的支持，许某在宝安区一咖啡厅将50万港元的现金交给了姜某。此后不久，许某又约姜某到咖啡店见面，在停车场附近，许某将200万港元的现金交给了姜某，以表示感谢姜某的帮助。事后姜某自己留下100万港元，其余100万港元转送给了其班子成员。

至2016年3月11日被抓获，被告人姜某总共收受许某570万港元现金，姜某本人分得赃款360万港元。

（二）被告人姜某辩称

姜某承认控罪，但辩称自己在被纪委带走调查前就已经想在2016年春节后安排好公司和社区的工作去自首的，但还没来得及去就被纪委带走了。

（三）辩护人意见

（1）许某将570万港元交给被告人姜某，对于要将其中一部分款项通过姜某送给社区其他干部是有概括的授意的，收受财物的干部们也知道钱是许某所送，该部分款项应当从犯罪数额中予以剔除，仅按照姜某个人所得的360万港元进行量刑；（2）纪委掌握的“问题线索”仅仅是因被告人姜某形迹可疑而将其带走查问，姜某在此过程中主动如实交代了全部犯罪事实，应当认定为自动投案，有自首情节，请求对其减轻处罚。

三、裁判要旨

(一)非国家工作人员受贿罪成立

法院认为,被告人姜某利用职务上的便利,非法收受他人财物,为他人谋取利益,数额巨大,其行为已构成非国家工作人员受贿罪,公诉机关指控罪名成立。

(二)受贿罪数额应为570万港元

关于控辩双方争议的受贿数额问题,法院认为:

被告人姜某在公安机关的供述称许某找自己帮忙的这些事情都是由自己组织班子成员开会讨论决定的,这些钱都是许某给自己的感谢费,但是自己觉得班子成员都出了力,觉得要分出一部分钱给班子成员,拿钱的班子成员不知道自己从许某处总共得到了多少钱,也不知道自己分得了多少钱,各个班子成员之间也不知道互相拿钱的数目,都是由自己来决定分配的。证人许某的证言证实,为了感谢姜某的帮助以及以后能够再得到他的帮助,自己才给姜某送钱的,总计送给他570万港元,这些钱姜某怎么支配的自己不知道,姜某也没有告诉自己,自己也没有给H社区其他人送过钱物。以上证据证实,许某只是单线联系被告人姜某,通过姜某去推动旧改的项目,其未和姜某以外的班子成员就项目的推动或者事后感谢事宜进行过联络,也是以感谢姜某的名义将全部款项交给了姜某,至于姜某拿到钱以后如何处理许某并不知晓也未参与合计,姜某自己将收受的财物分发给其他班子成员是姜某本人对于赃款的处分行为,其应当对所收受的570万港元承担全部罪责。

(三)被告人在接受调查时如实供述犯罪事实的行为不成立自首

深圳市纪委出具的两份说明以及深圳市公安局宝安分局经侦大队出具的一份情况说明均证实,深圳市纪委是于2016年1月在办案过程中发现了姜某有收受许某贿赂的问题线索,是在已经掌握了贿赂方和受贿方双方的犯罪线索的情况下于2016年3月初对被告人姜某进行的调查,被告人姜某不属于仅因形迹可疑而被有关部门盘问的情形。另外,宝安分局经侦大队出具的说明证实,被告人姜某是在自己的住处被纪委带走调查的,被告人姜某在庭审中也承认是纪委过来把自己带走的,被告人姜某是被动到案,并非是接相关部门的电话通知或者他人转告而主动到纪委交代问题。姜某辩解称自己想在2016年春节后安排好公司和社区的工作后就去自首,但不能提供证据证实其已将该想法付诸实施。以上均不能认定被告人姜某有自动投案情节,其在接受调查时如实供述犯罪事实属于坦白,可以依法从轻处罚,但不能成立自首。

四、借鉴意义

（一）行贿和受贿是属于互为的关系，有行贿行为的一般就有受贿行为，而城市更新中，尤其是涉及村股份合作公司的城市更新，需要该合作公司董事长等和村领导班子的积极配合并推动，造成更新主体行贿的空间较大，链条较长。

（二）定期对公司项目、商业或投资部门人员进行廉政警示教育和培训。

案例56：张某受贿案

一、案例要素

公诉机关	深圳市福田区人民检察院
被告人	张某
审理法院	深圳市福田区人民法院
风险类型	刑事责任
涉嫌罪名	受贿罪
核心法律问题	城市更新中国家工作人员受贿罪的认定

二、基本案情

（一）公诉机关指控

2007年至2017年，被告人张某在担任深圳市L区城中村（旧村）改造办公室综合部部长、副主任、L区城市更新局（土地整备局）调研员期间，利用其分管L区旧城改造工程项目等职务便利，为他人谋取利益，多次收受他人贿赂共计人民币4，536，818.28元、2万港元、2万美元、1万英镑和价值人民币108.5万元的奔驰ML350车辆一部。具体犯罪事实如下：

1.2007年前后，被告人张某担任地铁2号线建设招商派出所异地安置改造项目负责人期间，主动将该工程项目交给M公司经理张某某，并利用其担任该项目负责人的职务便利，为M公司在推荐、评标等环节上提供帮助，使M公司最终顺利中标。2008年下半年，被告人张某去英国探望女儿前，收受张某某英镑1万元现金。2011年7月，被告人张某又收受张某某现金29万元人民币，用于购买名商高尔夫球会会员卡。

2.2008年前后，N公司法定代表人、总经理温某欲利用L区旧改的机会，整合其在Q科技园片区的物业，遂将该物业房产证复印件交给被告人张某，请张某关注并推动其物业所在片区的旧改，并在今后旧改中对其予以关照，张某表示同意。为此，从2009年下半年至2017年年初，被告人张某多次收受温某的好处费共计人民币165.4万元、2万港元、2万美元和价值人民币108.5万元的奔驰ML350汽车一辆。

3.2009年3月，X公司的工业园更新改造项目经L区政府批准启动后，该公司成立了W项目公司以负责该项目。被告人张某利用其担任L区旧改办负责人的职务便利，积极协调和推进旧改项目的各项工作。2013年年初，被告人张某向该公司法定代表人侯某提出，由项目公司负担其女儿到香港读研的相关费用，侯某同意，并让其女儿挂名该项目公司市场营销部副经理一职。2013年9月至2014年8月，项目公司以每月约人民币46，042元（税后）的标准，通过转账的方式支付读研费用共计人民币552，818.28元。

4.2008年，H公司准备到某区做一个旧改项目，H公司选中了E公司名下的J园项目。为此，星湖公司张某青多次找到被告人张某希望帮忙协调促成该项目，后因J园项目存在历史遗留问题，最终H公司没有做成该项目。后H公司张某青又请张某继续帮助其公司物色L区其他旧改项目，并许诺事成之后会送给张某30万港元，为了维护关系，2012年前后张某青得知张某在深圳市宝安区某家私厂定做家具后，通过H公司账户转账了人民币24万元到家具厂，用于支付被告人张某定做家具的费用。

5.2007年，因地铁1号线建设需要拆迁G码头，被告人张某利用其担任L区旧改办项目拆迁谈判具体负责人的职务便利，积极推进该码头定性为半永久性码头，为感谢张某的帮助，Z股份公司董事长姚某许诺送一套股份公司开发的房子给张某。2008年至2009年，股份公司和深圳市某房地产有限公司合作开发了阳光某小区。该小区开盘前，姚某通过其姐夫钟某安排张某挑中了一套房（价格约为人民币500余万元）。钟某当时和被告人张某表示姚某已经交代过这套房子是送给张某的。为规避风险，被告人张某先自己垫付了首期款人民币1，795，666元，房子当时以认购的方式挂在张某弟媳臧某甲名下。2013年五六月，在钟某的家里，钟某分三次将人民币180万元现金还给了被告人张某。

（二）被告人张某辩称

张某承认控罪，但辩称：（1）涉案奔驰ML350汽车系温某购买并登记在其妻子名下后借给其女儿使用的，现已归还，该车价值人民币108.5万元不应计入其本人的受贿数额；（2）温某于2014年8月给其的人民币10万元现金，是用于装修温某本人名下名商高尔夫公寓房产的装修款，不应计入其受贿数额；（3）股份公司姚某及钟某给其的人民币180万元不是好处费，而是其弟弟放弃购房后，姚某及钟某退给其的购房款，房子亦未登记在其名下，不应计入其受贿数额；（4）本人认罪认罚，并愿意积极退赃，家中还有身患疾病的老母亲需要照顾，请求法庭对其从轻判处。

（三）辩护人意见

（1）被告人张某具有自首的减轻、从轻处罚的法定情节；（2）被告人张某的受贿行为具有非典型利用职权为他人谋取利益的特征，可以酌定从轻处罚；（3）被告人张某的主观犯意不甚严重，亦是可以酌定从轻量刑的情节；（4）被告人张某受贿行为的后果不甚严重，也是可以酌定从轻处罚的情节；（5）被告人张某涉嫌受贿犯罪的数额存在一定的疑点，依疑罪从无的原则，可以酌减，应认定为300万元以下；（6）被告人张某认罪认罚，积极退赃，配合法庭审理案件查清案件事实，请求法庭对被告人张某从轻、减轻处罚。

三、裁判要旨

（一）受贿罪成立

法院认为，被告人张某作为国家工作人员，利用职务便利，非法收受他人财物，为他人谋取利益，数额特别巨大，其行为已构成受贿罪，应依法予以惩罚。公诉机关指控的罪名成立。

（二）受贿罪数额

关于控辩双方争议的受贿数额问题，法院认为：

1.N公司总经理温某购买的价值人民币108.5万元的奔驰ML350汽车，应张某的要求，从购买之日起即一直交由张某女儿张某甲使用，并未约定归还期限，直至张某被组织调查才予归还。该车虽未登记在张某名下，但根据《最高人民法院、最高人民检察院关于办理受贿刑事案件适用法律若干问题的意见》的规定，国家工作人员利用职务上的便利为请托人谋取利益，收受请托人房屋、汽车等物品，未变更权属登记或者借用他人名义办理权属变更登记的，不影响受贿的认定。本案中，双方当事人多次交代均非借用，亦没有书面借用协议，未约定归还期限；被告人张某家中有车，亦有购买能力，没有借用该车的合理事由；同时该车从2013年8月提新车后长达4年的时间里均由张某家人独占使用，由张某及其家人为该车购买保险、以业主车辆名义办理出入小区的停车月卡，且没有任何归还的意思表示及行为，直至张某被组织调查，其家人为减轻其罪责才归还车辆。该车并非借用，应认定为张某受贿的财物，计入受贿犯罪数额。

2.张某还收受温某人民币10万元，用于装修温某所有的名商高尔夫公寓房产，供张某情妇殷某免费居住。虽该装修款用于装修的房产并非张某所有，但装修的目的是供张某情妇居住，张某实际享有了该款项所带来的物质性利益，应认定为张某的受贿数额。

3.关于收受Z股份公司董事长姚某及其姐夫钟某支付的购买阳光某花园房产首期款人民币180万元的情况，现仅有被告人张某本人的供述，没有行贿人的证言佐证被告人张某是否存在利用职务便利为股份公司谋取利益，收受股份公司董事长姚某及钟某购房首期款人民币180万元的事实不清、证据不足，现有证据难以认定，对公诉机关的该项指控本院不予确认。

被告人张某在配合组织调查期间主动交代了其自身尚未被发觉的受贿犯罪事实，虽对行为性质有所辩解，但基本能够如实供述自己的主要犯罪事实，有自首情节，可以减轻处罚。本案审理过程中，被告人张某的家属已代其向本院退缴赃款人民币300万元，有一定悔罪表现，可以酌情从轻处罚。

（三）法院判决

综合考虑被告人的犯罪事实、情节以及社会危害性，依照《刑法》第52条、第53条、第64条、第67条第1款、第383条第3项、第385条、第386条之规定，法院判决如下：

一、被告人张某犯受贿罪，判处有期徒刑7年，并处罚金人民币50万元。

二、被告人张某已退赔赃款人民币300万元依法予以没收，上缴国库。

四、借鉴意义

（一）行贿和受贿是属于互为的关系，有行贿行为的一般是有受贿行为，而城市更新的立项、审批、专项批复等环节均由政府主导，造成更新主体行贿的空间较大，链条较长

在推进城市更新项目过程中，行贿罪是城市更新领域最为常见的刑事犯罪之一。本案的被告作为国家工作人员利用职务便利，非法收受他人财物，为他人谋取利益，数额特别巨大，其行为已构成受贿罪，事后为减轻其罪责所归还的财物并不影响受贿数额的认定。行贿的方式，不仅限于给予金钱和实物，也包括给予相关人员汽车使用、房屋居住及其他所带来的物质性利益，都有可能涉嫌行贿犯罪。根据当前的法律，行受贿同罚。国家工作人员根据法律法规规定或根据工作需要，掌握了利益巨大的权力，权力在没有有效监督的情况下，就有可能被滥用。

对于谋取不正当利益，要注意研判谋取不正当利益是否给国家和人民利益造成经济损失，是否违背公平、公正原则，是否属于“在经济活动中，谋取竞争优势”的情形。行贿目的如果是谋取正当利益而行贿的，无论是向谁行贿，不计入行贿数额。因被勒索给予行贿对象以财物，没有获得不正当利益的，不是行贿。城市更新项目本身并不违反法

律法规及国家政策之规定，获取的利益也并非不正当利益，但若采取行贿的方式获取、推进项目更新，所得利益有可能会被评定为不正当利益，也即构成行贿罪。

因此，开发商应严格遵守法规政策，做好预防和监督工作，不得用不正当手段推进项目、谋取利益，否则可能触犯刑法，构成行贿犯罪。

（二）定期对公司项目、商业或投资部门人员，进行廉政警示教育和培训

开发商可通过张贴告示，下发业务规范手册，定期召开法律宣贯培训的方式对项目、商业或投资部门人员宣传开展业务过程中的刑事风险：《刑法》第164条规定对非国家工作人员行贿罪；《刑法》第389条规定行贿罪；《刑法》第390条之一规定对有影响力的人行贿罪；《刑法》第392条规定介绍贿赂罪；《刑法》第393条规定单位行贿罪。

第十四章 整片区统筹纠纷

案例57：坪山某片区统筹项目案例

一、案例要素

当事人	J社区
所在项目	深圳市坪山区统筹项目
类型	整片区统筹案例
核心法律问题	片区统筹项目特殊关注点

二、基本案情

J社区位于深圳市坪山区东北部，东临惠州市某镇，北接S社区，西接X社区，南接Z社区，是国家生物医药基地所在地。2010年11月，J社区开展了对社区范围内土地和建筑物规模摸底调查工作。2011年2月，坪山区人民政府正式明确J社区作为整村统筹项目的试点社区，建立了政府主导、社区主体、街道办事处保障实施的工作机制，探索让政府、社区及居民能够均衡分享整村统筹后增量利益的路径。2011年4月，J社区将整村统筹项目试点工作放入社区一体化转型发展的大平台予以推进。2011年6月，坪山区人民政府相关单位组织编写了《J社区城市发展单元规划（草案）》并进行征求意见。随后，J社区整村项目逐步推进谈判工作，然而由于拆迁补偿方案等核心谈判内容难以达成一致，2011年年底，J社区整村统筹项目谈判工作逐渐陷入僵局。这期间及随后2年，虽然坪山区人民政府多次加强对J社区整村统筹项目工作的指导，但是，由于各方的核心利益矛盾，分配方案一直无法达成一致。历经三四年，J社区整村统筹项目因推进困难重重而渐被搁置。

三、借鉴意义

与城市更新相比，整村统筹土地整备项目早期在流程设计方面不涉及市场实施主体（开发商）的介入，而是将原农村集体经济组织继受单位（社区）作为主要的实施主体。鉴于此，开发商在片区统筹项目中，应重点关注如下方面：

（一）介入节点和风险预判

对于存量土地再开发项目而言，开发商在前期介入能够更加清楚地了解项目需求和产权人利益诉求，给产权人提供专业的咨询服务，为项目顺利审批通过提供专业支持。但由于涉及集体资产处置，需要通过公开招投标等方式引入市场主体，如果项目预期收益高，很有可能会有多家开发商参与竞争，导致具有较大的不确定性和前期投入能否顺利收回的风险。因此，需要开发商对项目的可行性、经济效益、风险控制等进行提前研究预判。

整村统筹项目通常介入节点是在四方合作框架协议签订和竞争性谈判之后，社区需要开展项目土地平整、房屋拆迁、土地移交等工作。因土地整备资金是根据方案实施进度分期拨付给社区，社区独立完成前期的拆迁安置工作比较困难，故社区有可能引入开发商来承担部分工作，为社区提供资金和技术支持。

（二）开展项目前期可行性研究

虽然整村统筹属于土地整备的一种模式，但开发商在一定时间节点也会介入其中，并参与后续（合作）开发。开发商提前研究整村统筹实施方案、自留用地的规划要求等，匡算项目的成本和收益，以确保项目收益。

（三）参与路径

整村统筹项目给社区的留用地属于集体资产，依据《深圳市原农村集体经济组织非农建设用地和征地返还用地土地使用权交易若干规定》（深府〔2011〕198号）和《关于加强股份合作公司资金资产资源管理的意见（试行）》（深办发〔2013〕9号），留用地合作开发的，要按照相关规定，经股东代表大会表决同意后，进入交易平台通过公开招标或者竞争性谈判、单一来源谈判方式择优选择合作开发企业。

（四）合作开发方案设计

开发商参与自留用地合作开发，方案设计应考虑原村集体和原村民的理解接受能力，避免过于复杂，增加其理解难度而遭到抵触或反对。开发商应当积极参与，表达诉求，整村统筹项目的特点是“政府主导、社区主体、多方参与”，开发商在可参与路径和权责边界内，积极参与项目，表达自己的利益诉求。

风险库

注：本风险库依据作者对城市更新项目的集中访谈及案例库梳理制成，由于在集中访谈过程中未得以查阅具体个案的原始材料，本风险库不能作为向司法机关、行政机关及利害关系人主张权利的依据。

第一章　项目前期阶段

风险1：协议风险——未签署合作协议

◇风险表述

开发商推进城市更新项目时，未及时与相关权利主体签订项目合作开发协议。

◇风险分析——定性分析

民事风险：合作方无违约成本，开发商的项目权益无法保障。

◇风险分析——定量分析

基于合同享有的土地开发的实际利益、预期利益无法实现。

◇应对措施

开发商在推进城市更新项目进程时，应当及时与股份合作公司等相关权利主体订立书面的项目合作开发协议或相关书面法律文件，固化已有的合作关系，同时明确无法继续合作而承担由此产生的责任及损失事宜。

法律依据

原《合同法》第10条：当事人订立合同，有书面形式、口头形式和其他形式。

法律、行政法规规定采用书面形式的，应当采用书面形式。当事人约定采用书面形式的，应当采用书面形式。①

原《合同法》第107条：当事人一方不履行合同义务或者履行合同义务不符合约定的，应当承担继续履行、采取补救措施或者赔偿损失等违约责任。②

风险2：协议风险——合作协议实质条款设计欠完备

◇风险表述

合作协议实质条款约定不清（协议主体混乱、支付主体混乱、项目公司的出资形式和出资额约定不清）。

① 《民法典》第469条第1款："当事人订立合同，可以采用书面形式、口头形式或其他形式。"

② 《民法典》第577条："当事人一方不履行合同义务或者履行合同义务不符合约定的，应当承担继续履行、采取补救措施或者赔偿损失等违约责任。"

◇风险分析——定性分析

民事风险：协议履行不能，投资款项无法追回，合作方未及时缴纳投资款。

◇风险分析——定量分析

基于合同享有的土地开发的实际利益、预期利益无法实现。

◇应对措施

（1）投资项目时，开发商与各合作方之间均应明确权利义务，对投资款的支付应多加谨慎、及时以书面形式进行确认，在合作关系破裂时及时签订解约协议并对款项退还进行约定，并约定相应的违约责任。

（2）在项目公司的章程中对治理、出资、利益分配等做明确约定。

法律依据

原《合同法》第61条：合同生效后，当事人就质量、价款或者报酬、履行地点等内容没有约定或者约定不明确的，可以协议补充；不能达成补充协议的，按照合同有关条款或者交易习惯确定。①

风险3：协议风险——合作协议权利、义务、责任条款设计欠完备

◇风险表述

（1）合作协议权利、义务约定不明确，如各方履行节点或顺序约定不清。

（2）违约责任约定不明，如约定违约金过低或触发违约金的要件不明确。

◇风险分析——定量分析

（1）依据协议约定承担违约责任。

（2）向违约方主张违约责任存在障碍。

◇应对措施

（1）合理设计协议条款，特别关注履约顺序、履约时间节点、违约责任等关键要素，设置“拉链式”履约条款。

（2）应当对被搬迁人可能发生的违约及违约所造成的损失进行预判，并考量可预期收入，合理设定违约金，结合违约金（过高或过低）举证责任分配的原则，可设定相对较高的违约金条款。

（3）建议约定违约方不得行使合同解除权，如需解除的，需承担高额的违约责任。

---

① 《民法典》第510条：“合同生效后，当事人就质量、价款或者报酬、履行地点等内容没有约定或者约定不明确的，可以协议补充；不能达成补充协议的，按照合同相关条款或者交易习惯确定。。”

（4）一旦发生被搬迁人违约事件后应当谨慎应对，及时行使合同约定的权利，并留存好履约及双方交涉过程中产生的全部资料，夯实证据。

（5）争议发生后，应准确确定案由（如物权请求权不受诉讼时效影响）、诉讼或仲裁请求，妥善谋划诉讼或仲裁策略。

（6）及时利用法律手段维护权益，包括视情况采取司法保全措施。

法律依据

原《合同法》第107条：当事人一方不履行合同义务或者履行合同义务不符合约定的，应当承担继续履行、采取补救措施或者赔偿损失等违约责任。①

原《合同法》第114条第1款：当事人可以约定一方违约时应当根据违约情况向对方支付一定数额的违约金，也可以约定因违约产生的损失赔偿额的计算方法。②

风险4：协议风险——合作协议因未履行集体资产交易流程及审批程序而无效

◇风险表述

未履行集体资产交易流程及审批程序导致合作协议无效。

◇风险分析——定性分析

（1）民事风险：协议无效。

（2）因协议履行不能需解除已签署的搬迁补充协议而承担违约责任。

◇风险分析——定量分析

基于合同享有的土地开发的实际利益、预期利益无法实现。

◇应对措施

（1）确保土地方依法履行了集体资产交易流程及外部审批程序。

（2）研究交易对象暨股份合作公司的章程及表决机制，并依其“三会”或“四会”程序表决各项合作文件。

（3）以土地方完成合作签约所须的内部表决及外部审批手续为付款前提。

（4）注意防范股份合作公司董事会换届带来的风险。

---

①《民法典》第577条：“当事人一方不履行合同义务或者履行合同义务不符合约定的，应当承担继续履行、采取补救措施或者赔偿损失等违约责任。”

②《民法典》第585条第1款：“当事人可以约定一方违约时应当根据违约情况向对方支付一定数额的违约金，也可以约定因违约产生的损失赔偿额的计算方法。”

法律依据

原《合同法》第58条：合同无效或者被撤销后，因该合同取得的财产，应当予以返还；不能返还或者没有必要返还的，应当折价补偿。有过错的一方应当赔偿对方因此所受到的损失，双方都有过错的，应当各自承担相应的责任。①

风险5：协议风险——合作协议因损害公共利益而无效或履行不能

◇风险表述

合作协议因损害公共利益，导致合同无效或履行不能。

◇风险分析——定性分析

民事风险：

（1）协议无效；合同履行不能。

（2）因协议履行不能需解除已签署的拆迁安置补偿协议而承担违约责任。

◇风险分析——定量分析

基于合同享有的土地开发的实际利益、预期利益无法实现。

◇应对措施

（1）签订合同前需明确项目周边规划情况，以确认相关约定是否会侵害公共利益。

（2）在推进项目的过程中需要进行利益衡量，必要时放弃局部利益换取整体利益最大化，正确、及时处理好更新项目与周边业主、小区的相邻关系。

法律依据

原《合同法》第52条：有下列情形之一的，合同无效：(一) 一方以欺诈、胁迫的手段订立合同，损害国家利益；(二) 恶意串通，损害国家、集体或者第三人利益；(三) 以合法形式掩盖非法目的；(四) 损害社会公共利益；(五) 违反法律、行政法规的强制性规定。②

风险6：协议风险——合作协议的法律定性风险

◇风险表述

（1）司法实践对于在城市更新项目尚未立项的情况下签署的合作意向协议的合同性质、效力及可执行性等认定具有争议，出现纠纷后如何判定具有不确定性，但通常情况

---

① 《民法典》第157条："民事法律行为无效、被撤销或者确定不发生效力后，行为人因该行为取得的财产，应当予以返还；不能返还或者没有必要返还的，应当折价补偿。有过错的一方应当赔偿对方由此所受到的损失；各方都有过错的，应当各自承担相应的责任。法律另有规定的，依照其规定。"

② 《民法典》第153条："违反法律、行政法规的强制性规定的民事法律行为无效。但是，该强制性规定不导致该民事法律行为无效的除外。违背公序良俗的民事法律行为无效。"

下，若发生争议，合作意向协议实际已经无法履行。

（2）即便签署了正式的合作协议，由于城市更新项目开发的复杂性强、周期长、需要各方的配合，权利人明确不愿履行的情况下实质上也无法继续履行。

◇风险分析——定性分析

民事风险：司法机关对合同性质认定不一（房屋买卖合同、意向书、预约合同、符合合同要件），影响合作实质事项的履行；合同履行不能。

◇风险分析——定量分析

基于合同享有的土地开发的实际利益、预期利益无法实现。

◇应对措施

（1）建议开发商在进驻城市更新项目前，对项目情况现行进行审慎的尽职调查。由于城市更新项目特点在常规尽职调查的基础上，关注合作方领导成员的稳定性、合作方的实际运营情况、是否已经存在其他开发商或合作方的情形等。

（2）根据项目情况及投资目的设置合适的交易架构及方式。

（3）以有效协议的方式将合作双方的权利义务明确，明确违约责任条款，违约责任的制定标准应综合考虑公司的成本、预期利益及可能的损失成本等。

（4）资金投入与重要节点挂钩，设置合理的付款节点，尽可能的将支出合法公开化，留存相应票据作为项目投入所支出的费用及成本等。

（5）及时止损，在出现违约情况时及时采取法律手段维护己方的合法权益。

法律依据

原《合同法》第107条：当事人一方不履行合同义务或者履行合同义务不符合约定的，应当承担继续履行、采取补救措施或者赔偿损失等违约责任。①

风险7：合作风险——合作方违约

◇风险表述

合作方资信差，与项目关联度低。

◇风险分析——定性分析

民事风险：合作方违约，或合同履行不能。

◇风险分析——定量分析

基于合同享有的土地开发的实际利益、预期利益无法实现。

① 《民法典》第577条："当事人一方不履行合同义务或者履行合同义务不符合约定的，应当承担继续履行、采取补救措施或者赔偿损失等违约责任。"

◇应对措施

（1）开发商需要在合作前对合作方开展必要的尽职调查，在常规尽职调查基础上，关注合作方与项目的关联度，具体核查合作方取得该城市更新项目的情况、已签署的协议情况、协议的履行情况及是否履行法定的程序等。

（2）需要设置合理的付款节点。

法律依据

原《合同法》第107条：当事人一方不履行合同义务或者履行合同义务不符合约定的，应当承担继续履行、采取补救措施或者赔偿损失等违约责任。①

风险8：合作风险——合作方与第三方之间存在土地权属争议

◇风险表述

合作方无法按约取得或及时取得土地导致合作无法开展。

◇风险分析——定性分析

民事风险：合作方违约，或合同履行不能。

◇风险分析——定量分析

基于合同享有的土地开发的实际利益、预期利益无法实现。

◇应对措施

（1）明确合作协议附条件生效或附期限解除。

（2）设置合理的合作付款节点。

（3）对城市更新项目范围内宗地涉诉要审慎尽职调查并评估风险。

（4）在常规尽职调查基础上，关注土地权属核查，包括取得土地所依据的协议、法律文件以及权属证照等。

法律依据

原《合同法》第45条第1款：当事人对合同的效力可以约定附条件。附生效条件的合同，自条件成就时生效。附解除条件的合同，自条件成就时失效。②

---

① 《民法典》第577条："当事人一方不履行合同义务或者履行合同义务不符合约定的，应当承担继续履行、采取补救措施或者赔偿损失等违约责任。"

② 《民法典》第158条："民事法律行为可以附条件，但是根据其性质不得附条件的除外。附生效条件的民事法律行为，自条件成就时生效。附解除条件的民事法律行为，自条件成就时失效。"

风险9：合作风险——合作方与第三方之间存在房屋权属争议

◇风险表述

开发商与合作方签署合作协议，共同开发一厂房所在地城市更新项目，因厂房系合作方此前与第三方合作兴建，后第三方提出其对厂房权属存在争议。

◇风险分析——定性分析

项目风险：第三方对更新项目所涉房地产主张权利，影响项目进度。

民事风险：第三方请求认定合作协议无效，向开发商主张侵权责任承担。

◇风险分析——定量分析

(1)基于合同享有的土地开发的实际利益、预期利益无法实现。

(2)确有权属认定错误的，可能承担损害赔偿责任。

◇应对措施

(1)开发商在与房地产权利人签署拆迁安置补偿协议或合作协议前，需对房地产权属情况进行审慎核查，识别可能产生的权属风险点。

(2)履行法定的签约审批程序，取得相关权利人的同意。

(3)协议中明确被搬迁人及合作方对于权属无瑕疵、无争议的承诺并约定相应的违约责任、开发商相应的合同解除权。

(4)保留协议签订及履行的证据，积极协助应对已产生的诉讼纠纷。

法律依据

原《合同法》第111条：质量不符合约定的，应当按照当事人的约定承担违约责任。对违约责任没有约定或者约定不明确，依照本法第六十一条的规定仍不能确定的，受损害方根据标的的性质以及损失的大小，可以合理选择要求对方承担修理、更换、重作、退货、减少价款或者报酬等违约责任。①

风险10：合作风险——合作协议到期续约风险

◇风险表述

合作方与开发商签署的合作协议约定了合作期限，期限届满后，合作方不愿续约或已同其他开发商签署合作协议。

---

① 《民法典》第582条："履行不符合约定的，应当按照当事人的约定承担违约责任。对违约责任没有约定或者约定不明确，依据本法第五百一十条的规定仍不能确定的，受损害方根据标的的性质以及损失的大小，可以合理选择请求对方承担修理、重作、更换、退货、减少价款或者报酬等违约责任。"

◇风险分析——定性分析

民事风险：合作方以期限届满为由解除合同。

◇风险分析——定量分析

（1）前期投入无法收回。

（2）基于合同享有的土地开发的实际利益、预期利益无法实现。

◇应对措施

（1）对于附期限的合作协议，在签署前应充分对项目进行尽调，合理估计项目实施期限。

（2）建议在合作协议中约定“合作期满前××日内，合作各方未提出书面异议的，合作期限延长×年”类似默示延期条款。

（3）合作协议约定：“由于政府审批的原因或合作方的原因，致使项目审批或更新项目延迟，本协议约定的合作期限届满，则自动顺延合作期限。”

（4）合作协议中明确若合作期满后一方解除合同，应当向另一方支付为本项目已投入成本及费用，并对另一方的预期利益进行适当补偿，对项目现状情况下以土地及项目现值进行分配。

（5）合作协议还可约定违约方不得解除合同。

法律依据

原《合同法》第46条：当事人对合同的效力可以约定附期限。附生效期限的合同，自期限届至时生效。附终止期限的合同，自期限届满时失效。①

风险11：合作风险——居间方合作风险

◇风险表述

居间方向开发商提出的支付款项要求不符合双方约定甚至不合法，继续合作可能存在违法风险。

◇风险分析——定性分析

项目风险：向居间方支付开发商介入项目以前的费用很难通过审批，如不支付，将影响项目推进。

◇应对措施

（1）建议合同约定：未经过开发商确认而支出的费用，开发商有权要求解除合同、停止支付。

① 《民法典》第160条：“民事法律行为可以附期限，但是根据其性质不得附期限的除外。附生效期限的民事法律行为，自期限届至时生效。附终止期限的民事法律行为，自期限届满时失效。”

（2）合作过程中应注意保留会议纪要、来往函件、邮件等。

（3）明确居间方的义务是促成村集体与开发商的合作，若无法达到合同目的则构成根本违约，开发商有权以此为由拒绝支付相应款项。

法律依据

原《合同法》第94条：有下列情形之一的，当事人可以解除合同：

（一）因不可抗力致使不能实现合同目的；

（二）在履行期限届满之前，当事人一方明确表示或者以自己的行为表明不履行主要债务；

（三）当事人一方迟延履行主要债务，经催告后在合理期限内仍未履行；

（四）当事人一方迟延履行债务或者有其他违约行为致使不能实现合同目的；

（五）法律规定的其他情形。①

风险12：投资决策风险——投资决策失误

◇风险表述

（1）合作前开发商未对项目进行全面的尽职调查，未向国土部门查询，未全面分析项目可行性（如项目已被纳入土地整备范围，不具备城市更新条件），导致投资失误。

（2）开发商支付款项时未有任何书面协议，未对所付款项的性质、用途进行约定，导致在合作关系破裂、纠纷发生时，对事实情况难以还原，取回款项存在障碍。

◇风险分析——定性分析

民事风险：协议履行不能，投资款项无法追回。

◇风险分析——定量分析

基于合同享有的土地开发的实际利益、预期利益无法实现。

◇应对措施

（1）投资方或中介方应避免口头协议的情况，合作条件需进行明确约定，各投资方之间需以书面方式厘清各方关系。

（2）投资项目之前需对所投项目进行全面尽调，对项目风险进行充分评估。

---

① 《民法典》第563条："有下列情形之一的，当事人可以解除合同：（一）因不可抗力致使不能实现合同目的；（二）在履行期限届满前，当事人一方明确表示或者以自己的行为表明不履行主要债务；（三）当事人一方迟延履行主要债务，经催告后在合理期限内仍未履行；（四）当事人一方迟延履行债务或者有其他违约行为致使不能实现合同目的；（五）法律规定的其他情形。以持续履行的债务为内容的不定期合同，当事人可以随时解除合同，但是应当在合理期限之前通知对方。"

法律依据

原《合同法》第10条：当事人订立合同，有书面形式、口头形式和其他形式。

法律、行政法规规定采用书面形式的，应当采用书面形式。当事人约定采用书面形式的，应当采用书面形式。①

原《合同法》第107条：当事人一方不履行合同义务或者履行合同义务不符合约定的，应当承担继续履行、采取补救措施或者赔偿损失等违约责任。②

风险13：投资决策风险——投资时机贻误

◇风险表述

开发商在更新片区内举棋不定、错过战略机遇期，相邻地块相继被其他开发商抢占，开发商继续按照原定计划开发的难度增大，更新项目进退两难，合作长期未取得进展，原权利人提出解除合同。

◇风险分析——定性分析

民事风险：合作方违约，或合同履行不能。

◇风险分析——定量分析

基于合同享有的土地开发的实际利益、预期利益无法实现。

◇应对措施

（1）在城市更新推进过程中，开发商应当把握好战略机遇期，以实现收益的最大化。

（2）争取设置有利于开发商的交易架构，尤其是尽可能地防控项目内原权利人违约。

法律依据

原《合同法》第107条：当事人一方不履行合同义务或者履行合同义务不符合约定的，应当承担继续履行、采取补救措施或者赔偿损失等违约责任。③

风险14：投资决策风险——并购税务风险

◇风险表述

采用股权并购方式进入城市更新项目的，股权转让时转让方与受让方对项目税款承担约定不明。

---

① 《民法典》第469条第1款："当事人订立合同，可以采用书面形式、口头形式或者其他形式。"

② 《民法典》第577条："当事人一方不履行合同义务或者履行合同义务不符合约定的，应当承担继续履行、采取补救措施或者赔偿损失等违约责任。"

③ 即《民法典》第577条。

◇风险分析——定性分析

行政、刑事风险：项目公司被税务主管部门追缴税款，拒不缴纳的，可能被收滞纳金，并受到行政处罚。

民事风险：转让方与受让方对项目税款承担约定不明，受让方作为项目公司股东，可得利益可能因项目公司依法纳税而减损。

◇风险分析——定量分析

（1）《中华人民共和国税收征收管理法》第65条：纳税人欠缴应纳税款，采取转移或者隐匿财产的手段，妨碍税务机关追缴欠缴的税款的，由税务机关追缴欠缴的税款、滞纳金，并处欠缴税款百分之五十以上五倍以下的罚款；构成犯罪的，依法追究刑事责任。

（2）基于土地开发的实际利益、预期利益减损。

◇应对措施

（1）并购方式进入城市更新项目的，对进入前项目公司的财务状况做充分尽调。

（2）设置明确、具有可操作性的税务承担条款。

法律依据

《股权转让所得个人所得税管理办法（试行）》第4条：个人转让股权，以股权转让收入减除股权原值和合理费用后的余额为应纳税所得额，按“财产转让所得”缴纳个人所得税。

合理费用是指股权转让时按照规定支付的有关税费。

风险15：投资决策风险——整村统筹项目投资决策风险

◇风险表述

开发商在介入整村统筹的时间节点、可行性研究上存在决策失误。未提前研究整村统筹实施方案、自留用地的规划要求等，未匡算项目的成本和收益。

◇风险分析——定性分析

项目风险：项目无法推进。

民事风险：前期投入无法顺利收回。

◇风险分析——定量分析

基于合同享有的土地开发的实际利益、预期利益无法实现。

◇应对措施

（1）整村统筹项目通常介入节点是在四方合作框架协议签订和竞争性谈判之后。

（2）开发商应提前研究整村统筹实施方案、自留用地的规划要求等，匡算项目的成本和收益,以确保项目收益。

(3)留用地合作开发的,要按照相关规定,经股东代表大会表决同意后,进入交易平台通过公开招标或者竞争性谈判、单一来源谈判方式择优选择开发企业。

(4)开发商参与自留用地合作开发,方案设计应考虑原村集体和原村民的理解、接受能力,避免方案过于复杂,增加其理解难度而遭到抵触或反对。

法律依据

《深圳市原农村集体经济组织非农建设用地和征地返还用地土地使用权交易若干规定》(深府〔2011〕198号)

《关于加强股份合作公司资金资产资源管理的意见(试行)》(深办发〔2013〕9号)

风险16:联动开发风险——广州开发商介入风险

◇风险表述

尚未完成实施方案批复,开发商公开介入项目实施各类前期工作,如悬挂开发商广告、设立工作点等。

◇风险分析——定性分析

项目风险:被竞争者或群众举报提前介入项目,由此丧失竞标资格。

◇应对措施

(1)广州的旧村改造政策明确规定,项目实施方案批复前村集体不得自行选取合作企业,参与招标企业也应当承诺未参与前期工作。

(2)在实践中,由于政策未明确规定股权穿透审查,而参与投标的公司一般与前期介入的公司主体名称不一样,一定程度上可规避提前选择合作企业的政策限制。

(3)避免在实施方案批复前过度宣传开发商与项目的关系,避免政策严管时遭受损失。

法律依据

《广州市旧村庄更新实施办法》第25条:合作改造类项目一次性引入合作企业应当符合以下规定:

(一)项目实施方案批复前,村集体经济组织不得自行选取合作企业。项目实施方案批复后,方可开展合作改造方案的拟定和项目实施主体的选择、确认工作。

……

(四) 参与招标企业应当承诺未参与该村更新改造基础数据摸查和方案编制工作；如有违反承诺的，一经核实，应当自愿退出招标、取消竞投标资格或终止相关合同。城市更新部门应当公布举报电话，加强对招标活动的监督管理。监察部门应当加强监察。村务监督委员会应当对招标活动和信息披露情况进行监督。

风险17：联动开发风险——前期服务方合作风险

◇风险表述

开发商委托服务公司处理相关事项产生项目误工费、活动费及关系维护费。

◇风险分析——定性分析

民事风险：该部分费用可能无法计入成本。

◇应对措施

（1）开发商同前期服务方签署的协议一般定性为委托合同、咨询合同、服务合同。如该部分费用包含支付至被搬迁人的相关款项，建议通过项目公司支付至被搬迁人，方便计入项目成本，相对小额的款项必须支付至第三方的，可按沉没成本或不可预见费用处理，但不可预见费用需符合相关比例要求。具体操作方式以财务人员意见为准。

（2）开发商可以在前期与村集体接触谈判时，明确约定开发商所支出的前期费用应在招标文件中列明，在未中标的情况下，通过正式合作方返还相应的费用和资金占用成本的方式实现公司的退出和费用收回。

（3）如项目存在居间方，可考虑将居间方作为费用返还的担保方。另外，如村集体所收取的前期履约保证金较高，还能利用一定的磋商空间取得村集体的保证担保。

法律依据

《广州市旧村庄全面改造成本核算办法》(穗更新规字〔2017〕3号) 第14条：不可预见费按总改造成本的3%计算，确实需要突破的，最高不超过5%，用于安置补偿过程中实际发生但又未纳入改造成本部分的费用。包括拆迁补偿安置协议签订、动迁奖励、风险评估、集体经济物业租赁合同提前解约、停业损失补偿等未计入改造成本的费用。

风险18：联动开发风险——项目外拆迁费用问题

◇风险表述

旧村改造项目未正式引入合作企业前，地方街道办希望开发商承担项目外部分整治方案的私人住宅及村集体物业拆迁安置费用。

◇风险分析——定性分析

项目风险：捆绑项目的费用可能无法计入项目成本。

◇应对措施

目前法规政策上未对项目范围外的拆迁费用是否可计入项目成本作明确规定，建议开发商在协助处理项目外拆补前首先进行经济测算，如捆绑的项目费用必须做成本才能达到预期收益，则应在开展前取得政府的确认，同意将该部分费用计入本项目成本。

法律依据

《广州市旧村庄全面改造成本核算办法》第3条：旧村庄全面改造成本主要包括前期费、临迁费、拆运费、复建费、农转用及不可预见费等。

前款所称前期费是指包含基础数据调查费、片区策划方案编制费、项目实施方案编制费在内的项目前期工作费用。

第二章 申报更新单元计划阶段

风险19：政策风险——项目不符合深圳城市更新总体规划计划

◇风险表述

拆除重建类项目未被列入各区《城市更新“十三五”规划》。

◇风险分析——定性分析

项目风险：项目无法达到申报更新单元计划的条件。

◇应对措施

（1）开发商介入项目前，应对项目进行全面尽职调查，在常规尽职调查基础上，关注项目是否被纳入各区《城市更新“十三五”规划》，是否被纳入城中村综合整治，是否被纳入土地整备、棚户区改造范围，是否处在水源保护区、生态控制线，土规是否为非建设用地，图则是否为政府社团用地、绿地或者教育医疗用地等需贡献用地。

（2）在现有多种规划体系的情况下，对多个规划之间是否相冲突等情况进行全面核查并及时咨询主管部门意见。

（3）核查上述事项时，除书面审阅政策文件、法定图则，还需充分向国土部门和规划制定发布部门查询、咨询。

法律依据

《关于加强和改进城市更新实施工作的暂行措施》（深府办〔2016〕38号）规定：各区城市更新五年规划批准后，辖区内申报拆除重建类更新计划的项目原则上应位于其确定的拆除重建空间范围内；各区城市更新五年规划批准前，申报拆除重建类更新计划的项目应当位于《城市更新“十三五”规划》划定的优先拆除重建区内。城市更新项目的更新方向应符合法定图则和其他上层次规划要求。

风险20：合作风险——非农指标落地服务方违约

◇风险表述

开发商与资源方签署非农指标落地服务协议，服务方未能及时按约提供非农指标。

◇风险分析——定性分析

项目风险：项目无法达到申报更新单元计划的条件。

民事风险：开发商支付资源方的前期费用可能无法追回。

◇应对措施

（1）合作协议中明确义务完成的时间节点，且将付款节点与重要的合同义务节点挂钩，明确合理的违约责任。

（2）保留履约过程中的证据，一旦遇到违约情形，及时采取法律武器维护己方的合法权益。

法律依据

原《合同法》第107条：当事人一方不履行合同义务或者履行合同义务不符合约定的，应当承担继续履行、采取补救措施或者赔偿损失等违约责任。①

风险21：意愿征集风险——意愿征集程序瑕疵

◇风险表述

集体经济组织章程未设置“股东大会”，以“股东代表大会”作为最高权力机构，但农村集体资产管理实施细则规定“股东大会”才作为最高权力机构，两者存在冲突，导致意愿征集程序出现瑕疵。

◇风险分析——定性分析

项目风险：意愿征集阶段，若表决机制不清晰，表决程序存在瑕疵，将会给项目实施造成障碍。

◇应对措施

（1）为避免程序瑕疵，能召开股东大会尽量召开。

（2）出现相关政策冲突的情况，开发商需积极同更新局、镇政府、农资办等有关部门沟通，以主管部门意见为准。

法律依据

《东莞市城市更新单一主体挂牌招商操作规范（试行）》（东府办〔2018〕29号）第10条第2款：不动产权益人为集体经济组织的，由该集体经济组织按照组织章程召开股东会议或股东代表大会对更新意愿进行集体决议。涉及集体土地

① 《民法典》第577条：“当事人一方不履行合同义务或者履行合同义务不符合约定的，应当承担继续履行、采取补救措施或者赔偿损失等违约责任。”

征收为国有土地的（包括完善历史征地手续、申请转为国有土地），集体经济组织应同时或在镇（街道）党政班子联席会议审议挂牌招商方案前，按照组织章程召开股东会议或股东代表大会进行集体决议。

风险22：意愿征集风险——权利人或第三人提供虚假信息的风险

◇风险表述

权利人或第三人提供虚假信息，导致意愿征集结果失真。

◇风险分析——定性分析

行政风险：因权利人或第三人提供虚假信息导致意愿征集实际未达规定比例。

民事风险：当事人发起诉讼请求确权或赔偿，滞延更新进度。

项目风险：因权利人或第三人提供虚假信息导致意愿征集即使达到规定比例但开发商对后期需确权情况产生错误估计。

◇应对措施

（1）在意愿征集之前，针对不同情况设立签署计划申报委托的条件和需提供的权属证明资料。

（2）在意愿征集之时：①做好政策解释，帮助权利人树立对意愿征集的正确认识和态度，即计划申报委托仅作为是否同意进行城市更新的意愿表示，并不作为确定规划指标、搬迁补偿方案实施的依据；同时，权属证明材料也只是主管部门用于审查开发商与权利人之间更新意愿委托达成的真实性、有效性、合法性的依据，权利人不会因提供材料受到实体权益损害。②做好公示。

（3）在意愿征集之后，对意愿征集阶段权属证明资料不全或不完整，可能出现权属纠纷的权利人，尽快建册，并在项目实施过程中跟踪回访，提示权利人补齐权属资料，鼓励权利人自行确权。

（4）因提供虚假信息给开发商造成损失，可适时发起相关民事诉讼，对构成诈骗犯罪的，适时进行刑事举报。

法律依据

《深圳市城市更新办法实施细则》（深府〔2012〕1号）第76条：有关单位和个人在开展城市更新意愿的调查和征集、土地及建筑物核查、城市更新计划申报、城市更新规划编制与审批、实施主体确认申请等城市更新活动中，有欺诈、胁迫、虚构事实、侵害个人隐私、泄漏商业秘密、伪造或者变造文件、散布虚假信息、炒卖项目、行贿等行为的，区政府应当会同相关部门及时查处，并责令改正；情节严重的，取消其参与城市更新活动的资格；涉嫌犯罪的，移送司法机关依法处理。

风险23：意愿征集风险——权利人的继承人签署意愿征集文件

◇风险表述

房产权利人去世，亲属在意愿征集阶段签同意票但未提供继承公证文件或其他有效证明。

◇风险分析——定性分析

项目风险：后期确权困难，影响项目进度。

◇应对措施

（1）由于项目尚处于意愿征集阶段，主要目的是项目范围内权利人签字同意城市更新/旧村改造，可优先完成所有继承人的签字手续，后续限期要求补充权属资料。

（2）了解继承人之间或房产权利人之间是否存在财产纠纷，建议继承人自行完成继承手续再参与后续拆迁安置补偿协议签订。

（3）后续跟进纠纷处理情况，视情况介入协助处理。

法律依据

原《继承法》第5条：继承开始后，按照法定继承办理；有遗嘱的，按照遗嘱继承或者遗赠办理；有遗赠扶养协议的，按照协议办理。①

风险24：意愿征集风险——广州开发商介入意愿征集的风险

◇风险表述

由于广州在政策层面不允许开发商提前介入项目前期工作，征集意愿工作、前期摸查工作原则由政府主导。

◇风险分析——定性分析

项目风险：

（1）开发商不做意愿征集对项目的可行性和测算缺乏依据。

（2）开发商介入意愿征集后被竞争者或群众举报提前介入项目，由此丧失竞标资格。

◇应对措施

（1）实践中，开发商为把握项目的可行性及后期搬迁难度，会在前期摸查和意愿征集过程中做必要的排查工作。

（2）意愿征集阶段开发商尽量使用座谈、问卷、代表会议等方式充分宣传及征求权利人的意见，针对权利人的需求做后期工作安排，并评估后期搬迁难度。

---

① 《民法典》第1123条："继承开始后，按照法定继承办理；有遗嘱的，按照遗嘱继承或者遗赠办理；有遗赠扶养协议的，按照协议办理。"

法律依据

《广州市旧村庄更新实施办法》第14条：片区策划方案编制阶段，区政府应当组织区城市更新部门、属地镇（街道）就改造意愿、改造方式、模式、复建安置总量核定等，以座谈、问卷、代表会议等多种方式充分征求改造范围内业主意见。

由区政府组织编制的片区策划方案，报市城市更新部门；市城市更新部门组织市有关职能部门进行联合审查后，报市城市更新领导机构审定。

第三章 土地核查阶段

风险25：核查错误或核查不清风险——土地存在权属争议

◇风险表述

项目范围内的土地存在权属争议，出现行政诉讼。

◇风险分析——定性分析

项目风险：因行政诉讼影响项目进度。

◇应对措施

（1）开发商前期参与项目应进行充分的尽职调查；项目推进过程中，核查土地来源材料时，关注点不应局限于权利人提供的材料，应多方查询、咨询，甚至可通过申请信息公开主动核查权属信息。

（2）若主管部门未经调查不予受理，可提起行政诉讼，申请撤销“不予受理”的行政行为。

法律依据

《土地权属争议调查处理办法》第5条：个人之间、个人与单位之间、单位与单位之间发生的争议案件，由争议土地所在地的县级国土资源行政主管部门调查处理。

前款规定的个人之间、个人与单位之间发生的争议案件，可以根据当事人的申请，由乡级人民政府受理和处理。

风险26：核查错误或核查不清风险——权属证明缺失

◇风险表述

土地及建筑物核查阶段，地籍调查上报需要房产证以及土地证的扫描件等相关资料，部分权利人无意提供，开发商也无法从主管部门调取。

◇风险分析——定性分析

项目风险：影响项目进度。

◇应对措施

（1）核实村/镇是否有相关资料的复印件存档及备案。

(2)尽量与主管部门充分沟通，取得理解，以便调取。

(3)可考虑以潜在租客身份核实房产信息，取得房产证和相关资料。

法律依据

《东莞市城市更新单一主体挂牌招商操作规范（试行）》第9条：镇人民政府（街道办事处）依据城市更新权籍调查相关办法核查和确认不动产权益。不动产权益人包括以下三类：

（一）第一类：集体土地所有权人，即集体经济组织；

（二）第二类：依法登记的土地使用权人、房屋所有权人；

（三）第三类：土地、房屋实际使用人，即未依法登记但凭历史用地、转让协议实际使用土地、房屋的个人或单位。

上述第三类不动产权益人属于与集体经济组织签订历史用地协议的，由集体经济组织按规定确认；属于与镇人民政府（街道办事处）或其下属企事业单位签订历史用地协议的，由镇人民政府（街道办事处）按规定确认。

风险27：核查错误或核查不清风险——存在未履行征转手续的土地

◇风险表述

更新范围内存在未履行征转手续的土地。

◇风险分析——定性分析

行政风险：影响合法用地比例。

民事风险：可能存在权属纠纷，影响项目进度。

◇应对措施

(1)开发商前期参与项目应进行充分的尽职调查，应当收集相关证明材料证明被搬迁人在《深圳市宝安、龙岗两区城市化土地管理办法》颁布实施之前已经是合法权利人。

(2)积极督促主管部门进行征转补偿手续的办理，对涉及的征地补偿费问题，应依据征地当时的法律、法规和规范性文件重新作出处理，使被搬迁人合法的土地权利得以实现，有效推进项目进度。

法律依据

《深圳市城市更新办法实施细则》第76条：有关单位和个人在开展城市更新意愿的调查和征集、土地及建筑物核查、城市更新计划申报、城市更新规划编制与审批、实施主体确认申请等城市更新活动中，有欺诈、胁迫、虚构事实、侵害个人隐私、泄漏商业秘密、伪造或者变造文件、散布虚假信息、炒卖项目、行贿等行为的，区政府应当会同相关部门及时查处，并责令改正；情节严重的，取消其参与城市更新活动的资格；涉嫌犯罪的，移送司法机关依法处理。

风险28：核查错误或核查不清风险——实际用地面积与约定不一致

◇风险表述

项目内各宗地的实际用地面积和租地合同约定的租用面积普遍存在差异，基本上都存在多占用土地的问题。

◇风险分析——定性分析

项目风险：影响项目进度。

◇应对措施

（1）在考虑尽量公平合理地处理历史用地问题的情形下，按照实际用地面积确认土地权益人的用地面积，超出合同面积部分由权益人签署补充租地合同，并补缴租金。

（2）兼顾出租方和权益人的权益，避免产生新的矛盾、从而导致项目难以推进。

（3）结合股份合作公司章程和《村民委员会组织法》，就多占用土地的处置需村民代表大会或股东代表大会决议的，应及时作出决议。

法律依据

《东莞市城市更新单一主体挂牌招商操作规范（试行）》第9条：镇人民政府（街道办事处）依据城市更新权籍调查相关办法核查和确认不动产权益。不动产权益人包括以下三类：

（一）第一类：集体土地所有权人，即集体经济组织；

（二）第二类：依法登记的土地使用权人、房屋所有权人；

（三）第三类：土地、房屋实际使用人，即未依法登记但凭历史用地、转让协议实际使用土地、房屋的个人或单位。

上述第三类不动产权益人属于与集体经济组织签订历史用地协议的，由集体经济组织按规定确认；属于与镇人民政府（街道办事处）或其下属企事业单位签订历史用地协议的，由镇人民政府（街道办事处）按规定确认。

风险29：特殊用地处置风险——涉嫌非法占用农地

◇风险表述

城市更新项目范围内涉及农地、林地、水源保护区等特殊用途区域，由于上述土地通常由特殊法律规范或政策调整，如违反这些特殊法规、政策的规定，可能会面临法律风险。

◇风险分析——定性分析

民事风险：所涉合作合同无效、被撤销、被解除。

刑事风险：非法占用农地罪。

◇风险分析——定量分析

数量较大，造成林地大量毁坏，应当以非法占用农地罪判处五年以下有期徒刑或者拘役，并处罚金。

◇应对措施

（1）在土地证载用途、性质、权属不明或没有相关权证情况下，开发商应当委托专业机构对其拟合作地块的基本资料进行充分、专业的调查，并尽可能使多方调查结果相互印证。

（2）根据土地的性质依法办理相关许可手续。

法律依据

原《合同法》第52条：有下列情形之一的，合同无效：

(一) 一方以欺诈、胁迫的手段订立合同，损害国家利益；

(二) 恶意串通，损害国家、集体或者第三人利益；

(三) 以合法形式掩盖非法目的；

(四) 损害社会公共利益；

(五) 违反法律、行政法规的强制性规定。①

《中华人民共和国刑法修正案(二)》：为了惩治毁林开垦和乱占滥用林地的犯罪，切实保护森林资源，将刑法第三百四十二条修改为："违反土地管理法规，非法占用耕地、林地等农用地，改变被占用土地用途，数量较大，造成耕地、林地等农用地大量毁坏的，处五年以下有期徒刑或者拘役，并处或者单处罚金。"

《最高人民法院关于审理破坏林地资源刑事案件具体应用法律若干问题的

① 《民法典》第153条：违反法律、行政法规的强制性规定的民事法律行为无效。但是，该强制性规定不导致该民事法律行为无效的除外。违背公序良俗的民事法律行为无效。

解释》第1条：违反土地管理法规，非法占用林地，改变被占用林地用途，在非法占用的林地上实施建窑、建坟、建房、挖沙、采石、采矿、取土、种植农作物、堆放或排泄废弃物等行为或者进行其他非林业生产、建设，造成林地的原有植被或林业种植条件严重毁坏或者严重污染，并具有下列情形之一的，属于刑法第三百四十二条规定的犯罪行为，应当以非法占用农用地罪判处五年以下有期徒刑或者拘役，并处或者单处罚金：

(一)非法占用并毁坏防护林地、特种用途林地数量分别或者合计达到五亩以上；

(二)非法占用并毁坏其他林地数量达到十亩以上；

(三)非法占用并毁坏本条第(一)项、第(二)项规定的林地，数量分别达到相应规定的数量标准的百分之五十以上；

(四)非法占用并毁坏本条第(一)项、第(二)项规定的林地，其中一项数量达到相应规定的数量标准的百分之五十以上，且两项数量合计达到该项规定的数量标准。

风险30：特殊用地处置风险——项目范围内存在特殊区域或产业

◇风险表述

项目范围内存在涉密军事区、特殊管道、危险源。

◇风险分析——定性分析

项目风险：涉及涉密军事区、特殊管道、危险源产业的重新选址需经论证，且取得环境评价、安全评价、报建手续，因上述程序复杂，可能影响项目进度。

◇应对措施

(1)开发商介入项目前，应对项目进行全面尽调，核实项目范围内是否存在涉密军事区、特殊管道、危险源，并拟定清单，以便对实施项目所需投入的经济成本和时间成本有充分认识。

(2)向有关机关进行土地权属和用途的询证，确权程序遵循特殊法律法规。

第四章 专项规划审批阶段

风险31：规划无法通过——专项规划草案因竞争对手投诉不能顺利公示

◇风险表述

竞争对手以更新意愿征集造假为由进行信访，导致规划草案暂缓公示，规划草案不能顺利公示，项目无法继续推进。

◇风险分析——定性分析

项目风险：规划草案暂缓、中止或者终止公示，影响项目进度。

行政风险：主管部门迫于上访压力作出不当行政行为。

◇应对措施

（1）在更新意愿征集、股东会/股东大会表决、签订拆迁安置补偿协议等阶段进行严格的形式审查，核实当事人身份信息，并做好相应公证事宜。

（2）遭遇不当行政行为时，及时依法多渠道维权。

法律依据

《深圳市城市更新办法实施细则》第76条：有关单位和个人在开展城市更新意愿的调查和征集、土地及建筑物核查、城市更新计划申报、城市更新规划编制与审批、实施主体确认申请等城市更新活动中，有欺诈、胁迫、虚构事实、侵害个人隐私、泄漏商业秘密、伪造或者变造文件、散布虚假信息、炒卖项目、行贿等行为的，区政府应当会同相关部门及时查处，并责令改正；情节严重的，取消其参与城市更新活动的资格；涉嫌犯罪的，移送司法机关依法处理。

风险32：规划无法通过——专项规划因历史风貌区保留问题审批受阻

◇风险表述

城市更新项目范围内存在历史风貌保留区，权利人主张的历史风貌保留方案与项目专项规划相矛盾，经由政协、人大提案，公诉机关以涉及公共利益、地下开发会影响地上建筑保护为由向项目所在区政府提起行政公益诉讼。

◇风险分析——定性分析

项目风险：

(1)规划审批案暂缓,影响项目进度。

(2)社会舆论压力大,影响项目形象及开发商形象。

◇应对措施

(1)若规划确影响历史风貌区保留,要切实地做出改变、保护措施。

(2)请专家对历史风貌是否一定要保留、如何保留出具专业意见。

(3)协助区政府同人民代表大会、政治协商委员会沟通并注意沟通技巧。

(4)积极配合区政府在公益诉讼立案前采取上述措施,否则撤回公益诉讼的程序较复杂。

法律依据

《中华人民共和国行政诉讼法》第25条:行政行为的相对人以及其他与行政行为有利害关系的公民、法人或者其他组织,有权提起诉讼。

有权提起诉讼的公民死亡,其近亲属可以提起诉讼。

有权提起诉讼的法人或者其他组织终止,承受其权利的法人或者其他组织可以提起诉讼。

《最高人民法院、最高人民检察院关于检察公益诉讼案件适用法律若干问题的解释》第21条第1款和第3款:人民检察院在履行职责中发现生态环境和资源保护、食品药品安全、国有财产保护、国有土地使用权出让等领域负有监督管理职责的行政机关违法行使职权或者不作为,致使国家利益或者社会公共利益受到侵害的,应当向行政机关提出检察建议,督促其依法履行职责。行政机关不依法履行职责的,人民检察院依法向人民法院提起诉讼。

第24条:在行政公益诉讼案件审理过程中,被告纠正违法行为或者依法履行职责而使人民检察院的诉讼请求全部实现,人民检察院撤回起诉的,人民法院应当裁定准许;人民检察院变更诉讼请求,请求确认原行政行为违法的,人民法院应当判决确认违法。

第五章 实施主体确认阶段

风险33：拆迁安置补偿协议纠纷——拆迁安置补偿协议无效

◇风险表述

未取得全部权利人的签署或存在无权代理，导致拆迁安置补偿协议无效。

◇风险分析——定性分析

项目风险：重新与新被搬迁人签约，影响项目进度。

民事风险：已支付的搬迁补偿款可能无法收回。

◇应对措施

开发商应审慎核查权属情况，如存在物业共有权利人，应取得全部权利人的同意并签名。如确有必要采取授权签署的方式签署拆迁安置补偿协议的，应要求委托方出具公证的授权委托书。

法律依据

原《民法总则》第171条第1款、第3款：行为人没有代理权、超越代理权或者代理权终止后，仍然实施代理行为，未经被代理人追认的，对被代理人不发生效力。行为人实施的行为未被追认的，善意相对人有权请求行为人履行债务或者就其受到的损害请求行为人赔偿，但是赔偿的范围不得超过被代理人追认时相对人所能获得的利益。①

风险34：拆迁安置补偿协议纠纷——补偿标准不一、个性化补偿

◇风险表述

开发商对项目范围内权利人补偿标准不一，存在被权利人解除拆迁安置补偿协议或被主张协议存在欺诈无效的风险。

◇风险分析——定性分析

项目风险：已签署的协议基于双方真实意思表示，即使被搬迁人起诉协议无效，被支持的可能性也较小，但需着重关注被搬迁人不配合搬迁，影响项目进度的风险。

---

① 即《民法典》第171条第1款、第3款。

◇应对措施

(1)依法协商签署协议,保证协议的合法有效性。

(2)妥善保存协议签署及履行的证据,以备产生诉讼纠纷时使用。

(3)积极应诉,提高诉讼效率。

(4)尽量保证整个项目搬迁标准的统一,尽量可将个性化要求置换为货币补偿。

(5)对确需进行个性化补偿标准的,建议增加“以政府审批结果为准”,并扩大拆迁安置补偿协议中不可抗力的范围(将区级及以上政府的政策,项目审批手续纳入)。但是,基于开发商的优势地位,法院在裁量时不一定会认可“因政策法规原因导致……不承担法律责任”的条款。

(6)与有个性化要求的被搬迁人签署保密协议,将保密协议密封,贴上写有“仅在诉讼等情况下方可启封”的封条。

法律依据

原《合同法》第39条:采用格式条款订立合同的,提供格式条款的一方应当遵循公平原则确定当事人之间的权利和义务,并采取合理的方式提请对方注意免除或者限制其责任的条款,按照对方的要求,对该条款予以说明。[①]

风险35:拆迁安置补偿协议纠纷——政府个性化补偿标准

◇风险表述

为简化评估手续,政府提出采用复建的模式补偿原批政府用地的地上建筑物,即商定拆赔比例后将政府物业归集为同一个业态、同一栋建筑,由开发商负责按要求建设。

◇风险分析——定性分析

民事风险:复建框架协议约定不明,导致后期公司在设计、建设过程中产生纠纷,开发商控制成本存在障碍。

税务风险:复建模式是否能计入拆迁成本存在不确定性。

◇应对措施

(1)复建是创设名词,不是法律概念,因此,法律关系仍应纳入房屋置换类搬迁补偿。

① 《民法典》第496条:“格式条款是当事人为了重复使用而预先拟定,并在订立合同时未与对方协商的条款。采用格式条款订立合同的,提供格式条款的一方应当遵循公平原则确定当事人之间的权利和义务,并采取合理的方式提示对方注意免除或者减轻其责任等与对方有重大利害关系的条款,按照对方的要求,对该条款予以说明。提供格式条款的一方未履行提示或者说明义务,致使对方没有注意或者理解与其有重大利害关系的条款的,对方可以主张该条款不成为合同的内容。”

（2）特殊项目类型有其历史背景，因制度、法律依据上的空白可能需要一事一议，建议同政府沟通，以会议纪要的方式寻求解决路径。

（3）重视争取复建建筑物的设计权。

（4）为推进项目进度，开发商可与政府先签署框架协议，但后期要重视实质条款的细化。

法律依据

《深圳市城市更新办法实施细则》第70条：市、区政府可以通过房屋征收、土地和房地产收购等方式对城市更新单元内的用地进行整合，采用招标、拍卖、挂牌等公开方式出让土地使用权或者成立、授权相关城市更新实施机构具体实施拆除重建类城市更新项目。

《深圳市城市更新办法实施细则》第72条：政府根据城市更新项目的实施需要，可以按照以下方式进行土地和房地产收购：

（一）政府相关部门或者其成立、授权的机构与权利主体签订搬迁安置补偿协议，按照一定的标准对权利主体进行补偿。

（二）政府相关部门或者其成立、授权的机构按照《办法》第三十一条规定，确定补偿方案，通过招标方式引入市场主体，由市场主体承担与权利主体签订搬迁安置补偿协议等具体工作，搬迁补偿费用和市场主体的合理利润从土地公开出让收入中支付。

（三）政府相关部门或者其成立、授权的机构按照《办法》第三十一条规定，与权利主体签订搬迁安置补偿协议，约定补偿底价及土地出让收入的分成方案，最终的补偿金额为补偿底价和土地出让收入分成的总额。

具体的补偿形式包括货币补偿、回迁物业补偿及两者相结合的方式等。

风险36：拆迁安置补偿协议纠纷——被搬迁人不履行交房义务

◇风险表述

被搬迁人因自身原因未依约交付房屋权证，或未配合办理房屋权证注销手续。

◇应对措施

（1）合理设计合同条款，特别关注履约顺序、履约时间节点、违约责任等关键要素，设置“拉链式”履约条款。

（2）应当对被搬迁人的可能发生的违约及违约所造成的损失进行预判，并考量可得利益，合理设定违约金，结合违约金（过高或过低）举证责任分配的原则，可设定相对较高的违约金条款。

(3)一旦发生被搬迁人违约事件后应当谨慎应对,及时行使合同约定的权利,并留存好履约及双方交涉过程产生的全部资料,夯实证据。

(4)争议发生后,应准确确定案由(如物权请求权不受诉讼时效影响)、诉讼或仲裁请求,妥善谋划诉讼或仲裁策略,并在诉讼或仲裁程序中,结合案情变化及实际需要及时作出调整。

法律依据

原《合同法》第114条第1款:当事人可以约定一方违约时应当根据违约情况向对方支付一定数额的违约金,也可以约定因违约产生的损失赔偿额的计算方法。①

风险37:拆迁安置补偿协议纠纷——被搬迁人与第三方签约

◇风险表述

被搬迁人作为开发商的合作方在签约后有违约意向,为避免自身违约,有可能通过其关联方或其他第三方介入项目(如使被搬迁人的关联方与其他开发商签约,从而导致开发商无法继续履行已签署协议并推进项目)。

◇风险分析——定性分析

民事风险:因关联方或其他第三方介入项目导致合同履行不能,需解除合同并可能承担违约责任。

◇风险分析——定量分析

基于合同享有的土地开发的实际利益、预期利益无法实现,可能承担违约责任。

◇应对措施

(1)对项目范围内权利人的关联方开展基础尽职调查,防范权利人通过其关联方介入项目,阻断开发商实施主体确认进程。

(2)根据关联方情况设计合同条款并明确此种情况出现的违约责任,请关联方出具相关承诺函。

(3)将第三方原因导致开发商无法成为项目实施主体或无法继续开展项目作为开发商免责条款,防范“连锁”违约事件发生。

---

① 《民法典》第585条第1款:“当事人可以约定一方违约时应当根据违约情况向对方支付一定数额的违约金,也可以约定因违约产生的损失赔偿额的计算方法。”

法律依据

原《合同法》第107条：当事人一方不履行合同义务或者履行合同义务不符合约定的，应当承担继续履行、采取补救措施或者赔偿损失等违约责任。①

风险38：拆迁安置补偿协议纠纷——被搬迁人转卖房屋

◇风险表述

被搬迁人签约后将房屋另行转让，引发房屋权属争议。

◇风险分析——定性分析

项目风险：重新与新被搬迁人签约，影响项目进度。

◇应对措施

（1）合理设计拆迁安置补偿合同条款，特别关注货币补偿款支付的时间点、支付条件及违约责任。

（2）明确并加重业主签约后转卖的违约责任，可约定开发商重新谈判签约造成的损失由违约方承担。

（3）房屋移交时，应具备完整的交接手续、签署交接文件，明确产权证原件及房屋的移交时间、房屋移交时候的状态（如用水、用电情况等），并及时保留、固定资料。

（4）争议发生后积极采用司法手段，及时对涉案房屋进行查封处理，避免在诉讼过程中，相关人员对涉案房屋进行二次处置。

（5）在签约时，对被搬迁人采取变通的保证措施抑制房屋转卖，如将过渡期租金补偿、搬迁补偿等费用转化为开发商对被搬迁人的借款，再借道担保公司、持牌金融机构等，将相关房产进行抵押登记。

法律依据

《最高人民法院关于审理商品房买卖合同纠纷案件适用法律若干问题的解释》第8条：具有下列情形之一，导致商品房买卖合同目的不能实现的，无法取得房屋的买受人可以请求解除合同、返还已付购房款及利息、赔偿损失，并可以请求出卖人承担不超过已付购房款一倍的赔偿责任：

（一）商品房买卖合同订立后，出卖人未告知买受人又将该房屋抵押给第三人；

（二）商品房买卖合同订立后，出卖人又将该房屋出卖给第三人。

---

① 《民法典》第577条："当事人一方不履行合同义务或者履行合同义务不符合约定的，应当承担继续履行、采取补救措施或者赔偿损失等违约责任。"

风险39：拆迁安置补偿协议纠纷——开发商迟延履行

◇风险表述

开发商未能按约定时间完成项目合作义务，或项目虽未明确时间节点但项目开展进度缓慢导致违约。

◇风险分析——定性分析

民事风险：合作方解除合同，开发商可能承担违约责任，赔偿损失。

◇应对措施

（1）开发商在参与项目之前应进行尽职调查，做好项目的可行性分析、充分预估项目的整体进展及期限，设置合理的时间节点。

（2）在合作协议中明确合作方的配合义务，同时明确不可归因于开发商的原因不能追究开发商的违约责任。

（3）在履行过程中对已完成的工作内容及时固定。

（4）当项目推进遇到障碍时，及时与合作方沟通，通过签署补充协议等方式，延长合作期限。

法律依据

原《合同法》第94条：有下列情形之一的，当事人可以解除合同：

(一) 因不可抗力致使不能实现合同目的；

(二) 在履行期限届满之前，当事人一方明确表示或者以自己的行为表明不履行主要债务；

(三) 当事人一方迟延履行主要债务，经催告后在合理期限内仍未履行；

(四) 当事人一方迟延履行债务或者有其他违约行为致使不能实现合同目的；

(五) 法律规定的其他情形。①

① 《民法典》第563条："有下列情形之一的，当事人可以解除合同：（一）因不可抗力致使不能实现合同目的；（二）在履行期限届满前，当事人一方明确表示或者以自己的行为表明不履行主要债务；（三）当事人一方迟延履行主要债务，经催告后在合理期限内仍未履行；（四）当事人一方迟延履行债务或者有其他违约行为致使不能实现合同目的；（五）法律规定的其他情形。以持续履行的债务为内容的不定期合同，当事人可以随时解除合同，但是应当在合理期限之前通知对方。"

风险40：拆迁安置补偿协议纠纷——挂牌确认前签署拆迁安置补偿协议

◇风险表述

东莞政策需进行单一主体挂牌确认后开发商才能与权利人签订拆迁安置补偿协议，在挂牌前签署拆迁安置补偿协议的效力存在问题。

◇风险分析——定性分析

民事风险：拆迁安置补偿协议因违反挂牌政策而无效或可撤销；经挂牌后开发商未被选定为服务商，对被搬迁人存在违约风险。

◇应对措施

考虑到项目推进，若在单一主体挂牌确认前签署，可以约定附条件生效条款。

法律依据

《东莞市城市更新单一主体挂牌招商操作规范（试行）》第17条第2款：公开招引方案应根据本操作规范明确服务商的具体工作内容、费用结算标准、结算时点、结算方式，不得设定与完成前期工作关联不大的报名要求。集体经济组织在前期工作阶段提前开展拆迁补偿工作，可由服务商垫付补偿资金，但搬迁安置补偿协议应以集体经济组织为主体签订，不动产权益人确认为该集体经济组织。

原《合同法》第45条第1款：当事人对合同的效力可以约定附条件。附生效条件的合同，自条件成就时生效。附解除条件的合同，自条件成就时失效。①

风险41：搬迁风险——违法拆迁

◇风险表述

为营造片区拆迁氛围、促签促拆，对片区整体营商/居住环境进行改变，并在项目范围内拆除。

◇风险分析——定性分析

项目风险：可能使开发商与被搬迁人完全对立，被搬迁人可能通过极端手段抗争，影响开发商形象，产生维稳风险。

民事风险：拆除建筑物后被移出计划，拆除物无法报建，与权利人之间产生纠纷。

刑事风险：损害公私财物罪。

◇应对措施

（1）开发商应与被搬迁人建立良好的沟通互动平台，充分掌握了解业主动态，积极应

---

① 《民法典》第158条："民事法律行为可以附条件，但是根据其性质不得附条件的除外。附生效条件的民事法律行为，自条件成就时生效。附解除条件的民事法律行为，自条件成就时失效。"

对问题，避免违法拆迁。

(2)违法拆迁发生后，拆迁方应及时与被搬迁人协商解决问题，防止事态进一步扩大，将不利影响降低至最小程度。

(3)注意防范刑事风险，切勿侵害公共利益。

(4)在有法律依据及已签约权利人授权委托的情况下再实施门窗封堵等手段，否则建议委托第三方处理。

(5)开发商不可与权利人完全对立。

(6)开发商进行范围内拆除时应尤其注意项目内权利人的人身安全。

法律依据

《深圳市城市更新办法实施细则》第76条：有关单位和个人在开展城市更新意愿的调查和征集、土地及建筑物核查、城市更新计划申报、城市更新规划编制与审批、实施主体确认申请等城市更新活动中，有欺诈、胁迫、虚构事实、侵害个人隐私、泄漏商业秘密、伪造或者变造文件、散布虚假信息、炒卖项目、行贿等行为的，区政府应当会同相关部门及时查处，并责令改正；情节严重的，取消其参与城市更新活动的资格；涉嫌犯罪的，移送司法机关依法处理。

《刑法》第275条：故意毁坏公私财物，数额较大或者有其他严重情节的，处三年以下有期徒刑、拘役或者罚金；数额巨大或者有其他特别严重情节的，处三年以上七年以下有期徒刑。

风险42：搬迁风险——被搬迁人与物业公司产生纠纷

◇风险表述

房产被纳入城市更新单元后，一方面，被搬迁人缴纳物业费的积极性降低；另一方面，物业公司的管理物业的勤勉尽责程度降低。被搬迁人与物业公司易对物业服务产生纠纷，导致被搬迁人无法按期交房并结清费用。

◇风险分析——定性分析

项目风险：影响项目进度。

◇应对措施

(1)积极协调被搬迁人与物业公司利益，尽量避免进入诉讼程序。

(2)当房产所属城市更新规划项目完成报批、完成拆迁安置补偿协议签订或者推动到一定阶段时，应当根据项目进展及实际情况需要及时做好风险防控，对物业所涉合同等法律关系进行处理，就项目范围进行围挡等。

(3)在开展项目之初，开发商可考虑收购物业公司，从而可在搬迁补偿谈判阶段对搬迁前物业费进行一定让渡以化解纠纷，推动项目。

风险43：搬迁风险——委托第三方搬迁谈判

◇风险表述

部分地区(如广州)旧村改造比其他类型的改造更复杂，产权情况、用地情况不清晰，国有企业开发商无法自行完成拆迁。

◇风险分析——定性分析

项目风险：开发商自行拆迁时面临国企难以处理的权属不清的房屋。

◇应对措施

国有企业开发商若在拆迁过程中存在程序障碍，需委托第三方(通常是咨询公司)进行搬迁谈判，或国企开发商入股该类咨询公司，由咨询公司负责搬迁谈判，维护费用、前期费用通过第三方支出。

风险44：搬迁风险——集体用地上有证空地拆除

◇风险表述

90年代村集体将集体土地以分发、出让形式分给村民，形成宅基地，有部分村民虽未在宅基地上兴建建筑，亦未在“拆旧建新”抢建过程中建起房屋，但持有拆旧建新前的“绿本”房产证。

◇风险分析——定性分析

项目风险：无法注销产证，影响项目进度。

民事风险：项目范围内的空地补偿标准影响项目投入。

◇应对措施

(1)因产证尚未注销，产证在注销之前仍然有效。

(2)开发商针对空地使用权可作适当赔偿，但补偿方案不应包括过渡安置费、搬迁补偿费等费用。

(3)注销登记方面，须要求村民与不动产登记中心说明情况。

法律依据

《房屋登记办法》第38条：经依法登记的房屋发生下列情形之一的，房屋登记簿记载的所有权人应当自事实发生后申请房屋所有权注销登记：

(一) 房屋灭失的；

(二) 放弃所有权的；

(三) 法律、法规规定的其他情形。

风险45：搬迁风险——集体用地上无证空地拆除

◇风险表述

90年代村集体将集体土地以分发、出让形式分给村民，形成宅基地，部分村民未在宅基地上兴建建筑，未在“拆旧建新”抢建过程中建起房屋，亦未持有任何产证。

◇风险分析——定性分析

民事风险：项目范围内的空地补偿标准影响项目投入。

◇应对措施

（1）多方核查土地来源，到镇地籍科查看红线图范围，超出红线以外的不予认定。

（2）无权占用土地的建议不予补偿，如确属合法取得土地的，针对空地使用权可作适当补偿，但补偿方案不应包括过渡安置费、搬迁补偿费等费用。

法律依据

《房屋登记办法》第38条：经依法登记的房屋发生下列情形之一的，房屋登记簿记载的所有权人应当自事实发生后申请房屋所有权注销登记：

（一）房屋灭失的；

（二）放弃所有权的；

（三）法律、法规规定的其他情形。

风险46：房屋权属纠纷风险——“红本房”[①]未作初始登记

◇风险表述

红本房的开发、销售方未对房屋进行初始登记，导致房屋成为无证房产，引发权属纠纷。

◇风险分析——定性分析

项目风险：无法形成单一实施主体，影响项目进度。

民事风险：权属认定错误，已支付的搬迁补偿款可能无法收回，可能承担侵权责任并赔偿损失。

◇应对措施

（1）协助买受人收集资料、查档，通过诉讼方式起诉开发、销售方，请求确权并办理产权登记。

① 为方便表述，“红本房”指可流通的市场商品房。

（2）由于未办证房产不涉及产权注销，如获得政府部门及房屋买受人同意的，则可约定将回迁房直接办理至房屋买受人名下，不用办理此次房产证登记。

法律依据

《中华人民共和国城市房地产管理法》第38条：下列房地产，不得转让：

（一）以出让方式取得土地使用权的，不符合本法第三十九条规定的条件的；

（二）司法机关和行政机关依法裁定、决定查封或者以其他形式限制房地产权利的；

（三）依法收回土地使用权的；

（四）共有房地产，未经其他共有人书面同意的；

（五）权属有争议的；

（六）未依法登记领取权属证书的；

（七）法律、行政法规规定禁止转让的其他情形。

风险47：房屋权属纠纷风险——“红本房”借名买房

◇风险表述

有证房屋的实际权利人因规避限购等政策借名买房，证载权利人通过赠与书、遗赠公证等方式将房屋转移给实际权利人。

◇风险分析——定性分析

项目风险：无法形成单一实施主体，影响项目进度。

民事风险：权属认定错误，已支付的搬迁补偿款可能无法收回，可能承担侵权责任并赔偿损失。

◇应对措施

（1）寻找证载权利人，请其与实际权利人签订房屋代持协议，与证载权利人签订拆迁安置补偿协议，要求证载权利人与实际权利人签署确认文件，确认拆迁补偿利益全部归实际权利人所有。

（2）实际权利人若已有购房资格，请证载权利人配合完成房屋过户。

（3）证载权利人去世或失联的情况下，可以建议或协助实际权利人采用诉讼方式确权。

法律依据

《最高人民法院关于适用〈中华人民共和国物权法〉若干问题的解释（一）》第2条：当事人有证据证明不动产登记簿的记载与真实权利状态不符、其为该不动产物权的真实权利人，请求确认其享有物权的，应予支持。

风险48：房屋权属纠纷风险——“红本房”权利人失联

◇风险表述

权利人早年去往外地或境外，开发商无法联系到权利人，亦无法通过其亲属联系到权利人。

◇风险分析——定性分析

项目风险：无法形成单一实施主体，影响项目进度。

民事风险：未签约的拆除可能侵害权利人的合法财产权益。

◇应对措施

方案一：公证处依法有提存职能，尝试在公证处提存无主财产。

方案二：开发商可尝试与住建局联系，由住建局代管房屋并与开发商签约。

方案三：宣告失踪(下落不明满2年，公告期3个月)/死亡(下落不明满4年，公告期满1年)后，指定财产代管人，办理签约手续。

方案四：宣告死亡，继承人办理继承，无继承人的收归国家所有。

方案五：将无法联系的情况进行书面说明；区（管委会）城市更新职能部门签字同意注销房地产证，经公告期10个自然日后，方可办理注销。

对待权利人失联房屋，在拆除时做好证据固定，请近亲属或者居委会街道办见证，拍照留存（从各个角度）；委托有建筑测绘资质的公司对房屋进行测绘；注意提存房屋内的贵重物品。

法律依据

《提存公证规则》第21条：从提存之日起，超过二十年无人领取的提存标的物，视为无主财产；公证处应在扣除提存费用后将其余额上缴国库。

原《继承法》第32条：无人继承又无人受遗赠的遗产，归国家所有；死者生前是集体所有制组织成员的，归所在集体所有制组织所有。①

① 《民法典》第1160条：“无人继承又无人受遗赠的遗产，归国家所有，用于公益事业；死者生前是集体所有制组织成员的，归所在集体所有制组织所有。”

原《民法总则》第40条：自然人下落不明满二年的，利害关系人可以向人民法院申请宣告该自然人为失踪人。①

原《民法总则》第42条第1款：失踪人的财产由其配偶、成年子女、父母或者其他愿意担任财产代管人的人代管。②

原《民法总则》第46条：自然人有下列情形之一的，利害关系人可以向人民法院申请宣告该自然人死亡：

(一) 下落不明满四年；

(二) 因意外事件，下落不明满二年。

因意外事件下落不明，经有关机关证明该自然人不可能生存的，申请宣告死亡不受二年时间的限制。③

《拆除重建类城市更新项目房地产证注销操作规则（试行）》（深规土规〔2016〕3号）区（管委会）：城市更新职能部门对房屋拆除情况进行确认，并出具同意申请注销房地产证的意见。经房地产登记机构核查，搬（拆）迁补偿安置协议载明的房产证号、房屋位置、房屋权利人等房屋自然状况、权利状况与房地产登记簿所记载的内容一致。房地产登记机构在办理房地产证注销之前应在《深圳特区报》或《深圳商报》和房屋现场进行公告，公告期为十个自然日。公告期间无异议或异议不成立的，方可办理注销。

风险49：房屋权属纠纷风险——签约后权利人死亡

◇风险表述

开发商与权利人签署拆迁安置补偿协议后，权利人死亡，继承人不予配合。

◇风险分析——定性分析

项目风险：无法形成单一实施主体，影响项目进度。

民事风险：权属认定错误，已支付的拆迁补偿款可能无法收回，可能承担侵权责任并赔偿损失。

---

① 《民法典》第40条："自然人下落不明满二年的，利害关系人可以向人民法院申请宣告该自然人为失踪人。"

② 《民法典》第42条："失踪人的财产由其配偶、成年子女、父母或者其他愿意担任财产代管人的人代管。代管有争议，没有前款规定的人，或者前款规定的人无代管能力的，由人民法院指定的人代管。"

③ 《民法典》第46条："自然人有下列情形之一的，利害关系人可以向人民法院申请宣告该自然人死亡：(一)下落不明满四年；(二)因意外事件，下落不明满二年。因意外事件下落不明，经有关机关证明该自然人不可能生存的，申请宣告死亡不受二年时间的限制。"

◇应对措施

方案一：开发商需介入权利人家庭协商，所有继承人达成一致意见后到公证处办理继承公证方可过户并申请注销产权证。

方案二：对于继承人之间无法达成一致意见的，协调部分继承人通过诉讼方式解决（继承人诉继承人），根据法院生效判决办理过户。若考虑诉讼周期过长，可充分利用法院诉前调解程序。

方案三：梳理拆迁安置补偿协议，关注权利人是否有配合注销房产证的义务，根据法律规定，继承人应当概括继承权利人的债权债务，可以探索开发商起诉继承人，主张配合注销房产证的解决路径。

法律依据

原《继承法》第10条：遗产按照下列顺序继承：

第一顺序：配偶、子女、父母。

第二顺序：兄弟姐妹、祖父母、外祖父母。

继承开始后，由第一顺序继承人继承，第二顺序继承人不继承。没有第一顺序继承人继承的，由第二顺序继承人继承。①

原《继承法》第15条：继承人应当本着互谅互让、和睦团结的精神，协商处理继承问题。遗产分割的时间、办法和份额，由继承人协商确定。协商不成的，可以由人民调解委员会调解或者向人民法院提起诉讼。②

原《继承法》第33条：继承遗产应当清偿被继承人依法应当缴纳的税款和债务，缴纳税款和清偿债务以他的遗产实际价值为限。超过遗产实际价值部分，继承人自愿偿还的不在此限。

继承人放弃继承的，对被继承人依法应当缴纳的税款和债务可以不负偿还责任。③

---

① 《民法典》第1127条第1款、第2款："遗产按照下列顺序继承：（一）第一顺序：配偶、子女、父母；（二）第二顺序：兄弟姐妹、祖父母、外祖父母。继承开始后，由第一顺序继承人继承，第二顺序继承人不继承；没有第一顺序继承人继承的，由第二顺序继承人继承。"

② 《民法典》第1132条："继承人应当本着互谅互让、和睦团结的精神，协商处理继承问题。遗产分割的时间、办法和份额，由继承人协商确定；协商不成的，可以由人民调解委员会调解或者向人民法院提起诉讼。"

③ 《民法典》1159条："分割遗产，应当清偿被继承人依法应当缴纳的税款和债务；但是，应当为缺乏劳动能力又没有生活来源的继承人保留必要的遗产。"《民法典》1161条第1款："继承人以所得遗产实际价值为限清偿被继承人依法应当缴纳的税款和债务。超过遗产实际价值部分，继承人自愿偿还的不在此限。"

> 《最高人民法院关于贯彻执行〈中华人民共和国继承法〉若干问题的意见》
> 第60条：继承诉讼开始后，如继承人、受遗赠人中有既不愿参加诉讼，又不表示放弃实体权利的，应追加为共同原告；已明确表示放弃继承的，不再列为当事人。

风险50：房屋权属纠纷风险——签约前权利人死亡

◇风险表述

开发商与权利人签署拆迁安置补偿协议前权利人死亡。

◇风险分析——定性分析

项目风险：无法形成单一实施主体，影响项目进度。

民事风险：权属认定错误，已支付的拆迁补偿款可能无法收回，可能承担侵权责任并赔偿损失。

◇应对措施

（1）对项目范围内房屋权属情况及实际使用情况进行摸底建档，针对权利人年事已高、病重的情况，建议其提前处置房屋（通过买卖或赠与形式过户房产），或建议其提前办理遗嘱公证；亦或建议其签署完备的委托书（经公证），对房屋的继承、买卖、签署拆迁安置补偿协议、注销房屋产证等事项作出授权。

（2）在权利人死亡的情况下审慎认定房屋权利人：

①权利人生前立有遗嘱的，审慎审查遗嘱的效力：如有公证遗嘱，可协助继承人凭公证书办理免税证明后直接到不动产登记中心办理过户；如遗嘱仅经见证或未公证，目前不动产登记中心仅接受生效裁判及公证书作为过户依据文件，因此，仍需协助所有继承人凭见证书到公证处办理继承公证。继承人之间有争议或遗嘱效力有瑕疵的，建议通过司法程序作出权属认定并据此确定被拆迁人。

②权利人生前未立遗嘱的，开发商需介入权利人家庭协商，所有继承人达成一致意见后到公证处办理继承公证方可确定被拆迁人，对于继承人之间无法达成一致意见的，协调部分继承人通过诉讼方式解决（继承人诉继承人），根据法院生效判决办理过户。若考虑诉讼周期过长，可充分利用法院诉前调解程序。

③权属资料（产证原件，合同或其他证明文件，房款支付证明，一直占有、使用房屋的证明）齐全的情况下，开发商可协助拟签约的被拆迁人提起确权诉讼。

（3）境外证据需经过公证、认证程序方能认定。

（4）诉讼途径仍无法确权的，根据《拆除重建类城市更新项目房地产证注销操作规则（试行）》（深规土规〔2016〕3号），由实施主体对相关情况进行书面说明；区（管委会）城市更新职能部门签字同意注销，公告期10个自然日，公告期间无异议或异议不成立的，方可办理注销。

法律依据

原《物权法》第29条：因继承或者受遗赠取得物权的，自继承或者受遗赠开始时发生效力。①

原《物权法》第31条：依照本法第二十八条至第三十条规定享有不动产物权的，处分该物权时，依照法律规定需要办理登记的，未经登记，不发生物权效力。②

原《继承法》第5条：继承开始后，按照法定继承办理；有遗嘱的，按照遗嘱继承或者遗赠办理；有遗赠扶养协议的，按照协议办理。③

《不动产登记暂行条例实施细则》第14条：因继承、受遗赠取得不动产，当事人申请登记的，应当提交死亡证明材料、遗嘱或者全部法定继承人关于不动产分配的协议以及与被继承人的亲属关系材料等，也可以提交经公证的材料或者生效的法律文书。

风险51：房屋权属纠纷风险——权利人离婚导致房屋权属纠纷

◇风险表述

房屋登记在夫妻二人名下，夫妻二人在签署拆迁安置补偿协议前离婚，但未变更房屋登记。

◇风险分析——定性分析

项目风险：无法形成单一实施主体，影响项目进度。

民事风险：权属认定错误，已支付的拆迁补偿款可能无法收回，可能承担侵权责任并赔偿损失。

◇应对措施

（1）开发商在签订拆迁安置补偿协议之前应对房屋权利主体进行全面调查核实，不可随便由他人（包括权利主体的配偶、亲属）代签，以避免被拆迁人基于该理由而毁约。

---

① 《民法典》第230条："因继承取得物权的，自继承开始时发生效力。"

② 《民法典》第232条："处分依照本节规定享有的不动产物权，依照法律规定需要办理登记的，未经登记，不发生物权效力。"

③ 《民法典》第1123条："继承开始后，按照法定继承办理；有遗嘱的，按照遗嘱继承或者遗赠办理；有遗赠扶养协议的，按照协议办理。"

在房屋权属未经法定文件确认的情况下，开发商应介入，与可能提出权属异议的主体协商解决。

（2）权利人离婚的，分为协议离婚、诉讼离婚：

①协议离婚的，可凭经公证的离婚协议确定被搬迁人，签署拆迁安置补偿协议后，需协调权利人凭经公证的离婚协议到不动产登记中心办理过户，若离婚协议未经公证的，需协调权利人双方共同到场过户。

②诉讼离婚的，可凭生效判决文书确定被拆迁人，签署拆迁安置补偿协议后，需协调权利人凭生效判决文书到不动产登记中心办理过户。

（3）若离婚后尚需权利人的配偶配合过户而其配偶不配合的，开发商可灵活参考权利人失踪类型处理，由实施主体对无法联系的情况进行书面说明；区（管委会）城市更新职能部门签字同意注销，公告期10个自然日，公告期间无异议或异议不成立的，方可办理注销。

法律依据

原《民法总则》第171条第1款：行为人没有代理权、超越代理权或者代理权终止后，仍然实施代理行为，未经被代理人追认的，对被代理人不发生效力。①

原《民法总则》第172条：行为人没有代理权、超越代理权或者代理权终止后，仍然实施代理行为，相对人有理由相信行为人有代理权的，代理行为有效。②

《房屋登记办法》第12条：申请房屋登记，应当由有关当事人双方共同申请，但本办法另有规定的除外。

有下列情形之一，申请房屋登记的，可以由当事人单方申请：

（一）因合法建造房屋取得房屋权利；

（二）因人民法院、仲裁委员会的生效法律文书取得房屋权利；

（三）因继承、受遗赠取得房屋权利；

（四）有本办法所列变更登记情形之一；

① 《民法典》第171条第1款："行为人没有代理权、超越代理权或者代理权终止后，仍然实施代理行为，未经被代理人追认的，对被代理人不发生效力。"

② 《民法典》第172条："行为人没有代理权、超越代理权或者代理权终止后，仍然实施代理行为，相对人有理由相信行为人有代理权的，代理行为有效。"

（五）房屋灭失；

（六）权利人放弃房屋权利；

（七）法律、法规规定的其他情形。

《拆除重建类城市更新项目房地产证注销操作规则（试行）》（深规土规〔2016〕3号）区（管委会）：城市更新职能部门对房屋拆除情况进行确认，并出具同意申请注销房地产证的意见。经房地产登记机构核查，搬（拆）迁补偿安置协议载明的房产证号、房屋位置、房屋权利人等房屋自然状况、权利状况与房地产登记簿所记载的内容一致。房地产登记机构在办理房地产证注销之前应在《深圳特区报》或《深圳商报》和房屋现场进行公告，公告期为十个自然日。公告期间无异议或异议不成立的，方可办理注销。

风险52：房屋权属纠纷风险——拟拆除房屋上存在抵押贷款

◇风险表述

权利人将房屋抵押给银行贷款，贷款即将到期且权利人无力偿还贷款，目前解押存在障碍。

◇风险分析——定性分析

项目风险：无法注销产权证书，房屋权利主体可能因抵押、涉诉变更，无法形成单一实施主体，影响项目进度。

民事风险：

1.开发商若采用项目担保的方式置换抵押，会成为债务人或担保人，需向银行履行义务，承担责任。

2.开发商承担责任后，存在向权利人追偿不能的风险。

◇应对措施

（1）首先需要明确房屋状态，除抵押外是否存在查封。

（2）对于权利人配合的，尽量请其与银行协商展期，展期后再办理委贷手续；若无法展期，通常的处理手段有2种：第1种是开发商代权利人偿债，代权利人清理债务后，开发商从拆迁补偿利益中进行扣除。第2种是进行抵押置换。

（3）开发商采用项目担保的方式置换抵押或另行委托银行向权利人提供贷款前应与权利人签署拆迁补偿补充协议，约定抵押贷款的责任承担，通常做法是直接从权利人预期获得的拆迁补偿款中扣除款项。

(4)与权利人明确约定严格的违约责任，明确权利人拆迁补偿款不足以贷款或因权利人自身原因（如私下交易回迁指标）使开发商遭受损失的情形下，权利人应当承担的责任。

(5)可以梳理权利人违反拆迁安置补偿协议的证据并起诉，创造起诉理由，查封房屋并拍卖，通过拍卖来自然解决房屋权属的不确定状态。

法律依据

原《中华人民共和国担保法》第53条规定：债务履行期届满抵押权人未受清偿的，可以与抵押人协议以抵押物折价或者以拍卖、变卖该抵押物所得的价款受偿；协议不成的，抵押权人可以向人民法院提起诉讼。

抵押物折价或者拍卖、变卖后，其价款超过债权数额的部分归抵押人所有，不足部分由债务人清偿。①

风险53：房屋权属纠纷风险——企业股东主张共有物分割

◇风险表述

房屋权利人为公司，其股东出资成立公司购置厂房，因厂房被纳入城市更新范围，股东主张共有物分割。

◇风险分析——定性分析

项目风险：若仅与公司或部分股东签署，其他股东可能主张权利，无法形成单一实施主体，影响项目进度。

民事风险：权属认定错误，已支付的拆迁补偿款可能无法收回，可能承担侵权责任并赔偿损失。

◇应对措施

(1)搬迁方在认定权利人时应审慎核查，除非有相反证据，一般情况下应根据不动产登记状态确认权利人并签署拆迁安置补偿协议。

(2)其他相关人对房屋权属提出异议的，应积极协调，可协助其诉诸司法机关认定。

---

① 《民法典》第410条："债务人不履行到期债务或者发生当事人约定的实现抵押权的情形，抵押权人可以与抵押人协议以抵押财产折价或者以拍卖、变卖该抵押财产所得的价款优先受偿。协议损害其他债权人利益的，其他债权人可以请求人民法院撤销该协议。抵押权人与抵押人未就抵押权实现方式达成协议的，抵押权人可以请求人民法院拍卖、变卖抵押财产。抵押财产折价或者变卖的，应当参照市场价格。"和《民法典》第413条："抵押财产折价或者拍卖、变卖后，其价款超过债权数额的部分归抵押人所有，不足部分由债务人清偿。"

法律依据

原《物权法》第99条：共有人约定不得分割共有的不动产或者动产，以维持共有关系的，应当按照约定，但共有人有重大理由需要分割的，可以请求分割；没有约定或者约定不明确的，按份共有人可以随时请求分割，共同共有人在共有的基础丧失或者有重大理由需要分割时可以请求分割。因分割对其他共有人造成损害的，应当给予赔偿。①

风险54：房屋权属纠纷风险——权利人企业改制

◇风险表述

权利人为国企，在企业改制过程中对房屋是否纳入改制资产范围未作说明，且改制后未办理登记。

◇风险分析——定性分析

项目风险：无法形成单一实施主体，影响项目进度。

民事风险：权属认定错误，已支付的拆迁补偿款可能无法收回，可能承担侵权责任并赔偿损失。

刑事风险：权属认定错误可能造成国有资产流失，严重的构成犯罪。

◇风险分析——定量分析

可能触犯《刑法》第396条第1款的规定：国家机关、国有公司、企业、事业单位、人民团体，违反国家规定，以单位名义将国有资产集体私分给个人，数额较大的，对其直接负责的主管人员和其他直接责任人员，处三年以下有期徒刑或者拘役，并处或者单处罚金；数额巨大的，处三年以上七年以下有期徒刑，并处罚金。

◇应对措施

（1）对项目范围内房屋权属情况及实际使用情况进行摸底建档，对权利人为国企的，核查国有资产的处置的评估及审批手续，没有列入评估资产及履行规定的审批手续的，按照司法实践，一般不认可改制后的企业当然取得使用权和所有权。

（2）国有企业若与第三方之间对房屋权属存在争议，可协调通过诉讼对房屋确权。

① 《民法典》第303条："共有人约定不得分割共有的不动产或者动产，以维持共有关系的，应当按照约定，但是共有人有重大理由需要分割的，可以请求分割；没有约定或者约定不明确的，按份共有人可以随时请求分割，共同共有人在共有的基础丧失或者有重大理由需要分割时可以请求分割。因分割造成其他共有人损害的，应当给予赔偿。"

法律依据

《国务院办公厅转发国资委关于进一步规范国有企业改制工作实施意见的通知》：

企业实施改制必须由审批改制方案的单位确定的中介机构进行财务审计和资产评估。确定中介机构必须考察和了解其资质、信誉及能力；不得聘请改制前两年内在企业财务审计中有违法、违规记录的会计师事务所和注册会计师；不得聘请参与该企业上一次资产评估的中介机构和注册资产评估师；不得聘请同一中介机构开展财务审计与资产评估。

风险55：房屋权属纠纷风险——权利人破产重整

◇风险表述

开发商已与房屋实际权利人A签署拆迁安置补偿协议，A早年通过拍卖取得房屋但因历史原因未过户，证载权利人B为国企，已破产重整，重整资料不全，现B主张其对房屋的合法权益，且B除涉案房屋外还控制项目范围内大规模权属清晰的房屋，称其余房屋的签约要以涉案房屋的签约为前提。

◇风险分析——定性分析

项目风险：无法形成单一实施主体，影响项目进度。

民事风险：权属认定错误风险，若与证载权利人签约，对实际权利人违约，可能导致：土地使用权证在实施主体确认阶段被查封而影响房产证注销；可能依法需向实际控制人补偿相应的房产或等值价款；在开发阶段土地使用权证被查封而影响房屋预售许可；承担违约责任。

行政风险：实际控制人申请撤销主管部门确认开发商为实施主体的行政行为。

◇应对措施

（1）梳理拆迁安置补偿协议中实际权利人违约行为，审查其是否保证房屋不存在争议，为解除合同追究违约责任做准备。

（2）与证载权利人有条件的签约：①明确其知悉公司已与实际权利人签署协议；②证载权利人应当承担最终权属未确认的风险；③若公司涉诉，证载权利人应当承担配合举证义务；④证载权利人应当就项目内其他大规模房屋一同签署拆迁安置补偿协议；⑤股东承担担保责任。

（3）做好实际权利人起诉证载权利人或开发商的应诉准备。

（4）若有房屋、土地被查封，积极提供置换。

(5)提请政府发挥主导作用,在注销房产证和确权程序中支持开发商与证载权利人。

(6)对实际权利人加强清租力度,适时提起诉讼。

(7)解除与实际权利人合同并告知时点的选择:注销房屋登记后停止向实际权利人支付搬迁补偿并着手解除合同。

(8)若批准实施主体的主管机关被提起行政诉讼,配合被诉主体应诉,提供证据,及时驳回其诉求。

法律依据

原《合同法》第93条:当事人协商一致,可以解除合同。

当事人可以约定一方解除合同的条件。解除合同的条件成就时,解除权人可以解除合同。①

风险56:房屋权属纠纷风险——物业管理用房权属纠纷

◇风险表述

城市更新项目范围内小区业主委员会通过行政诉讼,请求撤销已办理房地产证的涉案房屋登记,认为物业管理用房属于全体业主所有。

◇风险分析——定性分析

项目风险:无法形成单一实施主体,影响项目进度。

◇应对措施

(1)认定权利主体时,需严格核查取得物权的合同、证照,一般情况下存在权属争议的,以证载权利人作为签约主体。

(2)在搬迁安置补偿协议中明确权利人的保证义务及违约责任。

(3)如出现权属争议,积极推进案件审理进程。

风险57:房屋权属纠纷风险——“红本房”转让

◇风险表述

“红本房”的权利人将房屋赠与或转让后未办理过户。

◇风险分析——定性分析

项目风险:无法形成单一实施主体,影响项目进度。

民事风险:权属认定错误,已支付的搬迁补偿款可能无法收回,可能承担侵权责任并赔偿损失。

---

① 《民法典》第562条:“当事人协商一致,可以解除合同。当事人可以约定一方解除合同的事由。解除合同的事由发生时,解除权人可以解除合同。”

◇应对措施

（1）对项目范围内房屋权属情况及实际使用情况进行摸底建档。

（2）审慎认定房屋权利人，持经公证的买卖合同或赠与合同的受赠人或受让人，可综合其他权属资料（产证原件，赠与、买卖合同或其他证明文件，房款支付证明，一直占有、使用房屋的证明）确定其为被拆迁人，签署拆迁安置补偿协议后，协助其过户登记。

（3）若过户登记需原权利人配合且其不予配合的，开发商可协助房屋的受赠人或受让人提起确权诉讼。

法律依据

原《物权法》第9条第1款规定：不动产物权的设立、变更、转让和消灭，经依法登记，发生效力；未经登记，不发生效力，但法律另有规定的除外。①

原《物权法》第15条规定：当事人之间订立有关设立、变更、转让和消灭不动产物权的合同，除法律另有规定或者合同另有约定外，自合同成立时生效；未办理物权登记的，不影响合同效力。②

风险58：房屋权属纠纷风险——“农民房交易”风险

◇风险表述

拟拆除的房屋存在“农民房交易”无法过户，最终导致无法注销产证。

◇风险分析——定性分析

项目风险：无法形成单一实施主体，影响项目进度。

民事风险：权属认定错误，已支付的拆迁补偿款可能无法收回，可能承担侵权责任并赔偿损失。

◇应对措施

（1）请受让方自行解决确权问题（双方协议+村集体证明+公示等）。

（2）根据房屋实际占有情况，房屋是否拆除、是否通过专规审批三点判断，为推动项目进度，建议与房屋的实际控制方签约，如无需要，建议不主动帮助实际权利人通过诉讼确权。

（3）根据现行判例，项目专规审批通过后，卖方再以违反《土地管理法》第63条为

① 《民法典》第209条第1款：“不动产物权的设立、变更、转让和消灭，经依法登记，发生效力；未经登记，不发生效力，但是法律另有规定的除外。”

② 《民法典》第215条：“当事人之间订立有关设立、变更、转让和消灭不动产物权的合同，除法律另有规定或者当事人另有约定外，自合同成立时生效；未办理物权登记的，不影响合同效力。”

由诉请房屋买卖合同无效的，可能得不到支持，在房屋拆除后诉请返还原物亦无法得到支持。

(4)与此类被拆迁人签拆迁安置补偿协议时需设置一定的风险控制条款。

(5)有关注销产证的特殊问题，建议汇通不动产登记中心、区住建、区更新寻求风险共担的机制探索，以协商纪要、区领导小组会议纪要的形式固定解决路径。

风险59：房屋权属纠纷风险——无证房屋交易

◇风险表述

集体土地上无证房屋存在交易情况，且无交易资料或交易资料不全。

◇风险分析——定性分析

项目风险：无法形成单一实施主体，影响项目进度。

民事风险：权属认定错误，已支付的拆迁补偿款可能无法收回，可能承担侵权责任并赔偿损失。

◇应对措施

(1)核查房屋的基础材料。

(2)通过股份合作公司、街道办等出具核查认定意见，将无证建筑物确认至受让方名下。

(3)寻找出让方，请其签署确认文件并承诺由受让方享有回迁利益且不再提出异议。

(4)与受让方签订拆迁安置补偿协议。

风险60：房屋权属纠纷风险——福利房权属纠纷

◇风险表述

证载权利人为公司，房屋性质为自建/单位建房，后公司福利房形式低价出售给公司员工，员工为房屋实际使用人。

◇风险分析——定性分析

项目风险：无法形成单一实施主体，影响项目进度。

民事风险：权属认定错误，已支付的拆迁补偿款可能无法收回，可能承担侵权责任并赔偿损失。

◇应对措施

可根据单位、业主提供的证明材料，经与国土、住建等部门核实后，再直接与小业主签订搬迁安置补偿协议。

法律依据

《国务院关于深化城镇住房制度改革的决定》第21条第2款规定：职工以成本价购买的住房，产权归个人所有，一般住用5年后可以依法进入市场，在补交土地使用权出让金或所含土地收益和按规定交纳有关税费后，收入归个人所有。

《最高人民法院关于房地产案件受理问题的通知》(法发〔1992〕38号) 解释第3条明确规定：……因单位内部建房、分房等而引起的占房、腾房等房地产纠纷，均不属于人民法院主管工作的范围，当事人为此而提起的诉讼，人民法院应依法不予受理或驳回起诉，可告知其他部门申请解决。

风险61：房屋权属纠纷风险——集体土地上借名购房/建房

◇风险表述

有证房屋，实际权利人（外村人）以村集体成员名义建设房屋，证载权利人通过赠与书、遗赠公证等方式将房屋转让给实际权利人。

◇风险分析——定性分析

项目风险：无法形成单一实施主体，影响项目进度。

民事风险：权属认定错误，已支付的拆迁补偿款可能无法收回，可能承担侵权责任并赔偿损失。

◇应对措施

(1)寻找证载权利人，请其与实际权利人签订房屋代持协议。

(2)与证载权利人签订拆迁安置补偿协议，要求证载权利人与实际权利人签署确认文件，确认拆迁补偿利益全部归实际权利人所有。

(3)视谈判情况而定，亦可与实际权利人约定采取无证建筑物的产权置换方式进行补偿。

法律依据

《最高人民法院关于适用〈中华人民共和国物权法〉若干问题的解释（一）》第2条：当事人有证据证明不动产登记簿的记载与真实权利状态不符、其为该不动产物权的真实权利人，请求确认其享有物权的，应予支持。

风险62：房屋权属纠纷风险——集体土地上合作建房权属纠纷

◇风险表述

股份合作公司与房屋权利人签署土地使用权转让或租赁协议，规定合同到期后房屋权利人归还土地使用权和地上建筑物，房屋权利人在使用期间合作建房，并办理了红本产证。目前土地使用年限将到期。

◇应对措施

（1）开发商应对项目范围内房屋权属情况及实际使用情况进行摸底建档。

（2）审慎认定房屋权利人，涉及房屋、土地权属证明冲突的，综合考察主张权属各方，全面核查各方提供的证明文件，走访房屋实际情况，依据优势证据原则，并考虑实际使用情况，确定拆迁补偿签约主体：优先以不动产登记簿或不动产登记证书为准，其余与土地使用权相关的证明（土地使用权登记申请书、土地登记审批表、集体土地建设用地使用证）、与房屋权属相关的证明（房屋赠与、买卖合同或其他证明文件，房款支付证明，一直占有、使用房屋的证明：物业费、出租合同及租金收取凭证、水电费、有线电视费）为佐证。

（3）为避免房屋与土地权属不一致，开发商可以请房屋权利人配合将红本房屋过户至股份合作公司名下，再由开发商与股份合作公司签订协议。

（4）开发商、股份合作公司、房屋权利人可签订三方协议，确定由房屋权利人取得的利益。该部分补偿由股份合作公司代为取得后支付给房屋权利人，其余补偿利益均归股份合作公司。

（5）若无法达成一致，对于涉集体土地权属的纠纷，根据《土地管理法》第14条第1款规定：“土地所有权和使用权争议，由当事人协商解决；协商不成的，由人民政府处理。”

（6）选择签约方时，考虑房屋实际权利人对项目搬迁进度的影响。

（7）在协议中明确签约主体的权属保证、义务及相应的违约责任，违约金应充分考虑可能产生的损失，同时可约定：如产生权属争议的情况下，并在权属争议未得到司法机关或有关政府部门作出认定的情况下，拆迁房有权暂停支付有关费用及交付补偿房产。

法律依据

《广东省高级人民法院关于审理农村集体土地出让、转让、出租用于非农业建设纠纷案件若干问题的指导意见》(粤高法发〔2017〕42号)

1.人民法院审理农村集体土地出让、转让、出租用于非农业建设纠纷案件，如果涉及的土地在起诉前没有被依法批准为建设用地或经行政主管部门依法批准补办了征用手续转为国有土地，仍属于农用地且当事人已在该地块进行非农业建设的，裁定驳回起诉，并告知当事人向行政主管部门申请处理。当事人在行政主管部门对涉及的土地及其地上建筑物、构筑物或其他设施进行处理后，可就因履行合同而发生的财产纠纷再向人民法院提起民事诉讼。

……

5.当事人因集体土地权属发生争议，向人民法院提起民事诉讼，主张集体土地权属的，人民法院不予受理，已经受理的，裁定驳回起诉，并告知当事人向人民政府申请处理。

……

风险63：房屋权属纠纷风险——集体土地使用权被收回

◇风险表述

村集体经济组织与某村民签订土地使用权出让协议后，经股东大会表决解除与该村民的协议，并将土地使用权收回，但村民为房屋实际权利人。

◇风险分析——定性分析

项目风险：无法形成单一实施主体，影响项目进度。

民事风险：权属认定错误，已支付的拆迁补偿款可能无法收回，可能承担侵权责任并赔偿损失。

◇应对措施

建议各方协商由开发商与股份合作公司签署拆迁协议，货币补偿中的部分由股份合作公司支付给村民，并要求村民承诺不得另行提出异议，由股份合作公司负责相关清租事宜。

法律依据

《广东省高级人民法院关于审理农村集体土地出让、转让、出租用于非农业建设纠纷案件若干问题的指导意见》：

1.人民法院审理农村集体土地出让、转让、出租用于非农业建设纠纷案件，如果涉及的土地在起诉前没有被依法批准为建设用地或经行政主管部门依法批准补办了征用手续转为国有土地，仍属于农用地且当事人已在该地块进行非农业建设的，裁定驳回起诉，并告知当事人向行政主管部门申请处理。当事人在行政主管部门对涉及的土地及其地上建筑物、构筑物或其他设施进行处理后，可就因履行合同而发生的财产纠纷再向人民法院提起民事诉讼。

……

5.当事人因集体土地权属发生争议，向人民法院提起民事诉讼，主张集体

> 土地权属的，人民法院不予受理，已经受理的，裁定驳回起诉，并告知当事人向人民政府申请处理。
>
> ……

风险64：房屋权属纠纷风险——“绿本房”[①]加建

◇风险表述

“绿本房”因加建造成证载面积与实际建面不符。

◇风险分析——定性分析

项目风险：就拆除或加建部分无法达成搬迁补偿一致，影响项目进度。

◇应对措施

（1）如权利人已申报两规[②]，则按照无证建筑进行确权，与权利人签订协议。

（2）如未申报两规，则需审核权利人加建时的建房凭证等资料证明房屋权属。

（3）视谈判情况而定，资料缺失的建议认定为违建，按规定完成确权公示程序。

风险65：房屋权属纠纷风险——未经处理和认定的历史遗留违法私房发生权属争议

◇风险表述

未申报或虽然进行了历史遗留违法私房申报，但主管部门并未对产权作出相应认定的违法私房发生权属争议。

◇风险分析——定性分析

项目风险：无法形成单一实施主体，影响项目进度。

民事风险：权属认定错误，已支付的拆迁补偿款可能无法收回，可能承担侵权责任并赔偿损失。

◇应对措施

（1）对存在历史遗留问题的土地权利主体进行审慎确认。

（2）设置合理的支付补偿对价节点。

（3）根据《深圳经济特区处理历史遗留违法私房若干规定》，在城市更新项目中，如

---

① 为方便表述，“绿本房”指根据《深圳市规划与国土资源局关于颁发新〈房地产证〉的通知》（深规土〔1994〕576号）规定，有以下情形之一的房产：1.以行政划拨方式获得的土地使用权；2.在行政划拨的土地上建成的房地产；3.通过协议方式并按协议地价标准支付地价款的土地使用权（以协议方式按市场地价标准支付地价款的除外）；4.在缴付协议地价款的土地上建成的房地产；5.获得减免地价的土地使用权；6.在减免地价的土地上建成的房地产；7.准成本商品房；8.按“房改”取得的全成本（建筑费用加室外工程配套费用）商品房；9.微利商品住宅；10.农村居民私人住宅；11.房地产登记机关确认的其他非市场商品房地产。

② 为方便表述，“两规”指：2001年10月17日深圳市第三届人大常委会第十一次会议通过的《深圳经济特区处理历史遗留生产经营性违法建筑若干规定》和《深圳经济特区处理历史遗留违法私房若干规定》。

遇未经处理和认定的历史遗留违法私房发生权属争议的，应当先申请相关政府部门处理，直接向人民法院起诉可能会面临不予受理或者驳回起诉的风险。

（4）选择签约方时，考虑房屋实际权利人对项目搬迁进度的影响。

法律依据

《深圳经济特区处理历史遗留违法私房若干规定》(2001年发布) 第3条：区人民政府负责辖区内违法私房清查、处理的统一组织和协调工作。

规划国土资源部门主管违法私房问题的处理工作；建设、公安消防部门在各自的职责范围内负责违法私房的处理工作；环保、工商、文化、卫生、租赁及其他有关部门按照各自职责参与处理违法私房工作。

风险66：房屋权属纠纷风险——划拨用地的土地使用权期限届满

◇风险表述

房屋所在地块为有期限（因历史原因）的划拨用地且已过期限，仅有土地代用证，且未载明使用年限。房屋部分楼层为加建，加建虽经国土部门同意并核发工程规划验收合格证但未办理初始登记，因此无法过户，也无法确认产权。

◇风险分析——定性分析

项目风险：无法注销产权证书，形成单一实施主体，影响项目进度。

◇应对措施

（1）按照法律规定，住宅类用地到期自动续期，商业、办公类则需经批准方能续期。目前划拨用地已到期，继续使用土地不再有合法依据，但是房屋在城市更新项目范围内，城市更新的职能之一本身也即梳理历史遗留问题，拆旧建新，因此土地并不当然被收回。

（2）其他项目中政府在处理划拨用地到期的地上建筑物补偿路径：建筑物合法的情况下补偿房屋残值。

法律依据

原《物权法》第149条：住宅建设用地使用权期间届满的，自动续期。

非住宅建设用地使用权期间届满后的续期，依照法律规定办理。该土地上的房屋及其他不动产的归属，有约定的，按照约定；没有约定或者约定不明确的，依照法律、行政法规的规定办理。①

① 《民法典》第359条："住宅建设用地使用权期限届满的，自动续期。续期费用的缴纳或者减免，依照法律、行政法规的规定办理。非住宅建设用地使用权期限届满后的续期，依照法律规定办理。该土地上的房屋以及其他不动产的归属，有约定的，按照约定；没有约定或者约定不明确的，依照法律、行政法规的规定办理。"

风险67：房屋权属纠纷风险——无证房产权属纠纷

◇风险表述

项目范围内涉及村集体经济组织的无产权证房屋存在权属争议。

◇风险分析——定性分析

项目风险：无法形成单一实施主体，影响项目进度。

民事风险：权属认定错误，已支付的拆迁补偿款可能无法收回，可能承担侵权责任并赔偿损失。

◇应对措施

（1）开发商签约时审慎审查并保留房屋权属证明文件，包括但不限于土地及房屋取得的协议、证明文件。

（2）实地调查走访房屋实际使用情况。

（3）由村集体经济组织进行权属公示并确认权属。

（4）协助积极应诉，推动纠纷的高效快速解决。

（5）拆迁安置补偿协议中明确被拆迁人的权属保证及逾期交付房屋、权属错误所产生的违约责任。

（6）设置合理的支付搬迁安置补偿费用节点。

风险68：房屋权属纠纷风险——祖屋权属纠纷

◇风险表述

搬迁涉及祖屋，由于祖屋无相关报建报批手续，也未办理产权证书，产生权属争议。

◇风险分析——定性分析

项目风险：涉及土地权属的争议直接向法院起诉，法院可能不予受理或者裁定驳回起诉，从而无法形成单一实施主体，影响项目进度。

民事风险：权属认定错误，已支付的拆迁补偿款可能无法收回，可能承担侵权责任并赔偿损失。

◇应对措施

（1）无任何手续，属于历史遗留问题，一般由村集体经济组织确权；若与镇相关，则由镇确权；开发商可以对其进行公示（如在项目所在地的村里张贴公告或在报纸进行公告），慎重起见，开发商可从三个维度操作：由村/镇出具书面证明+报纸公示+项目所在地公示。

（2）若遇权属纠纷，请求在村、镇组织下与争议各方进行调解。

（3）如遇调解僵局，请争议方依法请求政府部门进行调处确权。

（4）如争议各方无法达成调解，且政府部门无法进行调处确权的，开发商可进一步与政府部门沟通，采取托管策略，就搬迁补偿利益在政府部门进行托管，以形成单一实施主体并尽快拆除房屋。

法律依据

《土地管理法》(2019年修订) 第14条：土地所有权和使用权争议，由当事人协商解决；协商不成的，由人民政府处理。

单位之间的争议，由县级以上人民政府处理；个人之间、个人与单位之间的争议，由乡级人民政府或者县级以上人民政府处理。

当事人对有关人民政府的处理决定不服的，可以自接到处理决定通知之日起三十日内，向人民法院起诉。

在土地所有权和使用权争议解决前，任何一方不得改变土地利用现状。

风险69：房屋权属纠纷风险——房屋权属纠纷导致的行政诉讼

◇风险表述

房屋权属争议相关方通过行政诉讼诉请撤销房屋权属登记主张权利，引发诉讼。

◇风险分析——定性分析

项目风险：无法形成单一实施主体，影响项目进度。

◇应对措施

（1）审慎审查留存权属证明文件，包括但不限于土地及房屋取得的协议、证明文件。

（2）实地调查走访该房屋实际使用情况。

（3）协助积极应诉，推动纠纷的高效快速解决。

（4）拆迁安置补偿协议中明确被拆迁人保证房屋权属信息真实、逾期交付房屋和权属错误所产生的违约责任。设置合理的支付拆迁安置补偿费用节点。

风险70：房屋权属纠纷风险——土地与房屋权属不一致

◇风险表述

土地权属与房屋权属不一致，如土地使用权出租后，由承租人建设房屋，其中地上建筑物全部或部分为历史遗留违法建筑，土地权利人和承租人（建筑物占有人）产生纠纷。

◇风险分析——定性分析

项目风险：涉及土地权属的争议直接向法院起诉，法院可能不予受理或者裁定驳回起诉，从而无法形成单一实施主体，影响项目进度。

民事风险：权属认定错误，已支付的拆迁补偿款可能无法收回，可能承担侵权责任并赔偿损失。

◇应对措施

（1）对项目范围内房屋权属情况及实际使用情况进行摸底建档。

（2）审慎认定房屋权利人，涉及房屋、土地权属证明冲突的，以不动产登记簿或不动产登记证书为准，其余与土地使用权相关的证明（土地使用权登记申请书、土地登记审批表、集体土地建设用地使用证、土地使用权出让合同、建设工程施工许可证、规划许可证等文件）、与房屋权属相关的证明（房屋赠与、买卖合同或其他证明文件，房款支付证明，一直占有、使用房屋的证明）起佐证作用。

（3）对于涉及集体土地权属的纠纷，根据《土地管理法》第14条第1款规定："土地所有权和使用权争议，由当事人协商解决；协商不成的，由人民政府处理。"

（4）对于涉及村集体房产的，关于无产权的房屋权属确认各区政策不一致，但均是以股份合作公司书面确认文件为核查基础，部分还要求股份合作公司、申请人或股份合作公司与申请人联合进行被搬迁房屋权属公示，经公示无异议或异议解决后方作为权属证明材料递交审核。

（5）对涉及争议的房屋进行提存，尝试沟通请求由街道办、更新局或股份合作公司保管，搬迁权益所涉及的财产交由街道办、更新局或村股份合作公司提存，待争议双方解决后，交付给有权机关或司法机关确认的权利人。

（6）选择签约方时，考虑房屋实际权利人对项目搬迁进度的影响。

法律依据

《土地管理法》(2019年修订) 第14条：土地所有权和使用权争议，由当事人协商解决；协商不成的，由人民政府处理。

单位之间的争议，由县级以上人民政府处理；个人之间、个人与单位之间的争议，由乡级人民政府或者县级以上人民政府处理。

当事人对有关人民政府的处理决定不服的，可以自接到处理决定通知之日起三十日内，向人民法院起诉。

在土地所有权和使用权争议解决前，任何一方不得改变土地利用现状。

风险71：清租风险——合作方因无法清租违约

◇风险表述

因承租人原因导致负责交付净地的合作一方违约。

◇风险分析——定性分析

民事风险：交付净地义务方为合作方的，合作方违约；交付净地义务方为己方的，己方违约。

◇风险分析——定量分析

交付净地义务方为合作方的，开发商基于合同享有的土地开发的实际利益、预期利益无法实现；交付净地义务方为己方的，己方承担违约责任。

◇应对措施

（1）对项目范围内建/构筑（附属）物的权属情况和租赁情况进行摸底排查，充分估计工作量及工作难度。

（2）重点关注合同各方的免责事由，特别注意约定因第三人原因导致违约的免责。

（3）除了设计完备的交易合同外，一旦发生合作方违约事件后，投资方应当谨慎应对，并留存好履约及双方交涉过程产生的全部资料。

法律依据

原《合同法》第65条：当事人约定由第三人向债权人履行债务的，第三人不履行债务或者履行债务不符合约定，债务人应当向债权人承担违约责任。①

风险72：清租风险——被搬迁人因无法清租逾期交房

◇风险表述

因承租人原因导致被搬迁人逾期交房。

◇风险分析——定性分析

项目风险：

（1）影响项目进度。

（2）涉及民族利益。

（3）过于强硬的清租态度容易引起被搬迁人反感，影响开发商形象。

民事风险：拆除建筑物后被移出计划，拆除物无法报建，与权利人之间产生纠纷。

刑事风险：构成损害公私财物罪（5000元以上）。

① 《民法典》第523条："当事人约定由第三人向债权人履行债务，第三人不履行债务或者履行债务不符合约定的，债务人应当向债权人承担违约责任。"

◇风险分析——定量分析

可能违反《刑法》第275条的规定：故意毁坏公私财物，数额较大或者有其他严重情节的，处三年以下有期徒刑、拘役或者罚金；数额巨大或者有其他特别严重情节的，处三年以上七年以下有期徒刑。

◇应对措施

（1）对更新单位范围内的房屋租赁情况进行前期摸底及情况实时更新，分情况采取预防措施。

（2）合理设计拆迁安置补偿协议的交房条款，明确清租义务方及清租期限，将交房与支付搬迁补偿款挂钩，并明确违约责任。

（3）可约定在一定清租期限内未完成清租的，由开发商负责清租。

（4）必要时，积极采取司法手段促进争议解决及房屋移交，但应"以打带谈"，避免纠纷陷入冗长的诉讼程序。

（5）城市更新项目进场时，引导被搬迁人在租赁合同中作出有利于出租方的约定，包括不定期租赁合同，出现城市更新的提前解除权等，同时可明确在承租人拒不履行搬迁义务时出租人的强行清场权。

（6）对于可能涉黑的"惯犯"承租人，及时报案。

（7）对于情节严重的，以非法侵占罪报案。

法律依据

原《合同法》第73条：因债务人怠于行使其到期债权，对债权人造成损害的，债权人可以向人民法院请求以自己的名义代位行使债务人的债权，但该债权专属于债务人自身的除外。

代位权的行使范围以债权人的债权为限。债权人行使代位权的必要费用，由债务人负担。①

原《合同法》第214条：租赁期限不得超过二十年。超过二十年的，超过部分无效。

租赁期间届满，当事人可以续订，但约定的租赁期限自续订之日起不得超过二十年。②

① 《民法典》第535条第1款、第2款："因债务人怠于行使其债权或者与该债权有关的从权利，影响债权人的到期债权实现的，债权人可以向人民法院请求以自己的名义代位行使债务人对相对人的权利，但是该权利专属于债务人自身的除外。代位权的行使范围以债权人的到期债权为限。债权人行使代位权的必要费用，由债务人负担。"

② 《民法典》第705条："租赁期限不得超过二十年。超过二十年的，超过部分无效。租赁期限届满，当事人可以续订租赁合同；但是，约定的租赁期限自续订之日起不得超过二十年。"

风险73：清租风险——被搬迁人因承租人转租逾期交房

◇风险表述

承租人转租，因次承租人原因导致被搬迁人逾期交房。

◇风险分析——定性分析

项目风险：影响项目进度。

◇应对措施

（1）对更新单位范围内的房屋租赁情况进行前期摸底及情况实时更新，关注转租是否经被搬迁人同意，租赁合同是否届满，再分情况采取预防措施。

（2）合理设计拆迁安置补偿协议的交房条款，明确清租义务方及清租期限，将交房与支付搬迁补偿款挂钩，并明确违约责任。

（3）可约定在一定清租期限内未完成清租的，由开发商负责清租。

（4）必要时，积极采取司法手段促进争议解决及房屋移交。

法律依据

原《合同法》第73条：因债务人怠于行使其到期债权，对债权人造成损害的，债权人可以向人民法院请求以自己的名义代位行使债务人的债权，但该债权专属于债务人自身的除外。

代位权的行使范围以债权人的债权为限。债权人行使代位权的必要费用，由债务人负担。①

原《合同法》第214条：租赁期限不得超过二十年。超过二十年的，超过部分无效。

租赁期间届满，当事人可以续订租赁合同，但约定的租赁期限自续订之日起不得超过二十年。②

原《合同法》第224条：承租人经出租人同意，可以将租赁物转租给第三人。承租人转租的，承租人与出租人之间的租赁合同继续有效，第三人对租赁物造

---

① 《民法典》第535条第1款、第2款："因债务人怠于行使其债权或者与该债权有关的从权利，影响债权人的到期债权实现的，债权人可以向人民法院请求以自己的名义代位行使债务人对相对人的权利，但是该权利专属于债务人自身的除外。代位权的行使范围以债权人的到期债权为限。债权人行使代位权的必要费用，由债务人负担。"

② 《民法典》第705条："租赁期限不得超过二十年。超过二十年的，超过部分无效。租赁期限届满，当事人可以续订租赁合同；但是，约定的租赁期限自续订之日起不得超过二十年。"

> 成损失的，承租人应当赔偿损失。
>
> 承租人未经出租人同意转租的，出租人可以解除合同。[①]

风险74：清租风险——因承租人未经同意转租需向权利人支付违约金

◇风险表述

集体土地上承租人未经同意转租，对出租人即权利人违约，清租时，开发商支付的款项无法覆盖次承租人需要支付权利人的违约金，次承租人不予配合。

◇风险分析——定性分析

项目风险：不解决违约金问题，承租人不搬迁，权利人不配合签约，影响项目进度。

◇应对措施

（1）集体土地上超过20年的租赁合同，倾向于认定其为实际权利人，须向集体经济组织确认。

（2）开发商因谨慎核查转租的房屋租赁合同是否真实，违约金约定是否正常，是否存在恶意串通的倒签。

> **法律依据**
>
> 原《合同法》第214条：租赁期限不得超过二十年。超过二十年的，超过部分无效。
>
> 租赁期间届满，当事人可以续订租赁合同，但约定的租赁期限自续订之日起不得超过二十年。[②]

风险75：签约障碍——权利人在境外

◇风险表述

权利人移居境外，无法或不愿意回国签署拆迁安置补偿协议并办理相关手续。

◇风险分析——定性分析

项目风险：影响项目进度。

◇应对措施

（1）无论是委托律师解决确权问题还是委托代理人代为处理签约、注销产证事宜，均需经过公证。可选择权利人回国一次性在境内办理委托公证手续，也可在境外直接办理

---

① 《民法典》第716条："承租人经出租人同意，可以将租赁物转租给第三人。承租人转租的，承租人与出租人之间的租赁合同继续有效；第三人造成租赁物损失的，承租人应当赔偿损失。承租人未经出租人同意转租的，出租人可以解除合同。"

② 即《民法典》第705条。

委托公证手续。若在境外办理的，根据所在国家不同，通常需要在当地律师事务所声明，经中国驻当地使领馆认证后转递回境内公证处。

（2）办理公证委托的，不同公证处对委托期限要求不同，开发商可尽量与公证处协调将委托期限延展至实施主体确认之时。

法律依据

《中华人民共和国公证法》第45条：中华人民共和国驻外使（领）馆可以依照本法的规定或者中华人民共和国缔结或者参加的国际条约的规定，办理公证。

原《民法总则》第161条第1款：民事主体可以通过代理人实施民事法律行为。①

风险76：签约障碍——权利人正在服刑期间

◇风险表述

权利人正在服刑，无法签署拆迁安置补偿协议并办理相关手续。

◇风险分析——定性分析

项目风险：影响项目进度。

◇应对措施

（1）联系权利人的家属，与家属进行搬迁补偿谈判。

（2）与家属达成一致意见后，如权利人在看守所的，由家属委托律师前往会见并签署相关文件，如权利人在监狱的，由家属前往探望业主并签署相关文件。

法律依据

《中华人民共和国看守所条例》第32条：人民检察院已经决定提起公诉的案件，被羁押的人犯在接到起诉书副本后，可以与本人委托的辩护人或者由人民法院指定的辩护人会见、通信。

《律师会见监狱在押罪犯规定》第2条：监狱依法保障律师会见在押罪犯的权利。律师会见在押罪犯应当遵守监狱管理的有关规定。

原《民法总则》第161条第1款：民事主体可以通过代理人实施民事法律行为。②

① 《民法典》第161条："民事主体可以通过代理人实施民事法律行为。依照法律规定、当事人约定或者民事法律行为的性质，应当由本人亲自实施的民事法律行为，不得代理。"

② 即《民法典》第161条。

风险77：签约障碍——权利人瘫痪

◇风险表述

权利人瘫痪，无法签署搬迁安置补偿协议并办理相关手续。

◇风险分析——定性分析

项目风险：影响项目进度。

◇应对措施

（1）联系其亲属，由权利人将签署拆迁安置补偿协议及其他相关手续事项办理授权给亲属，授权需经过公证，涉村集体的，需要集体经济组织加盖公章予以确认。

（2）开发商可根据权利人的身体情况进行判断，针对权利人年事已高、病重的情况，建议协调、引导其提前处置房屋（通过买卖或赠与形式将房产过户至家人名下），或建议其提前办理遗嘱公证。

法律依据

原《民法总则》第161条第1款：民事主体可以通过代理人实施民事法律行为。[①]

① 即《民法典》第161条。

第六章 回迁房交付阶段

风险78：回迁房纠纷——被搬迁人转卖房屋

◇风险表述

项目拆除进入开发阶段后，被搬迁人转卖房屋，买卖标的为项目回迁房，买卖双方对房屋买卖合同的履行存在争议，开发商被卷入纠纷。

◇风险分析——定性分析

民事风险：在房屋买卖合同纠纷中被列为被告或第三人。

◇应对措施

（1）签署拆迁安置补偿协议并交付后，如产权未办理注销的，仍存在被搬迁人对外转让该房屋并办理产权变更转移登记的可能性，房屋灭失不影响不动产登记转移登记。

（2）在房屋已灭失的情况下，应及时办理权属证书注销登记。

（3）如开发商对于回迁房交易情况不知情且并未进行登记备案的，开发商应严格依据与被拆迁人签署的协议将回迁房屋移交被拆迁人并将产权登记至拆迁安置补偿协议确定的权利人名下。

（4）但若开发商对回迁房交易进行了登记备案，则需依据备案提交的材料，视具体情况进行移交及权属登记。

（5）依规做好规划验收，杜绝违规加建等阻碍初始登记的现象发生。

（6）约定被搬迁人违约转让房屋的违约责任。

风险79：回迁房纠纷——开发商委贷后被搬迁人转卖房屋

◇风险表述

权利人将房屋抵押给银行贷款，权利人无资金一次性偿还房贷赎回抵押房产，开发商为顺利签署拆迁安置补偿协议另行委托银行向权利人提供贷款，偿还原银行贷款赎回产证并签约。在回迁房交付阶段，权利人私下交易回迁指标。

◇风险分析——定性分析

民事风险：

（1）开发商成为债务人，须向银行履行义务，承担责任。

（2）回迁指标交易使开发商无法向权利人追偿。

◇应对措施

（1）与权利人明确约定严格的违约责任，明确权利人拆迁补偿款不足以贷款或因权利人自身原因（如私下交易回迁指标）使开发商遭受损失的情形下，权利人应当承担的责任。

（2）委贷手续办理完毕顺利赎证后，开发商应完善房屋及产证的交接手续、签署交接文件，保管产证原件。

（3）如开发商对于回迁房交易情况不知情且并未进行登记备案的，开发商应严格依据与被拆迁人签署的协议将回迁房屋移交被拆迁人，并将产权登记至拆迁安置补偿协议确定的权利人名下。

（4）争议发生后积极采用司法手段，及时对涉案房屋进行查封处理，避免在诉讼过程中相关人员对涉案房屋进行二次处置。

风险80：回迁房纠纷——实际交付的回迁房与搬迁安置补偿协议约定不符

◇风险表述

拆迁安置补偿协议中明确回迁房具体户型，而实际交付回迁房屋受设计、后续政府规划审批的影响，存在差异。

◇风险分析——定性分析

民事风险：存在违约风险。

◇应对措施

（1）项目专项规划未通过时不建议对被搬迁人承诺太具体，若必需承诺，建议增加“以政府审批结果为准”，并扩大不可抗力的范围（区级及以上政府的政策，项目审批）。但是，基于开发商的优势地位，法院在裁量时不一定会认可“因政策法规原因导致……不承担法律责任”的条款。

（2）通过设置选房规则尽量满足回迁特别需求。

（3）因城市更新政策变化快，建议也可适时调整拆迁安置补偿协议模板。

法律依据

《商品房销售管理办法》第24条：房地产开发企业应当按照批准的规划、设计建设商品房。商品房销售后，房地产开发企业不得擅自变更规划、设计。

经规划部门批准的规划变更、设计单位同意的设计变更导致商品房的结构型式、户型、空间尺寸、朝向变化，以及出现合同当事人约定的其他影响商品房质量或者使用功能情形的，房地产开发企业应当在变更确立之日起10日内，书面通知买受人。

买受人有权在通知到达之日起15日内做出是否退房的书面答复。买受人在通知到达之日起15日内未作书面答复的，视同接受规划、设计变更以及由此引起的房价款的变更。房地产开发企业未在规定时限内通知买受人的，买受人有权退房；买受人退房的，由房地产开发企业承担违约责任。

判例观点：搬迁安置补偿协议采取的是产权调换方式，最高人民法院在对《关于审理商品房买卖合同纠纷案件适用法律若干问题的解释》的理解和适用中，认为这类协议的性质是以物易物的互易合同，可以参照买卖合同的有关规定。据此，本案搬迁安置补偿协议纠纷可以参照商品房买卖的相关规定处理。①

原《合同法》第107条：当事人一方不履行合同义务或者履行合同义务不符合约定的，应当承担继续履行、采取补救措施或者赔偿损失等违约责任。②

① （2015）柳市民一终字第10号：彭某与广西柳市建设投资开发有限责任公司房屋拆迁安置补偿合同纠纷二审民事判决书。

② 《民法典》第577条："当事人一方不履行合同义务或者履行合同义务不符合约定的，应当承担继续履行、采取补救措施或者赔偿损失等违约责任。"

第七章 项目全流程

风险81：合作风险——合作方违约

◇风险表述

合作方故意违约乃至解除合同或因第三人原因违约。

◇风险分析——定性分析

民事风险：合作方违约。

◇风险分析——定量分析

基于合同享有的土地开发的实际利益、预期利益无法实现。

◇应对措施

除了设计完备的交易合同之外，一旦发生合作方违约事件，投资方应当谨慎应对，并留存好履约及双方交涉过程产生的全部资料。

风险82：合作风险——合作方与第三方签署拆迁安置补偿协议

◇风险表述

合作方故意违约，并与第三方签署拆迁安置补偿协议、合作协议。

◇风险分析——定性分析

民事风险：合作方违约。

◇风险分析——定量分析

基于合同享有的土地开发的实际利益、预期利益无法实现。

◇应对措施

（1）涉诉案件中如有与政府职能部门职责范围内的有关证据，在其他途径难以有效取得的情况下，通过政府信息公开方式获取不失为一种有效解决途径。

（2）注重留存提起信息公开申请过程中所产生的各类文件资料，为后续如政府部门不予公开所需提起的行政诉讼争议解决程序提供保障。

法律依据

《政府信息公开条例》第13条：除本条例第十四条、第十五条、第十六条规定的政府信息外，政府信息应当公开。

> 行政机关公开政府信息，采取主动公开和依申请公开的方式。
>
> 《最高人民法院关于审理政府信息公开行政案件若干问题的规定》第5条：被告拒绝向原告提供政府信息的，应当对拒绝的根据以及履行法定告知和说明理由义务的情况举证。
>
> 因公共利益决定公开涉及商业秘密、个人隐私政府信息的，被告应当对认定公共利益以及不公开可能对公共利益造成重大影响的理由进行举证和说明。
>
> 被告拒绝更正与原告相关的政府信息记录的，应当对拒绝的理由进行举证和说明。
>
> 被告能够证明政府信息涉及国家秘密，请求在诉讼中不予提交的，人民法院应当准许。
>
> 被告主张政府信息不存在，原告能够提供该政府信息系由被告制作或者保存的相关线索的，可以申请人民法院调取证据。
>
> 被告以政府信息与申请人自身生产、生活、科研等特殊需要无关为由不予提供的，人民法院可以要求原告对特殊需要事由作出说明。
>
> 原告起诉被告拒绝更正政府信息记录的，应当提供其向被告提出过更正申请以及政府信息与其自身相关且记录不准确的事实根据。

风险83：其他风险——开发商的维稳问题

◇风险表述

城市更新项目内部分启动搬迁后，开发商对项目内部分房屋进行封堵门窗，部分拆除，对道路、消防通道等进行管理，对环境疏于管理。未签约、未搬迁的被搬迁人，故意散布开发商强拆的不实谣言，并鼓动其他业主与开发商对抗。

◇风险分析——定性分析

项目风险：与被搬迁人完全对立，被搬迁人可能通过极端手段抗争，影响开发商形象，产生维稳风险。

民事风险：拆除建筑物后被移出计划，拆除物无法报建，与权利人之间产生纠纷。

刑事风险：构成损害公私财物罪。

◇应对措施

（1）开发商与被搬迁人建立良好的沟通互动平台。

（2）充分掌握了解业主动态，积极应对问题，采取法律措施避免不利影响的进一步扩大。

(3)注意防范刑事风险,切勿侵害公共利益。

(4)在有法律依据及已获得签约权利人授权委托的情况下再实施门窗封堵等手段,否则建议委托第三方处理。

(5)不可与权利人完全对立,注意项目内权利人的人身安全问题。

(6)对于权利人散布不实谣言的,可以采取诉讼方式解决。

法律依据

《刑法》第275条:故意毁坏公私财物,数额较大或者有其他严重情节的,处三年以下有期徒刑、拘役或者罚金;数额巨大或者有其他特别严重情节的,处三年以上七年以下有期徒刑。

原《民法总则》第110条:自然人享有生命权、身体权、健康权、姓名权、肖像权、名誉权、荣誉权、隐私权、婚姻自主权等权利。

法人、非法人组织享有名称权、名誉权、荣誉权等权利。①

原《民法总则》第165条:委托代理授权采用书面形式的,授权委托书应当载明代理人的姓名或者名称、代理事项、权限和期间,并由被代理人签名或者盖章。②

风险84:其他风险——特殊项目类型中的政府资产处置

◇风险表述

城市更新统筹片区中,政府委托开发商对原批政府用地及地上建筑物更新的法律依据缺失,且需论证拆迁补偿标准如何避免国有资产流失。

◇风险分析——定性分析

项目风险:影响项目进度。

◇应对措施

(1)政府物业可以自己更新,若项目内存在多个权利人政府可以实施土地整备,无论政府自行整备还是委托城市更新主体更新,补偿标准都应当一致。但是,目前,政府自己实施土地整备的难度大且土地不符合城市更新办法"三类地"比例要求的情况下,可以委托市场主体进行城市更新。当然,政府委托市场主体更新须经公开选择程序,但若开发商为国企,属于体系内的国有资产处置,与普通市场主体存在差异。

---

① 《民法典》第110条:"自然人享有生命权、身体权、健康权、姓名权、肖像权、名誉权、荣誉权、隐私权、婚姻自主权等权利。法人、非法人组织享有名称权、名誉权和荣誉权。"

② 《民法典》第165条:"委托代理授权采用书面形式的,授权委托书应当载明代理人的姓名或者名称、代理事项、权限和期限,并由被代理人签名或者盖章。"

（2）拆迁补偿标准需要符合市场标准，公允性应当是针对所有权利人而言的，程序上需公示，实体上不优待也不克扣。

（3）国资程序（审计、评估、法律意见）不应规避，且审计、评估机构要选政府库内机构。

（4）特殊项目类型系历史原因导致，制度法律依据上的空白可能需要一事一议，建议同政府沟通，以会议纪要的方式寻求解决路径。

法律依据

《深圳市城市更新办法实施细则》第33条：拆除重建类城市更新项目的实施方式主要包括：

……

(四) 政府组织实施。政府通过公开方式确定项目实施主体，或者由政府城市更新实施机构直接实施。涉及房屋征收与补偿的，按照《国有土地上房屋征收与补偿条例》规定执行。

《企业国有资产交易监督管理办法》第31条：以下情形的产权转让可以采取非公开协议转让方式：

(一) 涉及主业处于关系国家安全、国民经济命脉的重要行业和关键领域企业的重组整合，对受让方有特殊要求，企业产权需要在国有及国有控股企业之间转让的，经国资监管机构批准，可以采取非公开协议转让方式；

(二) 同一国家出资企业及其各级控股企业或实际控制企业之间因实施内部重组整合进行产权转让的，经该国家出资企业审议决策，可以采取非公开协议转让方式。

(有关补偿标准的公允性，参考《深圳市房屋征收与补偿实施办法》第三章房屋征收补偿和安置中的相关规定。)

风险85：政策风险——政策变化导致项目投资目的无法实现

◇风险表述

“7·31新政”前签署合作协议，但“7·31新政”对涉案项目未来的预期收益产生重大影响，合作双方需重新进行预估并协商，以实现商业目的。

◇风险分析——定性分析

民事风险：合同履行不能。

◇风险分析——定量分析

基于合同享有的土地开发的实际利益、预期利益无法实现。

◇应对措施

(1)开发商应当在开展城市更新前对项目所在地的房地产政策进行检索、分析，在此基础上结合自身合同目的，合理判断项目中的预期收益。如发现因既有政策将导致在城市更新项目中无法获益甚至承受巨大风险，开发商应当合理判断是否应当继续推进。

(2)建议在合作协议中作出明确约定出现导致合同目的无法实现的政策风险时双方的解决方案。

(3)如果交易对象为股份合作公司，对村股份合作公司章程、“四会”的运行情况等也要进行差异化研究，因地制宜进行交易安排。

法律依据

《深圳市规划和国土资源委员会关于贯彻落实市政府房地产调控政策的通知》:

(一) 2018年7月31日 (不含7月31日) 后，各类用地上建设的商务公寓一律只租不售且不得改变用途，但具备以下情形之一的除外:

1.2018年7月31日 (含7月31日) 前更新单元规划已经批准 (含规划修改或者调整情形) 的，批准的更新单元规划中确定的商务公寓，但不包括2018年7月31日 (含7月31日) 后更新单元规划修改或者调整增加的商务公寓部分。

2.2018年7月31日 (含7月31日) 前更新单元规划未获批准但已经市规划国土主管部门或者区政府 (含新区管理机构，下同) 审议通过并完成公示或者正在公示的，公示的更新单元规划中确定的商务公寓，但不包括2018年7月31日 (含7月31日) 后取得的更新单元规划批准文件确定的商务公寓建筑面积中超出公示时面积的部分。

3.2018年7月31日 (含7月31日) 前已取得市、区政府用地批复的征地返还地。

4.2018年7月31日 (含7月31日) 前土地整备利益统筹项目实施方案已完成审批的。

《最高人民法院关于适用〈中华人民共和国合同法〉若干问题的解释 (二)》第26条: 合同成立以后客观情况发生了当事人在订立合同时无法预见的、非不可抗力造成的不属于商业风险的重大变化，继续履行合同对于一方当事人明显不公平或者不能实现合同目的，当事人请求人民法院变更或者解除合同的，人民法院应当根据公平原则，并结合案件的实际情况确定是否变更或者解除。

风险86：刑事风险——涉嫌行贿

◇风险表述

行贿和受贿是属于互为的关系，有行贿行为的一般也存在受贿行为，而城市更新的立项、审批、专项批复等环节均由政府主导，造成更新主体行贿的空间较大，链条较长。

◇风险分析——定性分析

刑事风险：可能构成行贿罪、对非国家工作人员行贿罪、对有影响力的人行贿罪、介绍贿赂罪、单位行贿罪、对单位行贿。

◇风险分析——定量分析

有期徒刑或者拘役，并处罚金。

◇应对措施

(1)开发商应对项目公司及员工定期进行教育及风险提示。

(2)采取务实措施，加强财务审批和支出管控，不为行贿留存空间。

法律依据

《刑法》

第164条第1款：为谋取不正当利益，给予公司、企业或者其他单位的工作人员以财物，数额较大的，处三年以下有期徒刑或者拘役，并处罚金；数额巨大的，处三年以上十年以下有期徒刑，并处罚金。

第389条：为谋取不正当利益，给予国家工作人员以财物的，是行贿罪。

在经济往来中，违反国家规定，给予国家工作人员以财物，数额较大的，或者违反国家规定，给予国家工作人员以各种名义的回扣、手续费的，以行贿论处。

因被勒索给予国家工作人员以财物，没有获得不正当利益的，不是行贿。

第390条：对犯行贿罪的，处五年以下有期徒刑或者拘役，并处罚金；因行贿谋取不正当利益，情节严重的，或者使国家利益遭受重大损失的，处五年以上十年以下有期徒刑，并处罚金；情节特别严重的，或者使国家利益遭受特别重大损失的，处十年以上有期徒刑或者无期徒刑，并处罚金或者没收财产。

行贿人在被追诉前主动交待行贿行为的，可以从轻或者减轻处罚。其中，犯罪较轻的，对侦破重大案件起关键作用的，或者有重大立功表现的，可以减轻或者免除处罚。

第390条之一：为谋取不正当利益，向国家工作人员的近亲属或者其他与该国家工作人员关系密切的人，或者向离职的国家工作人员或者其近亲属以及其他与其关系密切的人行贿的，处三年以下有期徒刑或者拘役，并处罚金；情节严重的，或者使国家利益遭受重大损失的，处三年以上七年以下有期徒刑，并处罚金；情节特别严重的，或者使国家利益遭受特别重大损失的，处七年以上十年以下有期徒刑，并处罚金。

单位犯前款罪的，对单位判处罚金，并对其直接负责的主管人员和其他直接责任人员，处三年以下有期徒刑或者拘役，并处罚金。

第391条：为谋取不正当利益，给予国家机关、国有公司、企业、事业单位、人民团体以财物的，或者在经济往来中，违反国家规定，给予各种名义的回扣、手续费的，处三年以下有期徒刑或者拘役，并处罚金。

单位犯前款罪的，对单位判处罚金，并对其直接负责的主管人员和其他直接责任人员，依照前款的规定处罚。

第392条：向国家工作人员介绍贿赂，情节严重的，处三年以下有期徒刑或者拘役，并处罚金。

介绍贿赂人在被追诉前主动交待介绍贿赂行为的，可以减轻处罚或者免除处罚。

第393条：单位为谋取不正当利益而行贿，或者违反国家规定，给予国家工作人员以回扣、手续费，情节严重的，对单位判处罚金，并对其直接负责的主管人员和其他直接责任人员，处五年以下有期徒刑或者拘役，并处罚金。因行贿取得的违法所得归个人所有的，依照本法第三百九十八条、第三百九十条的规定定罪处罚。

流程图

本流程图库依据作者对深圳、广州、东莞主要地区的城市更新、棚户区改造、土地整备利益统筹相关政策的理解和解读制成，各地区在实际操作中尚存在与政策规定不一致之处。

有关流程依据及各流程申报材料可登录广东政府服务网（http://www.gdzwfw.gov.cn/）查询。

第一章 深圳市宝安区城市

流程1：宝安区城中村拆除重建类

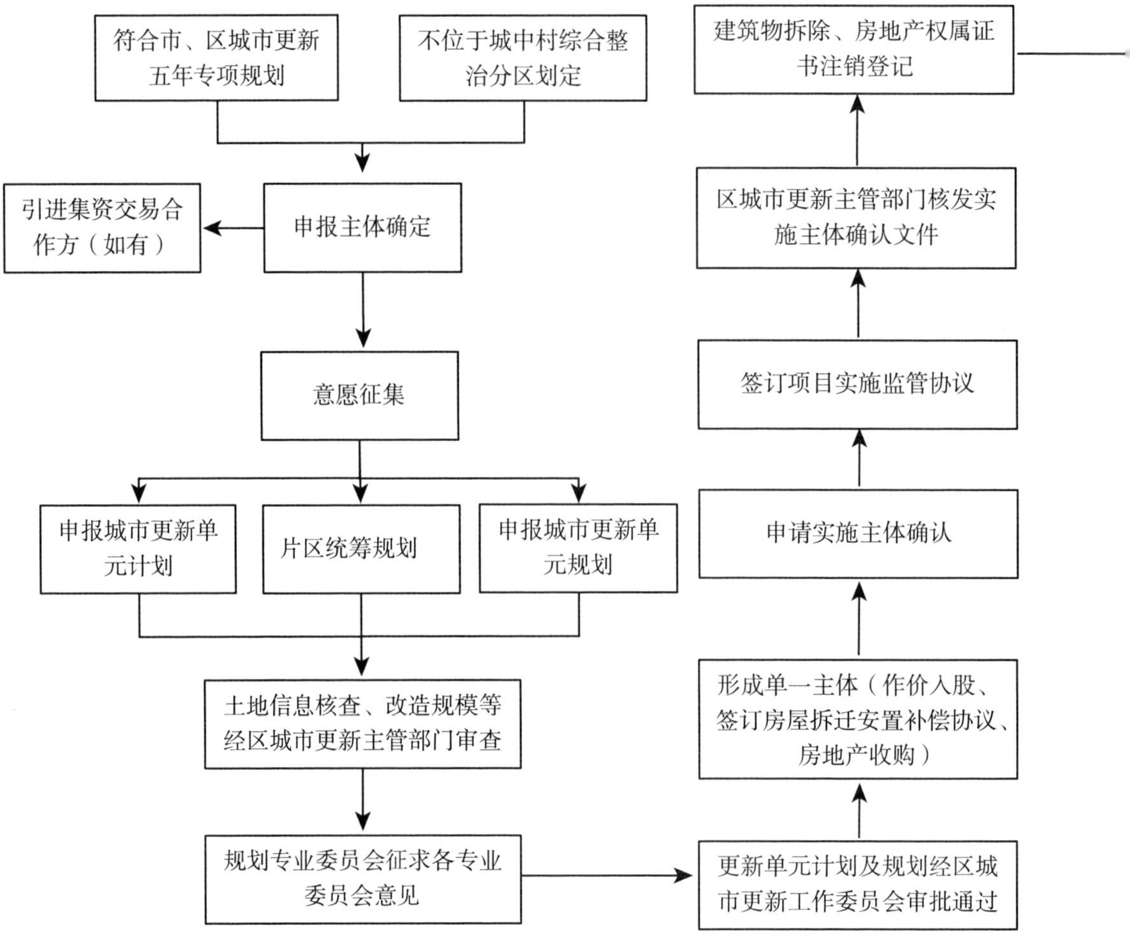

① 政策依据：《深圳市城市更新办法》《深圳市城市更新办法实施细则》《关于试行拆除重建类城市更新项目操作基本程序的通知》《深圳市拆除重建类城市更新项目用地审批规定》《深圳市拆除重建类城市更新单元土地信息核查及历史用地处置规定》《深圳市人民政府关于农村城市化历史遗留产业类和公共配套类违法建筑的处理办法》《深圳市拆除重建类城市更新单元计划管理规定》《深圳市拆除重建类城市更新单元旧屋村范围认定办法》《宝安区股份合作公司集体用地土地使用权交易管理办法（试行）》《深圳市宝安区城市更新暂行办法》《深圳市宝安区人民政府办公室关于印发加快城市更新工作若干措施的通知》。

更新项目操作流程图

城市更新项目操作流程图[①]

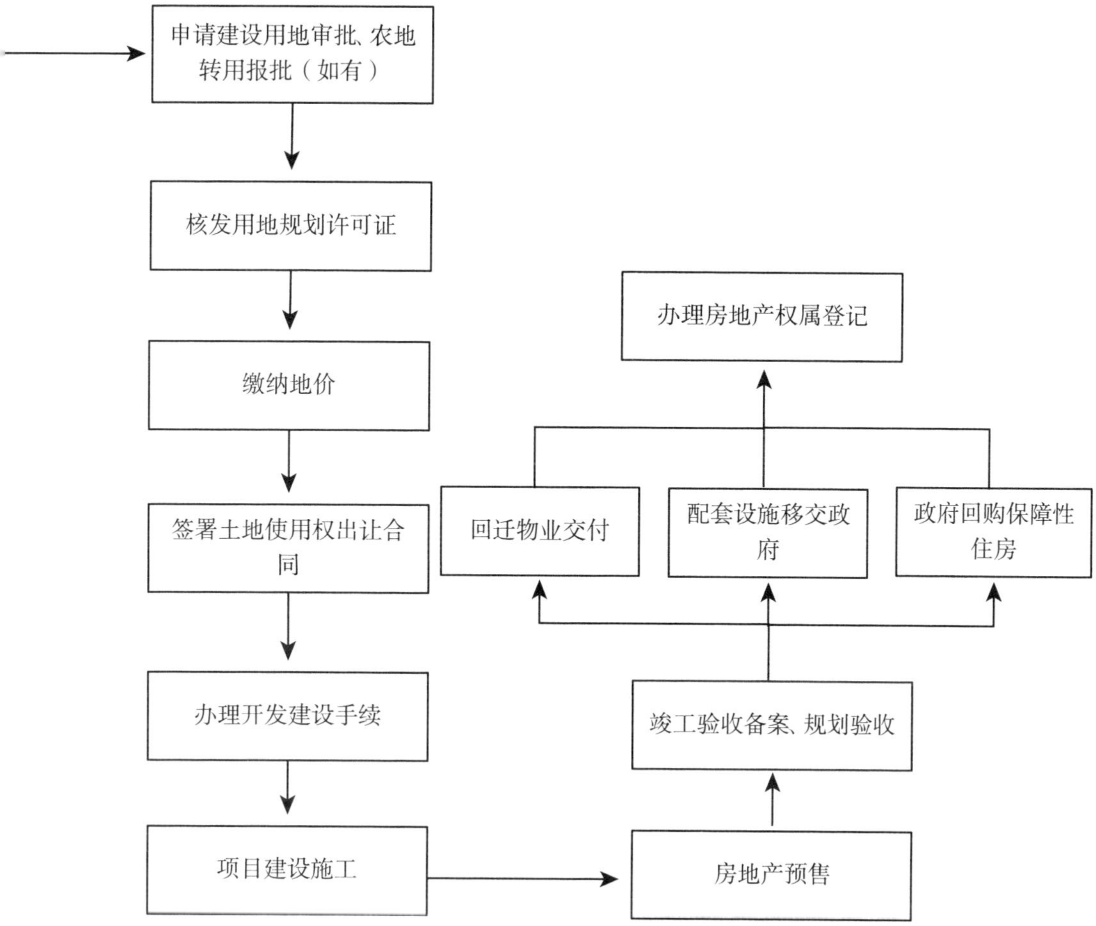

流程2：宝安区工改工拆除重建类

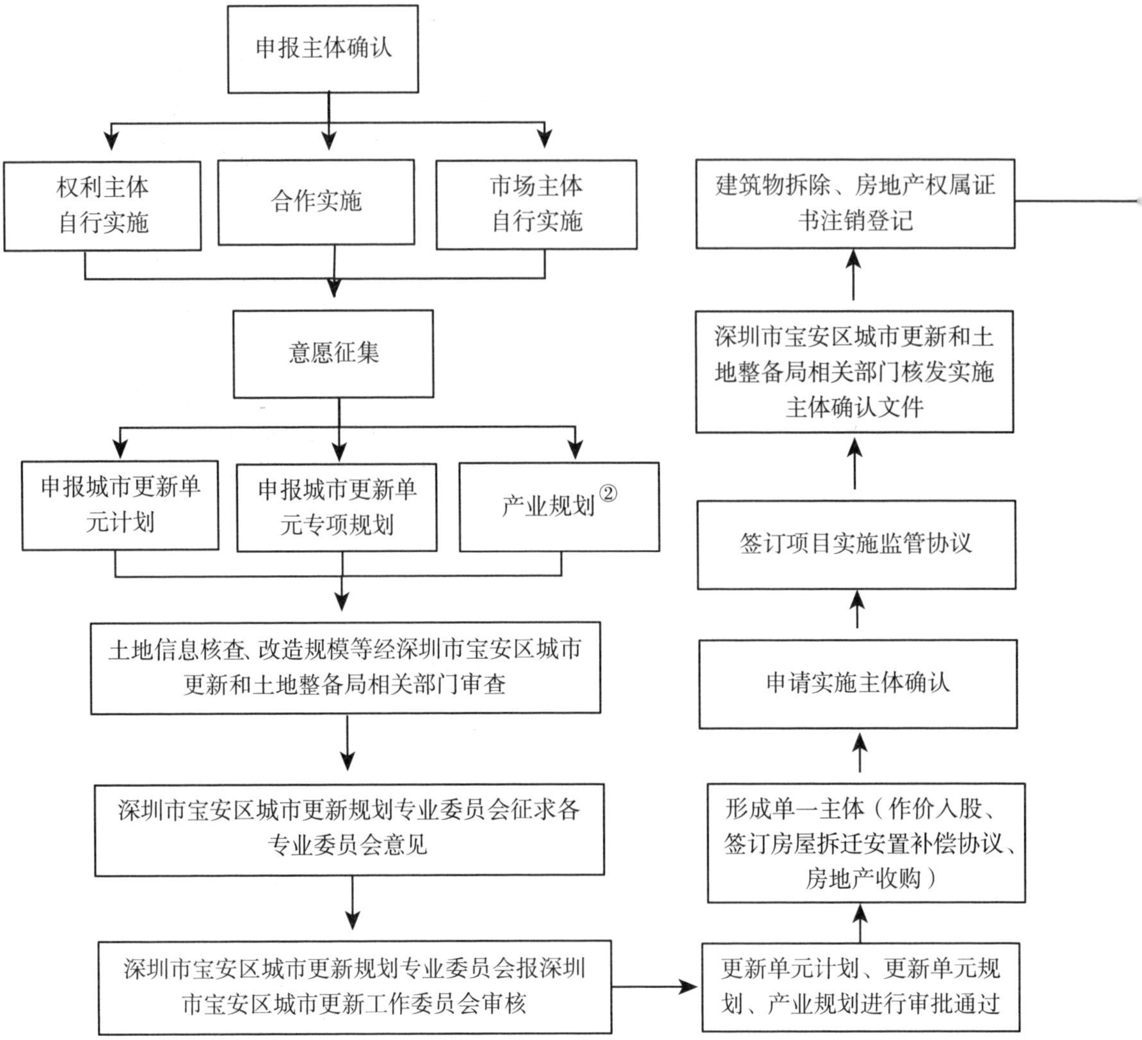

① 政策依据:《深圳市城市更新办法》《深圳市城市更新办法实施细则》《深圳市拆除重建类城市更新项目用地审批规定》《深圳市拆除重建类城市更新单元土地信息核查及历史用地处置规定》《深圳市人民政府关于农村城市化历史遗留产业类和公共配套类违法建筑的处理办法》《深圳市拆除重建类城市更新单元计划管理规定》《深圳市拆除重建类城市更新单元旧屋村范围认定办法》《深圳市宝安区城市更新暂行办法》《深圳市宝安区人民政府办公室关于印发加快城市更新工作若干措施的通知》。

② "产业规划"：项目产业类别需符合《深圳市产业结构调整优化和产业导向目录》。

城市更新项目操作流程图①

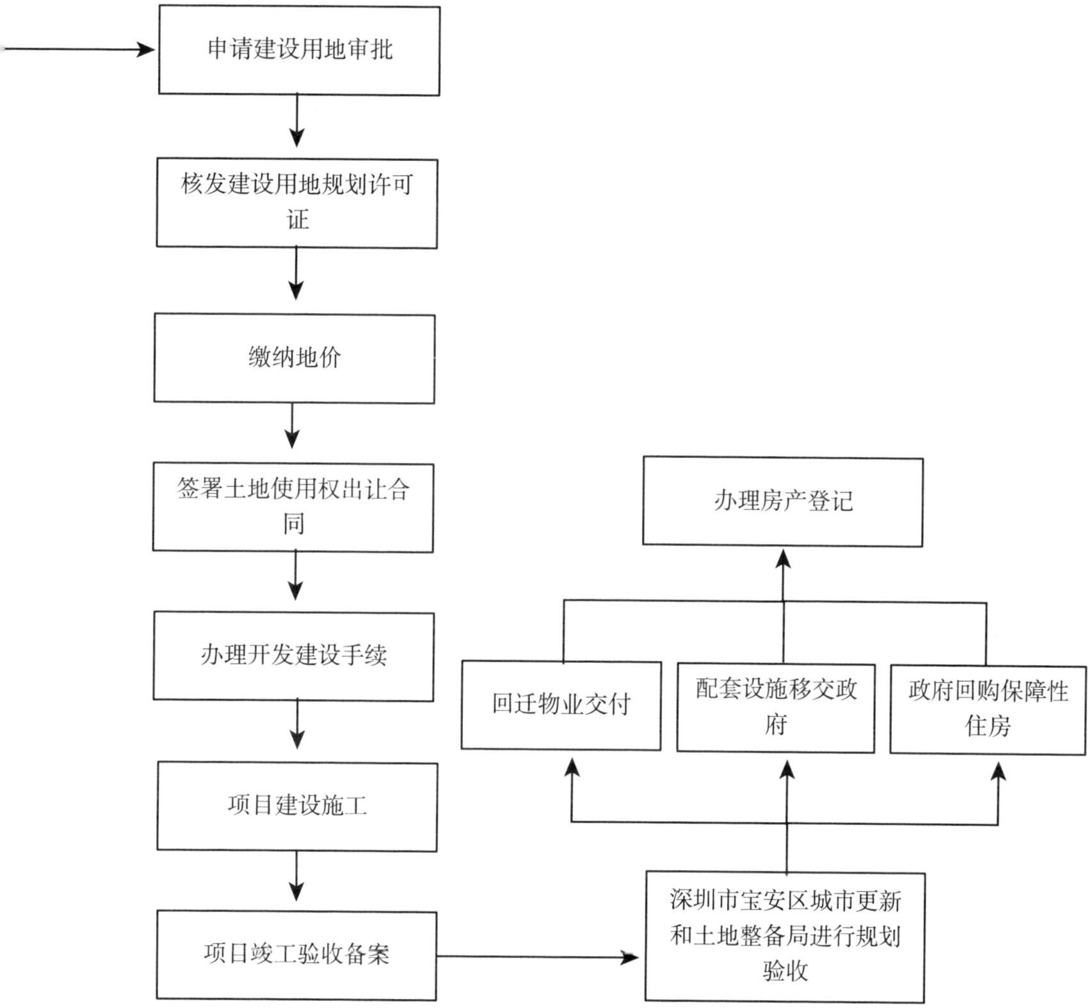

流程3：宝安区旧住宅拆除重建类

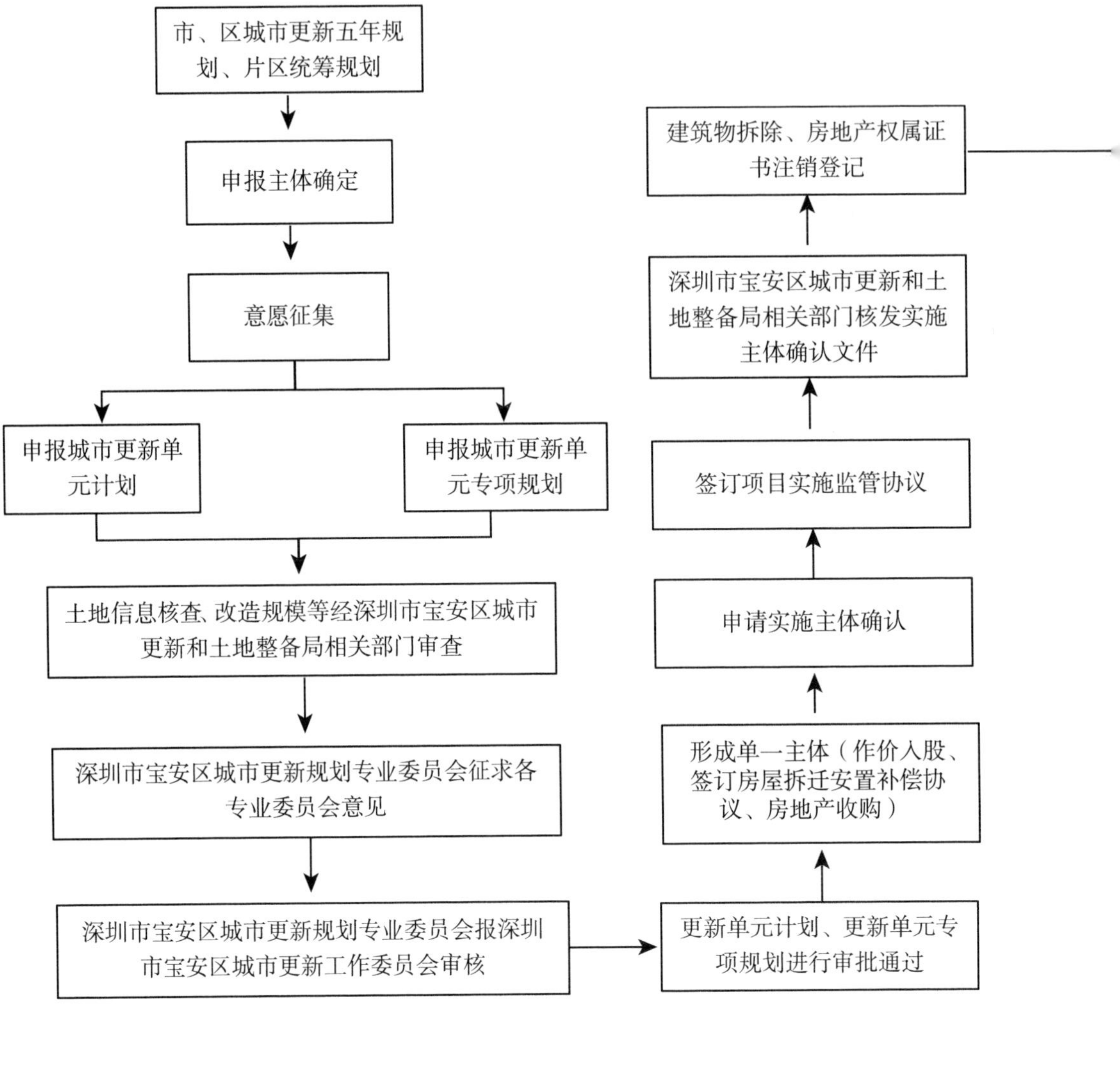

① 政策依据：《深圳市城市更新办法》《深圳市城市更新办法实施细则》《深圳市拆除重建类城市更新项目用地审批规定》《深圳市拆除重建类城市更新单元土地信息核查及历史用地处置规定》《深圳市人民政府关于农村城市化历史遗留产业类和公共配套类违法建筑的处理办法》《深圳市拆除重建类城市更新单元计划管理规定》《深圳市拆除重建类城市更新单元旧屋村范围认定办法》《深圳市宝安区城市更新暂行办法》《深圳市宝安区人民政府办公室关于印发加快城市更新工作若干措施的通知》。

城市更新项目操作流程图[①]

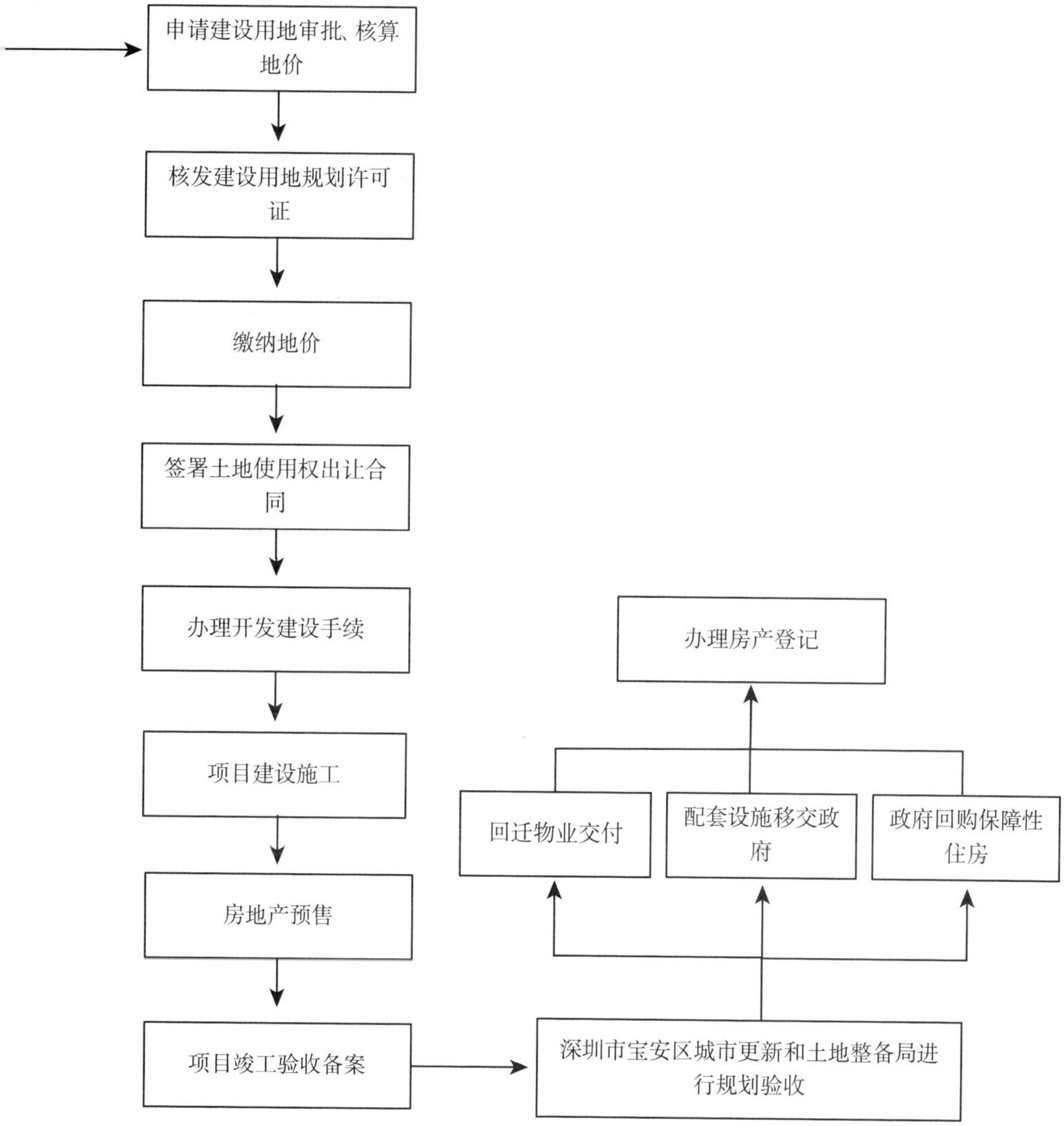

流程4：宝安区集体资产交易操作流程图[①]

（1）以公开招标方式选择合作方

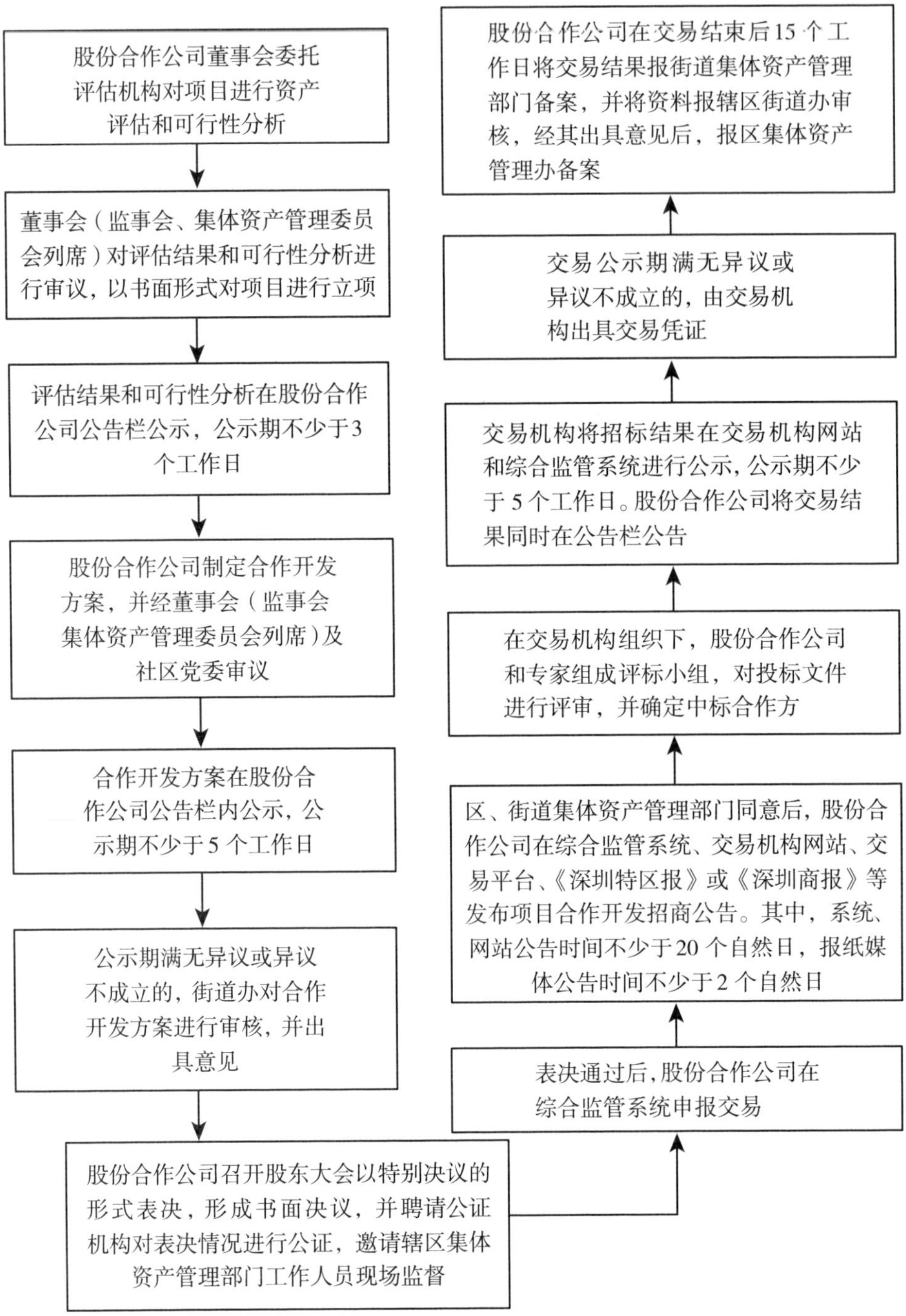

① 《宝安区股份合作公司集体用地土地使用权交易管理办法》《宝安区股份合作公司产权交易管理办法》。

(2)以竞争性谈判方式选择合作方

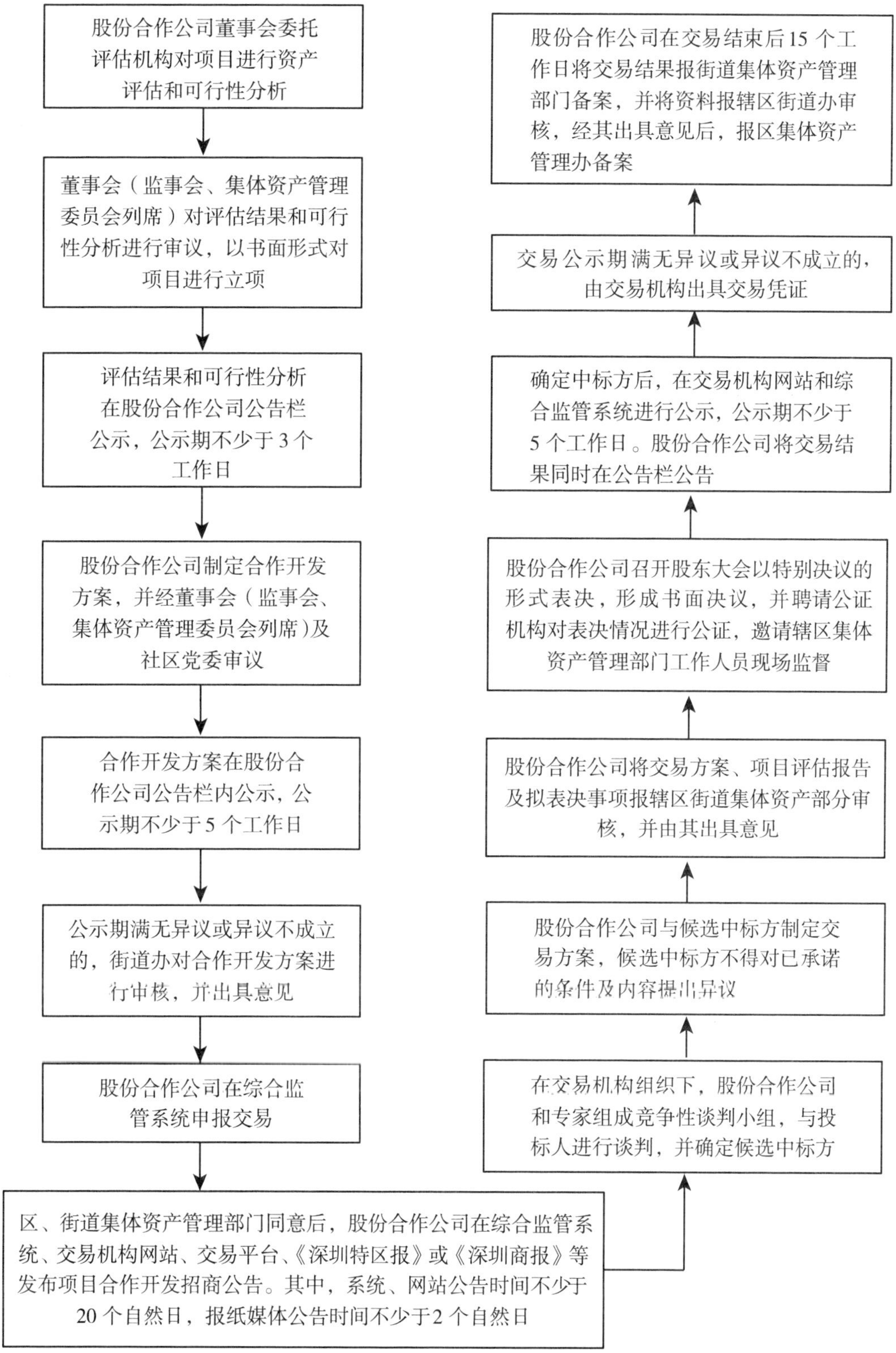

第二章　深圳市龙岗区城市

流程5：龙岗区城中村拆除重建类

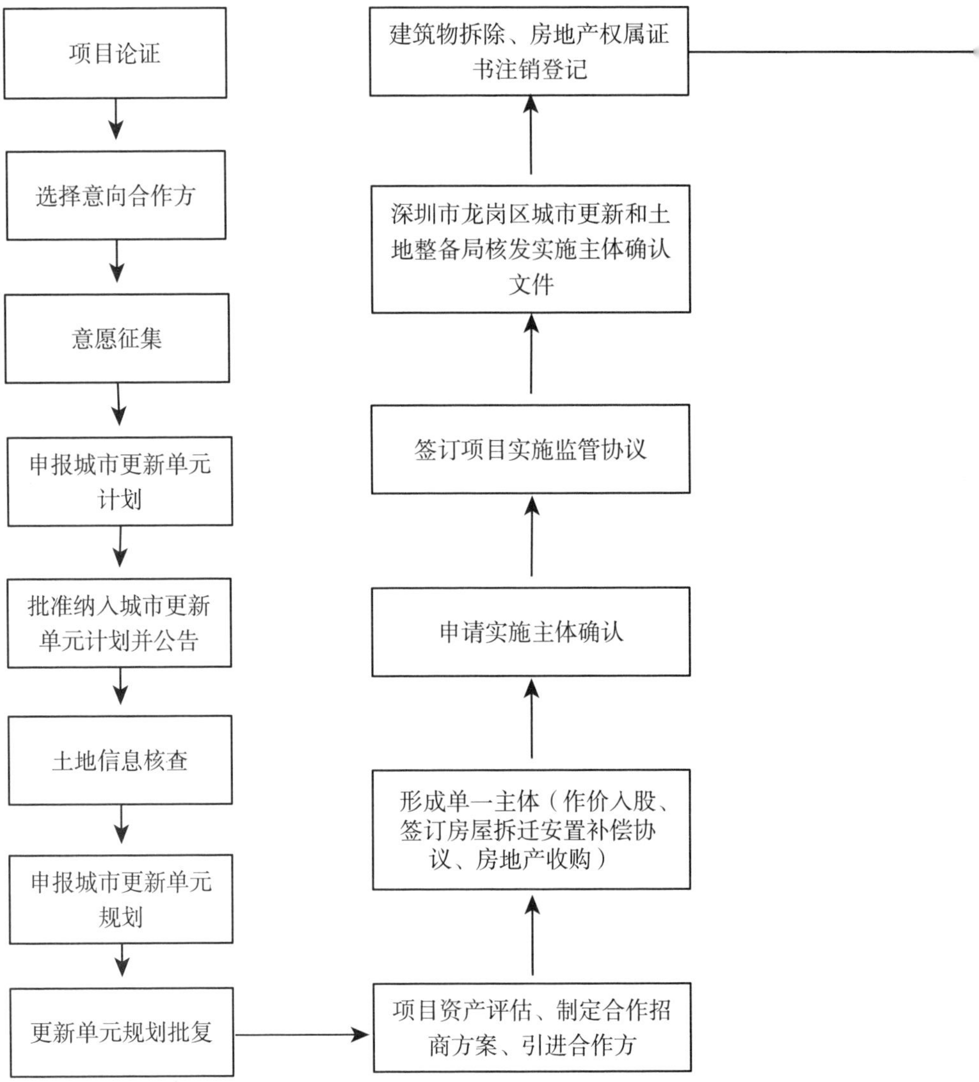

① 政策依据：《深圳市城市更新办法》《深圳市城市更新办法实施细则》《关于试行拆除重建类城市更新项目操作基本程序的通知》《深圳市拆除重建类城市更新项目用地审批规定》《深圳市拆除重建类城市更新单元土地信息核查及历史用地处置规定》《深圳市拆除重建类城市更新单元计划管理规定》《龙岗区社区股份合作公司集体用地开发和交易监管实施细则》《深圳市龙岗区人民政府关于进一步加强和改进城市更新工作的意见》《深圳市龙岗区城市更新实施办法》《龙岗区城市更新单元计划申报管理规定》《龙岗区城市更新单元规划审批操作规则》《龙岗区拆除重建类城市更新项目实施主体资格确认工作程序》等。

更新项目操作流程图

城市更新项目操作流程图①

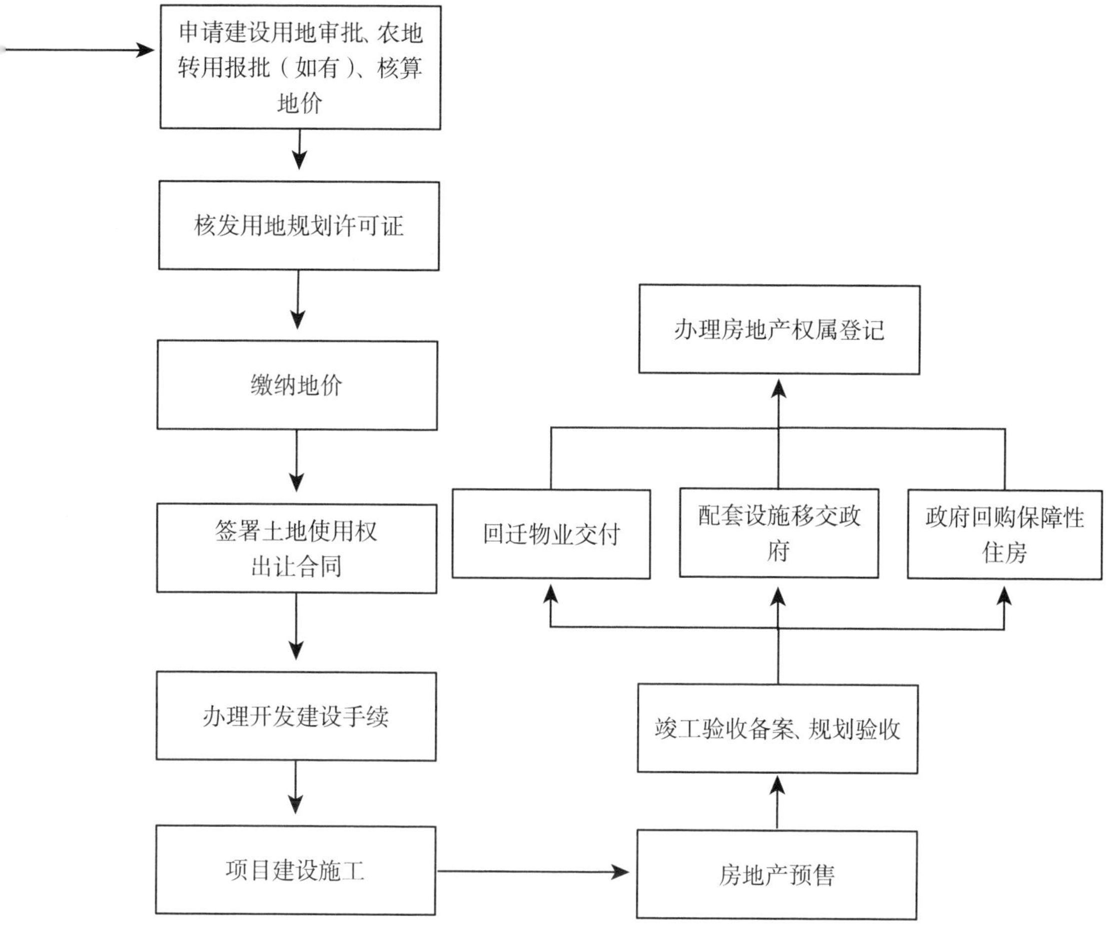

流程6：龙岗区旧住宅拆除重建类

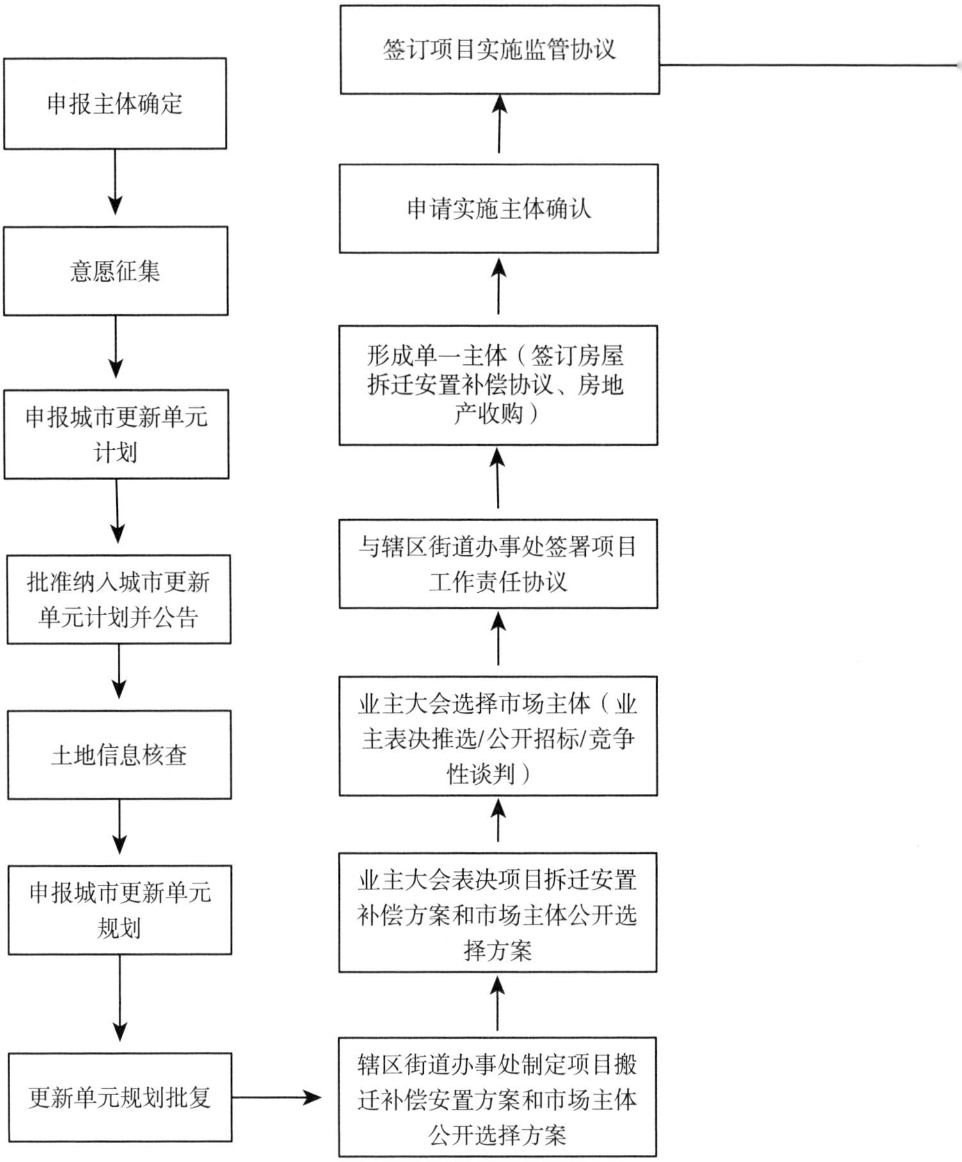

① 政策依据:《深圳市城市更新办法》《深圳市城市更新办法实施细则》《关于试行拆除重建类城市更新项目操作基本程序的通知》《深圳市拆除重建类城市更新项目用地审批规定》《深圳市拆除重建类城市更新单元土地信息核查及历史用地处置规定》《深圳市拆除重建类城市更新单元计划管理规定》《龙岗区拆除重建类城市更新项目实施主体资格确认工作程序》等。

城市更新项目操作流程图①

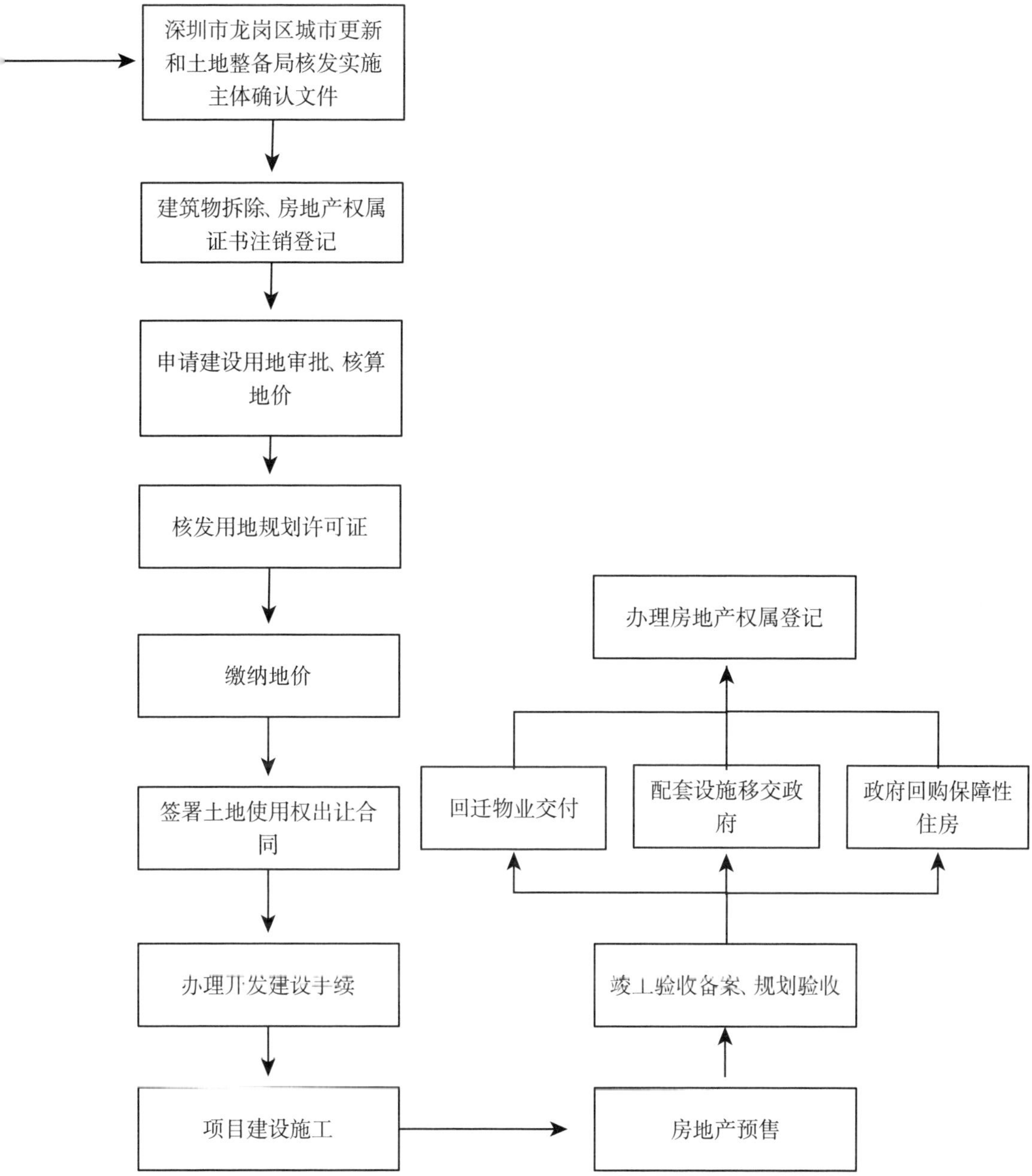

流程7：龙岗区旧工业区拆除重建类

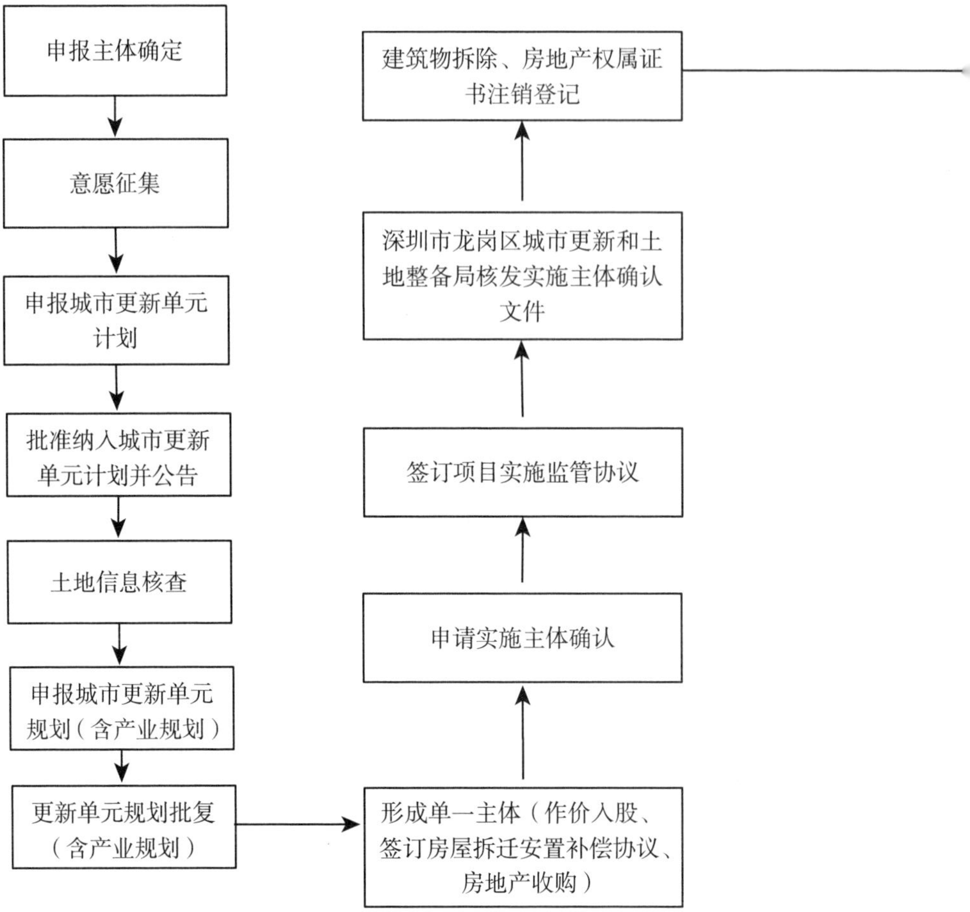

---

① 政策依据：《深圳市城市更新办法》《深圳市城市更新办法实施细则》《关于试行拆除重建类城市更新项目操作基本程序的通知》《深圳市拆除重建类城市更新项目用地审批规定》《深圳市拆除重建类城市更新单元土地信息核查及历史用地处置规定》《深圳市拆除重建类城市更新单元计划管理规定》《关于深入推进城市更新工作促进城市高质量发展的若干措施》《深圳市工业区块线管理办法》《龙岗区拆除重建类城市更新项目实施主体资格确认工作程序》等。此外，《关于深入推进城市更新工作促进城市高质量发展的若干措施》（深规划资源规〔2019〕5号）第8条规定："有序推进'工改工'拆除重建类城市更新——放宽年限。更新改造方向为普通工业用地（M1）的拆除重建类城市更新项目的建筑物建成年限放宽至2009年12月31日前。简化流程。对于权利主体单一的拆除重建类'工改工'城市更新项目，可合并办理土地信息核查与城市更新单元规划方案审查事项。对于单一宗地的拆除重建类'工改工'城市更新项目，且由单一权利主体按照法定图则强制性内容自行改造的，无需编制城市更新单元规划，由城市更新单元计划申报主体委托具有相应资质的机构，按照《深圳市工业区块线管理办法》、土壤环境风险防控等相关政策要求以及《深圳市城市规划标准与准则》、建筑设计等相关管理规则和规定要求，落实并细化法定图则强制性内容，编制规划设计方案及总平面示意图报区城市更新机构审查通过即可。区城市更新机构结合规划方案直接核发实施主体确认文件并同步签订监管协议，办理后续规划许可、用地出让及报建等手续。"

城市更新项目操作流程图①

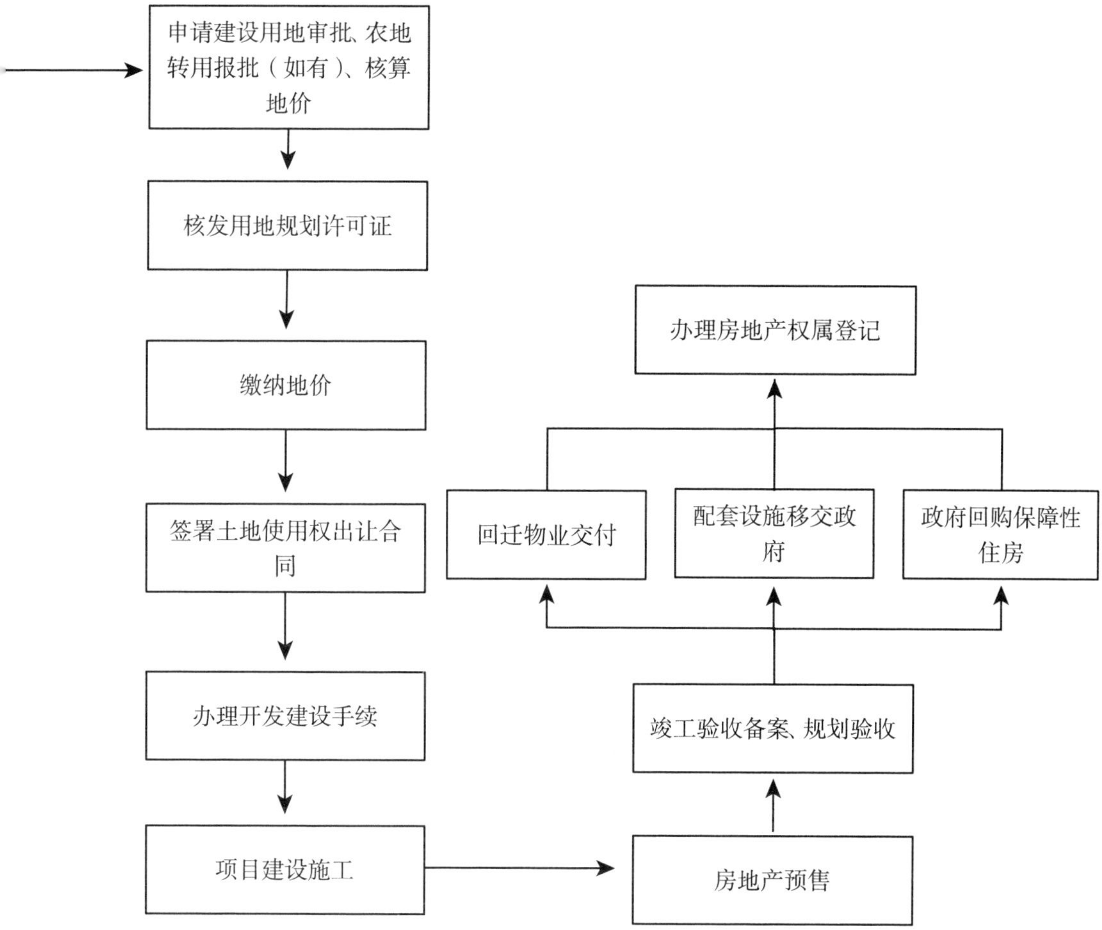

流程8：龙岗区集体资产

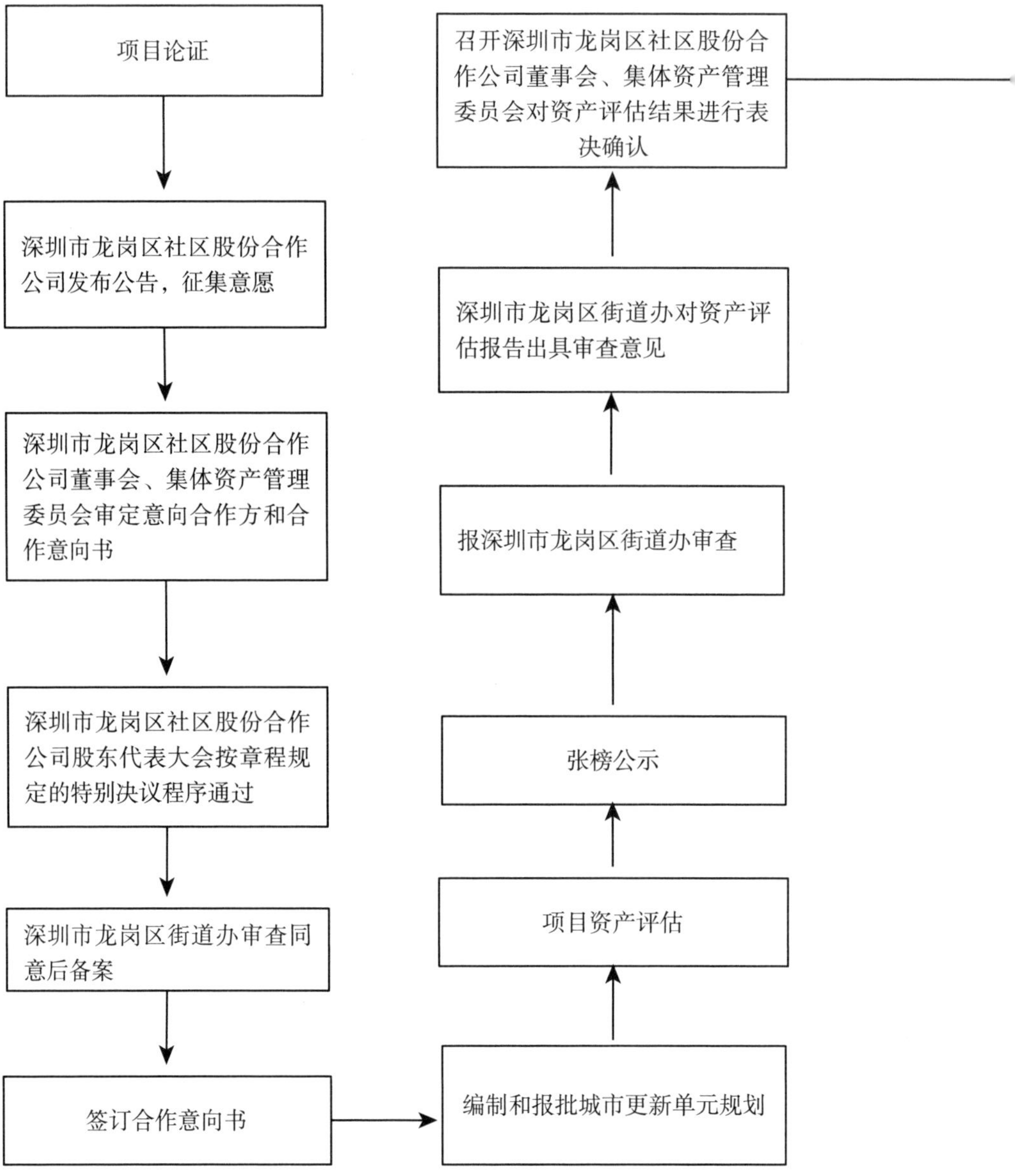
项目论证
深圳市龙岗区社区股份合作公司发布公告，征集意愿
深圳市龙岗区社区股份合作公司董事会、集体资产管理委员会审定意向合作方和合作意向书
深圳市龙岗区社区股份合作公司股东代表大会按章程规定的特别决议程序通过
深圳市龙岗区街道办审查同意后备案
签订合作意向书
编制和报批城市更新单元规划
项目资产评估
张榜公示
报深圳市龙岗区街道办审查
深圳市龙岗区街道办对资产评估报告出具审查意见
召开深圳市龙岗区社区股份合作公司董事会、集体资产管理委员会对资产评估结果进行表决确认

交易操作流程图[1]

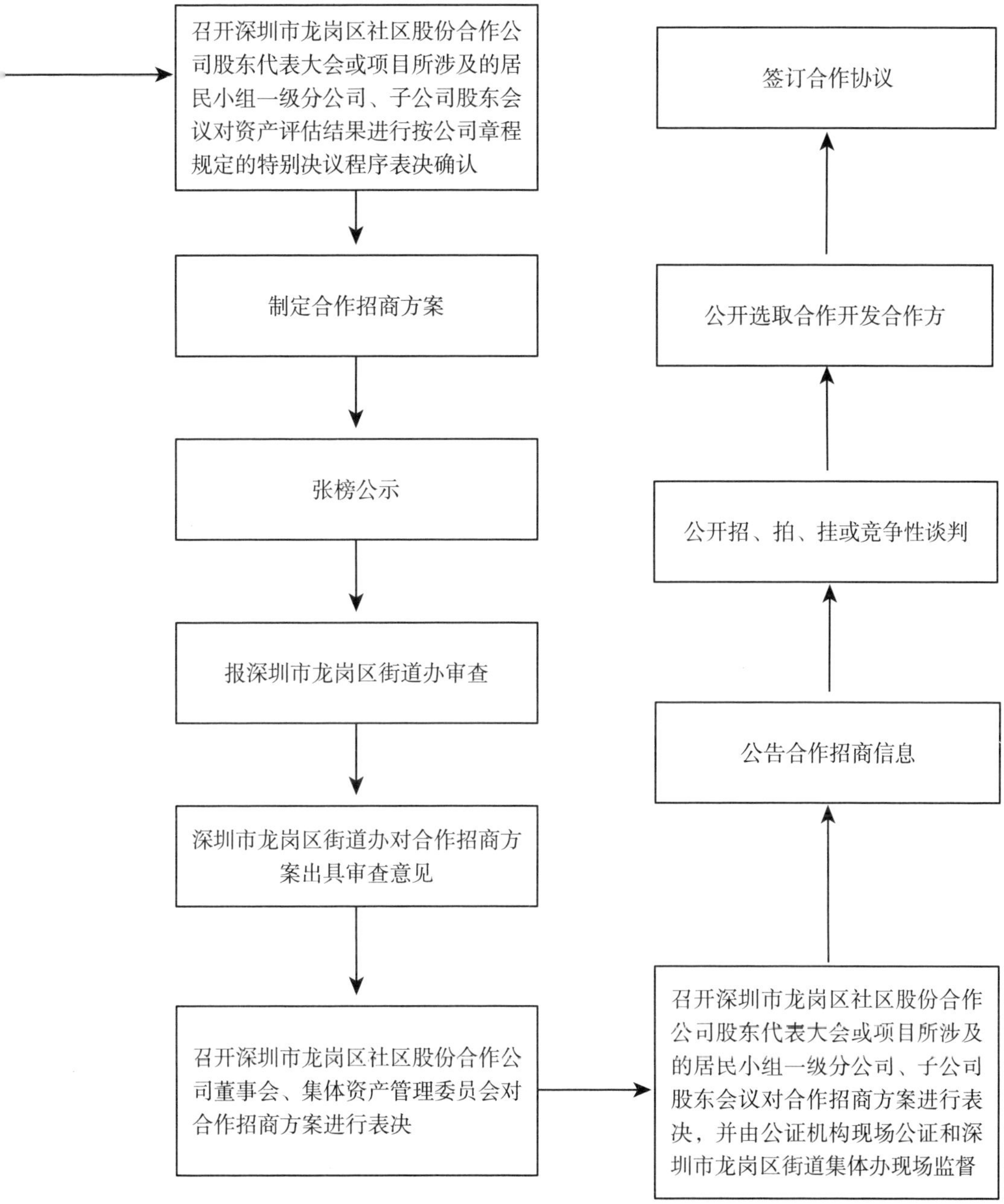
召开深圳市龙岗区社区股份合作公司股东代表大会或项目所涉及的居民小组一级分公司、子公司股东会议对资产评估结果进行按公司章程规定的特别决议程序表决确认
制定合作招商方案
张榜公示
报深圳市龙岗区街道办审查
深圳市龙岗区街道办对合作招商方案出具审查意见
召开深圳市龙岗区社区股份合作公司董事会、集体资产管理委员会对合作招商方案进行表决
召开深圳市龙岗区社区股份合作公司股东代表大会或项目所涉及的居民小组一级分公司、子公司股东会议对合作招商方案进行表决，并由公证机构现场公证和深圳市龙岗区街道集体办现场监督
公告合作招商信息
公开招、拍、挂或竞争性谈判
公开选取合作开发合作方
签订合作协议

第三章 深圳市龙华区城市

流程9：龙华区城中村拆除重建类

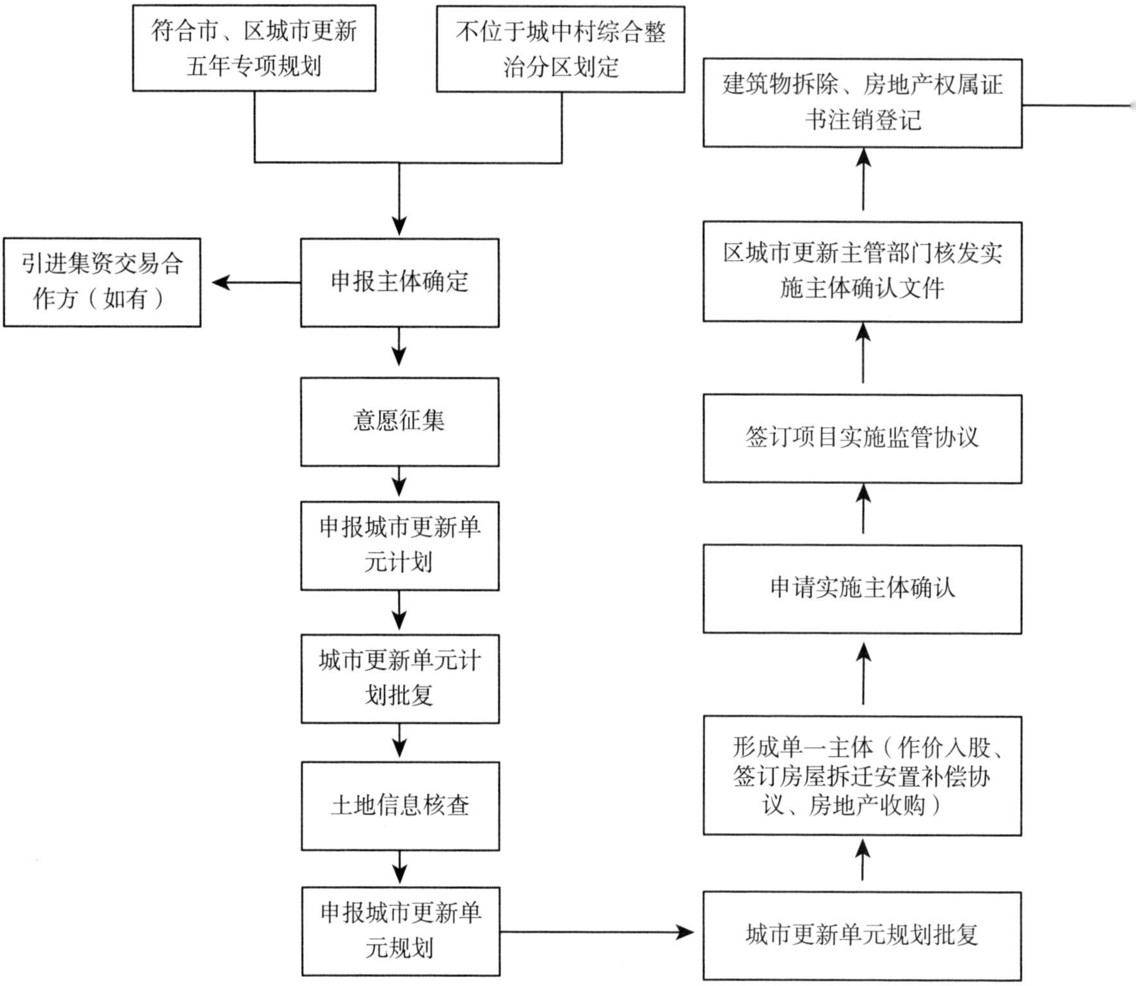

① 政策依据：《深圳市城市更新办法》《深圳市城市更新办法实施细则》《关于试行拆除重建类城市更新项目操作基本程序的通知》《深圳市拆除重建类城市更新项目用地审批规定》《深圳市拆除重建类城市更新单元土地信息核查及历史用地处置规定》《深圳市人民政府关于农村城市化历史遗留产业类和公共配套类违法建筑的处理办法》《深圳市拆除重建类城市更新单元计划管理规定》《深圳市拆除重建类城市更新单元旧屋村范围认定办法》《深圳市龙华区城市更新实施办法》《深圳市龙华新区处理历史遗留生产经营性违法建筑实施办法》《龙华区股份合作公司集体用地土地使用权交易管理办法》。

更新项目操作流程图

城市更新项目操作流程图[1]

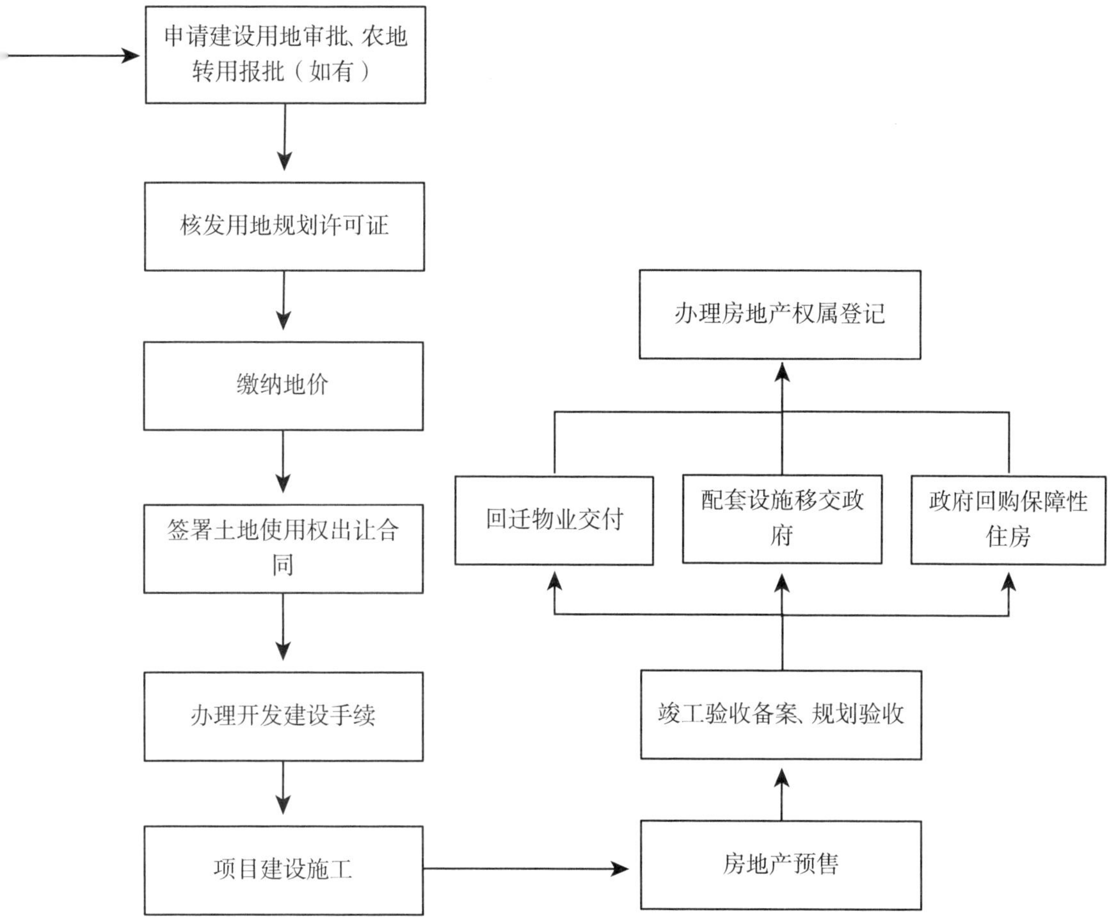

流程10：龙华区旧工业区拆除重建类

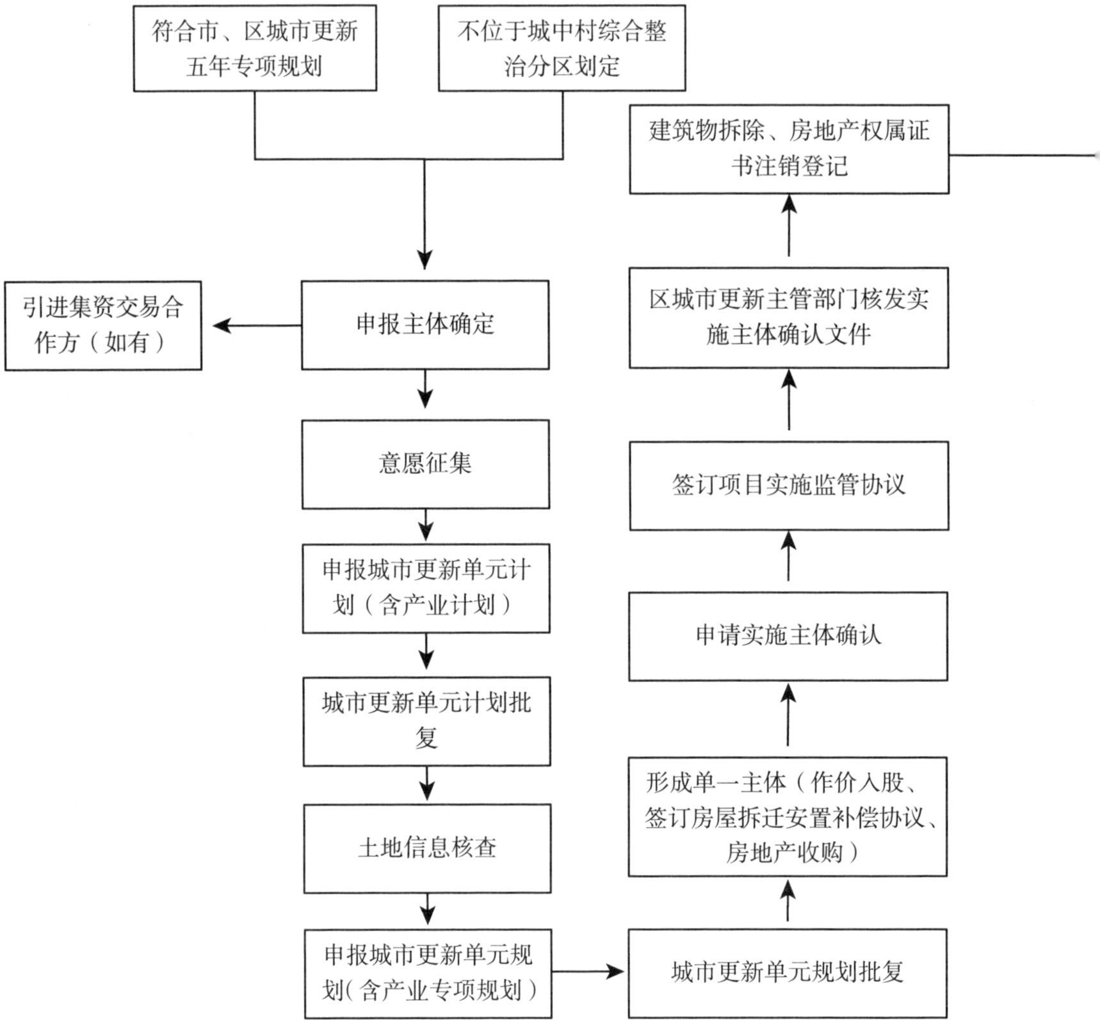

---

① 政策依据：《深圳市城市更新办法》《深圳市城市更新办法实施细则》《关于试行拆除重建类城市更新项目操作基本程序的通知》《深圳市拆除重建类城市更新项目用地审批规定》《深圳市拆除重建类城市更新单元土地信息核查及历史用地处置规定》《深圳市人民政府关于农村城市化历史遗留产业类和公共配套类违法建筑的处理办法》《深圳市拆除重建类城市更新单元计划管理规定》《深圳市龙华区城市更新实施办法》《深圳市龙华新区处理历史遗留生产经营性违法建筑实施办法》《龙华区工业及其他产业用地供应管理实施细则（试行）》。

城市更新项目操作流程图[①]

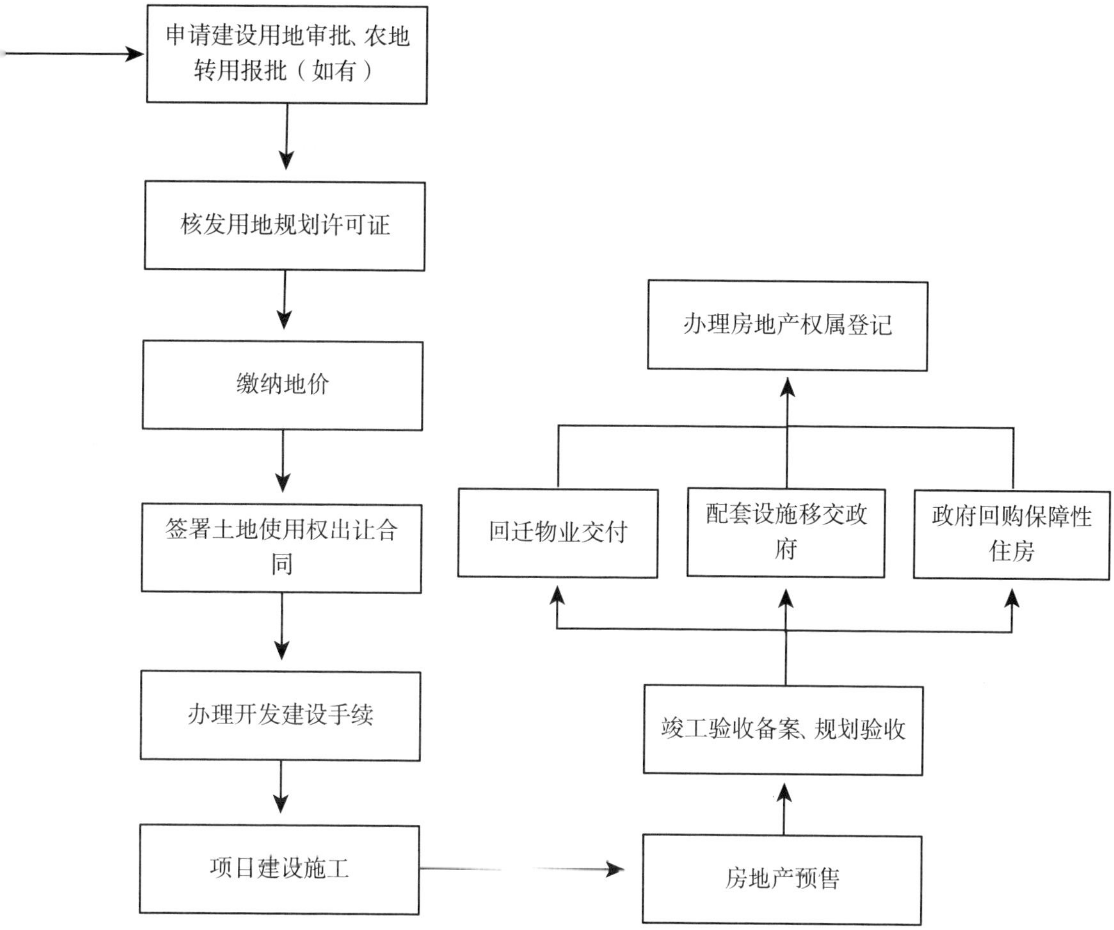

流程11：龙华区旧住宅拆除重建类

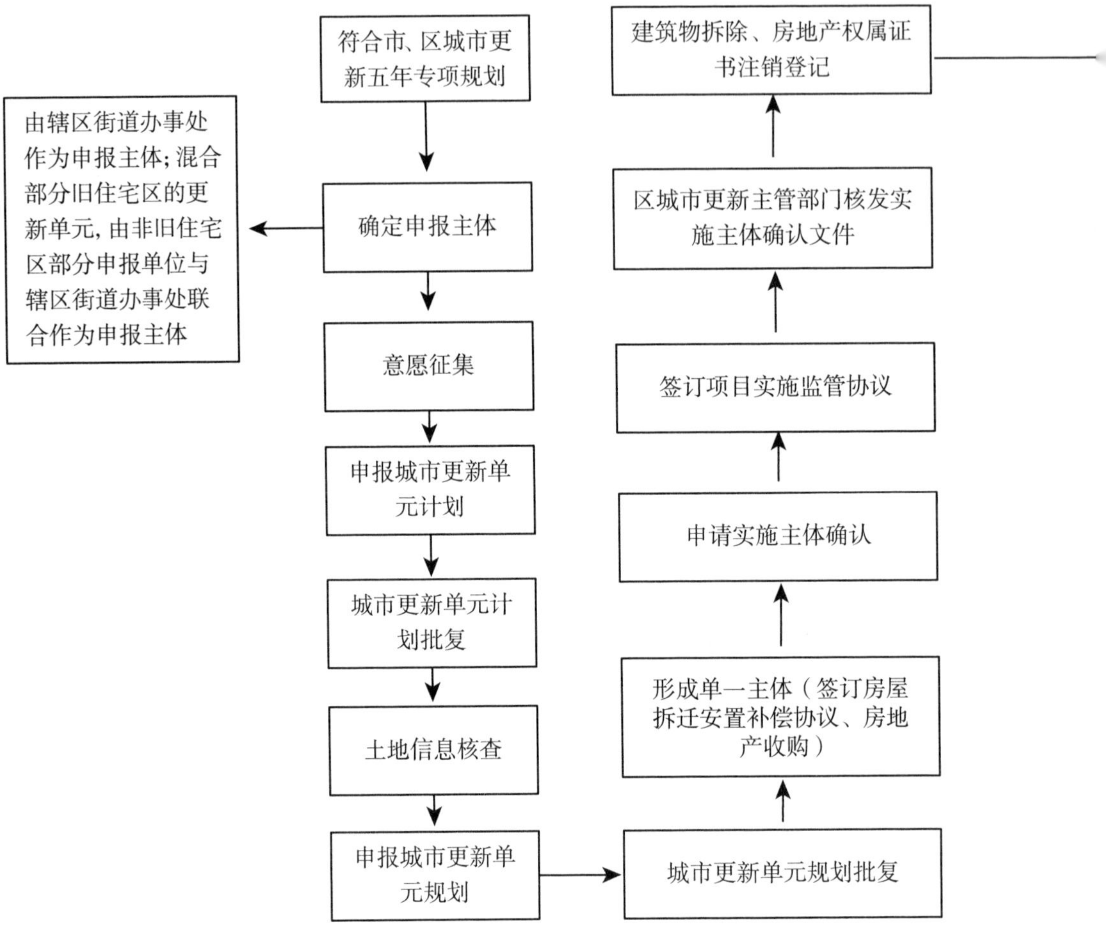

① 政策依据：《深圳市城市更新办法》《深圳市城市更新办法实施细则》《关于试行拆除重建类城市更新项目操作基本程序的通知》《深圳市拆除重建类城市更新项目用地审批规定》《深圳市拆除重建类城市更新单元土地信息核查及历史用地处置规定》《深圳市人民政府关于农村城市化历史遗留产业类和公共配套类违法建筑的处理办法》《深圳市拆除重建类城市更新单元计划管理规定》《深圳市拆除重建类城市更新单元旧屋村范围认定办法》《深圳市龙华区城市更新实施办法》《深圳市龙华新区处理历史遗留生产经营性违法建筑实施办法》。

城市更新项目操作流程图[①]

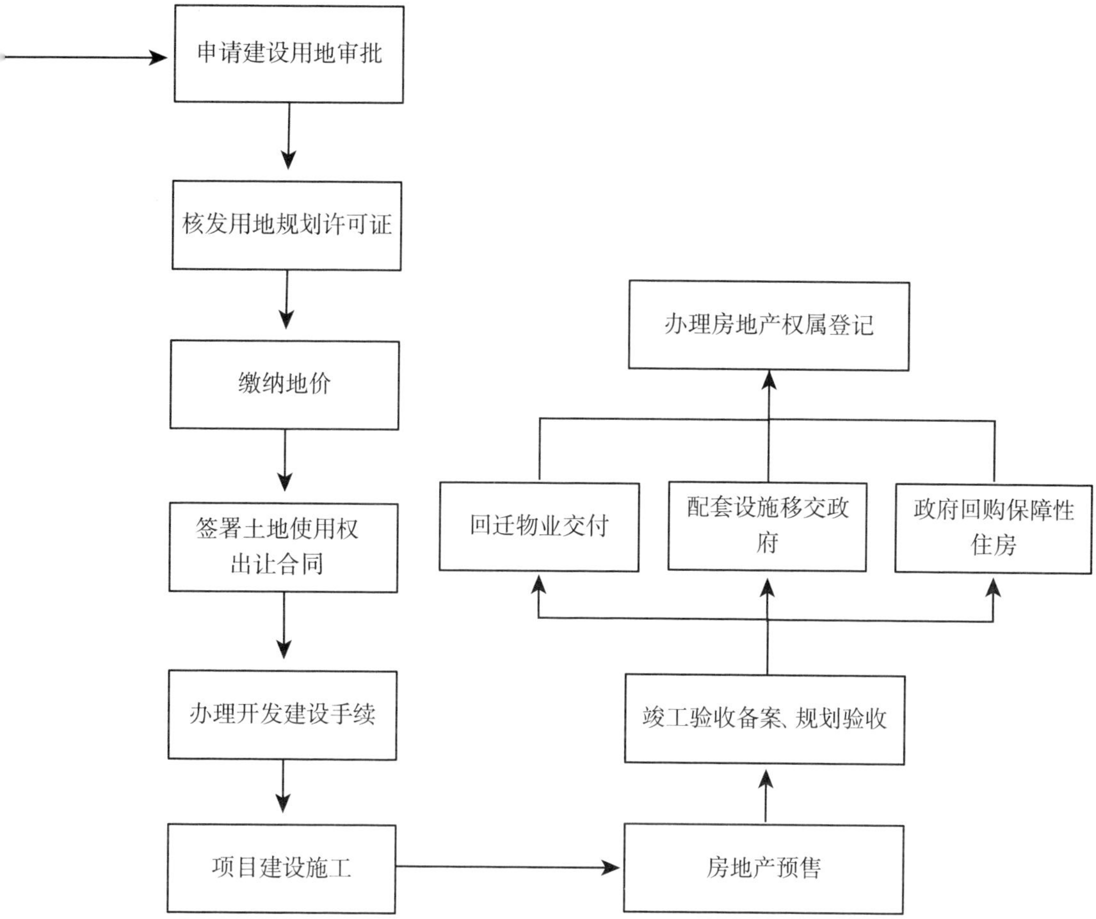

流程12：龙华区集体

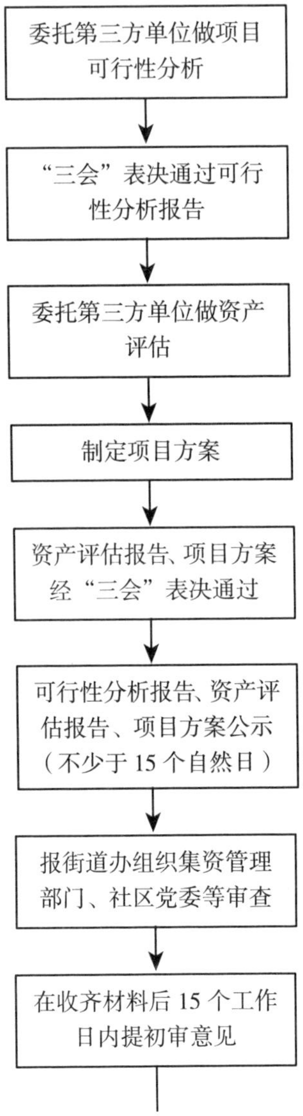

① 政策依据：《深圳经济特区股份合作公司条例》《深圳市原农村集体经济组织非农建设用地和征地返还用地土地使用权交易若干规定》《深圳市城市更新办法实施细则》《龙华区股份合作公司集体用地土地使用权交易管理办法》。

用地交易操作流程图①

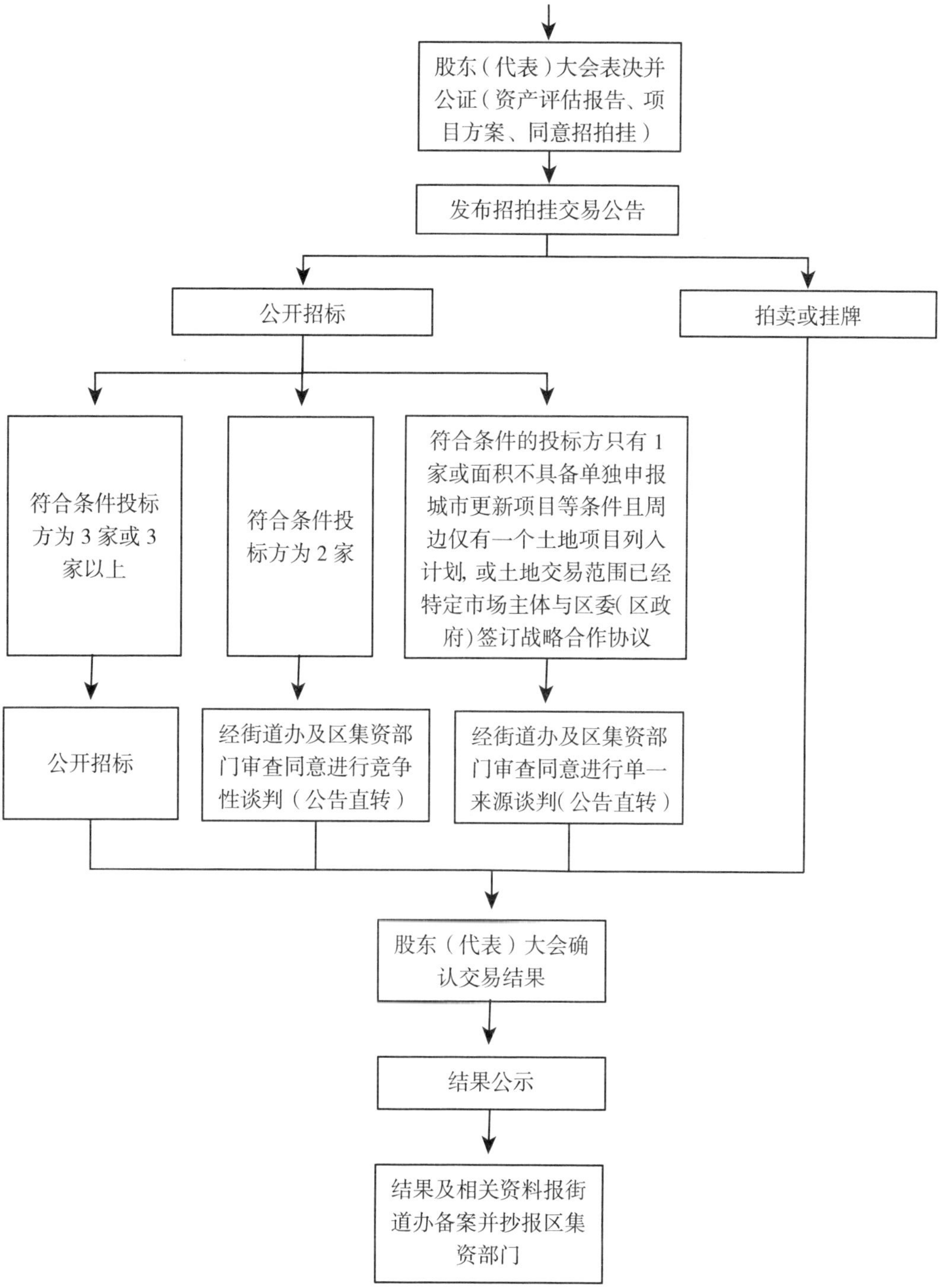
股东（代表）大会表决并公证（资产评估报告、项目方案、同意招拍挂）
发布招拍挂交易公告
公开招标
拍卖或挂牌
符合条件投标方为 3 家或 3 家以上
符合条件投标方为 2 家
符合条件的投标方只有 1 家或面积不具备单独申报城市更新项目等条件且周边仅有一个土地项目列入计划，或土地交易范围已经特定市场主体与区委（区政府）签订战略合作协议
公开招标
经街道办及区集资部门审查同意进行竞争性谈判（公告直转）
经街道办及区集资部门审查同意进行单一来源谈判（公告直转）
股东（代表）大会确认交易结果
结果公示
结果及相关资料报街道办备案并抄报区集资部门

第四章 深圳市罗湖区城市

流程13：罗湖区城中村拆除重建类

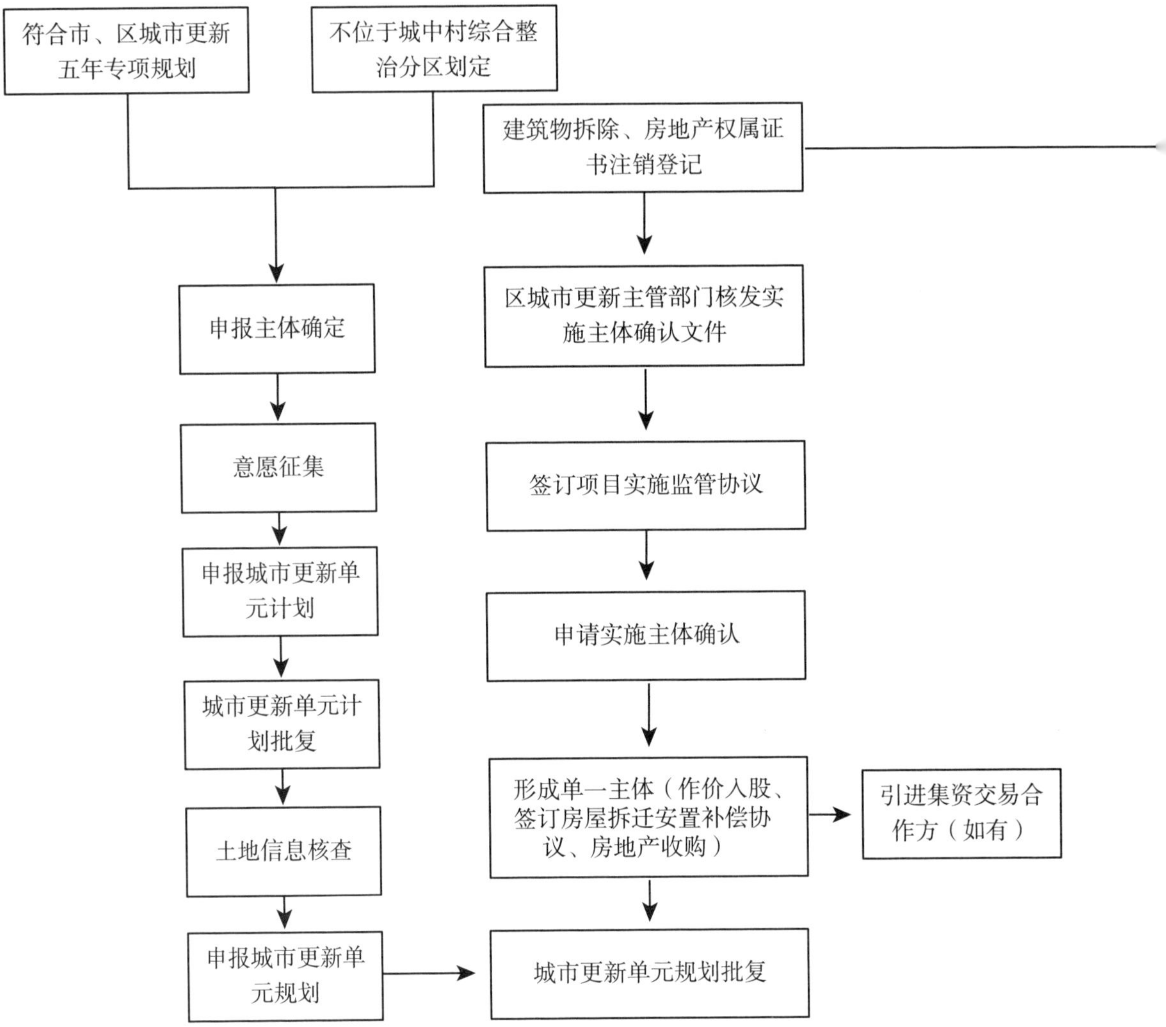

① 政策依据：《深圳市城市更新办法》《深圳市城市更新办法实施细则》《关于试行拆除重建类城市更新项目操作基本程序的通知》《深圳市拆除重建类城市更新项目用地审批规定》《深圳市拆除重建类城市更新单元土地信息核查及历史用地处置规定》《深圳市人民政府关于农村城市化历史遗留产业类和公共配套类违法建筑的处理办法》《深圳市拆除重建类城市更新计划管理规定》《深圳市拆除重建类城市更新单元旧屋村范围认定办法》《深圳市罗湖区城市更新实施办法》《关于将我区股份合作公司集体资产交易纳入市、区公共资源平台交易的通知》《罗湖区股份合作公司非农建设用地和征地返还用地土地使用权交易实施细则（试行）》。据悉，《关于将我区股份合作公司集体资产交易纳入市、区公共资源平台交易的通知》《罗湖区股份合作公司非农建设用地和征地返还用地土地使用权交易实施细则（试行）》有效期三年已过，正在修订阶段，本流程图参照适用该两份规定。

更新项目操作流程图

城市更新项目操作流程图①

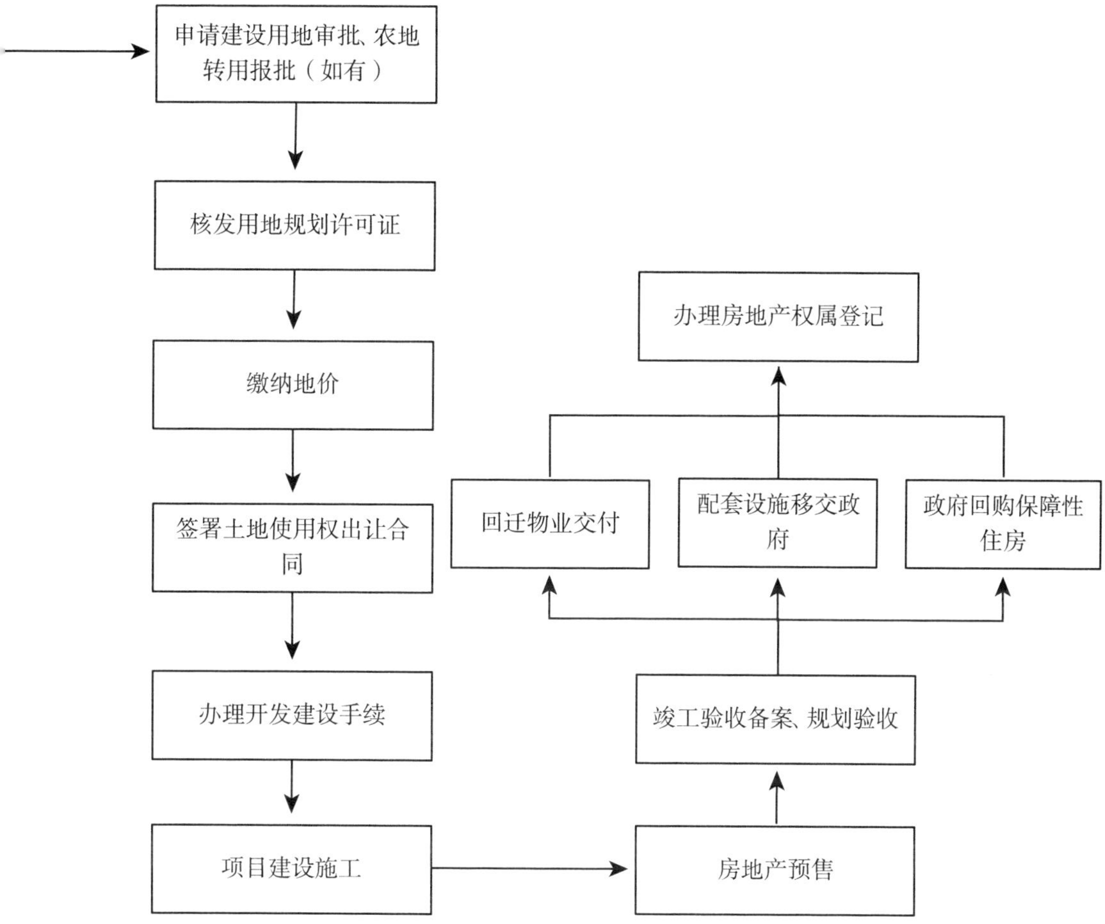

流程14：罗湖区旧工业区拆除重建类

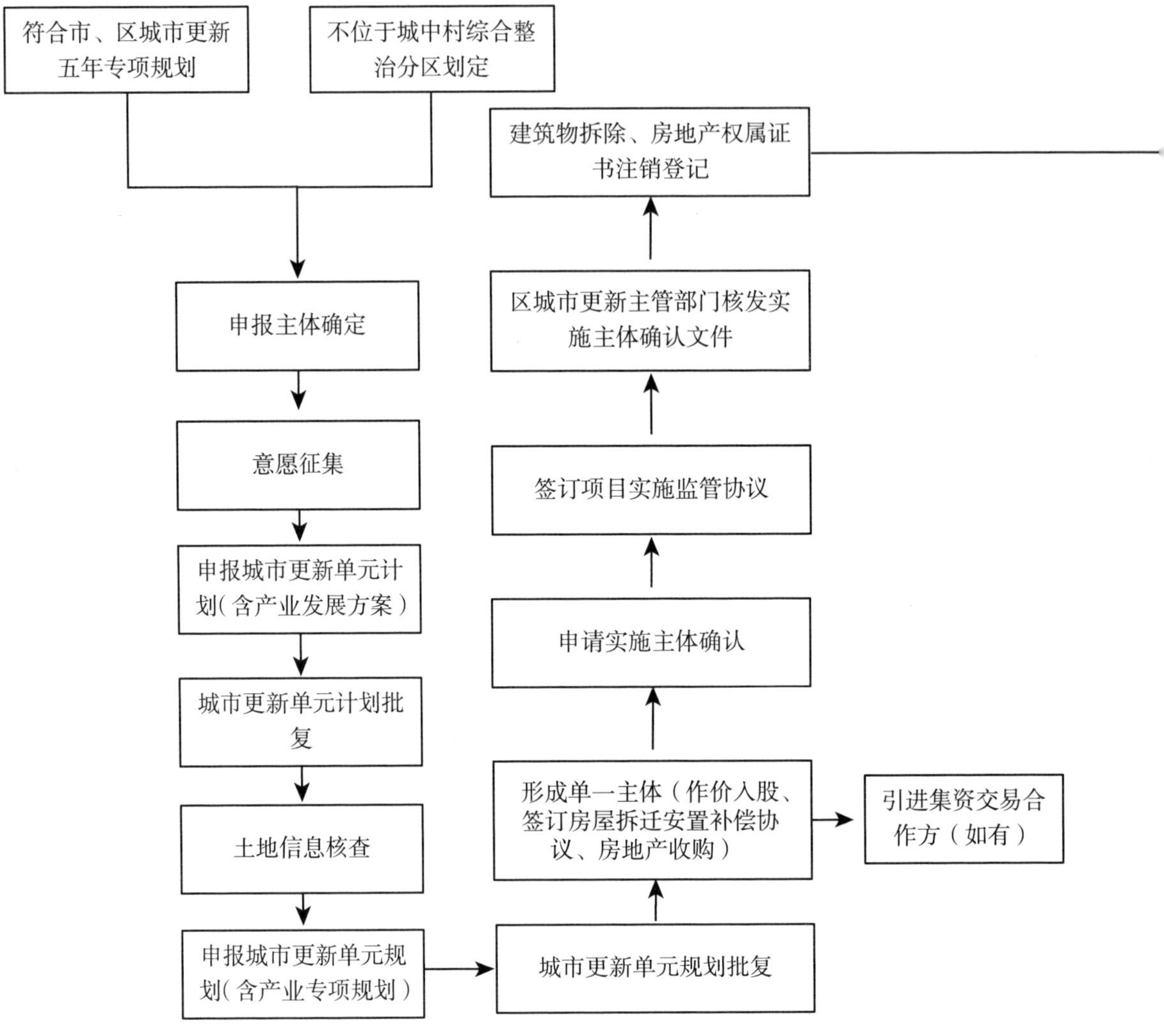

① 政策依据:《深圳市城市更新办法》《深圳市城市更新办法实施细则》《关于试行拆除重建类城市更新项目操作基本程序的通知》《深圳市拆除重建类城市更新项目用地审批规定》《深圳市拆除重建类城市更新单元土地信息核查及历史用地处置规定》《深圳市人民政府关于农村城市化历史遗留产业类和公共配套类违法建筑的处理办法》《深圳市拆除重建类城市更新单元计划管理规定》《深圳市罗湖区城市更新实施办法》。

城市更新项目操作流程图[1]

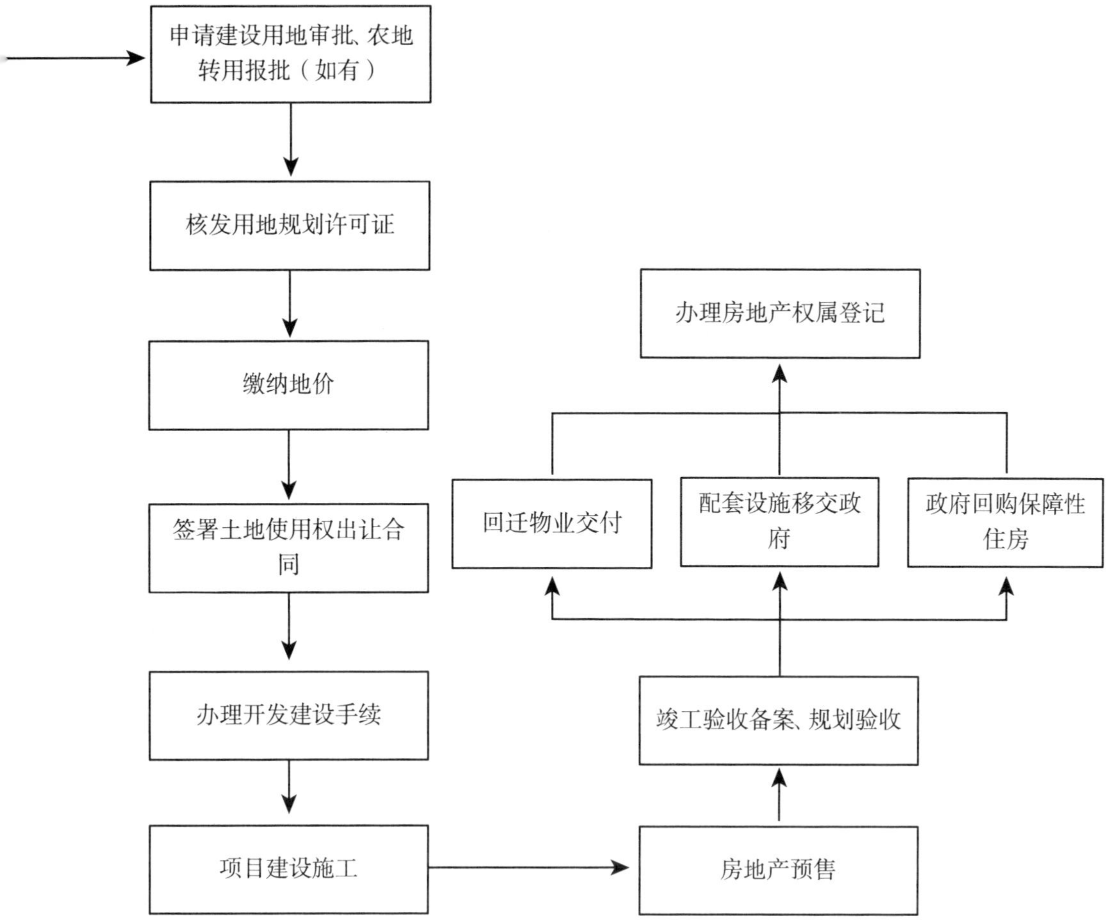

流程15：罗湖区旧住宅拆除重建类

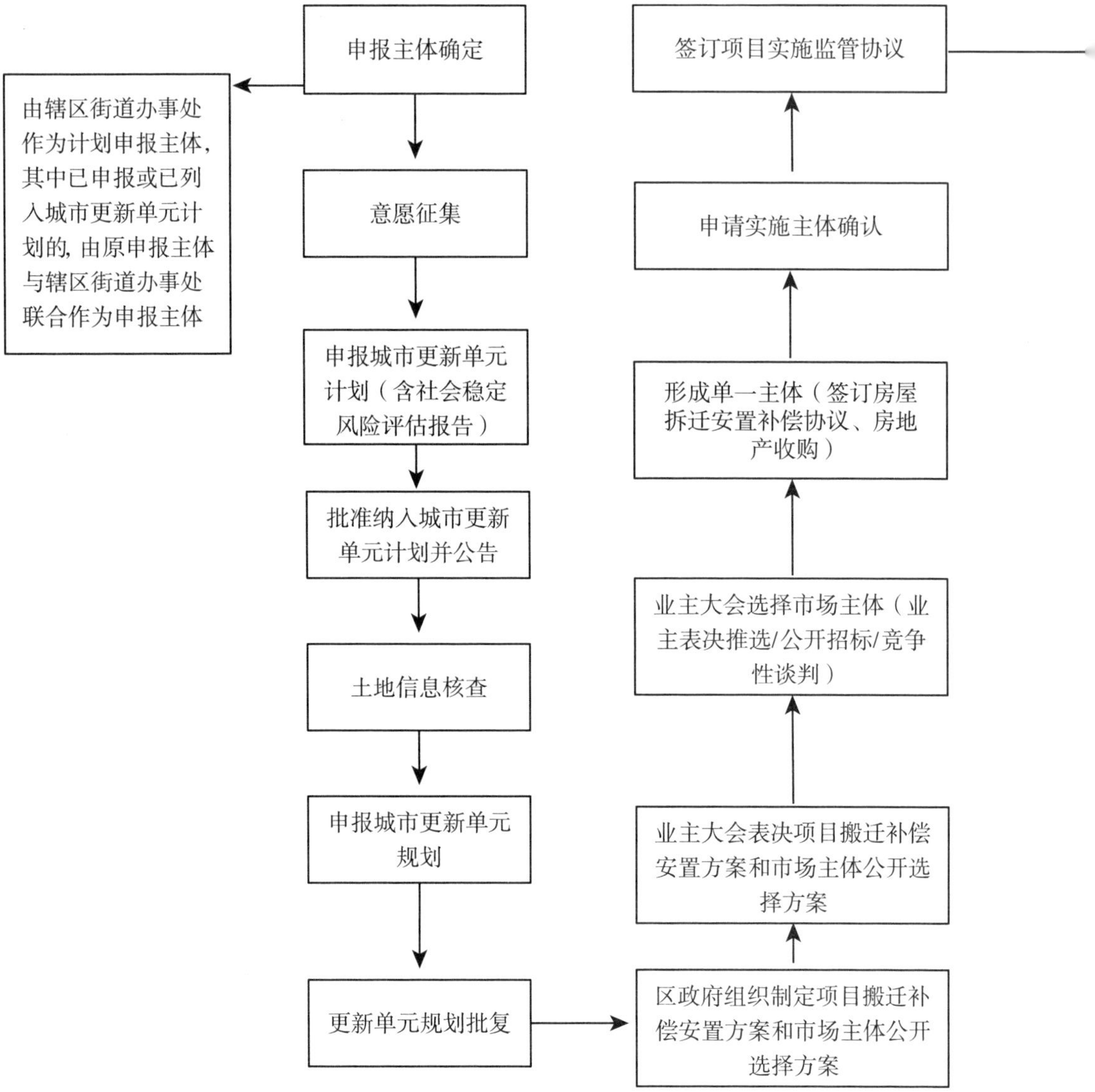

① 政策依据：《深圳市城市更新办法》《深圳市城市更新办法实施细则》《关于试行拆除重建类城市更新项目操作基本程序的通知》《深圳市拆除重建类城市更新项目用地审批规定》《深圳市拆除重建类城市更新单元土地信息核查及历史用地处置规定》《深圳市罗湖区城市更新实施办法》《罗湖区旧住宅区拆除重建类城市更新项目公开选择市场主体公开指引（试行）》。

城市更新项目操作流程图[1]

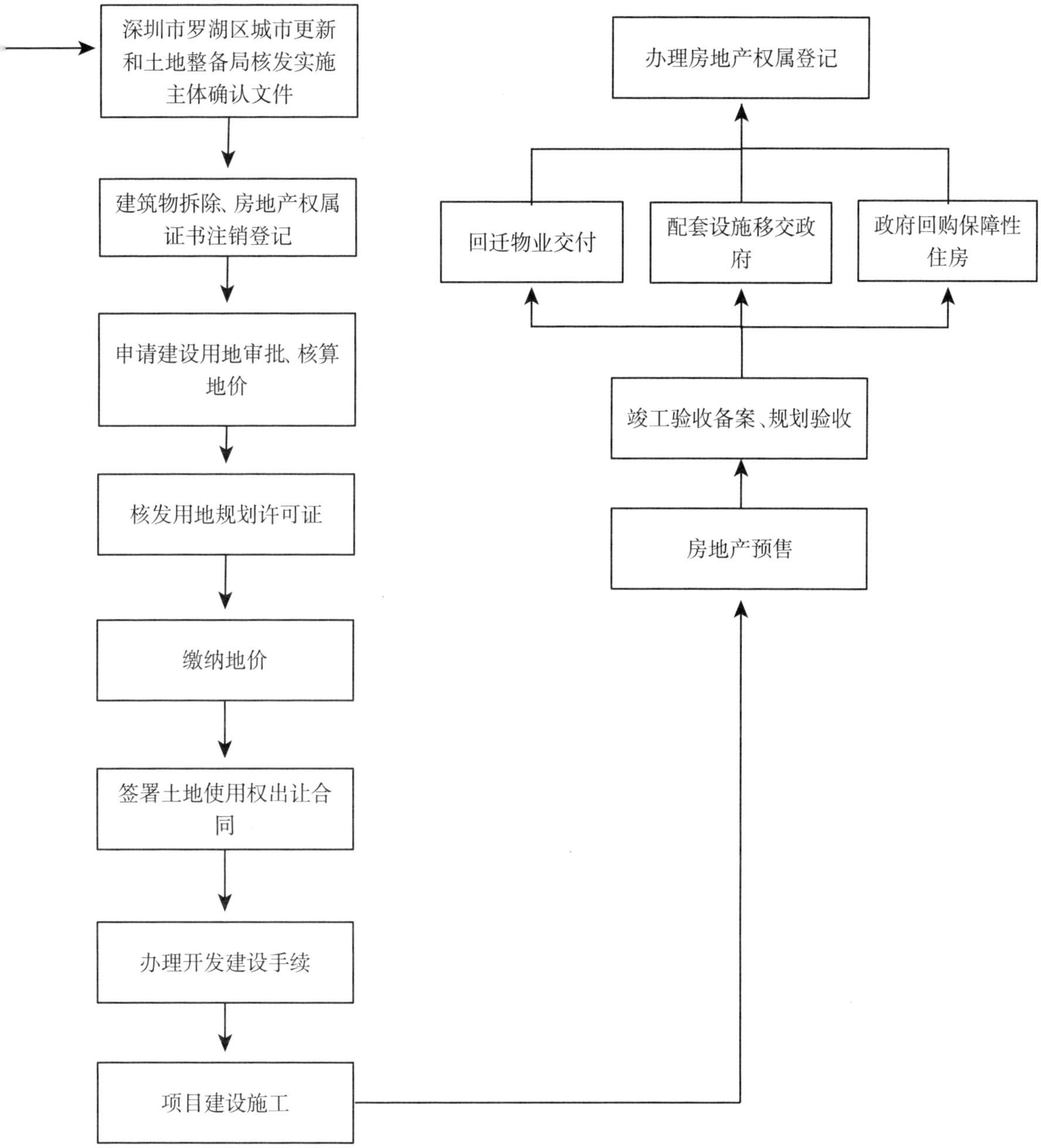

流程16：罗湖区集体

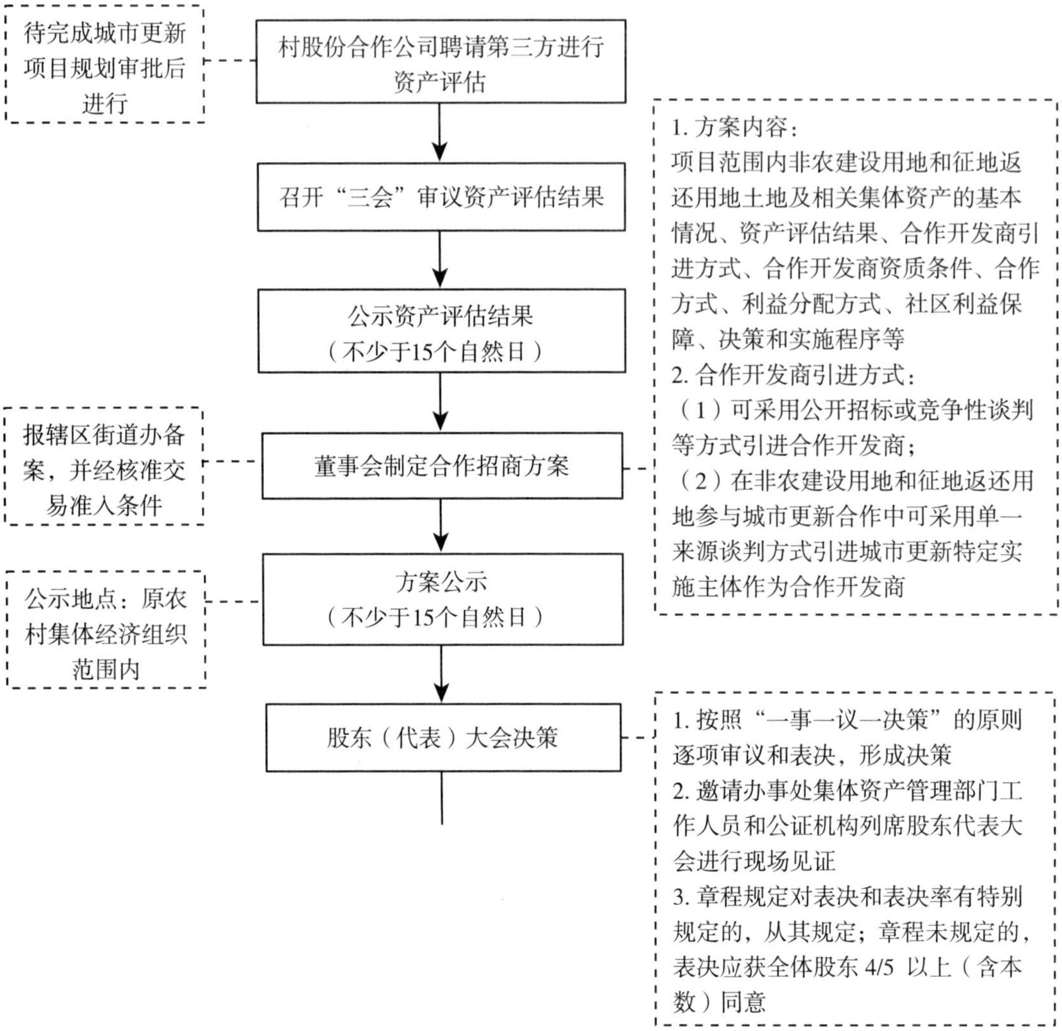

① （1）本图为非农建设用地和征地返还用地土地合作开发（包括合作开发、作价入股成立公司、调整参与更新等）的流程图。（2）本图拟定，参照适用《关于将我区股份合作公司集体资产交易纳入市、区公共资源平台交易的通知》（罗集资办〔2016〕4号）、《罗湖区股份合作公司非农建设用地和征地返还用地土地使用权交易实施细则（试行）》的规定。（3）据悉，上述规定有效期三年已过，正在修订阶段，因而本图参照适用上述规定。（4）上平台的例外规定：在2016年6月17日之前，股份合作公司已签订合作协议并经股东（代表）大会审议通过的，且不违反土地及城市更新相关法律、政策规定并能保障社区集体利益的，经街道办审核后按股东（代表）大会决议实行。

资产交易操作流程图[1]

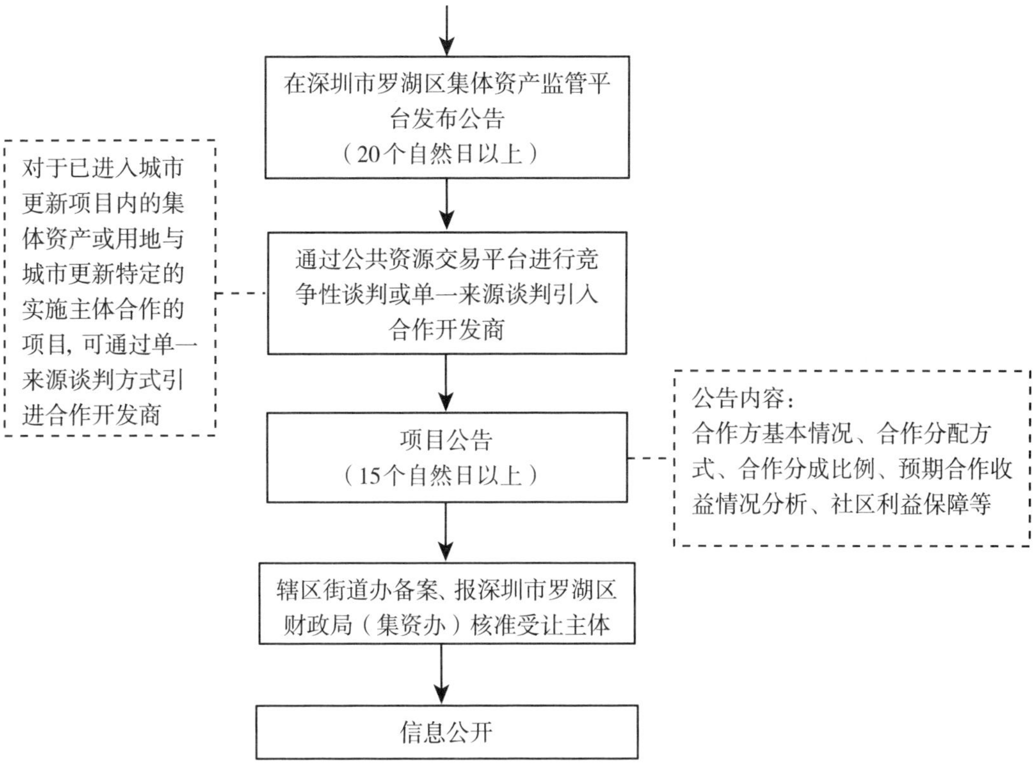
在深圳市罗湖区集体资产监管平台发布公告
（20个自然日以上）
对于已进入城市更新项目内的集体资产或用地与城市更新特定的实施主体合作的项目，可通过单一来源谈判方式引进合作开发商
通过公共资源交易平台进行竞争性谈判或单一来源谈判引入合作开发商
项目公告
（15个自然日以上）
公告内容：
合作方基本情况、合作分配方式、合作分成比例、预期合作收益情况分析、社区利益保障等
辖区街道办备案、报深圳市罗湖区财政局（集资办）核准受让主体
信息公开

第五章 深圳市棚户区改造及土地

流程17：深圳市棚户区

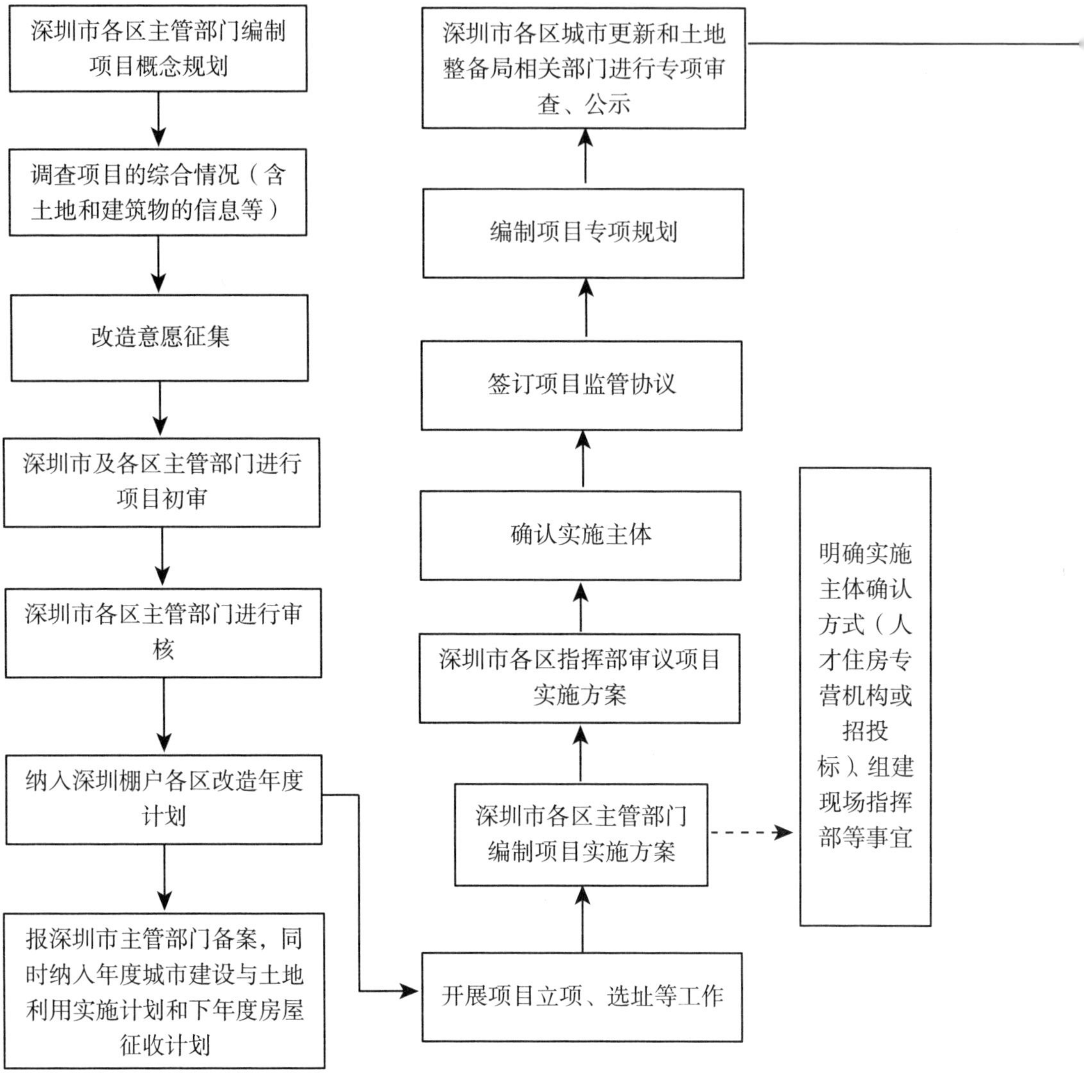

① 政策依据：《深圳市人民政府关于〈加强棚户区改造工作的实施意见〉》。

整备利益统筹项目操作流程图

改造项目操作流程图[1]

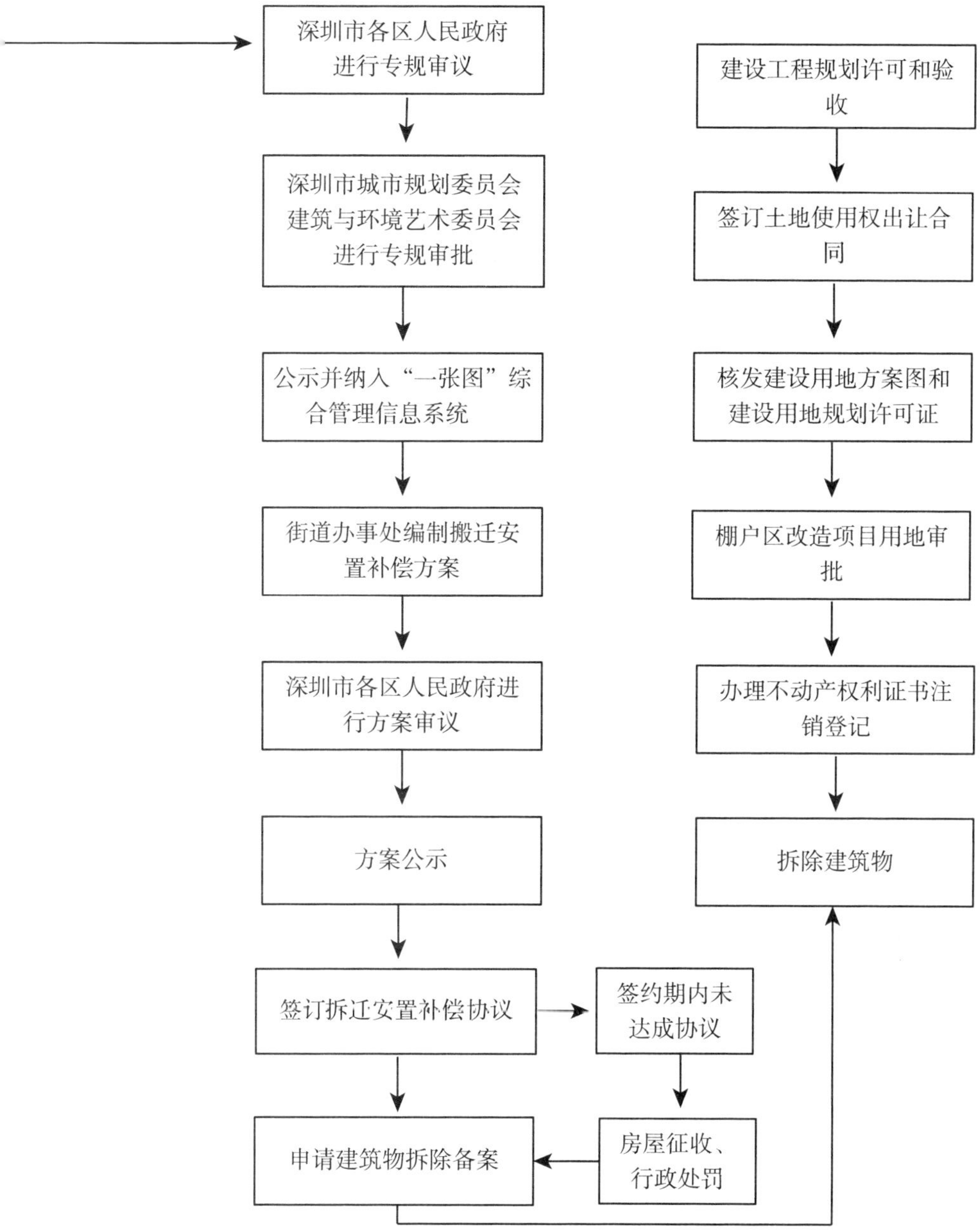

流程18：深圳市土地整备

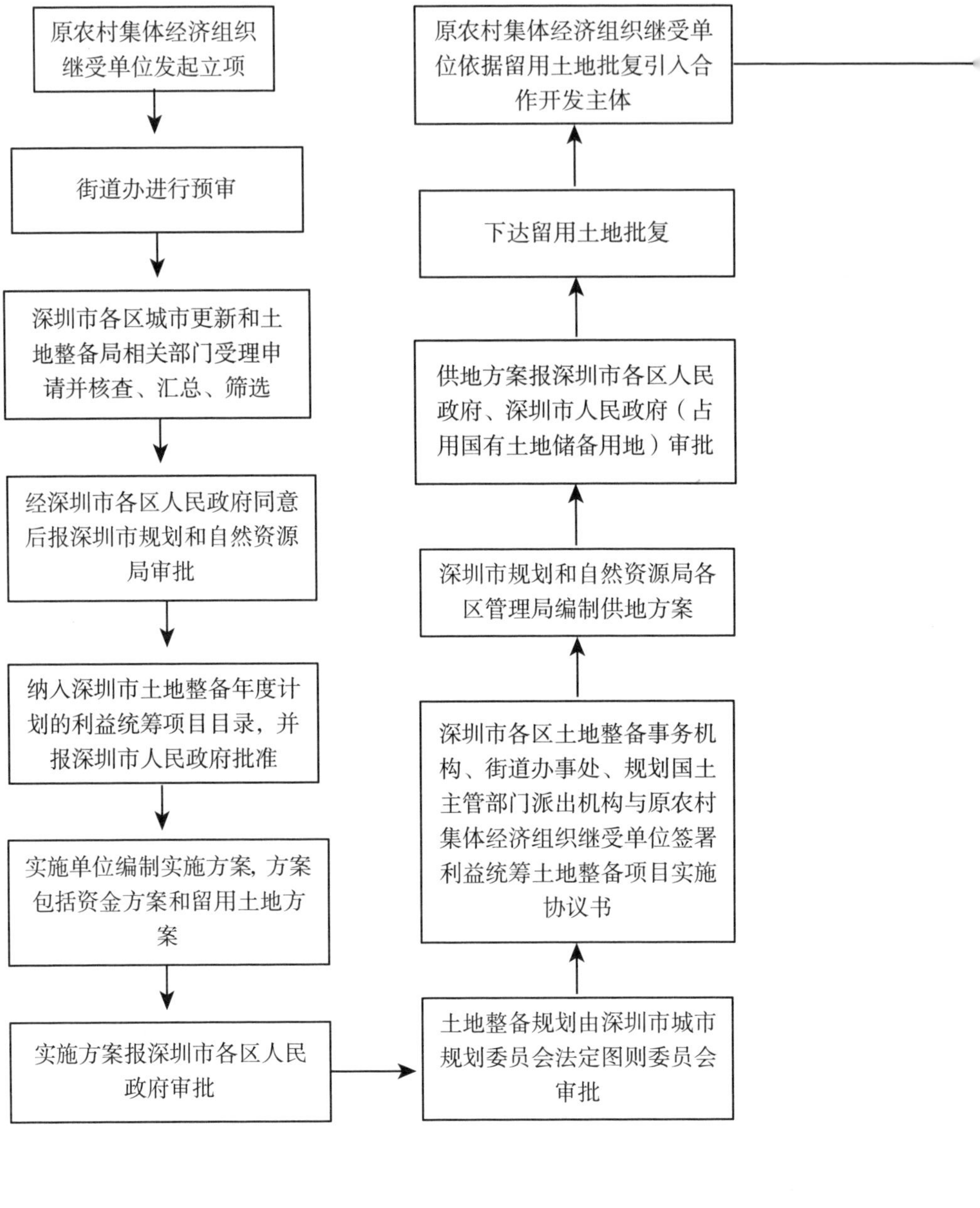

① 政策依据《深圳市土地整备利益统筹项目管理办法》。

利益统筹项目操作流程图[①]

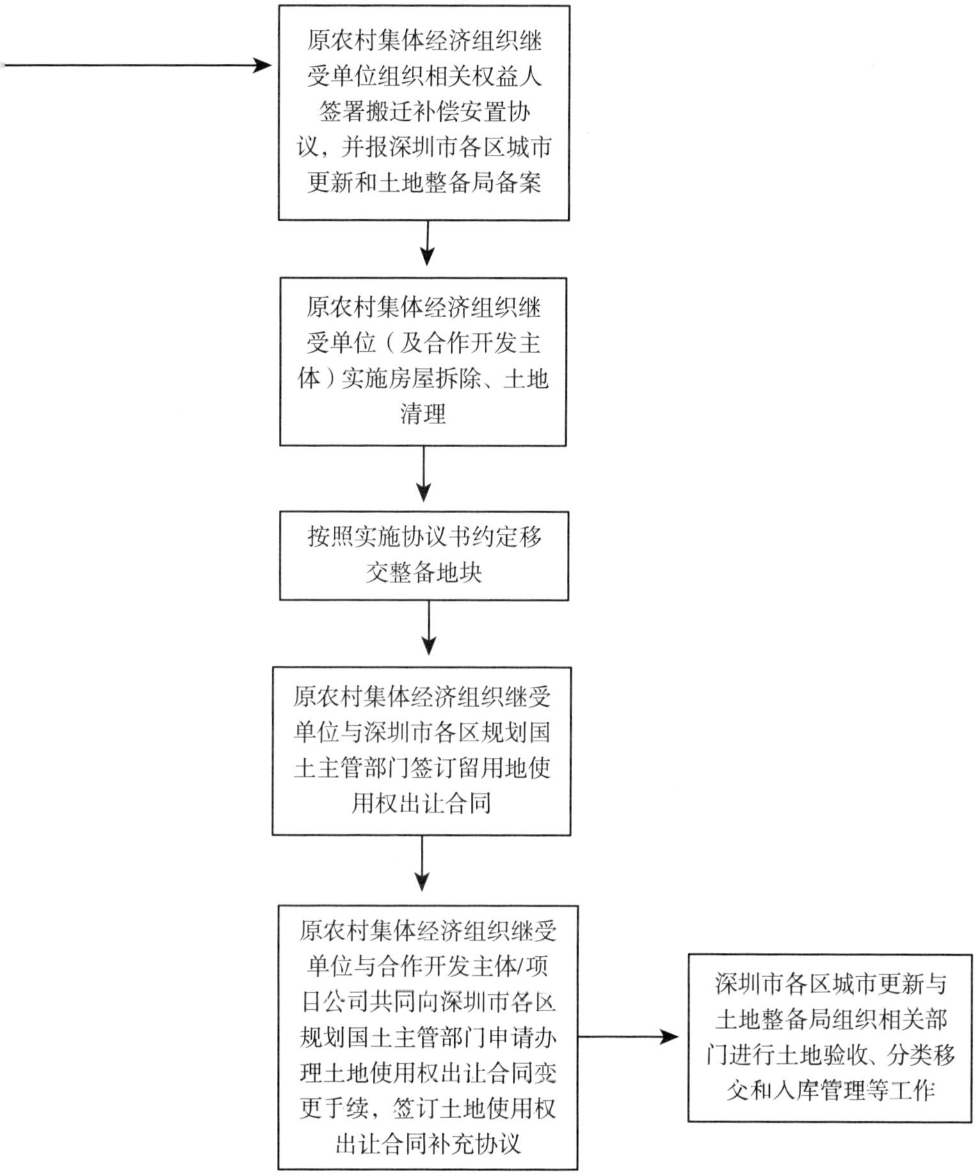

第六章　广州市白云区城市

流程19：白云区旧村庄全面

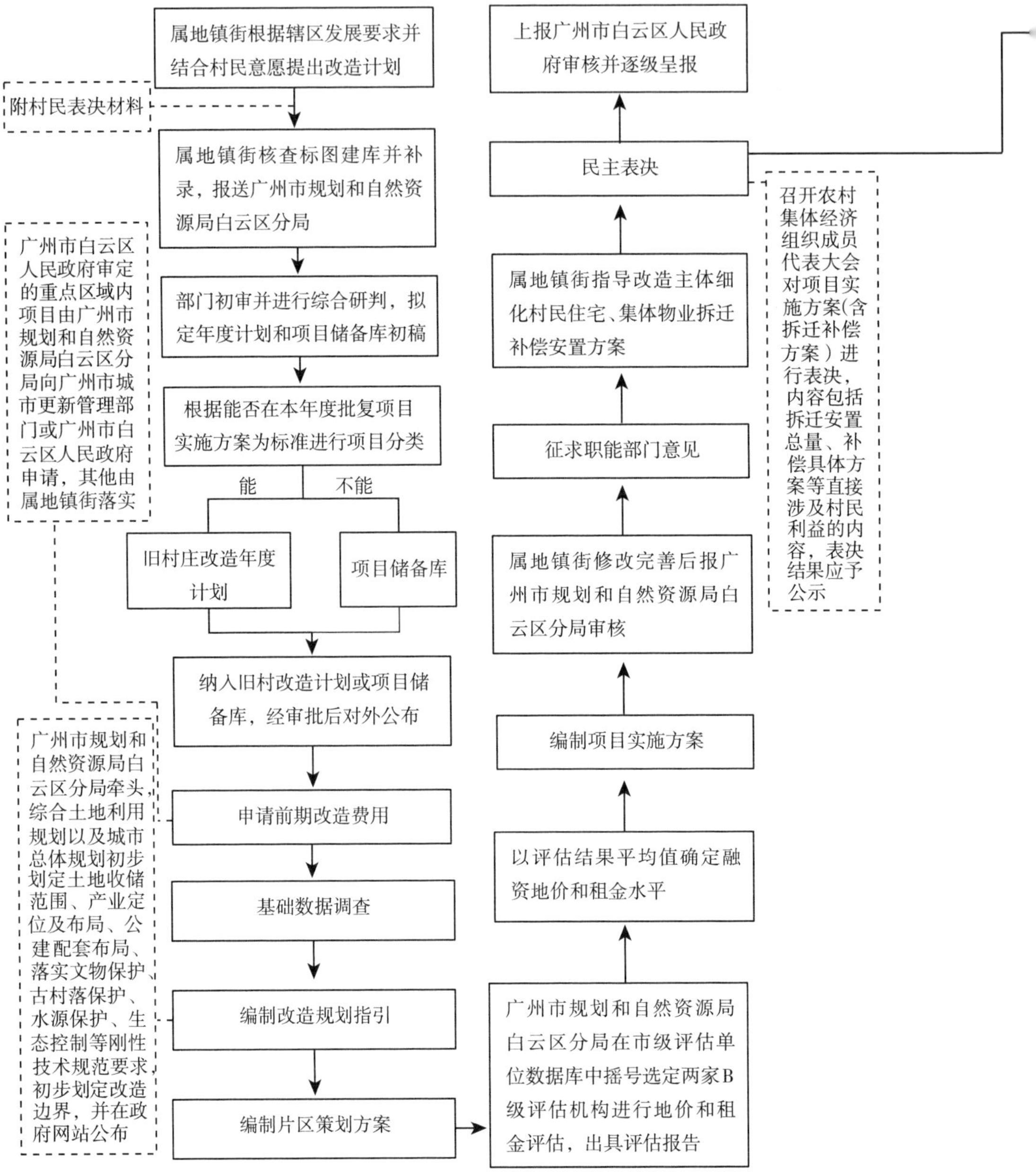

① 主要政策依据：《广州市白云区人民政府办公室关于印发广州市旧村庄更新实施办法的实施意见(试行)的通知》(云府办规〔2018〕11号)、《广州市人民政府办公厅关于印发广州市深入推进城市更新工作实施细则的通知》(穗府办规〔2019〕5号)、《白云区旧村庄全面改造程序指引(试行)》(穗规划资源云函〔2019〕1952号)。

更新项目操作流程图

改造项目操作流程图[1]

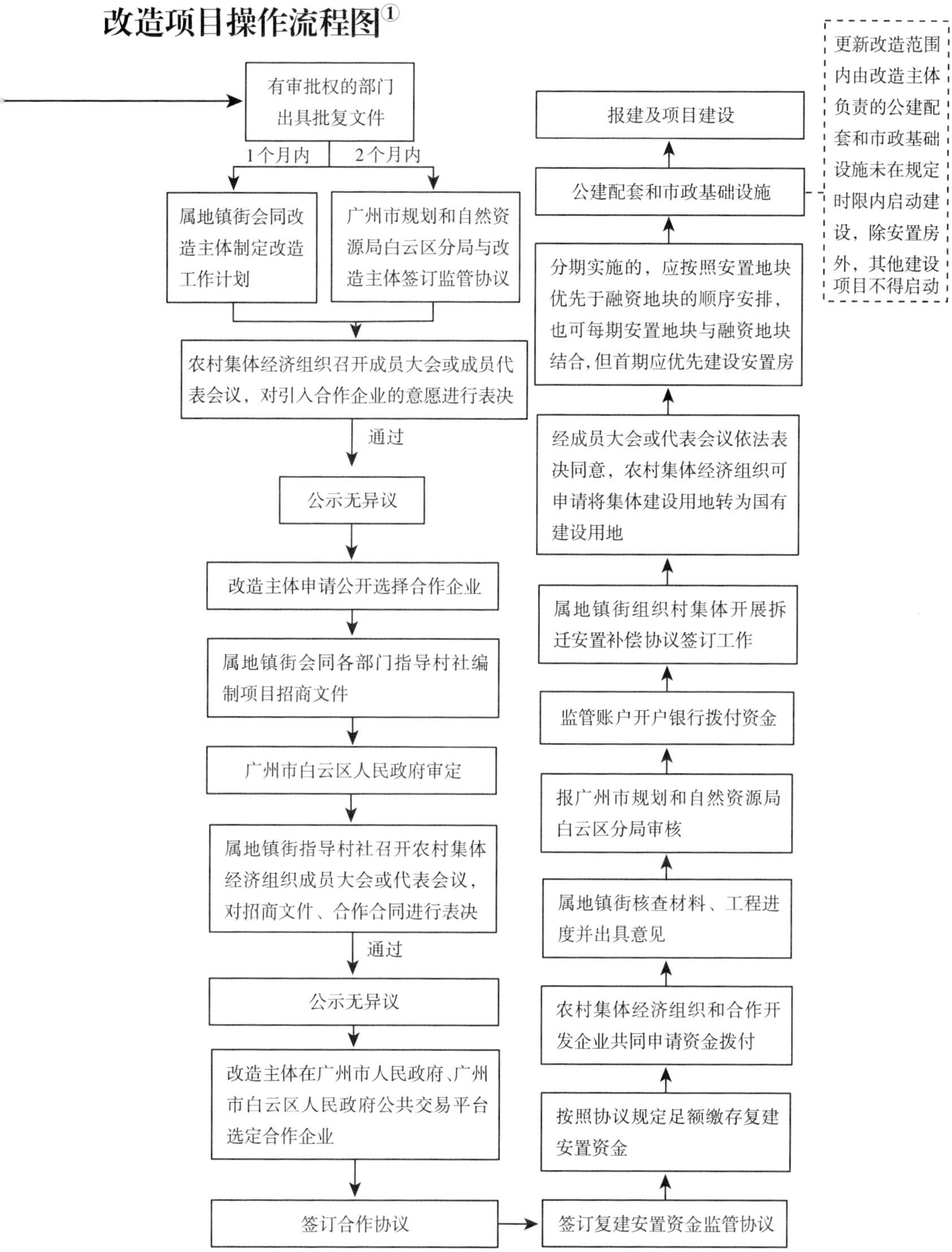

流程20：白云区旧村庄微

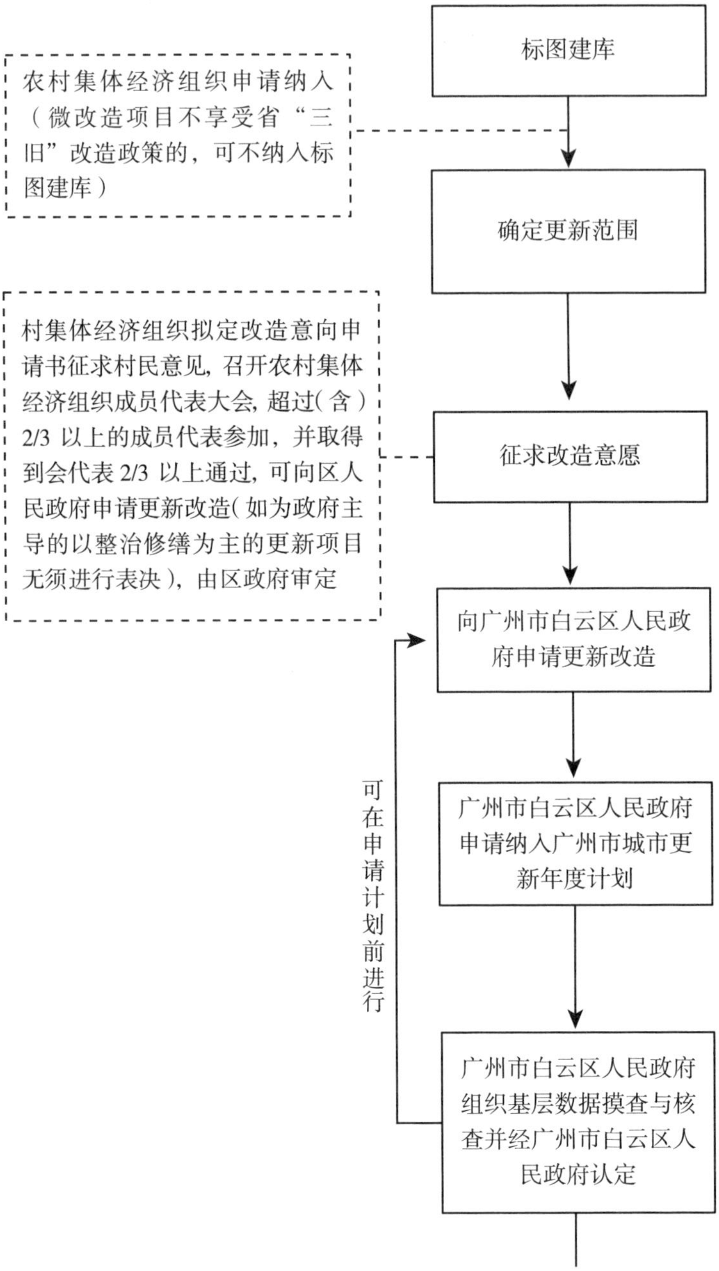

---

① 主要政策依据：《广州市城市更新办法》《广州市旧村庄更新实施办法》《广州市人民政府关于提升城市更新水平促进节约集约用地的实施意见》《广州市机构改革方案》。

改造更新项目操作流程图[1]

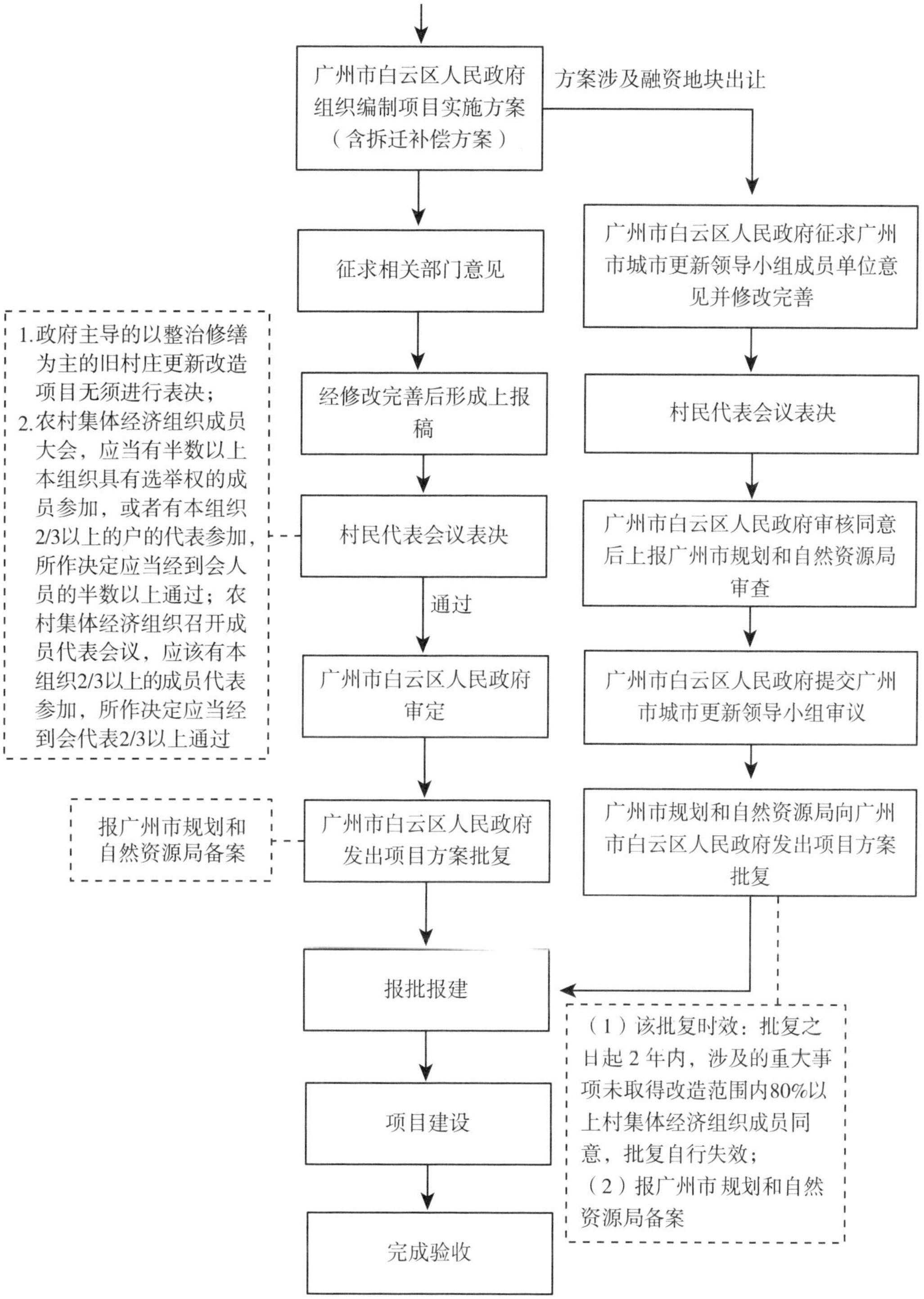

流程21：白云区旧厂房自行

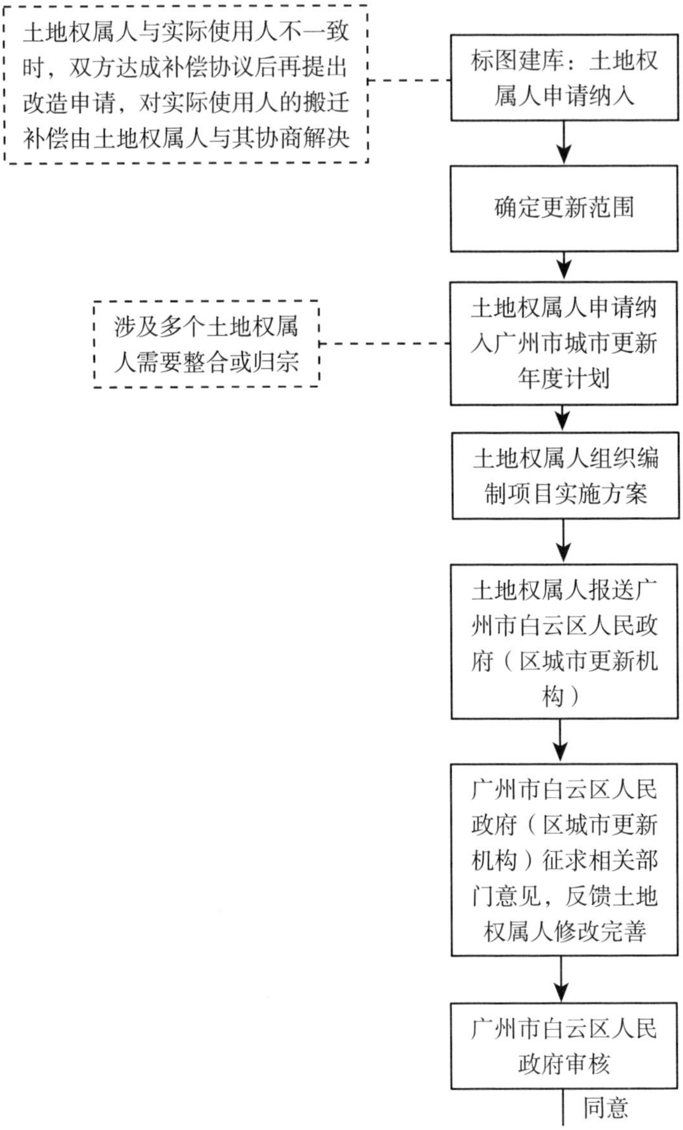

① 政策依据：《广州市城市更新办法》《广州市旧厂房更新实施办法》《广东省国土资源厅关于印发深入推进“三旧”改造工作实施的通知》《广州市机构改革方案》。

改造更新项目操作流程图[①]

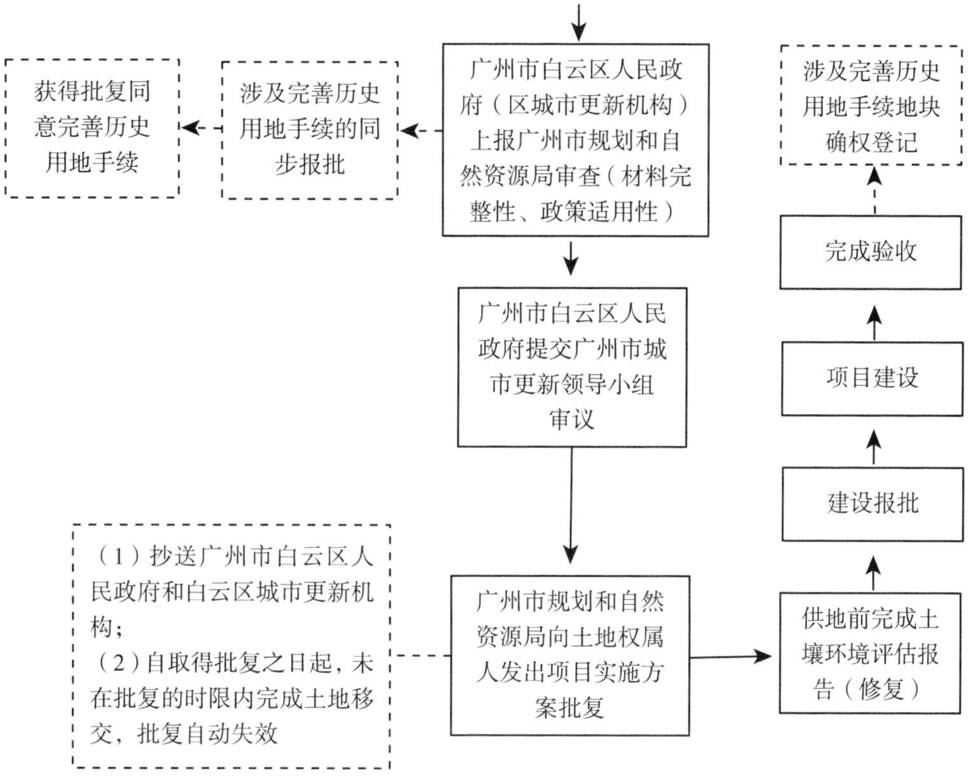

流程22：白云区旧厂房政府

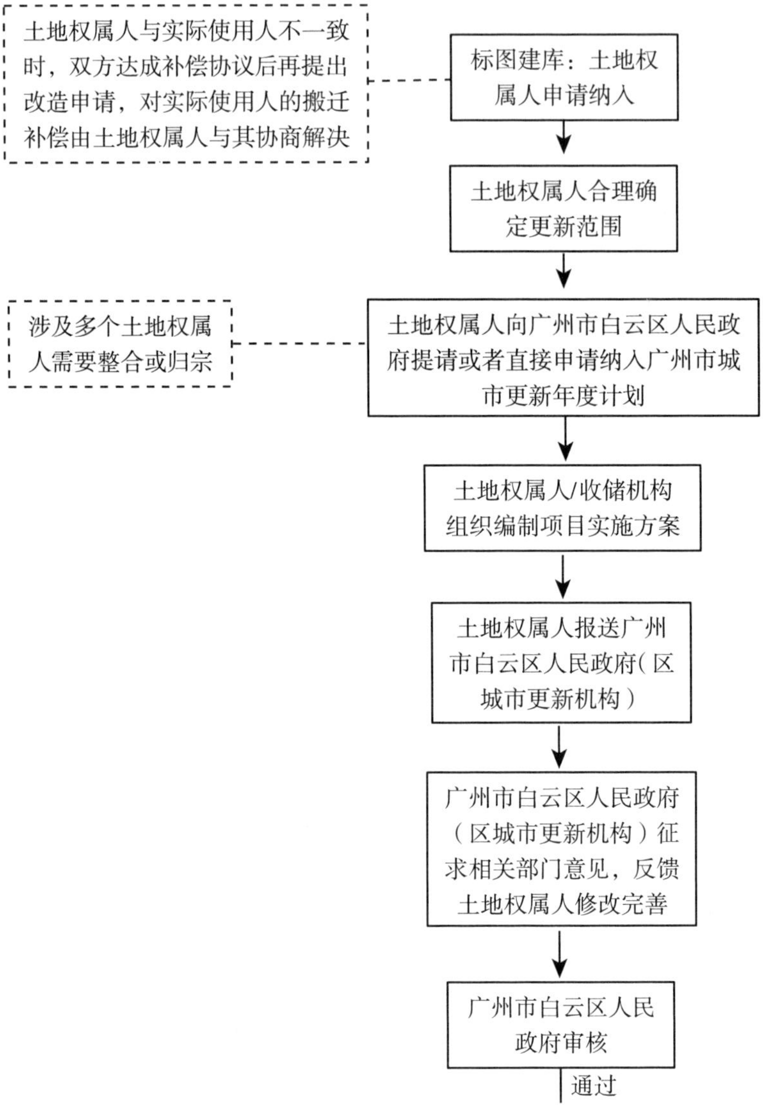

① 主要政策依据：《广州市城市更新办法》《广州市旧厂房更新实施办法》《广州市人民政府关于提升城市更新水平促进节约集约用地的实施意见》《广州市机构改革方案》。

收储更新项目操作流程图[1]

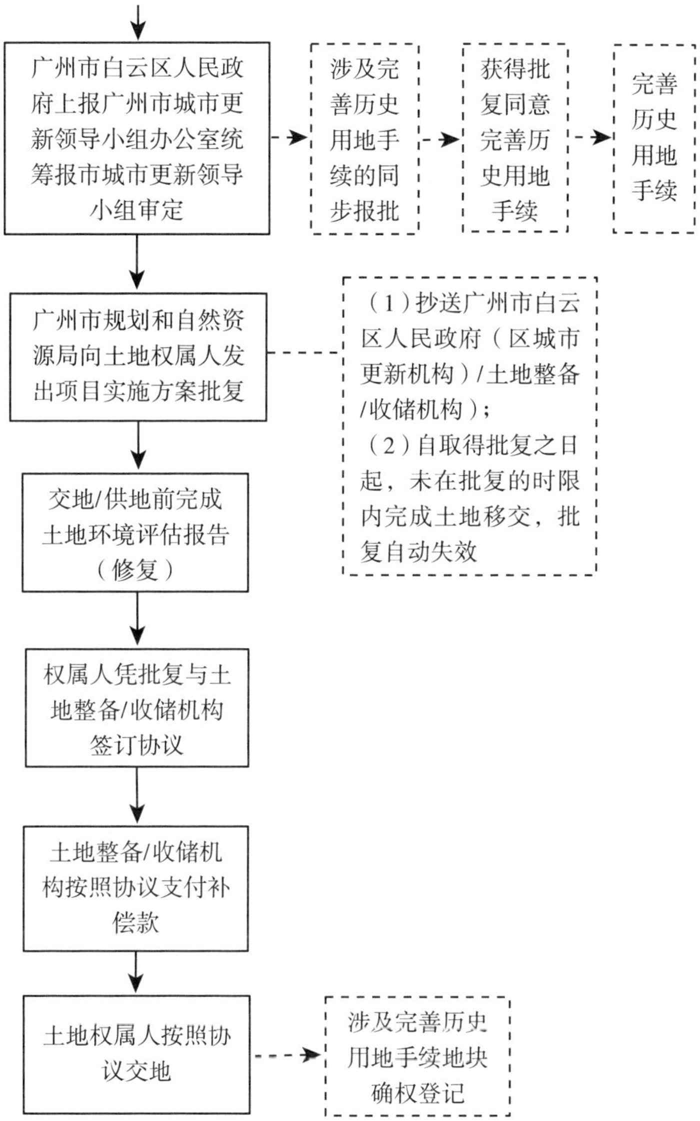

流程23：白云区旧厂房政府收储与

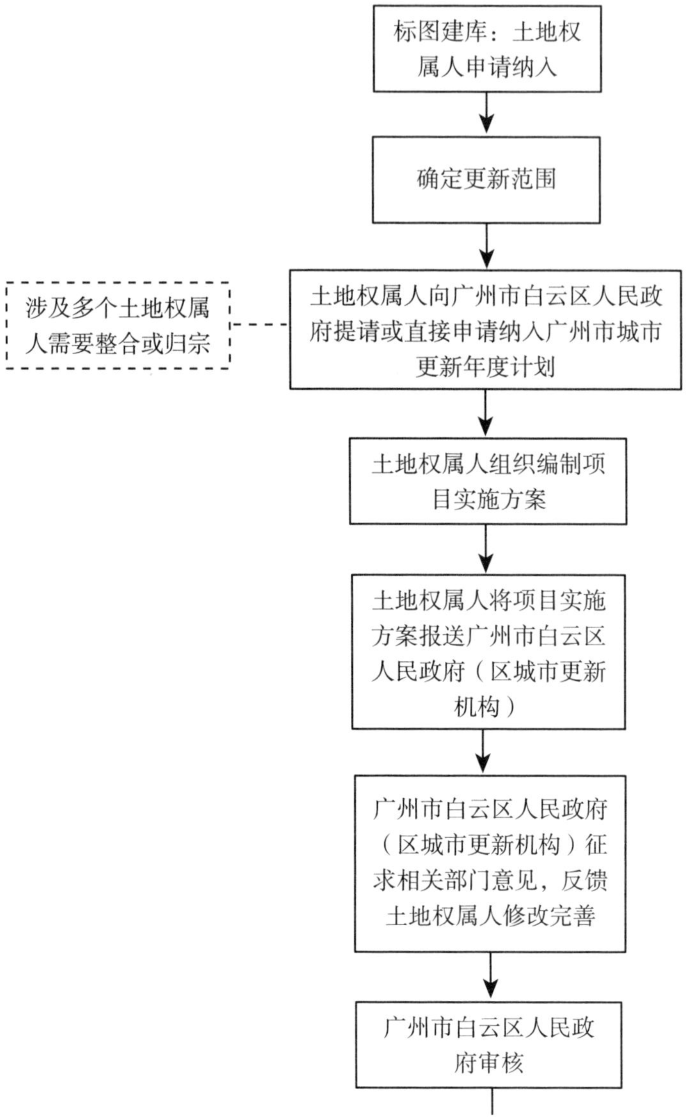

① 主要政策依据：《广州市城市更新办法》《广州市旧厂房更新实施办法》《广州市人民政府关于提升城市更新水平促进节约集约用地的实施意见》《广州市机构改革方案》。

自行改造相结合更新项目操作流程图[1]

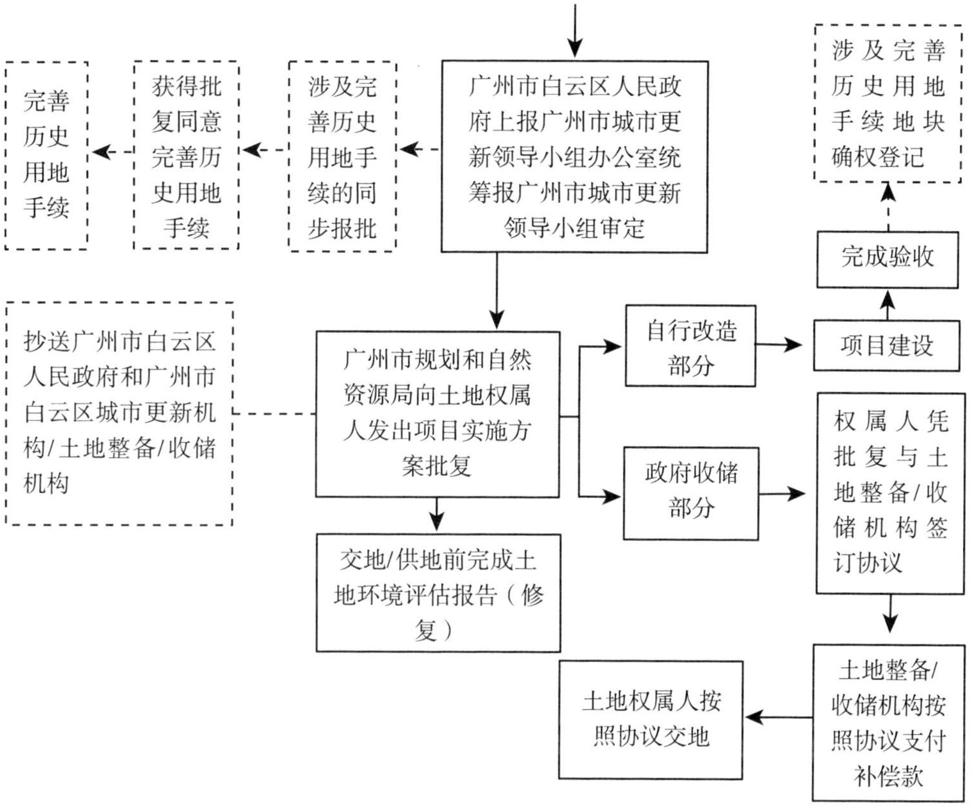

流程24：白云区旧城镇

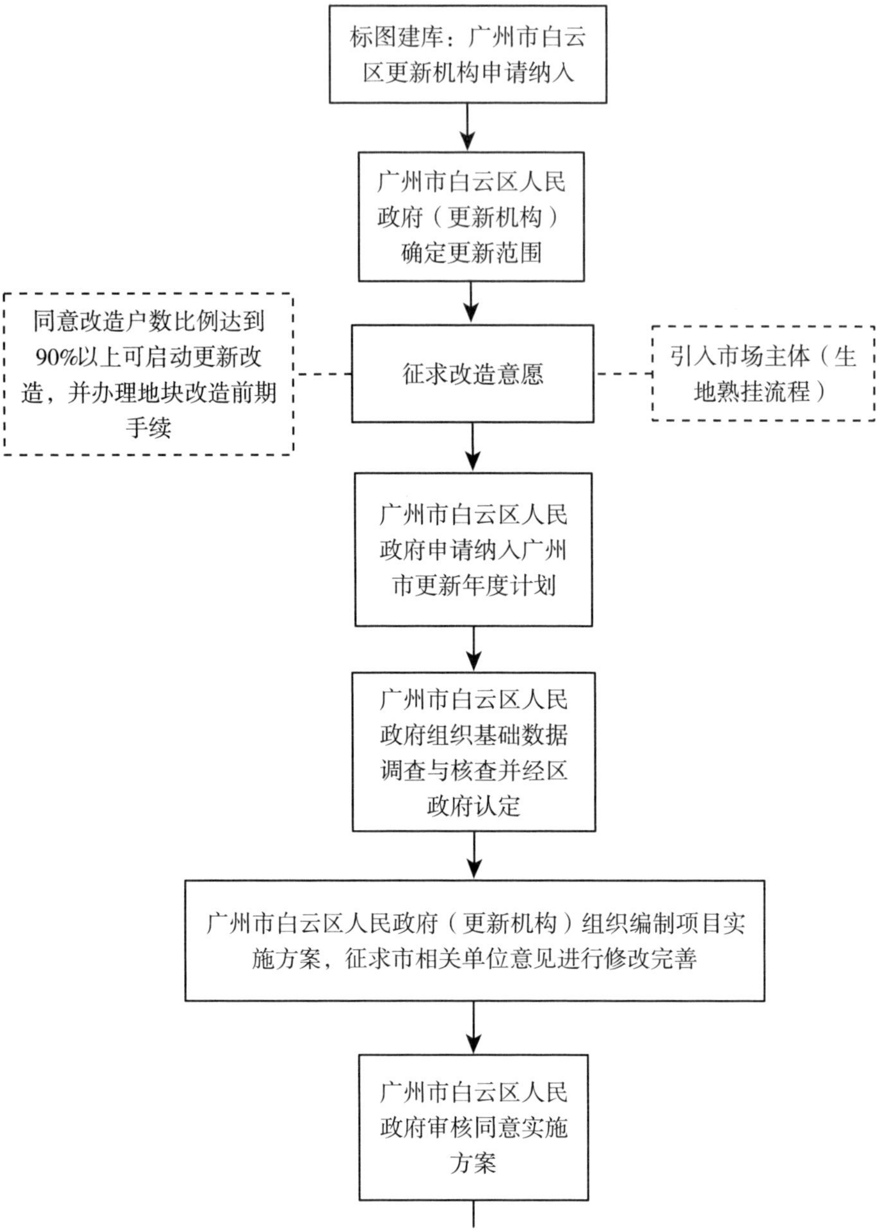

① 主要政策依据:《广州市城市更新办法》《广州市旧城镇更新实施办法》《广州市人民政府关于提升城市更新水平促进节约集约用地的实施意见》《广州市人民政府办公厅关于印发广州市深入推进城市更新工作实施细则的通知》《广州市机构改革方案》。

全面改造项目操作流程图[①]

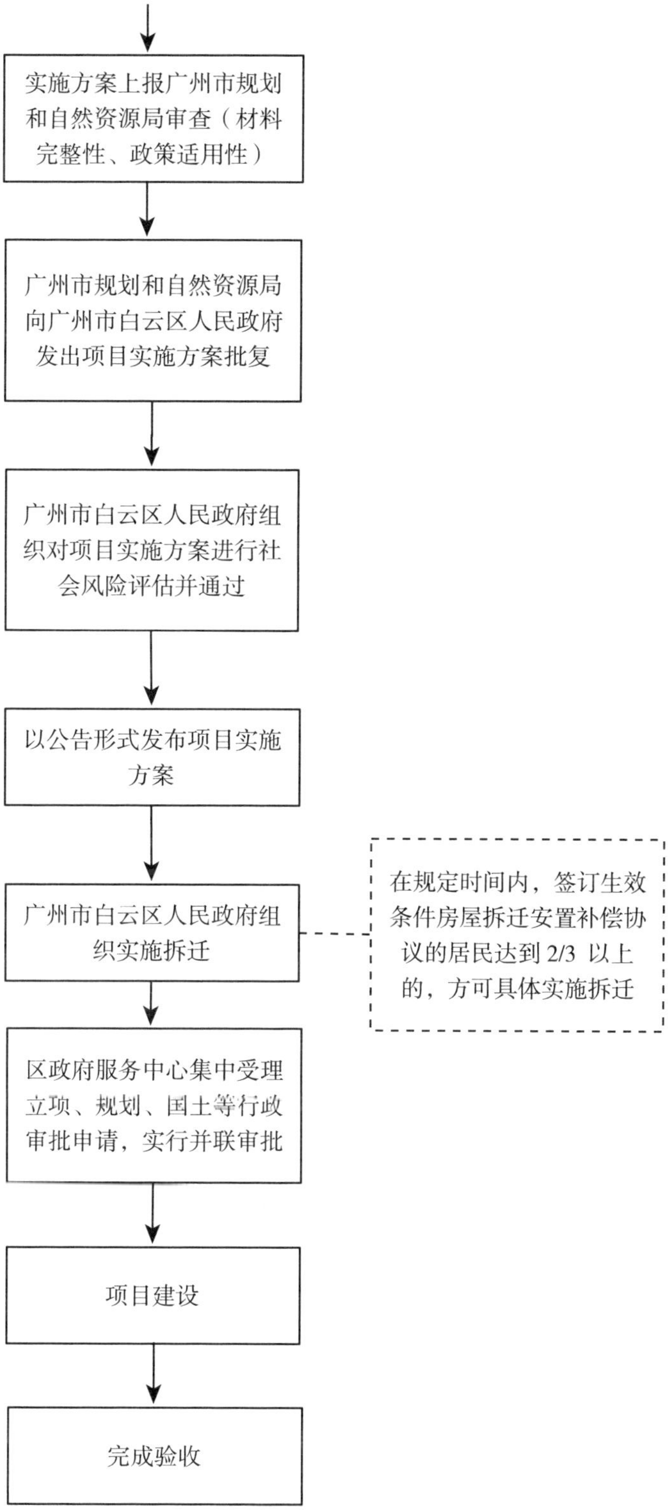

流程25：白云区旧城镇

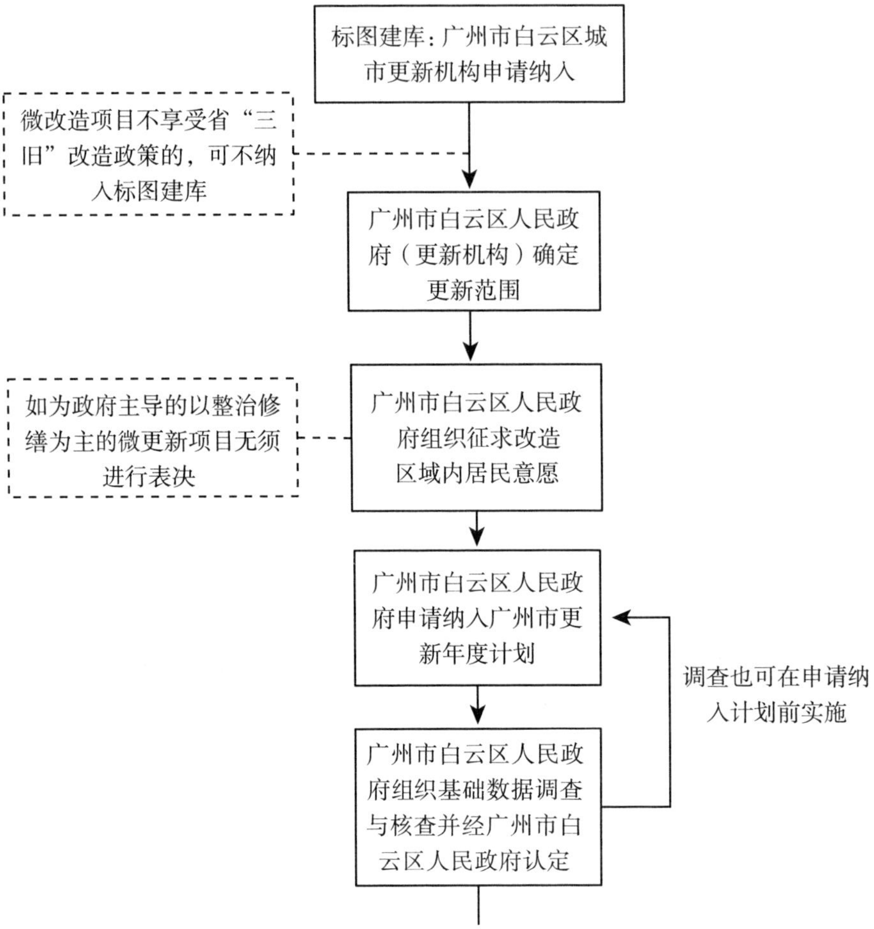

① 主要政策依据：《广州市城市更新办法》《广州市旧城镇更新实施办法》《广州市人民政府关于提升城市更新水平促进节约集约用地的实施意见》《广州市机构改革方案》。

微改造项目操作流程图①

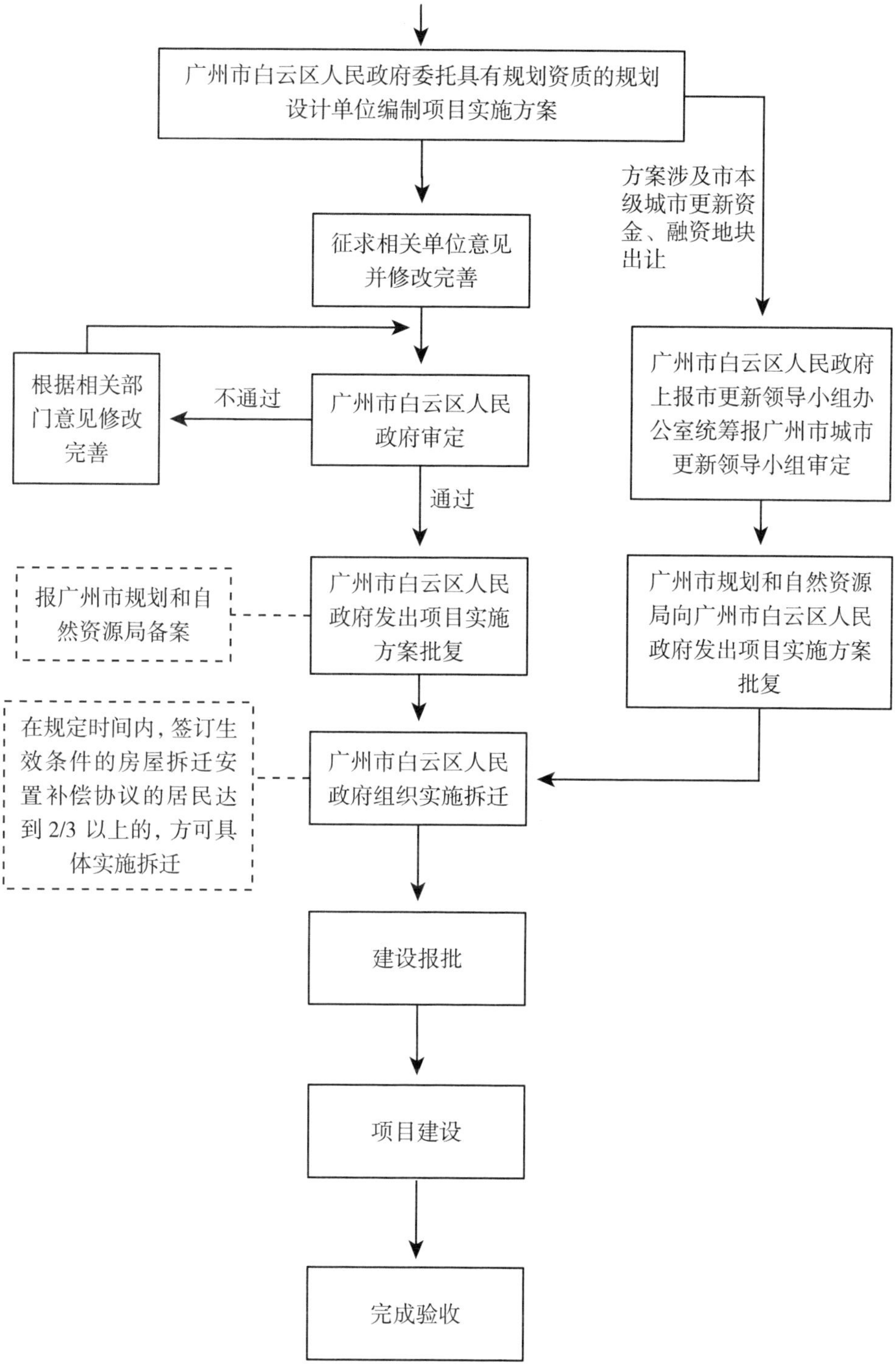

流程26：白云区村级工业园区

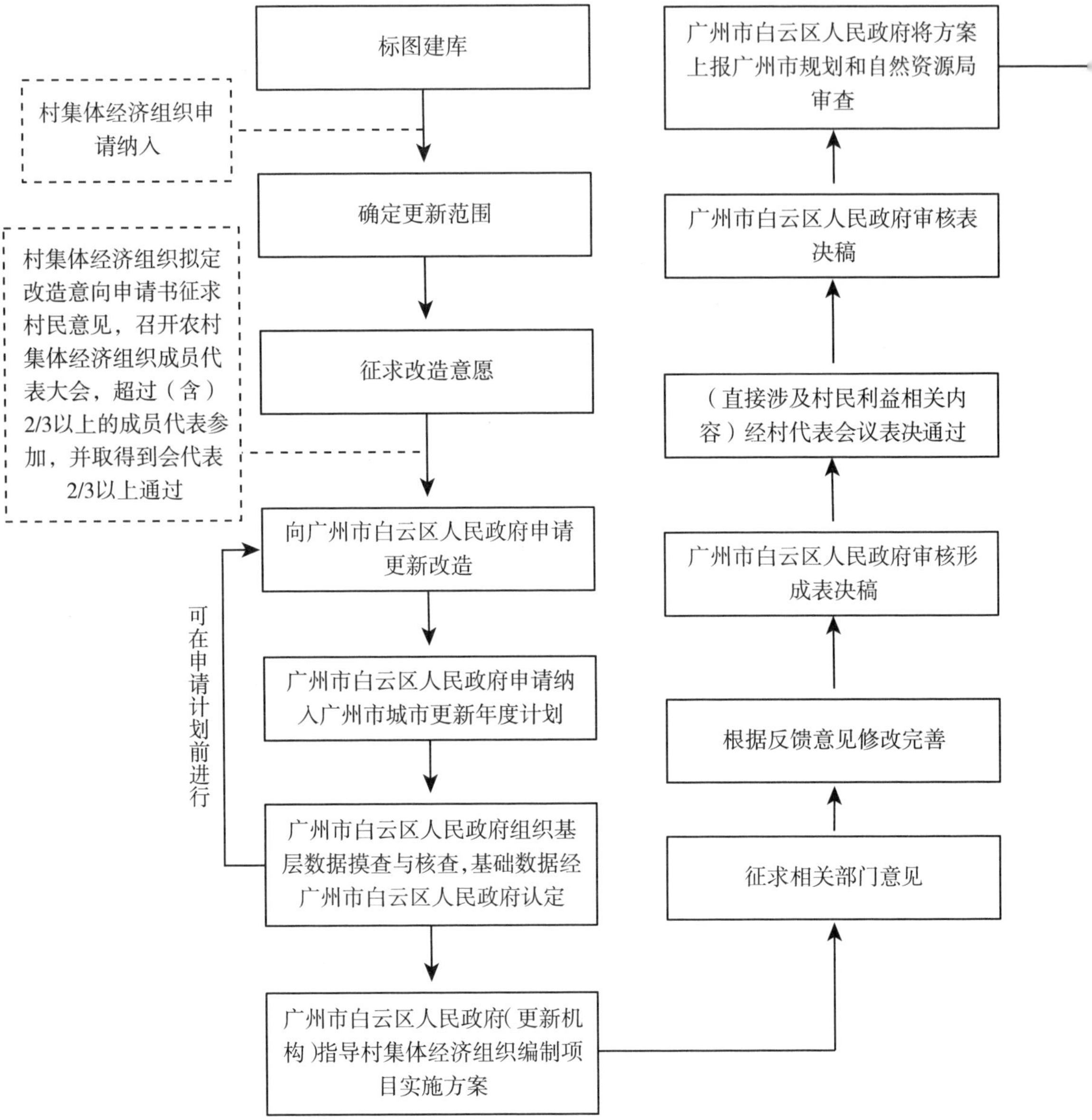

① （1）主要政策依据：《广州市城市更新办法》《广州市旧村庄更新实施办法》《广州市旧厂房更新实施办法》《广东省国土资源厅关于印发深入推进"三旧"改造工作实施的通知》《广州市机构改革方案》。（2）村级工业园区改造指对于未纳入近期及中期全面改造计划的旧村庄改造范围内的集体旧厂房、工业园区，需进行升级改造的，在不影响整村改造的经济平衡及实施前提下，可以允许集体旧厂房、工业园区先行改造。

拆除重建项目操作流程图①

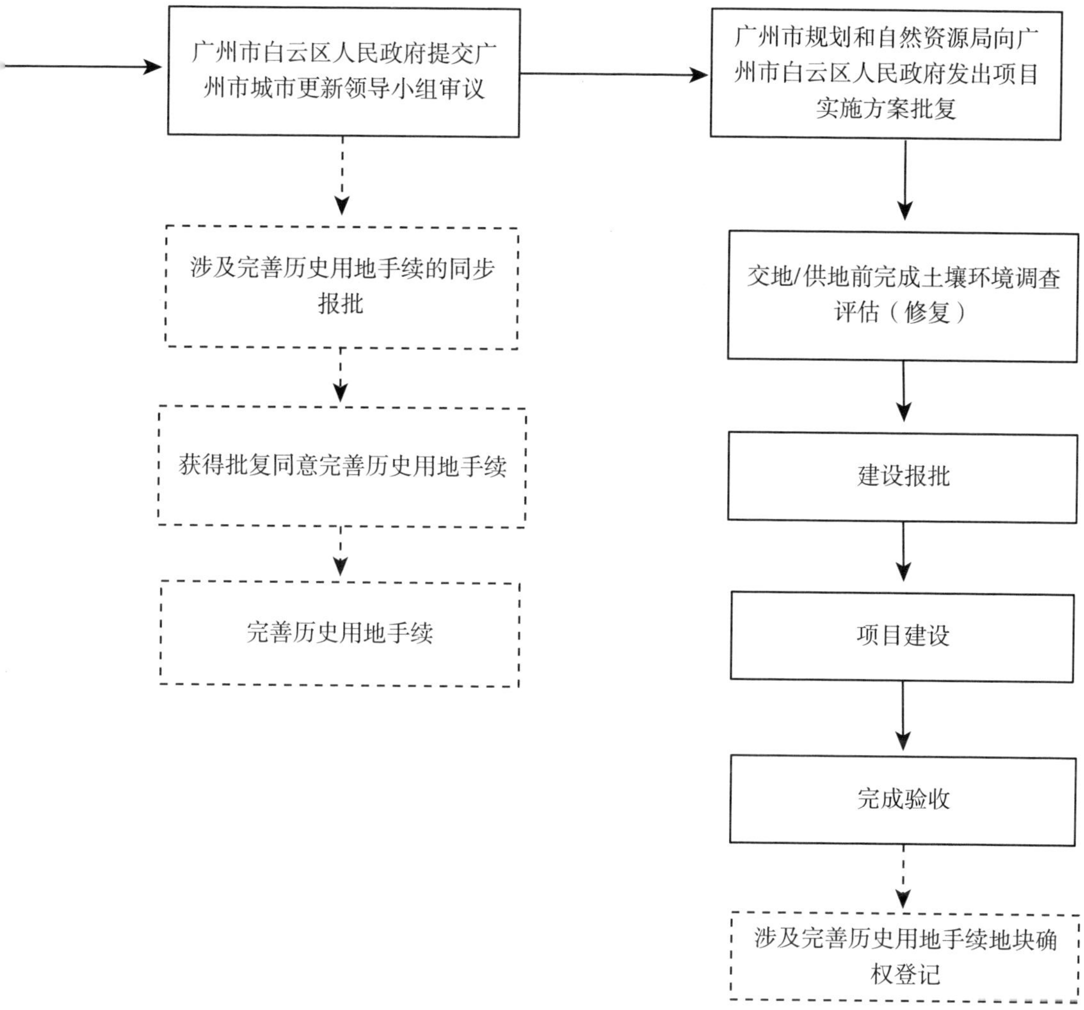

第七章　广州市黄埔区

流程27：黄埔区旧村庄全面

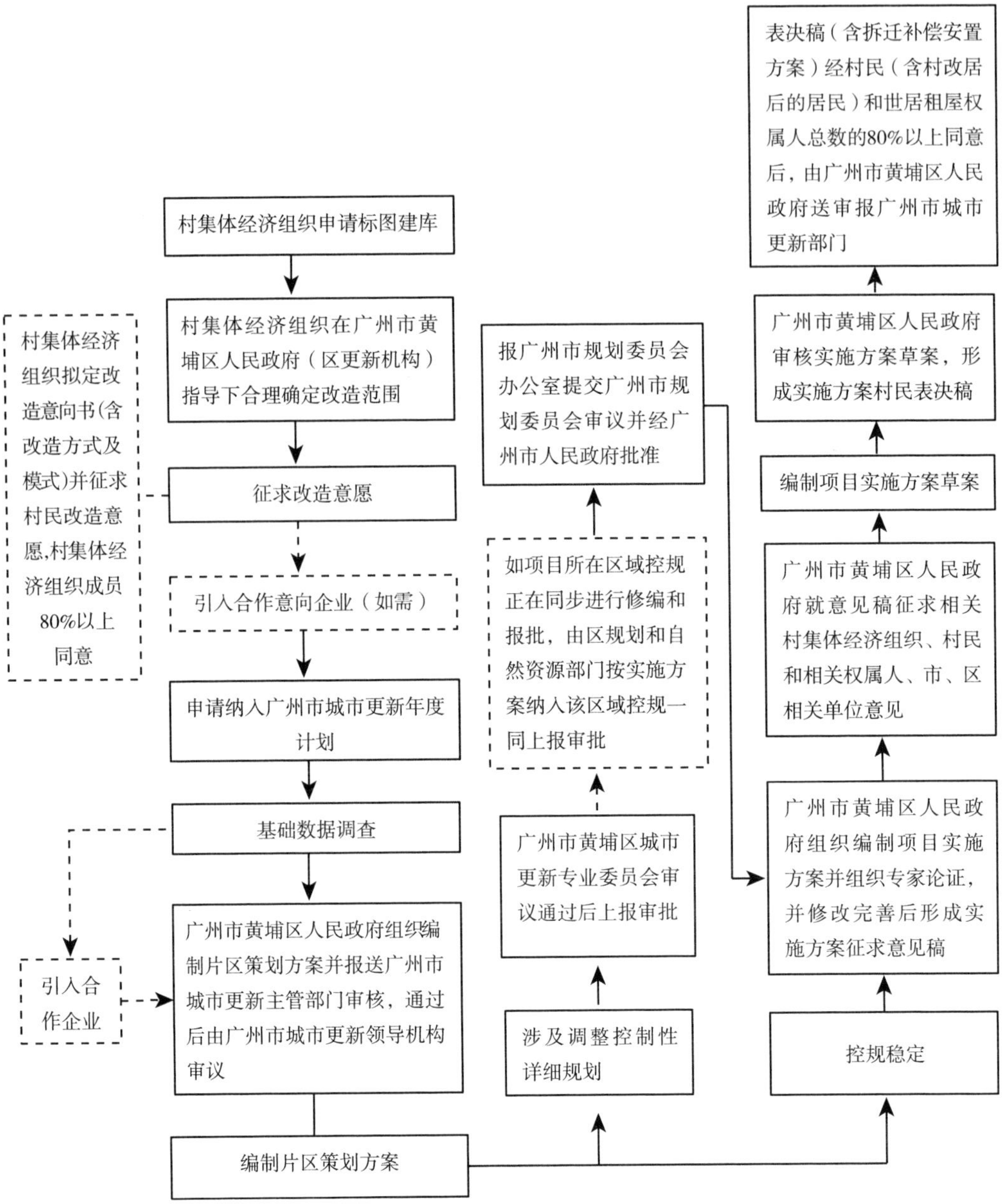

① 主要政策依据：《广州市城市更新办法》《广州市旧村庄更新实施办法》《广州市人民政府关于提升城市更新水平促进节约集约用地的实施意见》《广州开发区城市更新局关于印发广州市黄埔区 广州开发区旧村合作改造类项目公开引入合作企业工作指引（试行）的通知》《广州市黄埔区广州开发区城市更新全面改造项目实施审批"流程再造"工作指引（试行）》《广州市黄埔区广州开发区关于加快省"三旧"改造改革创新试点工作的若干措施（城市更新10条）》。

城市更新项目操作流程图

改造更新项目操作流程图①

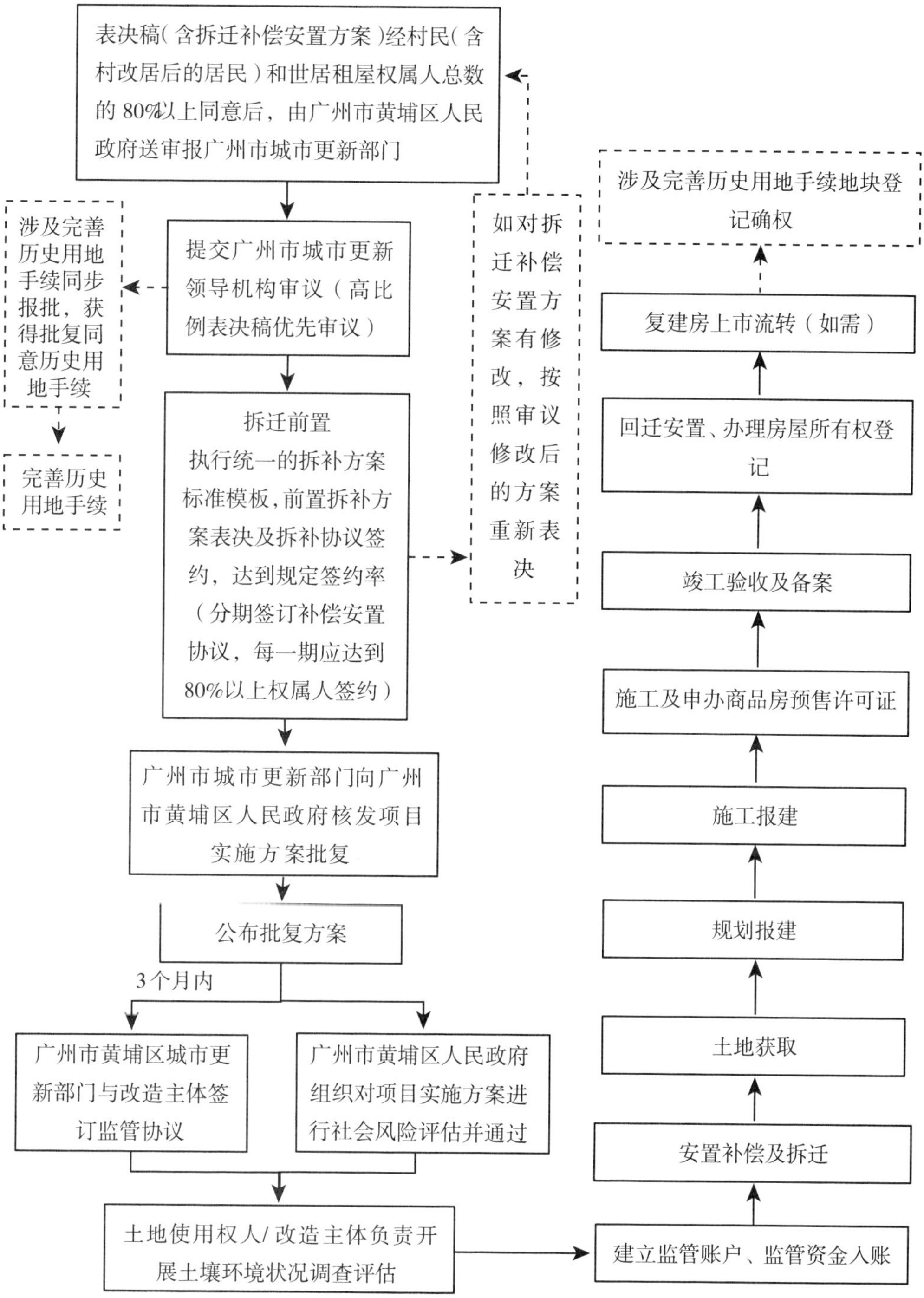

流程28：黄埔区旧村庄微

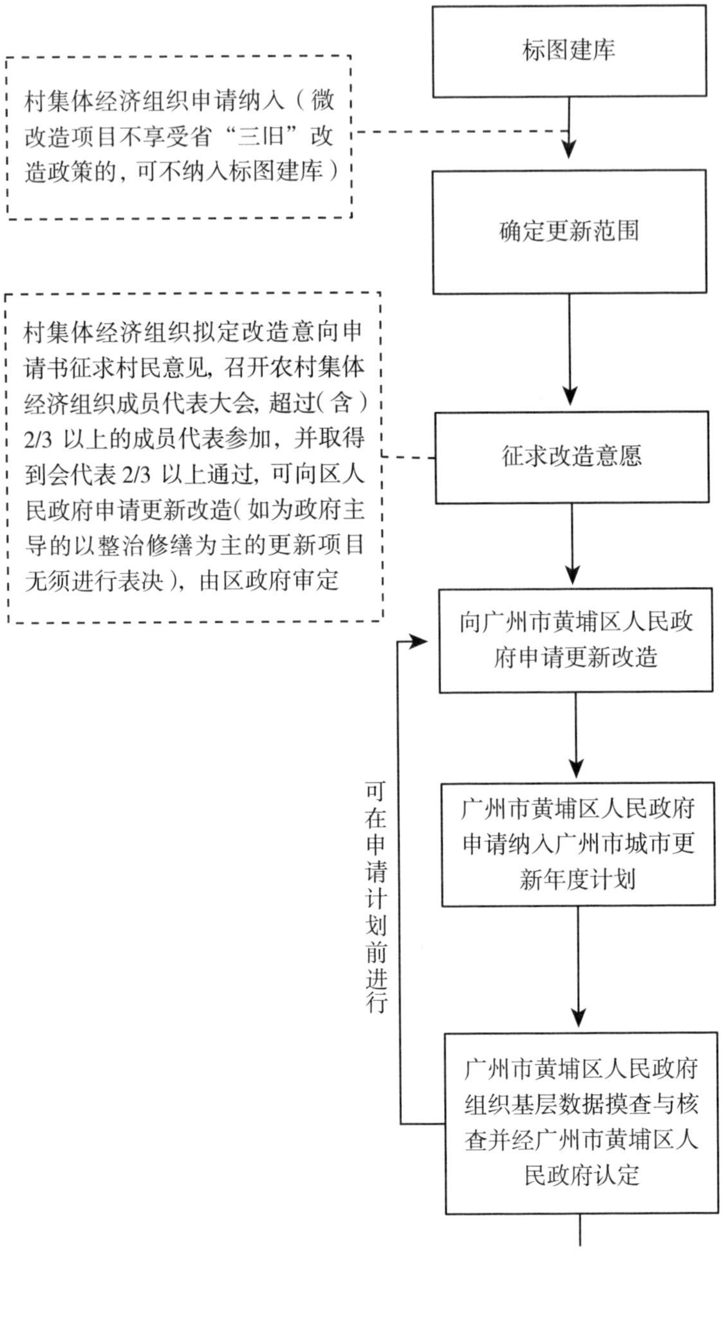

① 主要政策依据：《广州市城市更新办法》《广州市旧村庄更新实施办法》《广州市人民政府关于提升城市更新水平促进节约集约用地的实施意见》《广州市机构改革方案》。

改造更新项目操作流程图[1]

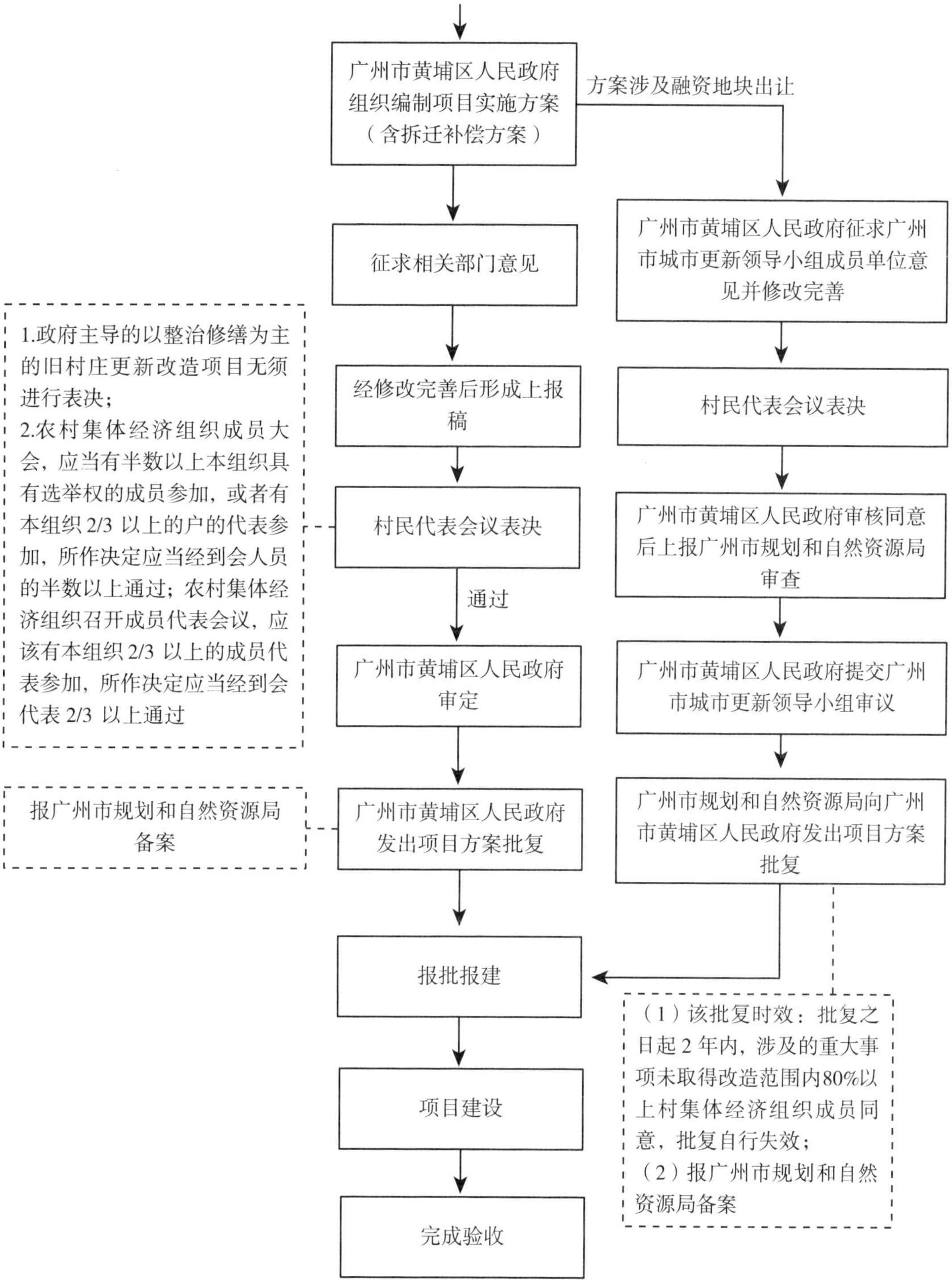

流程29：黄埔区旧村改造类

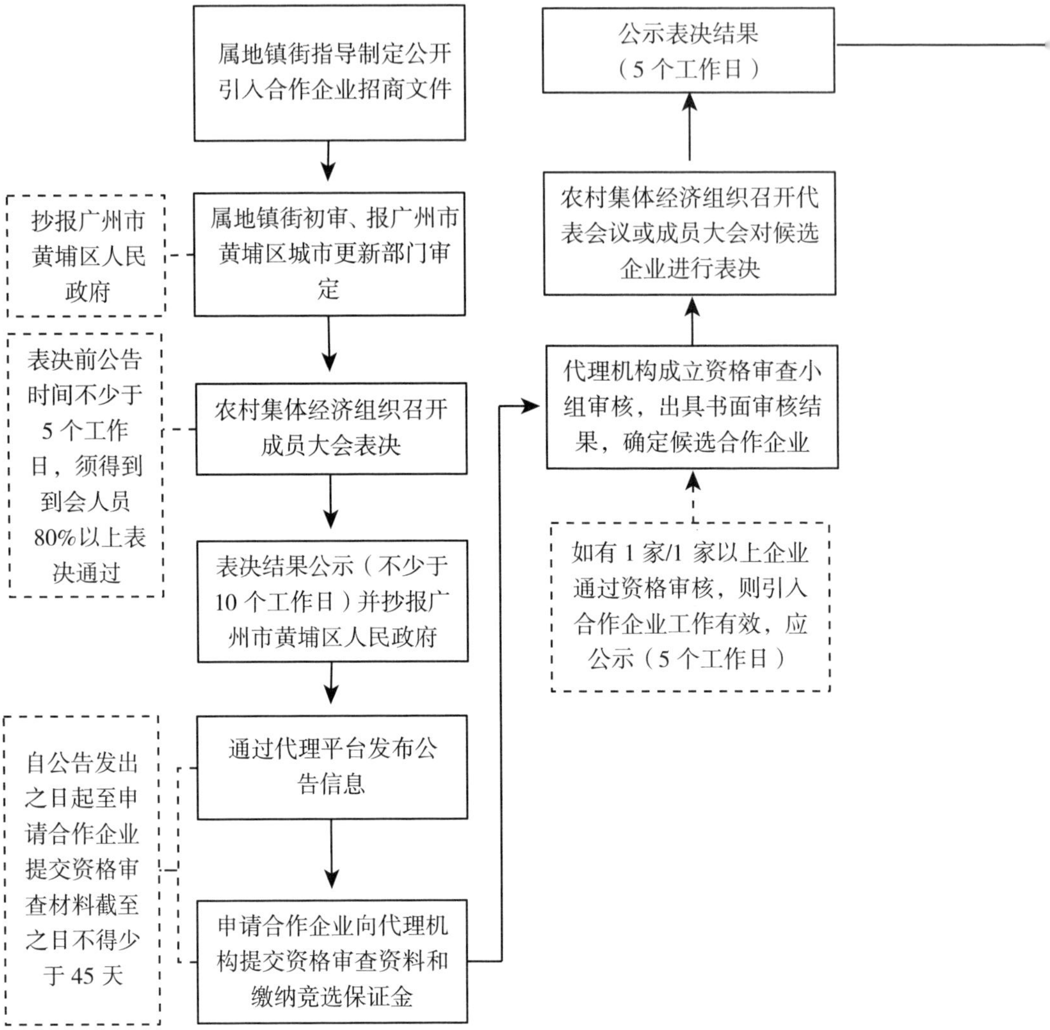

① （1）主要政策依据：《广州市开发区城市更新局关于印发广州市黄埔区 广州开发区旧村合作改造类项目公开引入合作企业工作指引（试行）的通知》《广东省农村集体经济组织管理规定》《广州市人民政府关于提升城市更新水平促进节约集约用地的实施意见》《广州市城市更新局关于印发〈关于进一步规范旧村合作改造类项目选择合作企业有关事项的意见〉的通知》。（2）确定合作企业程序中：如超过1家候选企业，则选取到会人员80%以上表决通过的企业为竞得合作企业；如所有候选企业均未能取得到会人员80%以上表决的，则选取得票最高的前两家候选企业进行下一轮投票，其中一家企业取得到会人员80%以上表决通过的，可确定为竞得合作企业；如最终无候选企业取得到会人员80%以上表决通过的，本次引入工作即宣告终止，如有需要将另行组织。（3）根据2019年1月9日正式实施的《广州市机构改革方案》相关安排，广州市城市更新局不再保留，组建广州市规划和自然资源局。

项目公开引入合作企业流程图[①]

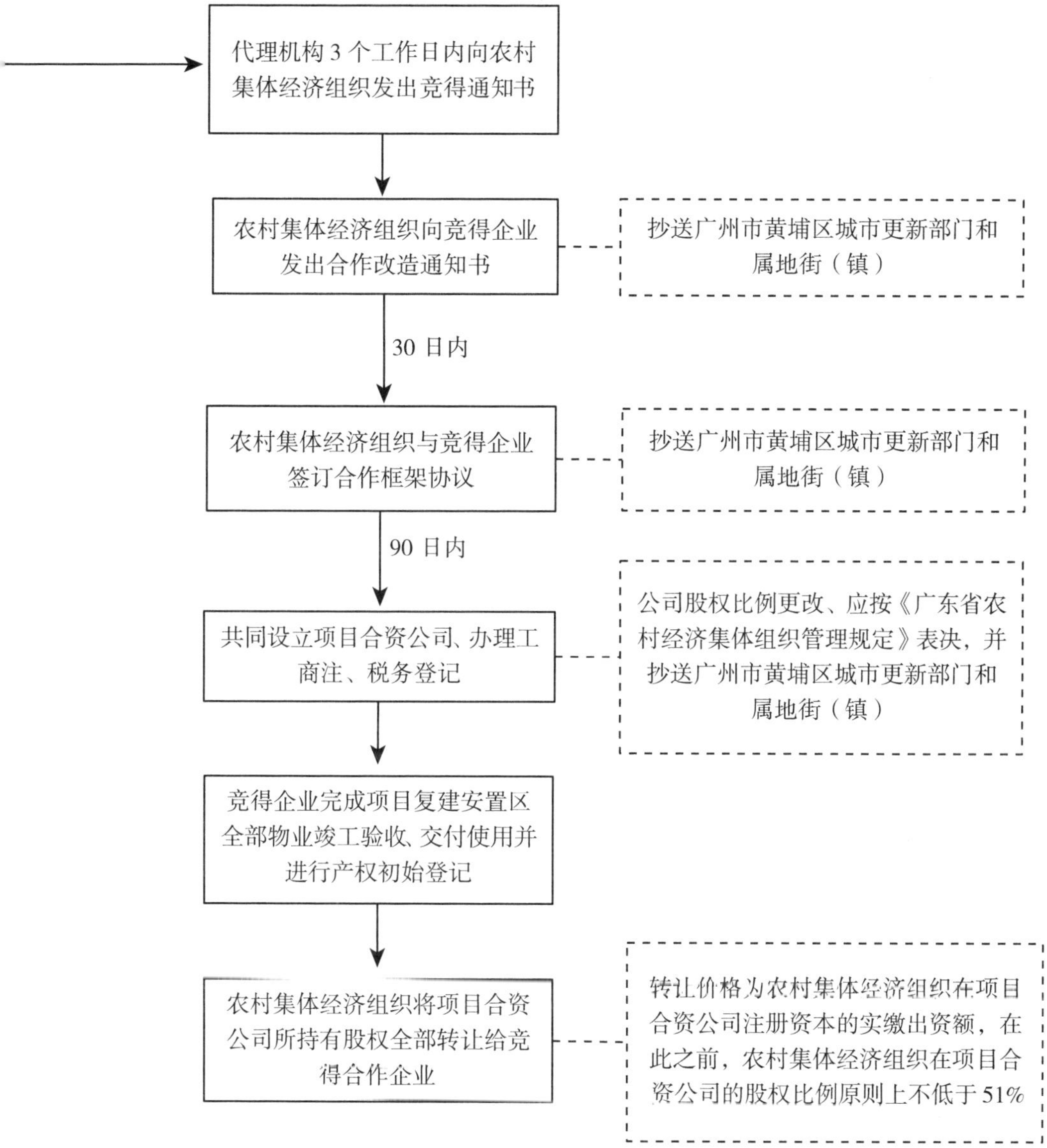

流程30：黄埔区旧厂房自行

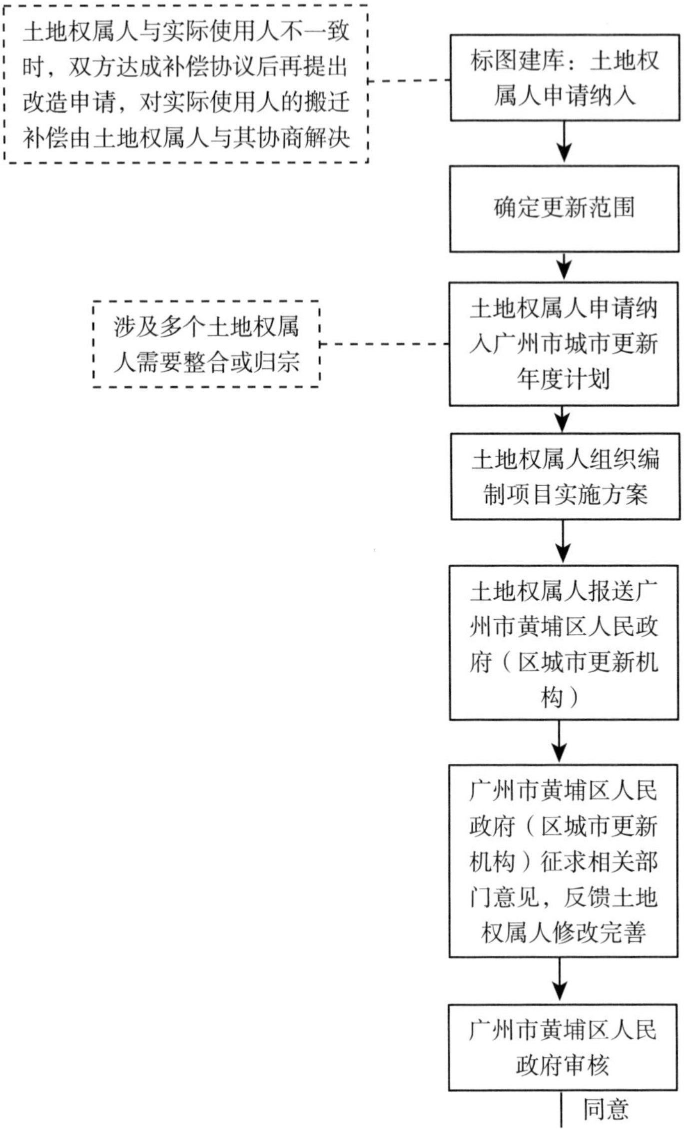

① 政策依据：《广州市城市更新办法》《广州市旧厂房更新实施办法》《广东省国土资源厅关于印发深入推进“三旧”改造工作实施的通知》《广州市机构改革方案》。

改造更新项目操作流程图[1]

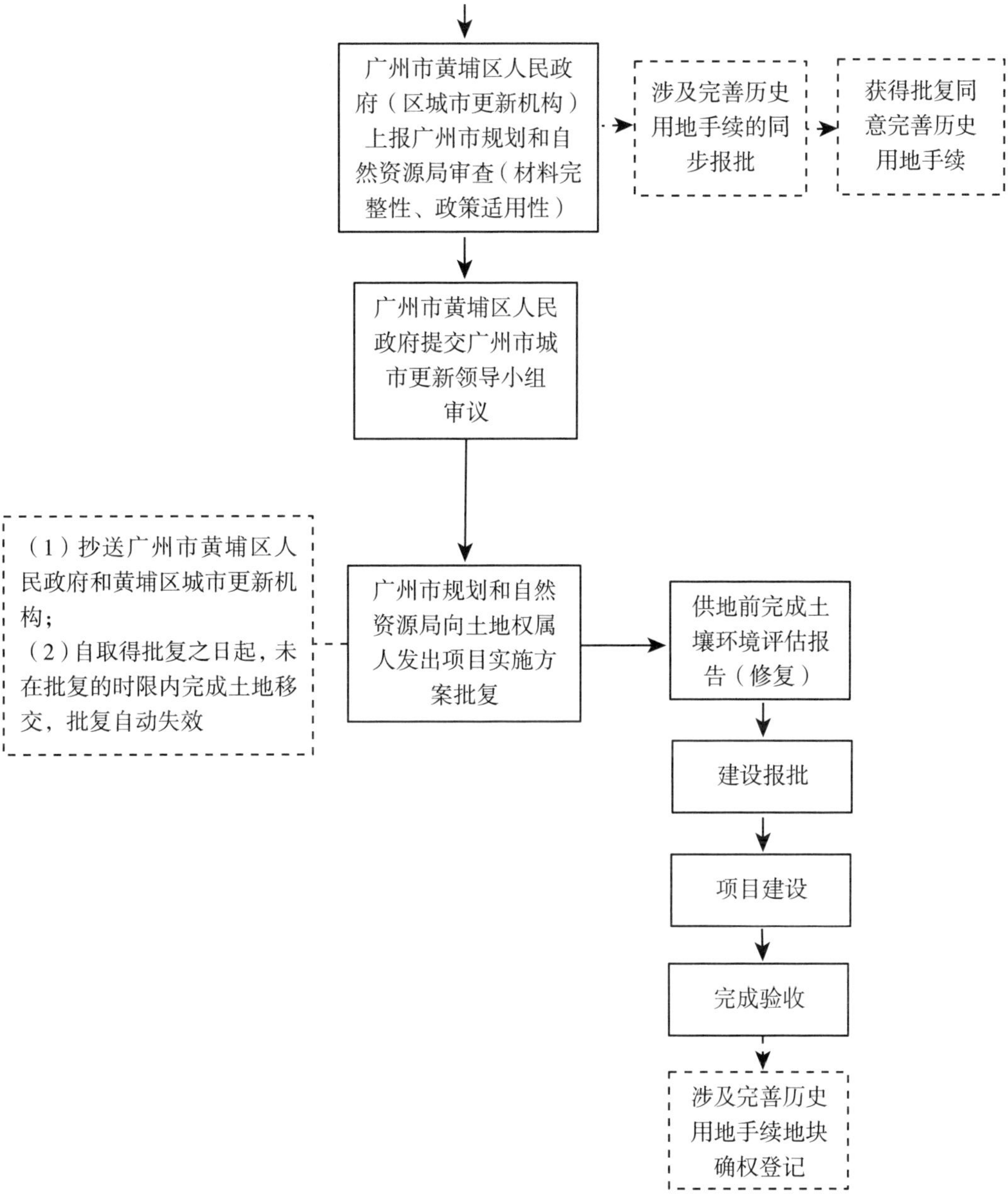

流程31：黄埔区旧厂房政府

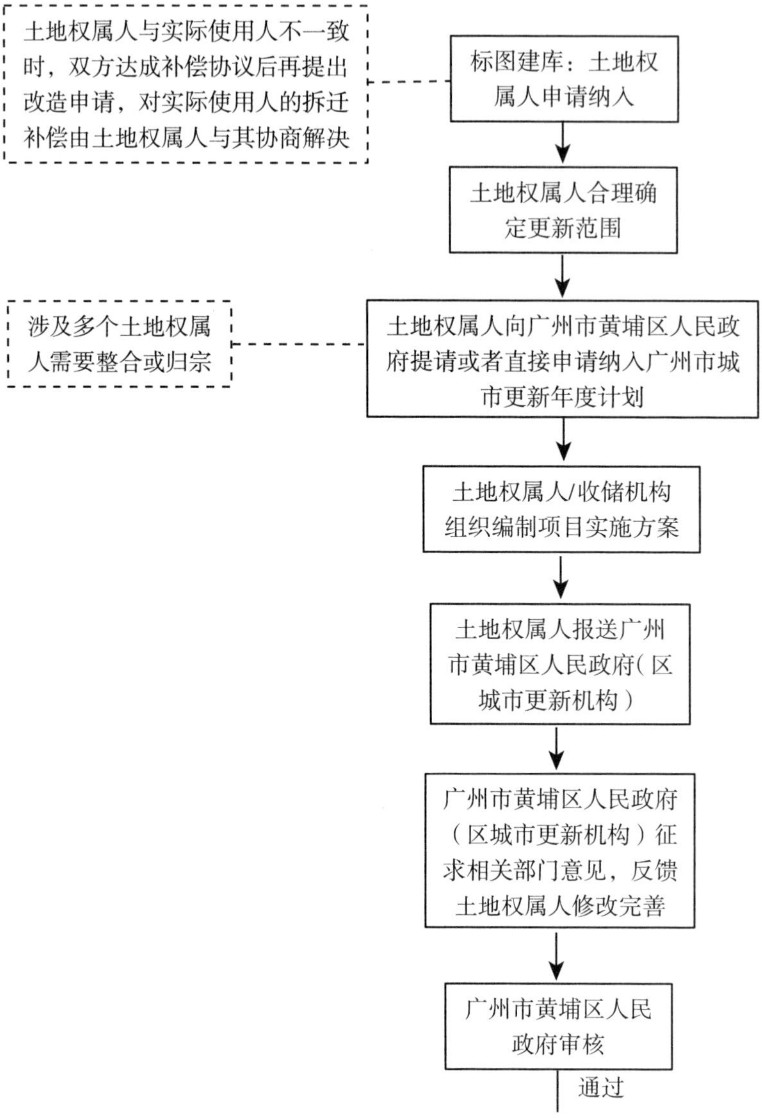

① 主要政策依据：《广州市城市更新办法》《广州市旧厂房更新实施办法》《广州市人民政府关于提升城市更新水平促进节约集约用地的实施意见》《广州市机构改革方案》。

收储更新项目操作流程图[1]

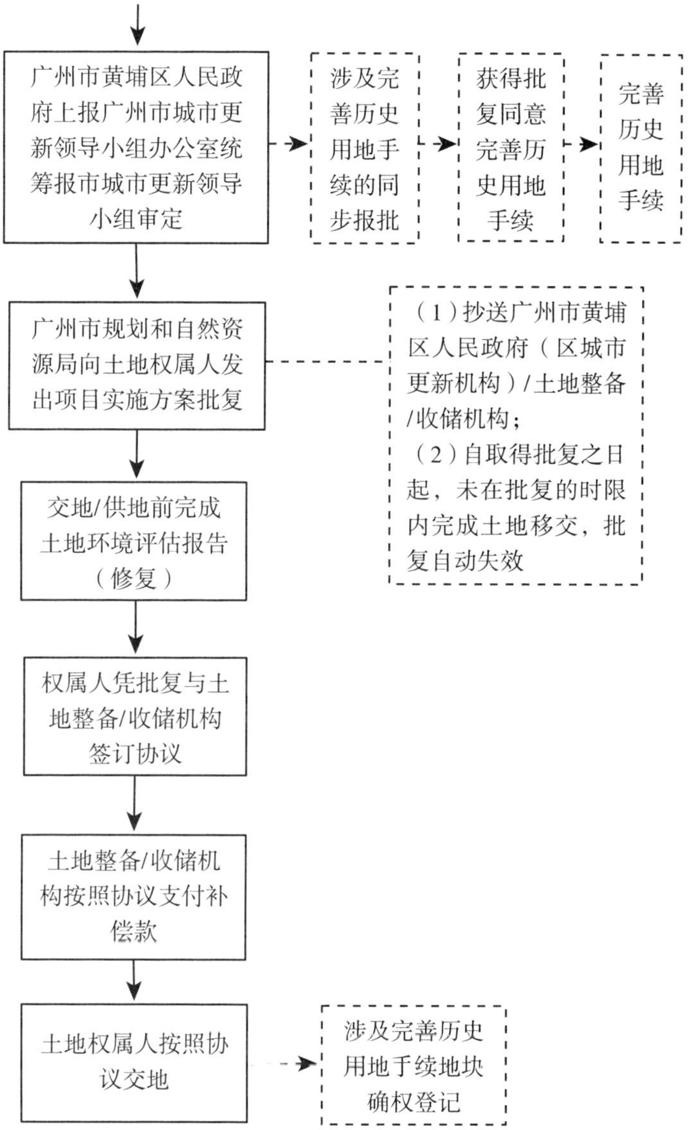

流程32：黄埔区旧厂房政府收储与自行

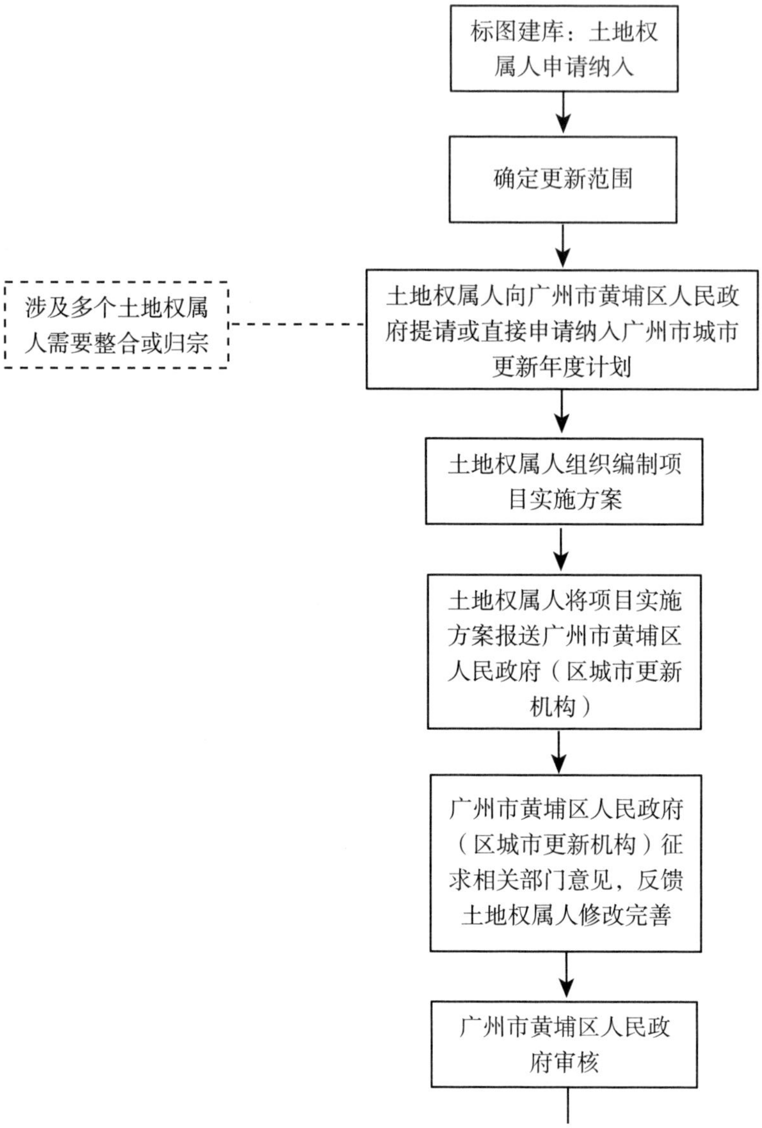

① 主要政策依据：《广州市城市更新办法》《广州市旧厂房更新实施办法》《广州市人民政府关于提升城市更新水平促进节约集约用地的实施意见》《广州市机构改革方案》。

改造相结合更新项目操作流程图①

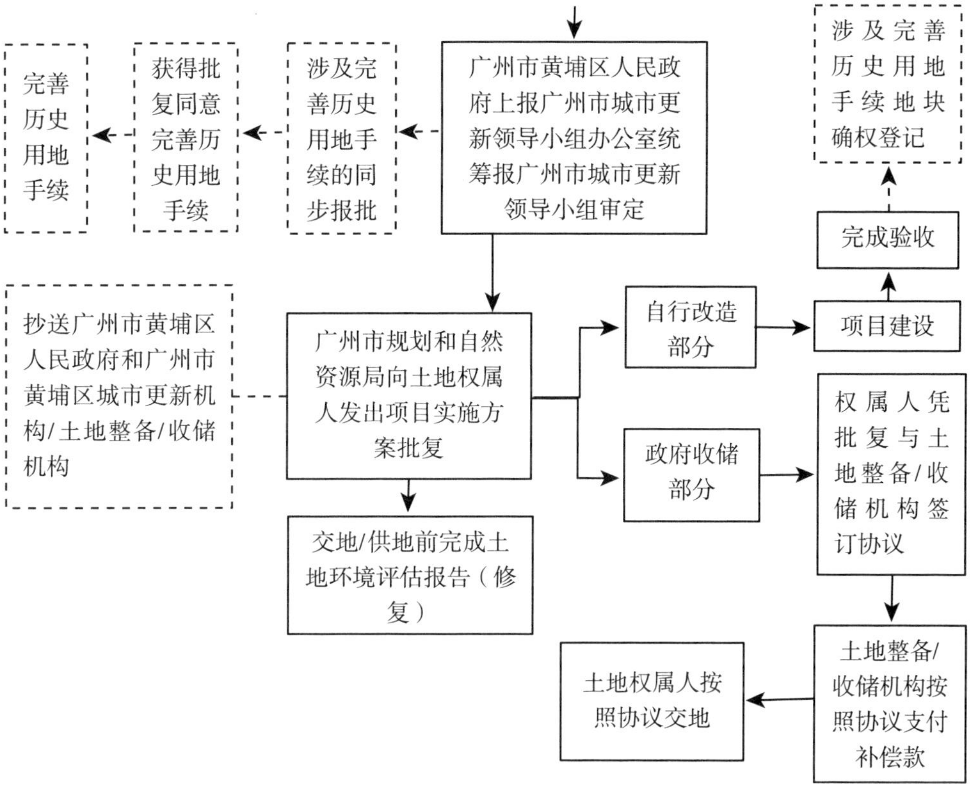

流程33：黄埔区旧城镇全面

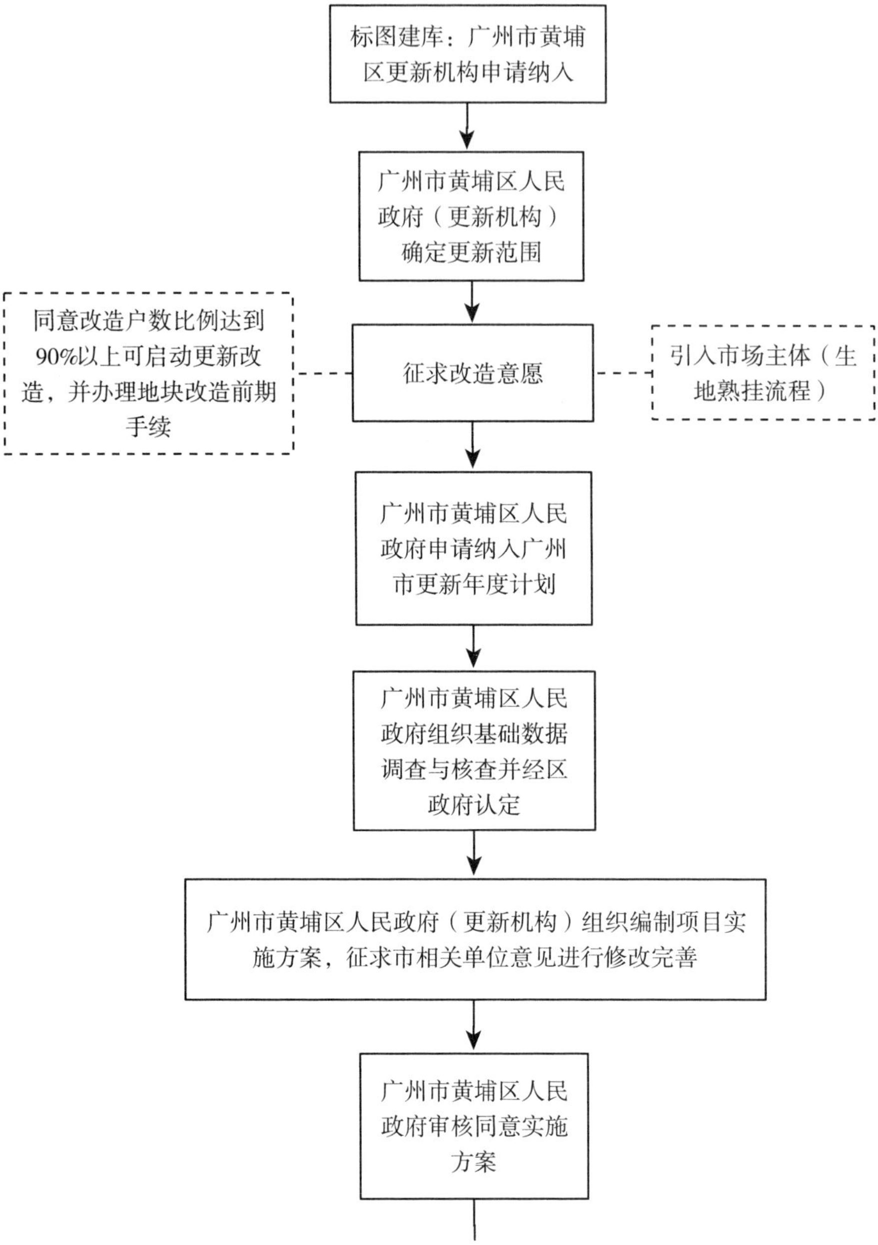

① 主要政策依据：《广州市城市更新办法》《广州市旧城镇更新实施办法》《广州市人民政府关于提升城市更新水平促进节约集约用地的实施意见》《广州市人民政府办公厅关于印发广州市深入推进城市更新工作实施细则的通知》《广州市机构改革方案》。

改造项目操作流程图①

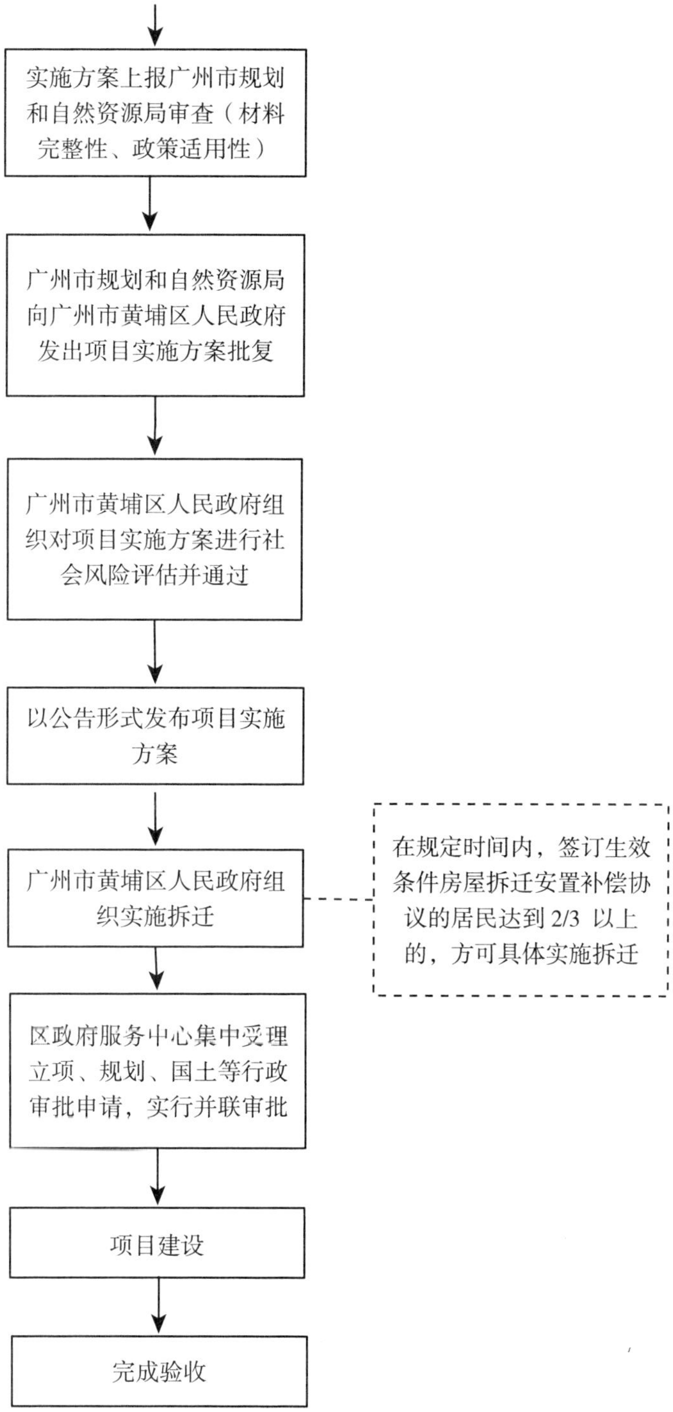

实施方案上报广州市规划和自然资源局审查（材料完整性、政策适用性）
广州市规划和自然资源局向广州市黄埔区人民政府发出项目实施方案批复
广州市黄埔区人民政府组织对项目实施方案进行社会风险评估并通过
以公告形式发布项目实施方案
广州市黄埔区人民政府组织实施拆迁
在规定时间内，签订生效条件房屋拆迁安置补偿协议的居民达到2/3以上的，方可具体实施拆迁
区政府服务中心集中受理立项、规划、国土等行政审批申请，实行并联审批
项目建设
完成验收

流程34：黄埔区旧城镇

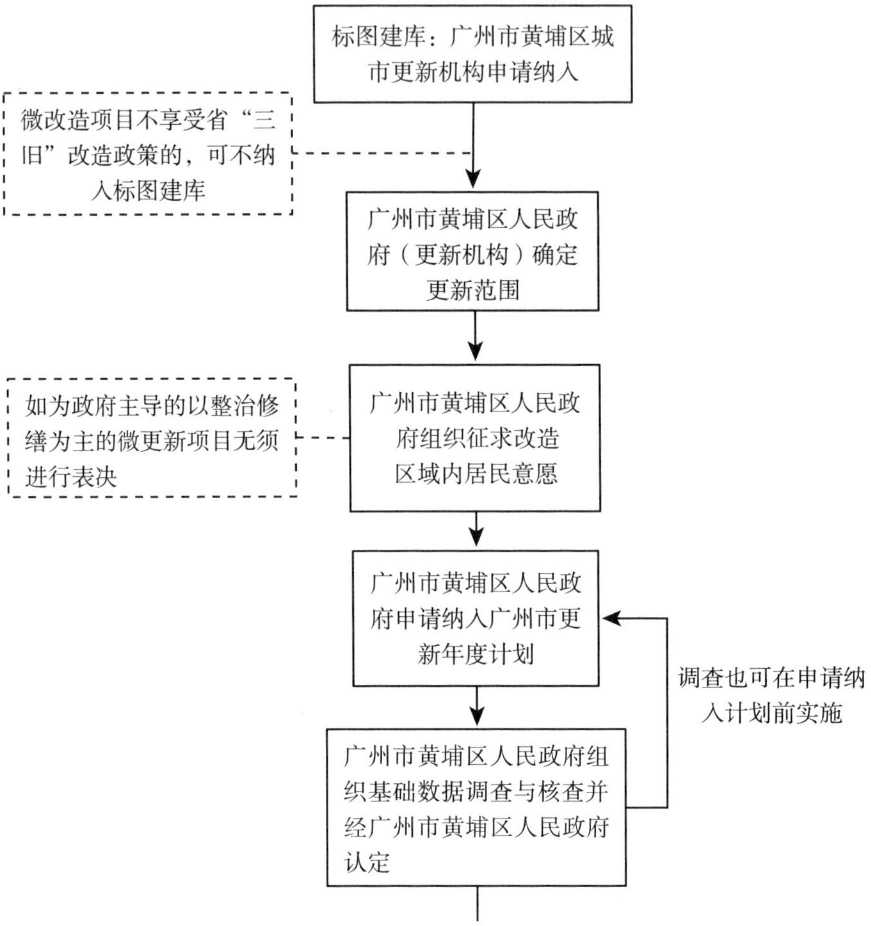

① 主要政策依据：《广州市城市更新办法》《广州市旧城镇更新实施办法》《广州市人民政府关于提升城市更新水平促进节约集约用地的实施意见》《广州市机构改革方案》。

微改造项目报批流程图①

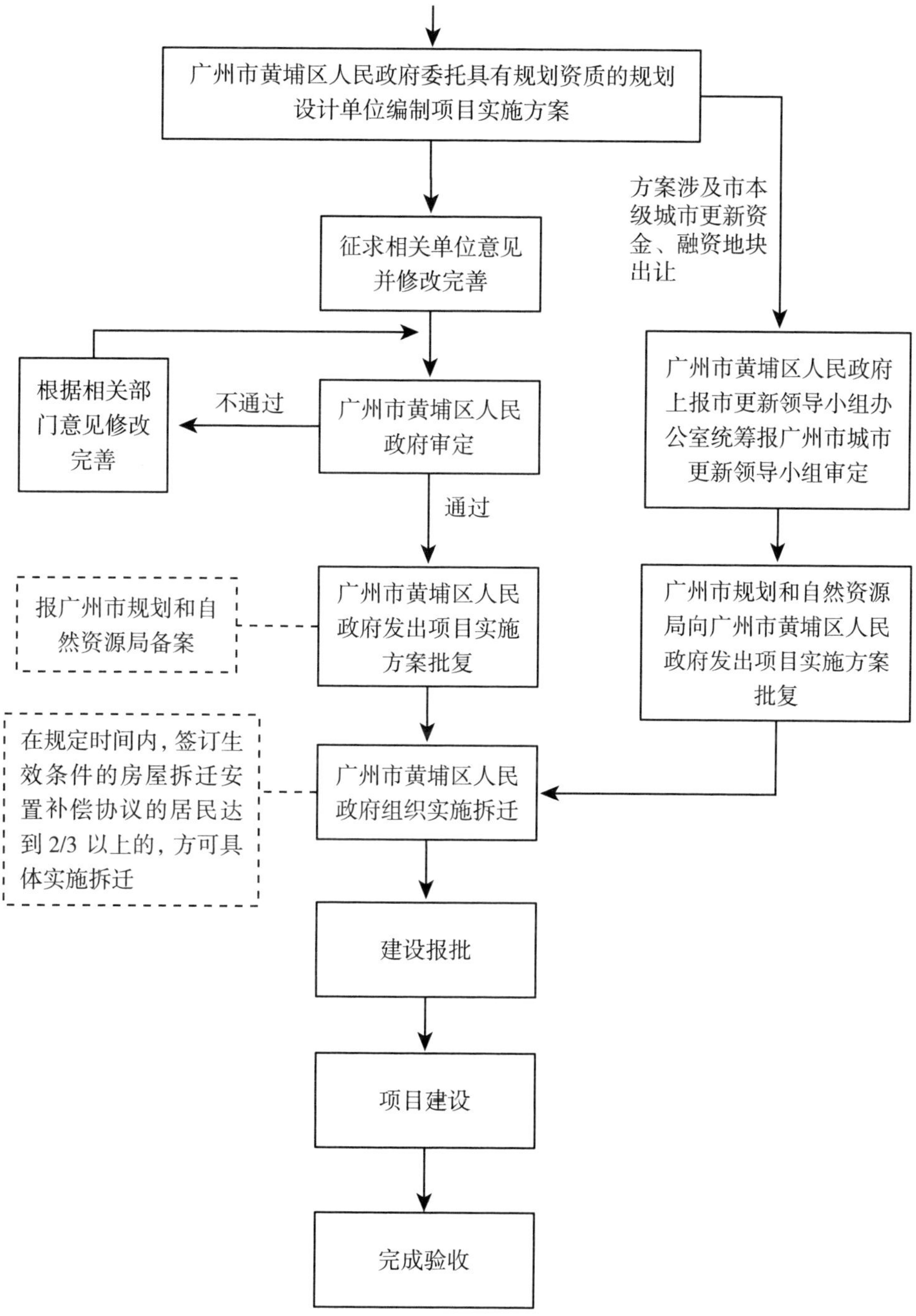

流程35：黄埔区村级工业园区

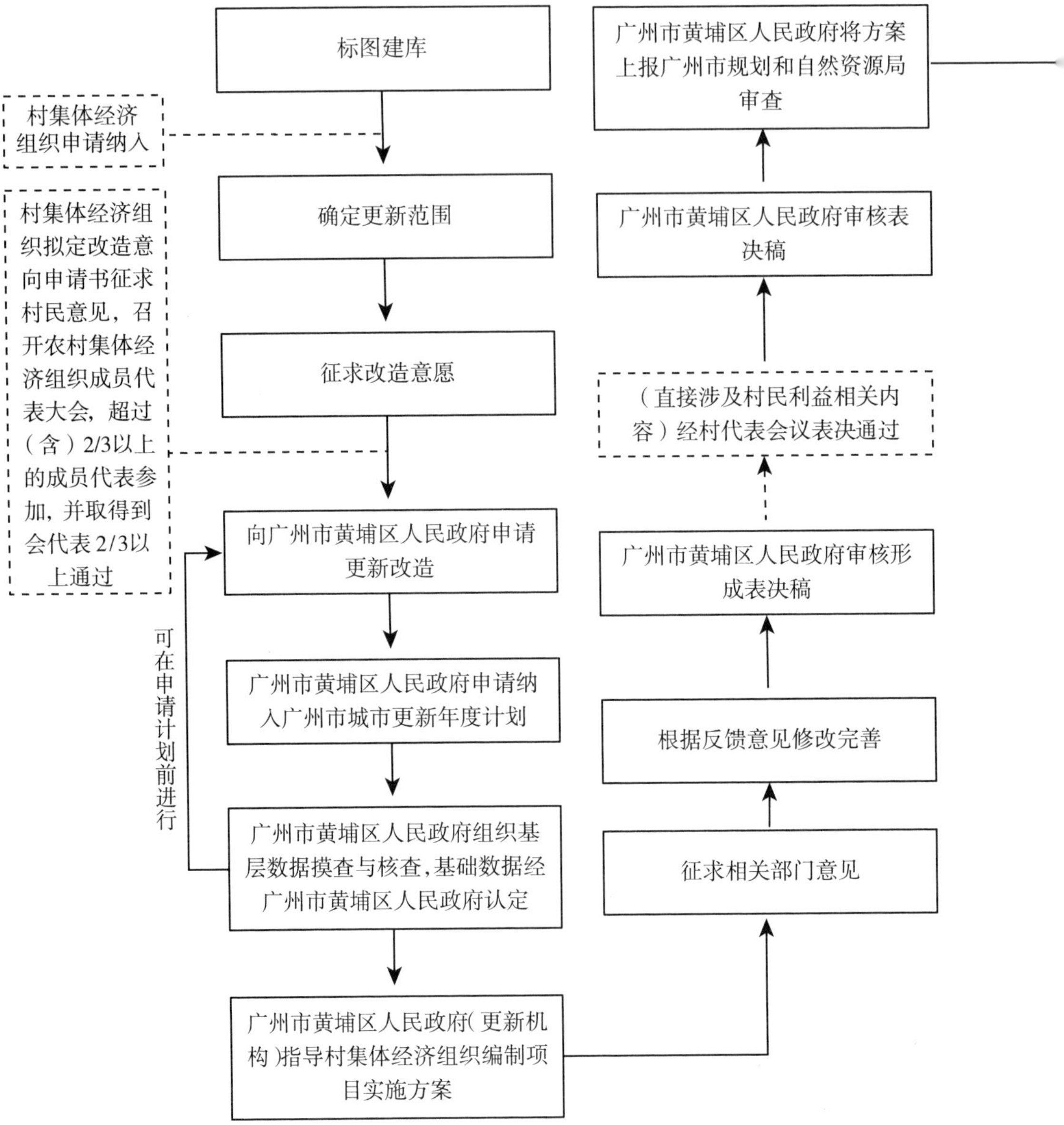

① （1）主要政策依据：《广州市城市更新办法》《广州市旧村庄更新实施办法》《广州市旧厂房更新实施办法》《广东省国土资源厅关于印发深入推进“三旧”改造工作实施的通知》《广州市机构改革方案》。（2）村级工业园区改造指对于未纳入近期及中期全面改造计划的旧村庄改造范围内的集体旧厂房、工业园区，需进行升级改造的，在不影响整村改造的经济平衡及实施前提下，可以允许集体旧厂房、工业园区先行改造。

拆除重建项目操作流程图[1]

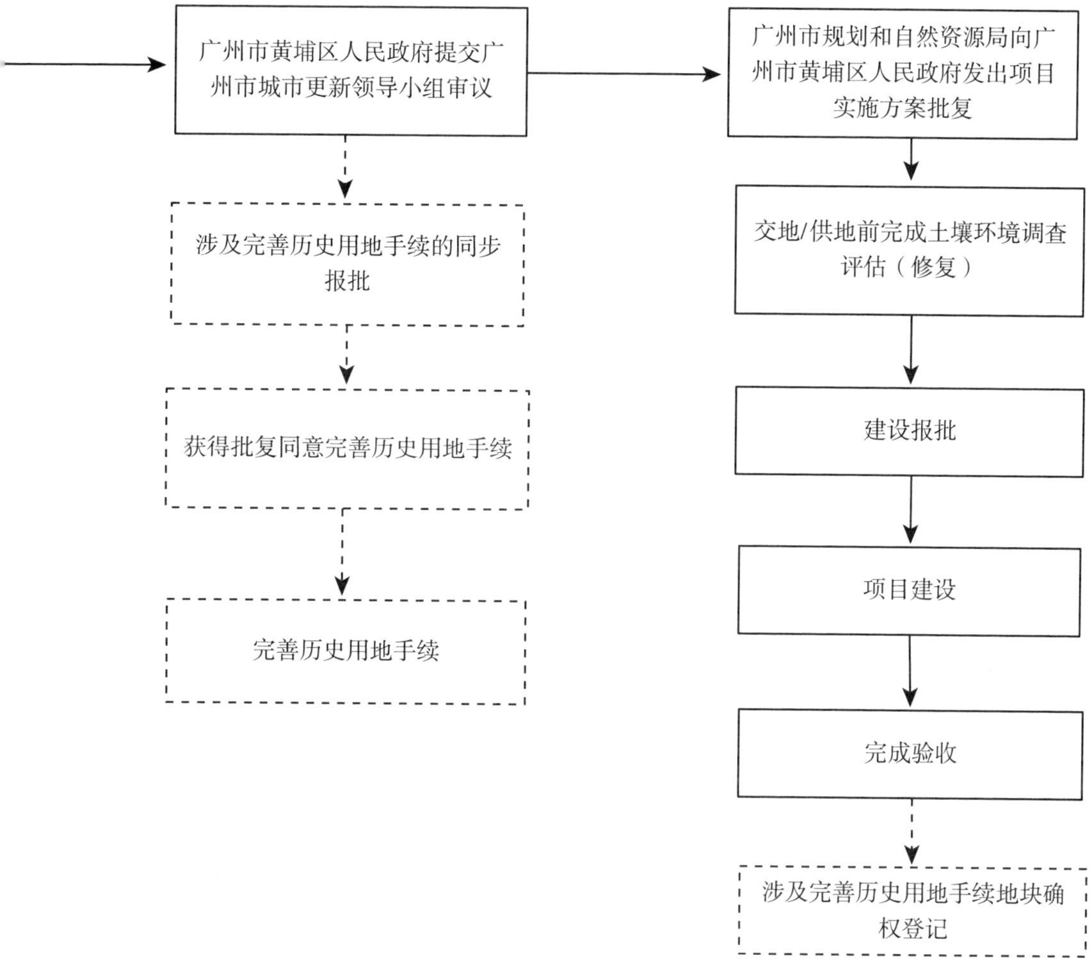

第八章 东莞市城市

流程36：东莞市城市更新项目单一

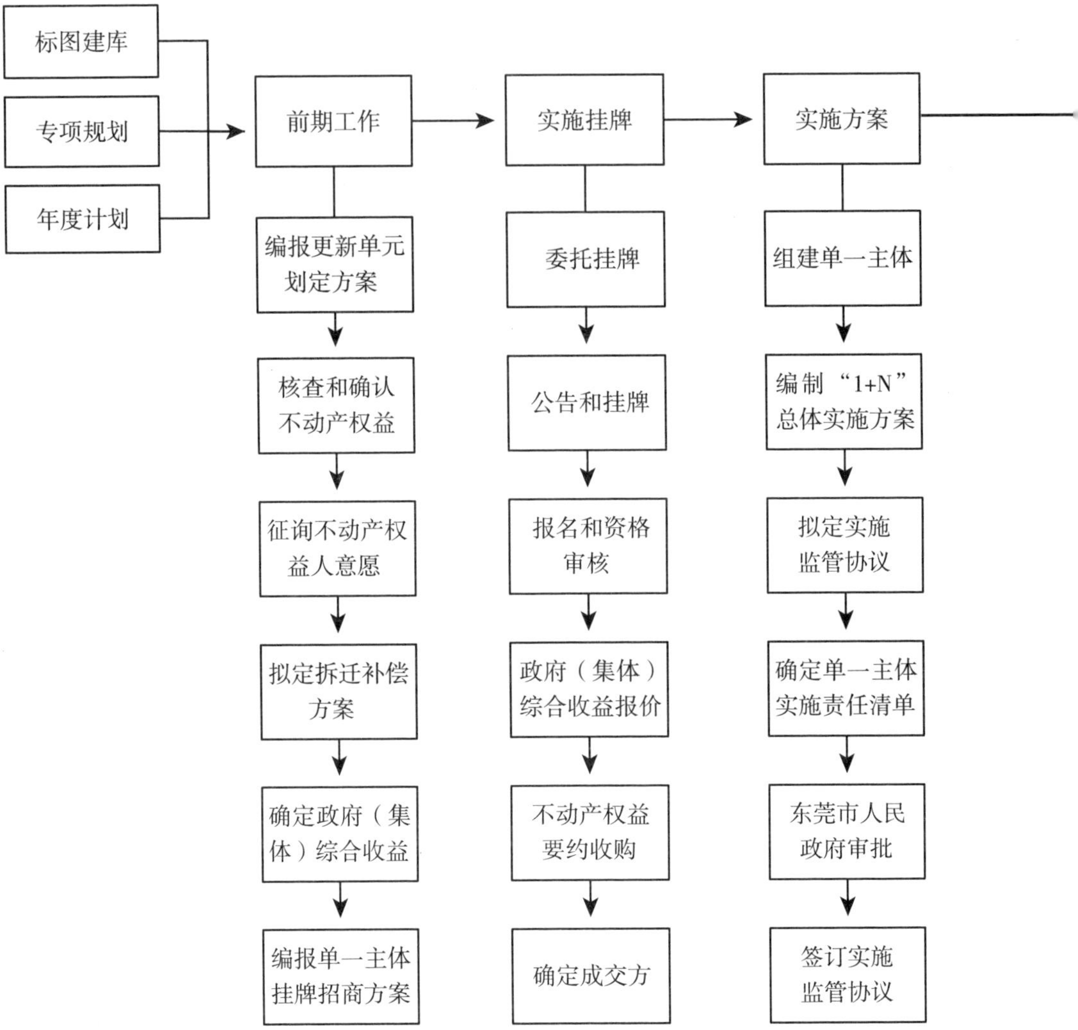

① 政策依据：《东莞市人民政府关于印发〈关于深化改革全力推进城市更新提升城市品质的意见〉的通知》《关于印发〈东莞市“三旧”改造标图建库申报和审查指引〉的通知》《关于试行〈东莞镇街城市更新专项规划编制指引（适用稿）〉的通知》《关于印发〈东莞市城市更新单元划定方案编制和审查工作指引（试行）〉的通知》《东莞市城市更新单一主体挂牌招商操作规范（试行）》《东莞市城市更新单元（项目）1+N总体实施方案审批操作细则（试行）》等。

更新项目操作流程图

主体挂牌招商模式操作流程图[1]

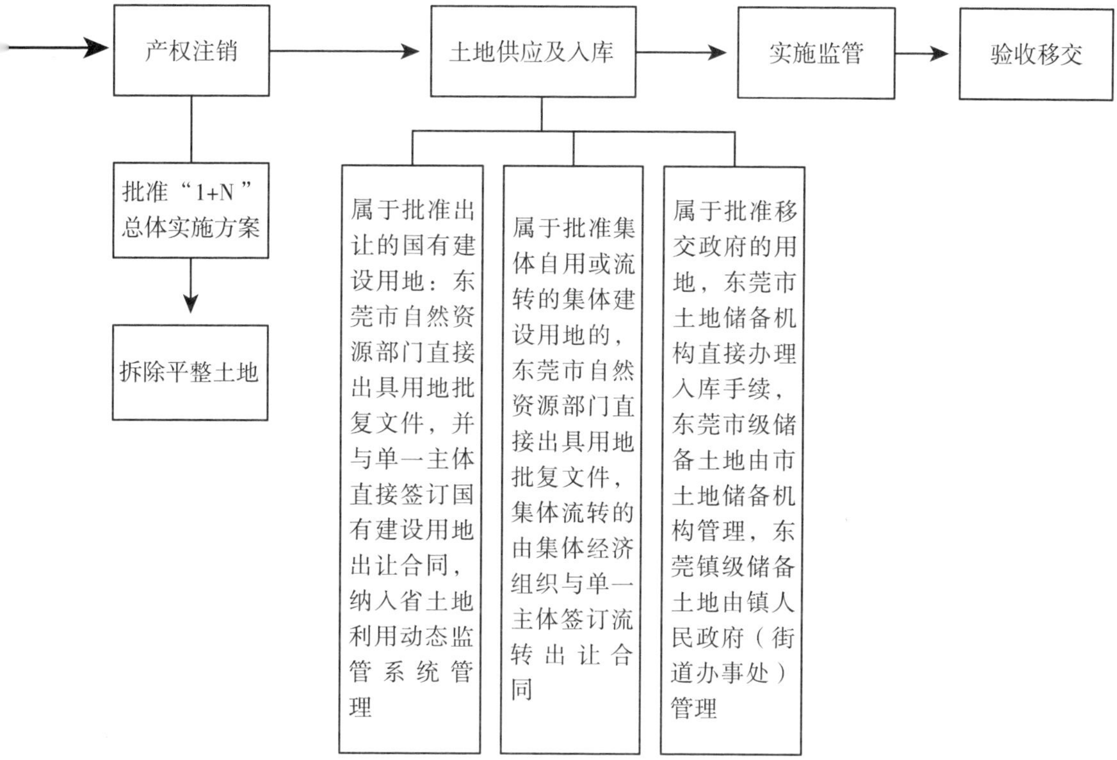

政策库

第一章 深圳市六区集体资产上平台交易政策解读

（福田区、罗湖区、龙华区、龙岗区、宝安区、南山区）

2016年6月4日，深圳市委、市政府联合发布《关于建立健全股份合作公司综合监管系统的通知》（深办字〔2016〕55号），要求各区将股份合作公司集体资产交易纳入市、区公共资源交易平台统一实施和监管，并在2016年8月31日前投入实际运行，即“831”集体资产上平台交易政策。此后，各区陆续制定并出台相关政策，集体资产上平台逐渐规范化。

本解读围绕深圳市六区（福田区、罗湖区、龙华区、龙岗区、宝安区、南山区）关于城市更新项目中涉及集体资产上平台交易的相关政策，主要从上平台的适用范围、交易方式、交易平台、进入时点、决策机制等方面对六区的政策进行对比和总结。（见表1-1）

表1-1 主要政策规定

辖区	主要政策规定
深圳市	《深圳经济特区股份合作公司条例》
	中共深圳市委、深圳市人民政府《关于推进股份合作公司试点改革的指导意见》
	深圳市委、市政府联合发布《关于建立健全股份合作公司综合监管系统的通知》
	深圳市人民政府关于印发《深圳市原农村集体经济组织非农建设用地和征地返还用地土地使用权交易若干规定的通知》
福田区	《福田区股份合作公司非农建设用地和征地返还地等集体用地开发和交易指引》
	《关于福田区股份合作公司集体资产交易纳入市、区交易平台等事项的通知》
	《福田区股份合作公司城市更新项目引入合作开发主体工作规程（试行）》
	《福田区股份合作公司重大事项决策备案制度（试行）》
罗湖区	深圳市罗湖区人民政府《关于进一步规范集体股份合作公司重大事项决策的意见》
	《关于将我区股份合作公司集体资产交易纳入市、区公共资源平台交易的通知》
	《罗湖区股份合作公司非农建设用地和征地返还用地土地使用权交易实施细则（试行）》
龙华区	《龙华区股份合作公司集体用地土地使用权交易管理办法》
	《龙华新区股份合作公司重大事项决策管理暂行办法》
龙岗区	《龙岗区社区股份合作公司集体用地开发和交易监管实施细则》
	《龙岗区非农建设用地管理办法》
	《关于印发龙岗区进一步加强股份合作公司重大事项监管暂行办法的通知》
宝安区	《宝安区股份合作公司集体用地土地使用权交易管理办法》
	《宝安区股份合作公司产权交易管理办法》

续表

辖区	主要政策规定
南山区	《关于将南山区股份合作公司集体资产资源交易纳入市公共资源交易平台交易的通知》
	《南山区股份合作公司集体用地开发和交易监督管理办法》
	《南山区股份合作公司非农建设用地和征地返还用地等集体用地开发和交易指引》

解读1：适用范围

共性：深圳六区关于集体资产交易上平台的适用范围，主要有两种判断标准：时间节点（福田区、罗湖区、龙华区、南山区）和股份合作公司对项目的影响力（龙岗区、宝安区）。福田区、罗湖区、龙华区和南山区以具体时间节点划分，在此之前签署合作协议的，按股东（代表）大会的决议执行，之后的须上平台交易。龙岗区和宝安区主要以股份合作公司对项目是否具备重大影响权或主导权为判断标准，不具备的无须上平台，按股东（代表）大会的决议执行，该重大影响权或主导权是指集体用地面积占城市更新项目用地总面积超过20%（龙岗区、宝安区）。

特性：龙岗区和宝安区规定增加了几项上平台的例外情形，即（1）股份合作公司与区属国有企业合作项目（龙岗区）、股份合作公司与区属国有企业（宝安区）无须上平台，但均应履行内部决策程序，且应经街道办及相关部门审批。（2）相关规定出台前即已签署合作协议，且经内部决策程序的项目，无须上平台，但须报街道办及相关部门备案。（见表1-2）

表1-2　深圳市六区关于集体资产交易上平台的适用范围和例外情形

辖区	适用范围	例外情形
福田区	涉及集体物业、土地合作开发或转让，需要遴选确定合作方或受让方的项目	1.2016年11月13日前，已完成交易、且不违反相关法律政策规定并能保障股份合作公司集体利益，按相关合同及公司会议决议执行 2.2016年11月13日前，股份合作公司已签订合作协议并经公司股东（代表）大会审议通过，且不违反土地及城市更新相关法律、政策规定并能够保障股份合作公司集体利益的，经街道办审核把关后按股东（代表）大会决议实行
罗湖区	非农建设用地和征地返还用地参与城市更新项目①	2016年6月17日前，已签合作协议并经公司股东（代表）大会审议通过；且不违反土地及城市更新相关法律、政策规定并能够保障社区集体利益；且经街道办审核把关，可按股东大会决议执行

续表

辖区	适用范围	例外情形
龙华区	集体资产交易项目②	对于2016年8月29日我区股份公司综合监管系统平台正式上线前，交易事项已有股东大会或股东代表大会表决通过的，原则上承认其有效，可按原有程序执行。对于2016年8月29日（含）至本办法实施之日（2020年9月1日）前，交易方式已有股东大会或股东代表大会表决通过的，原则上承认其有效，可按原约定的交易方式进行交易
龙岗区	社区股份合作公司对项目具有重大影响权③	1.社区股份合作公司对项目不具有重大影响权 2.2011年4月12日④前，社区股份合作公司已签订合作协议并经过股东代表大会审议通过，不违反土地及城市更新相关法律、政策规定且能够保障社区集体利益的项目 3.2011年4月12日前，属于历史遗留问题的项目：社区股份合作公司已签订经当时公司决策机构（董事会或公司经营班子）议定通过的合作协议，但当时未履行股东代表大会（或子公司、分公司股东会议）表决的项目，经社区股份合作公司董事会、集资会、股东代表大会（或股东会议）按公司章程规定通过且按相关法规和制度规定的特别决议程序通过 4.社区股份合作公司与区属国有企业之间的合作开发项目
宝安区	社区股份合作公司对项目具有主动权	1.社区股份合作公司对项目不具有主动权 2.2016年9月13日前，股份合作公司通过竞争性谈判等方式并提交股东大会表决确定合作方的项目 3.股份合作公司之间、股份合作公司与区属国有企业之间的合作自主开发项目
南山区	涉及集体物业、土地合作开发或转让，需要遴选确定合作方或受让方的项目	2016年8月31日前，股份合作公司已签订合作协议并经公司股东（代表）大会审议通过的新项目，且不违反土地及城市更新相关法律、政策规定并能够保障股份合作公司集体利益的，经街道办审核把关后按股东（代表）大会决议实行

注：①罗湖区参与城市更新项目指：股份合作公司以其在城市更新单元范围内或调整入城市更新单元范围内非农建设用地和征地返还用地土地，参与城市更新合作的项目。

②龙华区集体资产交易项目指：原农村集体经济组织继受单位合法取得土地使用权的非农建设用地、征地返还用地、拆迁安置用地等的交易项目。

③2个及以上社区股份合作公司同时具备重大影响权的，由街道办指导社区股份合作公司协商确定主导方。

④2011年4月22日系《关于印发龙岗区进一步加强股份合作公司重大事项监管暂行办法的通知》（深龙府办〔2011〕21号）的发布日期。

解读2：交易方式

共性：福田区、龙华区、龙岗区、宝安区、南山区均允许公开招标和竞争性谈判方式选择合作开发商。其中，福田区和南山区规定，采用竞争性谈判的项目，对于已与股份合作公司合作开发非农建设用地和征地返还地等集体用地的第三方，在报价相同的条件下，该第三方可优先成为合作方。

特性：罗湖区较为特殊，原则上采取公开招标方式，但对于已在城市更新项目范围内的集体资产或用地与城市更新特定的实施主体合作的更新项目，允许采取单一来源谈判方式。福田区亦规定了两种可采单一来源谈判方式的情形：（1）以股份合作公司非农建设用地和征地返还地等集体用地参与城市更新合作项目；（2）通过平台实施交易2次仍无法完成交易的项目。

注意点：2019年6月6日，《深圳市规划和自然资源局关于印发〈关于深入推进城市更新工作促进城市高质量发展的若干措施〉的通知》（深规划资源规〔2019〕5号）第22项加强集体资产监管规定："涉及以集体资产为主的城市更新项目，原农村集体经济组织继受单位应在区政府监督下，以公平公正、民主透明为原则，通过公开招标方式选择市场主体。"该政策出台后，可能会对集体资产上平台交易方式产生影响。（见表1-3）

表1-3　深圳市六区交易方式

辖区	公开招标	拍卖、挂牌	竞争性谈判	单一来源
福田区	√	—	√	√（适用于以股份合作公司非农建设用地和征地返还地等集体用地参与城市更新合作项目、通过平台实施交易2次仍无法完成交易的项目）
罗湖区	√	—	√	√（仅适用于已在城市更新项目范围内的集体资产或用地与城市更新特定的实施主体合作的更新项目）
龙华区	√	—	√	√龙华区也规定了三种可采用单一源谈判的情形：（1）经公开招标后符合条件的投标方只有一家的；（2）集体用地面积不具备单独申报城市更新项目等条件。且周边仅有一个土地开发项目列入计划的；（3）集体用地土地使用权交易范围已经特定市场主体与区委（区政府）签订战略合作协议的增加
龙岗区	√	√	√	—
宝安区	√	—	√	—
南山区	√	—	√	—

福田区：引进方式以公开招标和竞争性谈判方式为原则，对于以股份合作公司非农建设用地和征地返还地等集体用地参与城市更新合作项目以及通过平台实施交易2次仍无法完成交易的项目，可采取单一来源谈判方式。并且，采用竞争性谈判方式的，对于已与股份合作公司合作开发非农建设用地和征地返还地等集体用地的第三方，在报价相同条件下，享有优先权。（见表1-4）

表1–4 福田区合作方引进方式

<table>
<tr><td>辖区</td><td>原则</td><td>例外</td></tr>
<tr><td>福田区</td><td>公开招标、
竞争性谈判</td><td>单一来源谈判
适用于以股份合作公司非农建设用地和征地返还地等集体用地参与城市更新合作项目、通过平台实施交易2次仍无法完成交易的项目</td></tr>
<tr><td colspan="3">竞争性谈判中同等报价下的优先权：对于已与股份合作公司合作开发非农建设用地和征地返还地等集体用地的第三方参与竞争性谈判的，在报价相同的条件下，该第三方可优先成为合作方</td></tr>
</table>

罗湖区：引进方式以公开招标和竞争性谈判方式为原则，对于已在城市更新项目范围内的集体资产或用地与城市更新特定的实施主体合作的更新项目，可采取单一来源谈判方式。（见表1–5）

表1–5 罗湖区合作方引进方式

	原则	例外
罗湖区	公开招标、 竞争性谈判	单一来源谈判 仅适用于已在城市更新项目范围内的集体资产或用地与城市更新特定的实施主体合作的更新项目

龙华区：引进方式包括公开招标和竞争性谈判为原则，二者均可适用。龙华区未区分两种方式的项目适用条件，公开招标应依据市级土地交易规定进行，通过竞争性谈判选出合作方后还需股东（代表）大会通过重大事项表决。此外，龙华区也规定了单一来源谈判的三种情形。（见表1–6）

表1–6 龙华区合作方引进方式

<table>
<tr><td>辖区</td><td colspan="2">引进方式</td></tr>
<tr><td>龙华区</td><td>公开招标</td><td>竞争性谈判
选出后还需股东（代表）大会通过重大事项表决</td></tr>
</table>

龙岗区：龙岗区规定较为特殊，存在前期意向合作方和规划批复后的正式合作方的区分。意向合作方通过街道办或社区股份合作公司或龙岗区国有集体产权交易中心引进。正式合作方引进方式包括公开招标、拍卖、挂牌和竞争性谈判，就集体用地使用权和集体用地项目公司股权交易的城市更新项目，采用挂牌交易方式。虽然龙岗区要求正式引入合作方应公开进行，但同时规定前期选出的意向合作方享有项目合作优先权。意向合作方通过程序未被选定为合作方，项目前期费用由社区股份合作公司承担，且双方可约定在该项目实际开发后，由社区股份合作公司支付上述费用。为解决意向合作方投入资金的时间成本问题，龙岗区规定，股份合作公司可在引入正式合作方的合作招商方案中要求，由正式合作方先行支付。（见表1–7）

表1-7 龙岗区合作方引进方式

辖区	合作方	引进方式		
龙岗区	意向合作方	街道办引进	社区股份合作公司引进	区国有集体产权交易中心引进（目前由深圳联交所代理）
	正式合作方	招标、拍卖	挂牌 集体用地使用权和集体用地项目公司股权交易的城市更新项目	竞争性谈判
特殊性：在引入正式合作方时，意向合作方享有项目合作优先权（删除原“同等条件下”的内容）				

宝安区：引进方式包括公开招标和竞争性谈判。通过竞争性谈判选出合作方后，还应通过股东（代表）大会表决确认。（见表1-8）

表1-8 宝安区合作方引进方式

辖区	引进方式	
宝安区	公开招标	竞争性谈判选出后还应通过股东（代表）大会表决

南山区：引进方式为公开招标和竞争性谈判。并且，采用竞争性谈判方式的，对于已与股份合作公司合作开发非农建设用地和征地返还地等集体用地的第三方，在报价相同条件下，享有优先权。（见表1-9）

表1-9 南山区合作方引进方式

	引进方式	
南山区	公开招标	竞争性谈判
竞争性谈判中同等报价下的优先权：对于已与股份合作公司合作开发非农建设用地和征地返还地等集体用地的第三方参与竞争性谈判的，在报价相同的条件下，该第三方可优先成为合作方		

解读3：交易平台

关于交易平台，福田区、罗湖区要求在区级平台进行交易，宝安区和南山区均在深圳联合产权交易所进行，龙华区和龙岗区区分市级和区级平台，具体见表1-10：

表1-10 深圳市六区具体交易平台

辖区	交易平台	
福田区	福田集体经济阳光管理服务平台	
罗湖区	区政府采购招标中心平台	
龙华区	竞争性谈判、公开招标、单一来源谈判	区公共资源交易平台
龙岗区	意向合作方	社区股份合作公司或街道办或龙岗区国有集体产权交易中心（目前由深圳联交所代理）
	正式合作方	区产权交易
宝安区	深圳联合产权交易所	区公共资源交易平台
南山区	深圳联合产权交易所	区产权交易中心

解读4：进入时点

共性：罗湖区和龙华区均规定在城市更新项目规划批复之后引入合作方。龙岗区原则上要求在规划批复后引入正式合作方，对于满足一定条件的项目，可以提前至项目计划阶段。福田区则规定在计划申报前即可引入合作方。

特性：龙岗区在正式引入合作方之前，还需公开选取意向合作方，意向合作方在立项之后规划批复之前选取。鉴于意向合作方在后期引进正式合作方时享有项目合作优先权，本质而言，在计划阶段，项目实施主体即相对确定。并且，龙岗区规定了三项特殊情形，可提前至计划阶段通过招拍挂的形式确定项目的正式合作方。（见表1-11）

表1-11　深圳市六区正式引入合作方时点

<table>
<tr><th>辖区</th><th colspan="2">正式引入合作方时点</th></tr>
<tr><td>福田区</td><td colspan="2">计划申报前</td></tr>
<tr><td>罗湖区</td><td colspan="2">项目规划批复后</td></tr>
<tr><td>龙华区</td><td colspan="2">未明确规定</td></tr>
<tr><td rowspan="3">龙岗区</td><td>意向合作方</td><td>项目立项后规划批复前</td></tr>
<tr><td>正式合作方</td><td>原则：项目规划批复后</td></tr>
<tr><td></td><td>例外：提前至计划阶段招拍挂
满足以下情形之一：
1.属于社区股份合作公司已与区政府战略合作伙伴签订意向合作协议的重要项目（指区战略合作协议中明确需要落地的项目或区城市更新领导小组明确的优先推进的重要项目）；或属于已纳入城市更新计划且符合区产业导向的工改工项目
2.约定以物业分成或利润分成为分配原则，退出机制符合市、区相关规定
3.由区政府战略合作伙伴或工改工项目的意向合作方提出，经社区股份合作公司股东代表大会按相关法规和制度规定的特别决议程序审议通过，并经区集体资产管理部门备案</td></tr>
<tr><td>宝安区</td><td>未明确规定</td><td></td></tr>
<tr><td>南山区</td><td colspan="2">未明确规定（但在计划申报阶段即应确定合作方并提交合作协议，因此，应在计划申报之前上平台选出合作方）</td></tr>
</table>

解读5：合作方资质

共性：福田区、罗湖区、龙华区、龙岗区和宝安区均要求合作方具备房地产开发资质。虽然罗湖区未明确规定合作方须具备房地产开发资质，但一般实操中均有此项要求。

特性：罗湖区和宝安区相对较为笼统，将设定资质条件的权利赋予村集体和街道办，宝安区明确要求，交易准入条件不得包含具有明确指向性或者明显违反公平竞争的条款。龙岗区和龙华区对合作方资质规定较为具体，主要为房地产开发资质、净资产规模、资产负债率以及诚信问题，其中，龙岗区对于意向合作方和正式合作方的资质条件规定一致，在房地产开发资质方面，只要项目公司控股母公司具备即可。（见表1–12）

表1–12 深圳市六区关于合作资质的要求

辖区	合作方资质
福田区	同时满足： 1.具备房地产项目开发资质和有深圳市城中村旧改成功经验； 2.净资产规模在人民币20亿元以上，且资产质量好，具备足够完成城市更新项目的资金，企业负债率保持良好状态； 3.具备良好的诚信记录与经营业绩； 4.其他要求
罗湖区	符合公司设置并经街道办事处核准的交易准入条件
龙华区	同时满足： 1.在工商注册登记的经营范围需含有房地产经营类项目； 2.净资产规模在人民币1亿元以上，原则上资产负债率不得高于现行行业平均水平； 3.具有良好的诚信记录，具有以下情况之一的，将取消其项目合作资格： （1）被纪检监察部门立案调查，违法违规事实成立的； （2）隐瞒真实情况，提供虚假资料的； （3）以非法手段排斥其他供应商参与竞争的； （4）阻碍、抗拒主管部门监督检查的； （5）主管部门认定的其他情形
龙岗区	同时满足（意向合作方和正式合作方）： 1.该公司（其控股母公司）具备房地产项目开发资质和成功经验； 2.净资产规模在人民币1亿元以上，且负债率不高于50%； 3.该公司（其控股母公司）具有良好的诚信记录与经营业绩
宝安区	未明确规定
南山区	未明确规定

解读6：决策机制

共性：一般而言，通过招拍挂选出合作方，无须再进行股东（代表）大会确认该选出的合作方，但通过竞争性谈判或单一来源谈判方式选出的合作方，选出后还须进行一轮内部决策程序。

特性：罗湖区要求通过竞争性谈判和单一来源方式选取合作方的项目，须在合作招商方案中列明合作方名称，并经全体股东4/5（含）以上表决通过。龙岗区要求竞争性谈判方式选出合作方后，还应经股东代表大会4/5（含）以上通过，龙岗区通过招拍挂选出的意向合作方同样适用该决策规定。（见表1–13）

表1-13 深圳市六区关于合作方的决策机制

辖区	决策机制	
福田区	公开招标	通过公开招标选出，无须决策［交易方案需要决策：获全体股东2/3（含）以上同意］
	竞争性谈判 单一来源	通过谈判选出，无须决策［交易方案需要决策：获全体股东4/5（含）以上同意］
罗湖区	公开招标	通过招拍挂产生，无须决策［合作招商方案需要决策，全体股东4/5（含）以上］
	竞争性谈判 单一来源	选出后，全体股东4/5（含）以上决策通过
龙华区	公开招标	有关工作小组将中标或谈判结果报股份公司股东（代表）大会审议同意
	竞争性谈判	
	单一来源	
龙岗区	招拍挂	意向合作方：选出后，股东代表大会4/5（含）以上决策通过
		正式合作方：通过招拍挂产生，无须决策［合作招商方案需要决策，全体股东4/5（含）以上］
	竞争性谈判	选出后，股东代表大会4/5（含）以上决策通过 如属于居民小组一级的子公司、分公司，还需召开居民小组股东会议
宝安区	公开招标	股东大会以特别决议形式表决通过：应当由人数和所持表决权数均过半数的股东和集体资产管理委员会指派的代表出席，并以出席会议的股东人数及其所持表决权数三分之二以上通过
	竞争性谈判	
南山区	公开招标	通过公开招标产生，无须决策［合作招商方案需要决策，全体股东4/5（含）以上］
	竞争性谈判	选出后，全体股东4/5（含）以上决策通过

解读7：程序问题

共性：深圳六区对引入合作方规定了不同的交易流程，但大体均须经过“资产评估、合作招商方案制作、公示及民主决策、上平台引入合作方、公示并报街道办和集体资产管理部门备案或核准”的程序。其中，通过竞争性谈判和单一来源谈判方式选出合作方的，还须经股份合作公司内部表决程序通过。

特性：南山区针对不同的交易方式（公开招标、竞争性谈判等）分别规定了不同的交易流程，龙岗区则针对不同的合作模式（具有重大影响权的集体用地参与城市更新项目、集体用地项目公司股权转让）规定不同的交易流程。其中，龙岗区的特殊性在于规划批复之前须引进意向合作方，待规划批复之后再行上平台引入正式合作方。福田区在决策程序部门规定了“双重决策”程序，即项目用地涉及股份合作公司总公司又涉及下属子公司、分公司集体用地的，除总公司召开董、监事会以及集体资产管理委员会、股东代表大会外，还应召开所涉下属子公司、分公司股东大会决议；对于不涉及总公司的，无须召开总公司一级的股东大会。

解读8：交易流程图及资料索引表

（一）福田区：

1.交易流程图

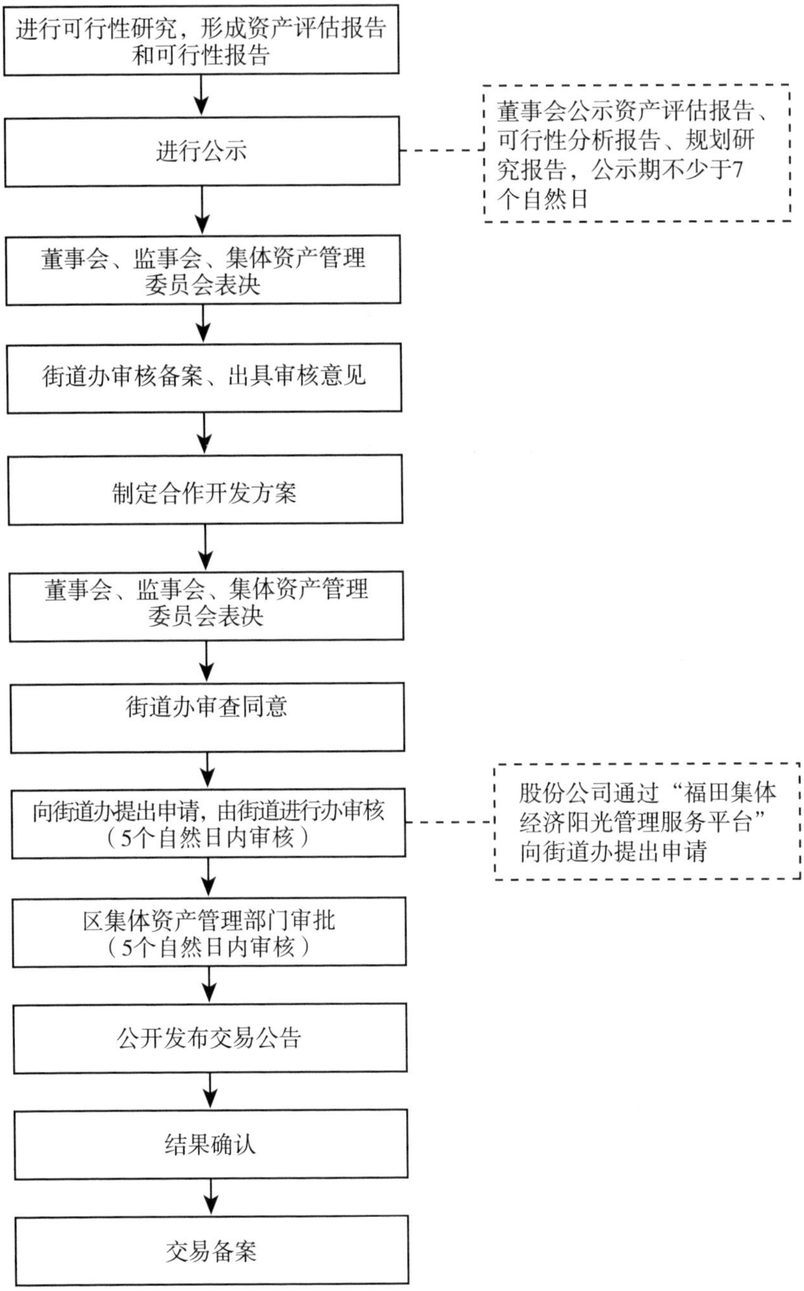

2.资料索引表

(1)集体资产交易审批材料索引表

序号	材料名称
1	项目审查申请报告
2	集体用地权属证明资料或能够证明权属的其他相关材料及现场照片
3	项目可行性分析报告、资产评估报告和合作开发方案、拟合作开发协议
4	公示、反馈情况及公示张榜现场照片
5	股份合作公司董事会、集体资产管理委员会、股东代表大会(股东大会)决议
6	公证机构对股东代表大会(股东大会)表决情况出具的公证书
7	其他相关资料

(2)集体资产交易备案材料索引表

序号	材料名称
1	项目备案申请报告
2	公示情况及公示张榜现场照片
3	合作方的营业执照及资质信誉等相关文件
4	公共资源交易平台的相关材料
5	招投标文书
6	中标通知书
7	股份合作公司与合作开发主体拟签订的合作开发协议
8	股份合作公司法律和财务顾问就合作开发协议出具的意见书
9	其他相关资料

（二）罗湖区：

1.交易流程图①

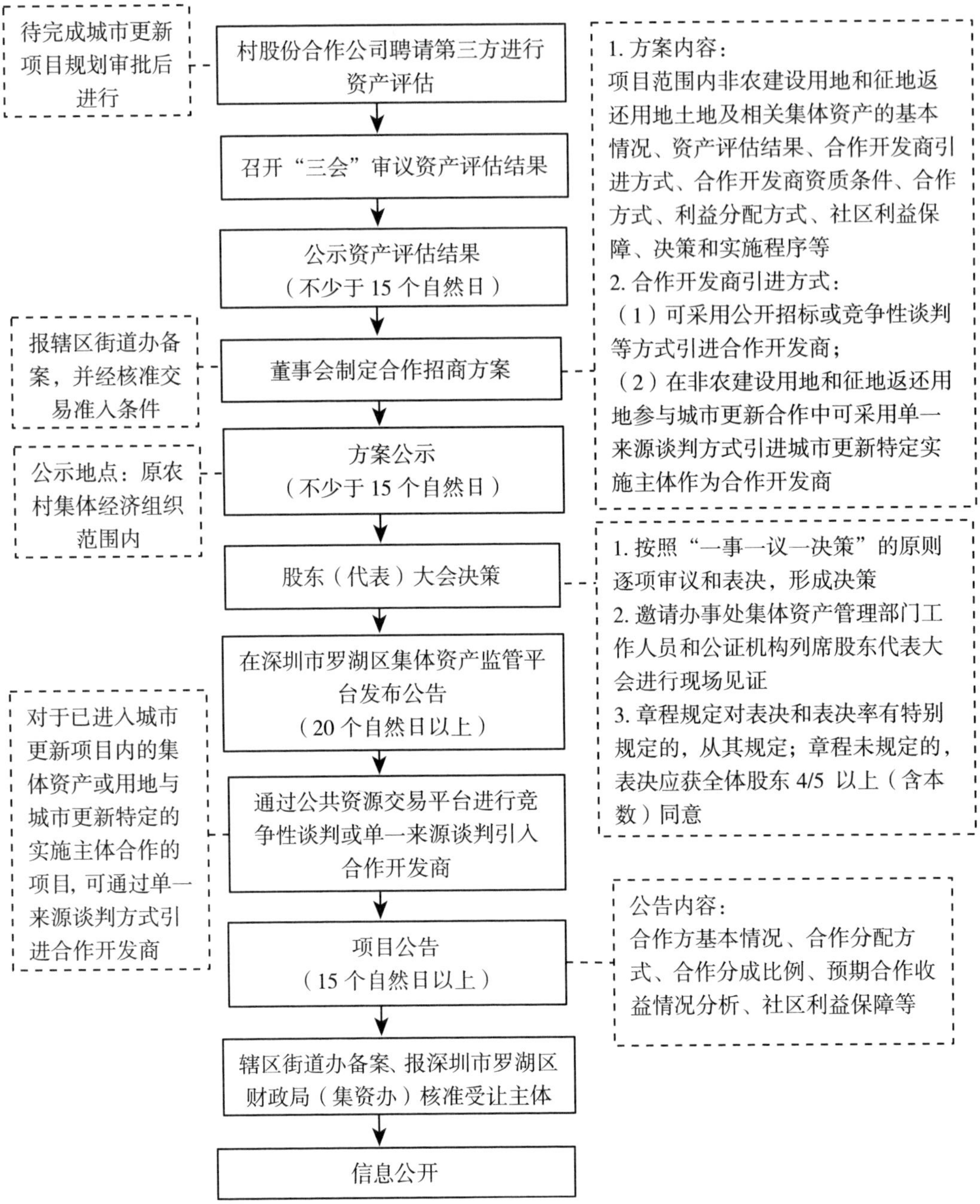

① 参见本书第334-335页罗湖区集体资产交易操作流程图。

2.资料索引表

(1)集体资产交易备案材料索引表

序号	材料名称
1	项目备案申请报告
2	项目范围内公司非农建设用地和征地返还用地土地权属证明资料及现场照片
3	合作招商方案和资产评估报告
4	民主决议，包括公司“三会”决议和股东代表大会决议。项目涉及居民小组分公司的，须提交居民小组分公司股东大会民主决议
5	公证机构对公司股东代表大会或股东大会出具的公证书
6	拟签署的合作合同（协议）
7	项目公示的照片
8	合作项目在媒体上公告的合作招商信息材料
9	合作方产生的证明材料。其中，2016年8月1日前股份合作公司自行组织公开招标、竞争性谈判或单一来源谈判产生合作开发商，应提交通过招标程序产生中标结果的证明材料；2016年8月1日后，股份合作公司通过市、区公共资源交易平台集中交易产生合作开发商应提交中标文件
10	合作方的营业执照及资质信誉等相关文件
11	其他资料

(2)集体资产交易受让主体报区财政局（集资办）核准材料索引表

序号	材料名称
1	非农建设用地和征地返还用地土地受让主体核准申请报告
2	项目范围内公司非农建设用地和征地返还用地土地权属证明资料及现场照片
3	合作方产生的证明材料
4	街道办事处备案文件
5	其他资料

(三)龙华区：

1.交易流程图

2.资料索引表

报街道办研提意见材料索引表

序号	材料名称
1	可行性研究报告
2	资产评估报告
3	项目方案
4	民主决议，包括“三会”决议
5	其他资料

（四）龙岗区：

1.交易流程图

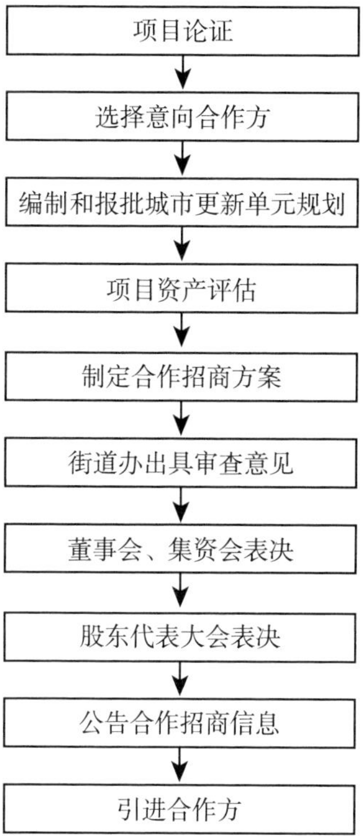

2.资料索引表

报街道办审查材料索引表

序号	材料名称
1	项目审查或备案申请报告（内容包括：项目基本情况、公司内部对该项目的表决情况、其他须说明的情况）
2	龙岗区社区股份合作公司重大事项登记表
3	张榜公示的照片
4	公司董事会、集资会、股东代表大会决议；项目涉及居民小组一级分公司、子公司的，须提交其股东会议决议
5	公证机构对公司股东代表大会或股东会议出具的公证书
6	项目范围内公司集体用地及地上附着物权属证明资料或能够证明权属的其他相关资料及现场照片
7	城市更新项目单元规划批复文件
8	集体用地及地上附着物资产评估报告、项目可行性分析报告及合作招商方案
9	合作意向书
10	合作意向保证金收款票据及合作方履约保证金票据
11	公开招、拍、挂程序：需提交合作项目在规定媒体上发布的合作招商公告；拟签署的合作合同（协议）；产权交易机构出具的交易凭证；营业执照及资质信誉等相关文件
12	竞争性谈判方式：需提交合作项目在规定媒体上发布的合作招商公告；竞争性谈判的相关证明文件，包括项目竞争者名单及基本情况、谈判会议纪要、谈判双方和见证方签到表及三方人员谈判现场照片等；拟签署的合作合同（协议）；产权交易机构出具的交易凭证；合作方的营业执照及资质信誉等相关文件
13	其他资料

（五）宝安区：

1.交易流程图[①]

（1）以公开招标方式选择合作方

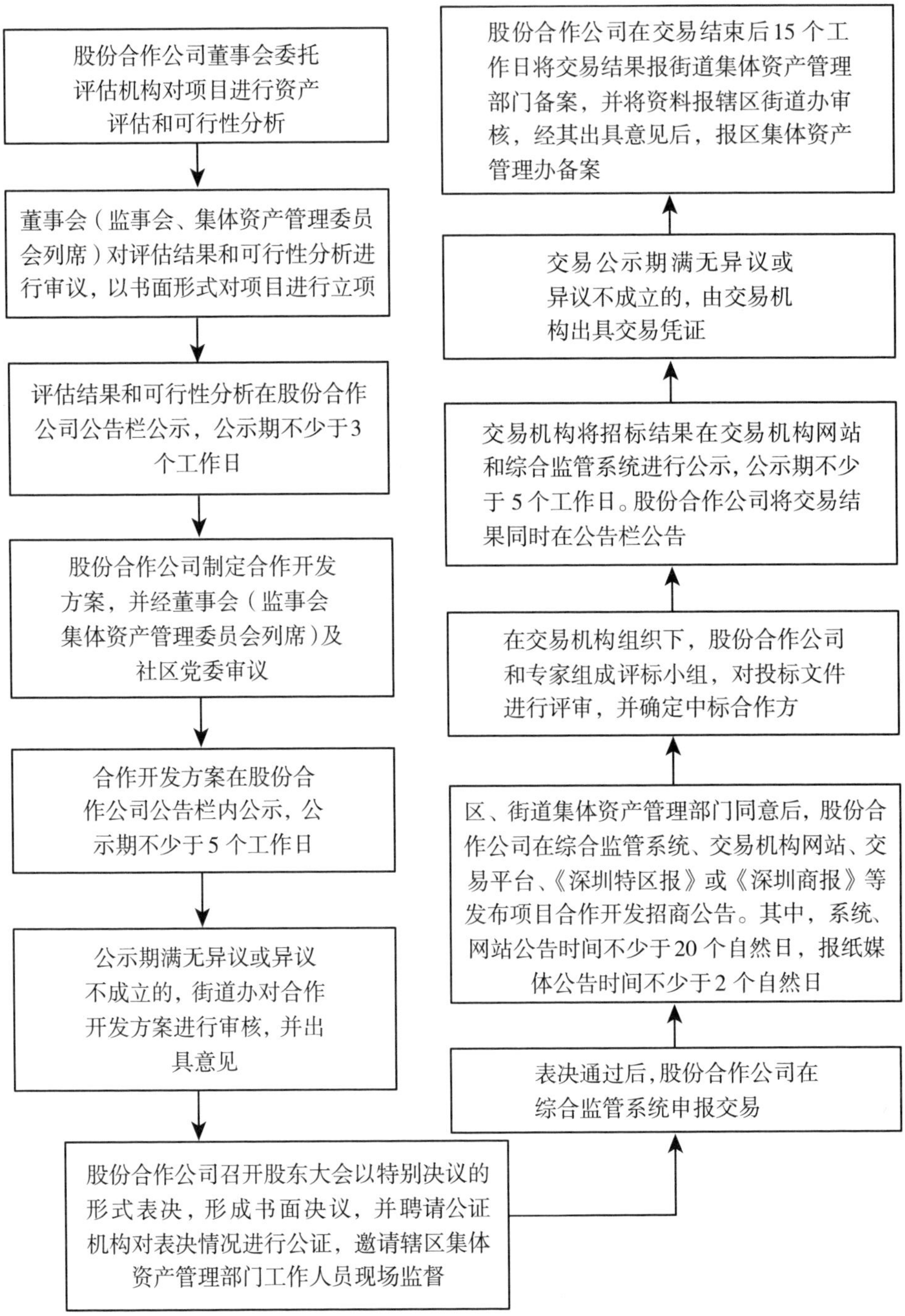

① 参见本书第310-311页宝安区集体资产交易操作流程图。

（2）以竞争性谈判方式选择合作方

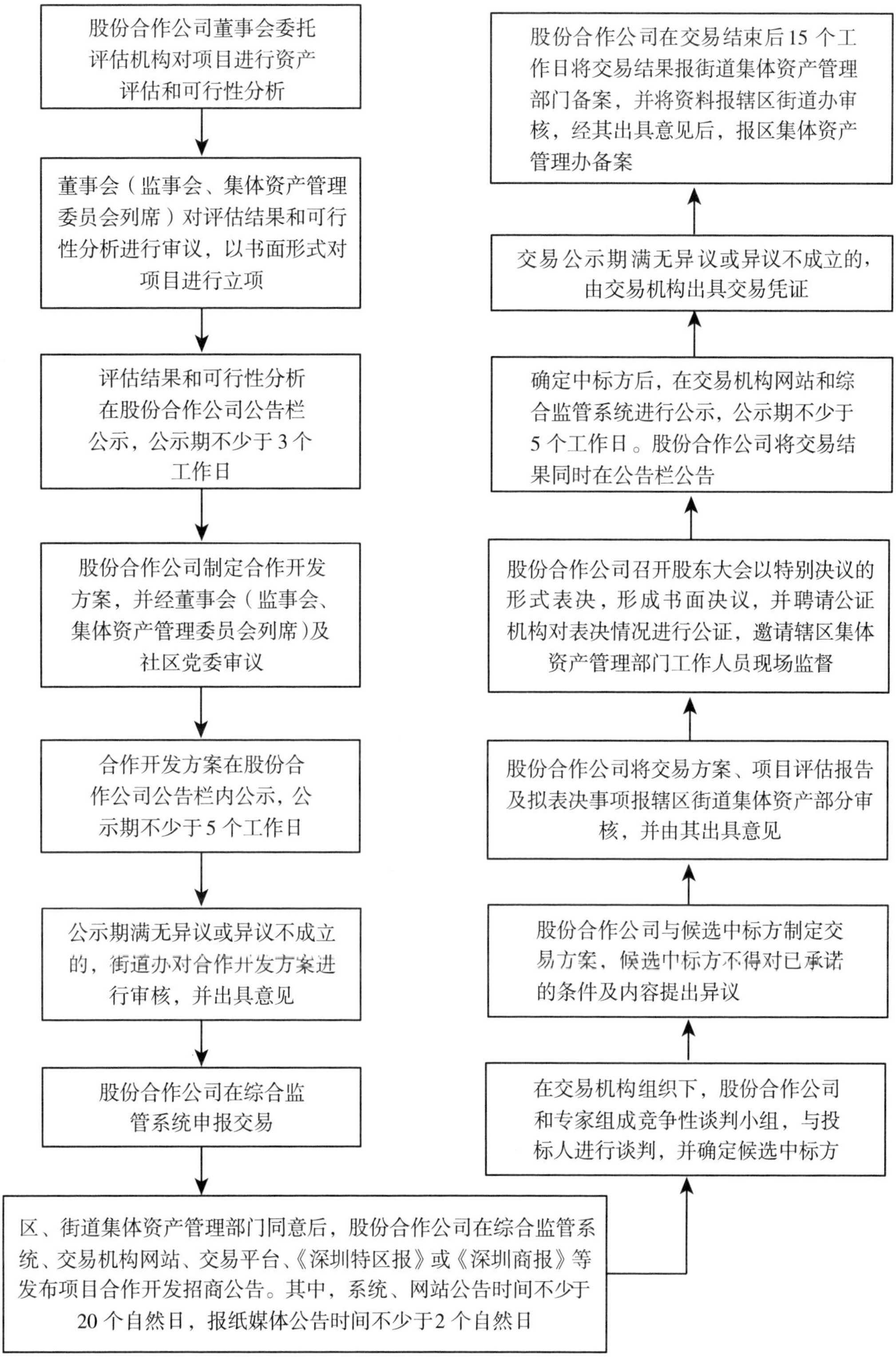

2.资料索引表

（1）合作开发方案报街道办备案材料索引表（公开招标与竞争性谈判一致）

序号	材料名称
1	评估报告、可行性研究报告
2	合作开发方案
3	民主决议资料，包括公司董事会或“三会”决议、股东大会决议等资料
4	其他资料

（2）合作开发项目报辖区街道办备案材料索引表

序号	材料名称
1	项目申请报告，包括：项目基本情况、项目合作开发进度安排、公司内部审议情况、其他需要说明的情况等
2	列入城市更新单元计划相关证明材料
3	公司董事会或“三会”有关决议、会议记录
4	资产评估报告、可行性研究分析报告
5	合作开发方案及公示照片
6	属竞争性谈判的，提交竞争性谈判的相关证明文件（包括公告、签到表、谈判现场照片、会议记录等）；属公开招标的，提交公开招标的相关证明文件（包括公告、签到表、谈判现场照片、会议记录等）
7	交易方案及公示的照片
8	街道集体资产管理部门关于公司集体土地合作开发有关资料的审查意见（含资产评估报告、交易方案、股东大会拟表决事宜等资料）
9	召开股东大会的通知、股东大会议案及公示的照片
10	公证机构出具的公证书
11	街道集体资产管理部门关于股东大会表决结果和监督情况的报告
12	集体用地土地使用权权属证明
13	股份合作公司章程
14	股份合作公司、合作方的营业执照复印件、商事主体登记及备案信息查询单
15	产权交易机构出具的交易凭证
16	其他资料

（3）合作开发项目报区集体资产管理部门备案材料索引表

序号	材料名称
1	项目备案申请报告
2	报辖区街道办审核的申请报告及附件材料
3	街道集体资产管理部门关于股东大会表决及现场监督情况
4	辖区街道办出具的审核意见
5	其他资料

(六)南山区:

1.交易流程图

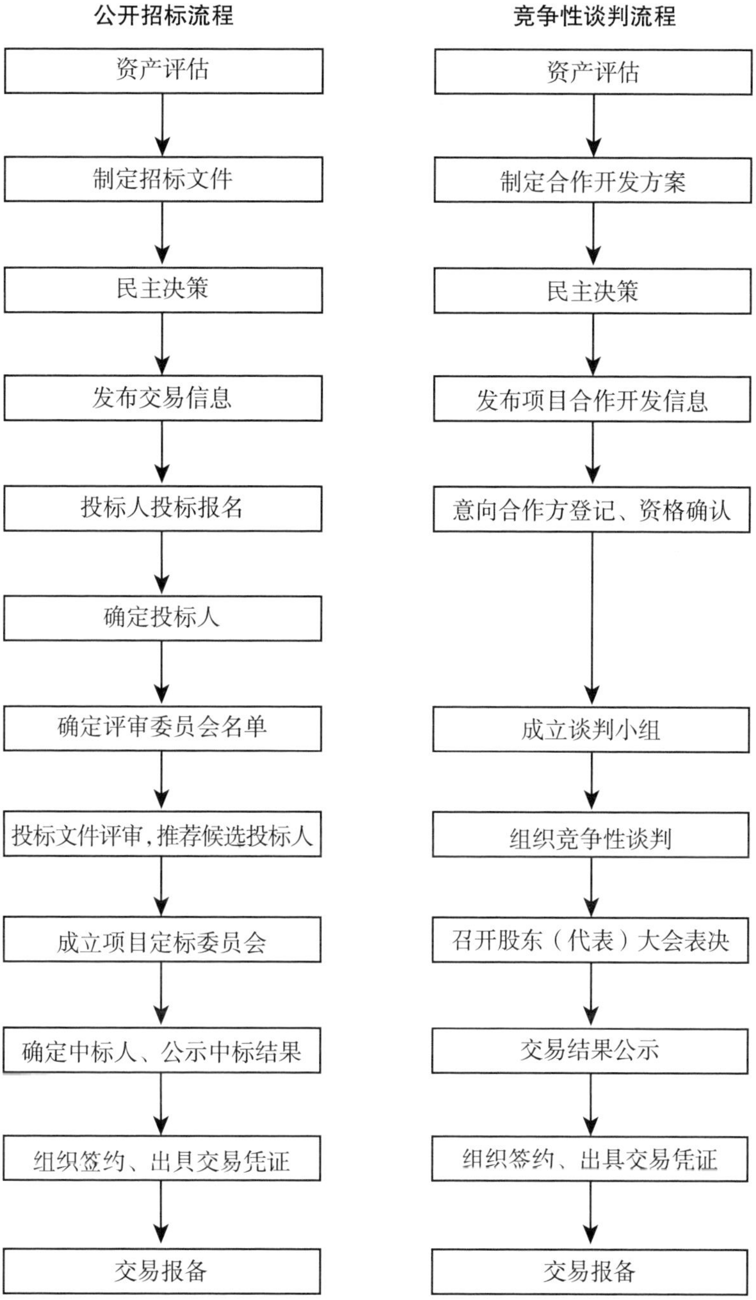
公开招标流程
资产评估
制定招标文件
民主决策
发布交易信息
投标人投标报名
确定投标人
确定评审委员会名单
投标文件评审,推荐候选投标人
成立项目定标委员会
确定中标人、公示中标结果
组织签约、出具交易凭证
交易报备
竞争性谈判流程
资产评估
制定合作开发方案
民主决策
发布项目合作开发信息
意向合作方登记、资格确认
成立谈判小组
组织竞争性谈判
召开股东(代表)大会表决
交易结果公示
组织签约、出具交易凭证
交易报备

2.资料索引表

报街道办备案材料索引表（公开招标）

序号	材料名称
1	项目交易申请报告（内容包括：项目基本情况、公司对项目的表决情况、其他须说明的情况）
2	张榜公示情况及照片
3	股份合作公司董事会、股东（代表）大会决议
4	项目范围内股份合作公司集体用地权属证明资料或能够证明权属的其他相关资料及现场照片
5	集体用地资产评估报告和交易方案
6	交易方的营业执照及资质信誉等相关文件
7	中标文件

第二章 《深圳市人民政府关于农村城市化历史遗留产业类和公共配套类违法建筑的处理办法》解读

解读9：历史遗留产业类和公共配套类违法建筑的处理流程图

《深圳市人民政府关于农村城市化历史遗留产业类和公共配套类违法建筑的处理办法》于2018年10月10日正式实施，该办法系根据《深圳市人民代表大会常务委员会关于农村城市化历史遗留违法建筑的处理决定》而制定，《〈深圳市人民代表大会常务委员会关于农村城市化历史遗留违法建筑的处理决定〉试点实施办法》同时废止。

该办法仅适用于农村城市化历史遗留产业类违法建筑和农村城市化历史遗留公共配套类违法建筑的处理，处理方式原则上分为三种，分别为安全纳管、处理确认、依法拆除或者没收。关于上述三种处理方式，办法规定按照以下流程进行：

（一）安全纳管流程图

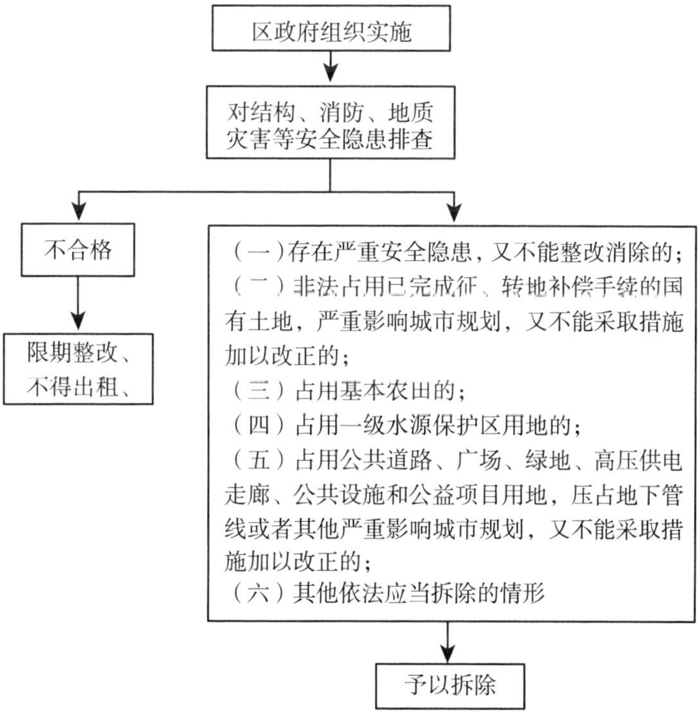

（二）处理确认流程图

1.范围审查程序流程图

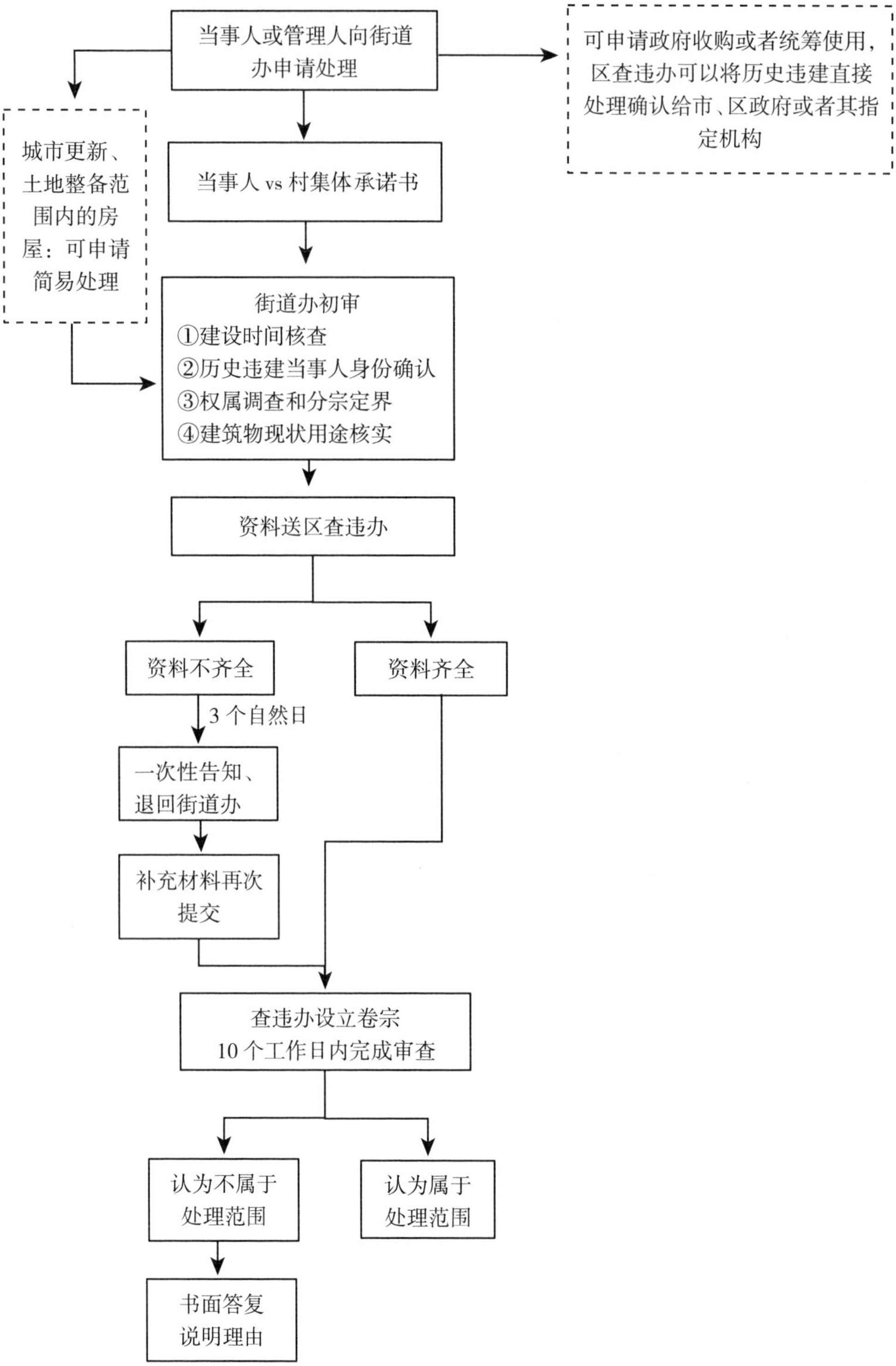

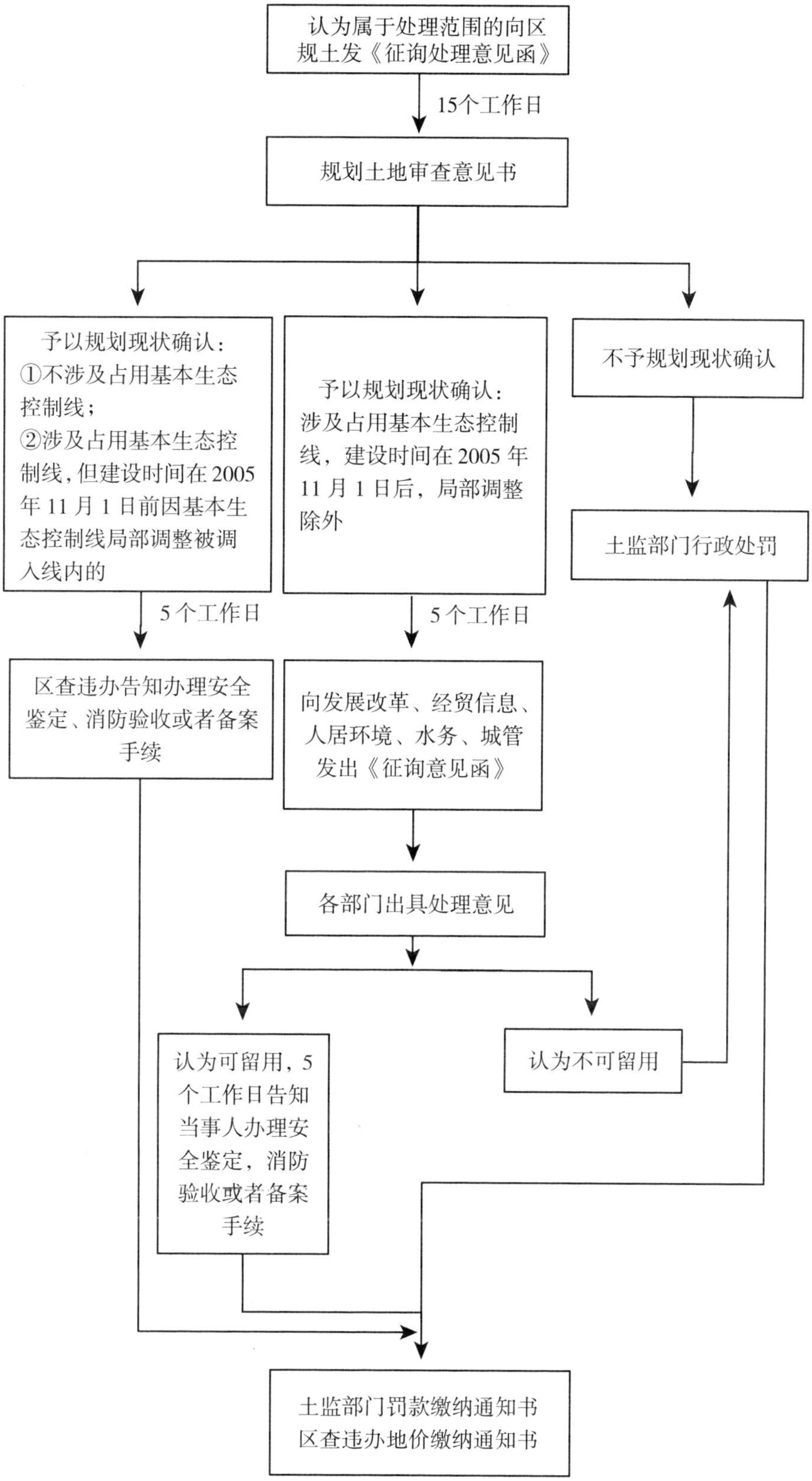
认为属于处理范围的向区规土发《征询处理意见函》
15个工作日
规划土地审查意见书
予以规划现状确认：①不涉及占用基本生态控制线；②涉及占用基本生态控制线，但建设时间在2005年11月1日前因基本生态控制线局部调整被调入线内的
予以规划现状确认：涉及占用基本生态控制线，建设时间在2005年11月1日后，局部调整除外
不予规划现状确认
土监部门行政处罚
5个工作日
5个工作日
区查违办告知办理安全鉴定、消防验收或者备案手续
向发展改革、经贸信息、人居环境、水务、城管发出《征询意见函》
各部门出具处理意见
认为可留用，5个工作日告知当事人办理安全鉴定，消防验收或者备案手续
认为不可留用
土监部门罚款缴纳通知书
区查违办地价缴纳通知书

2.罚款缴纳程序流程图

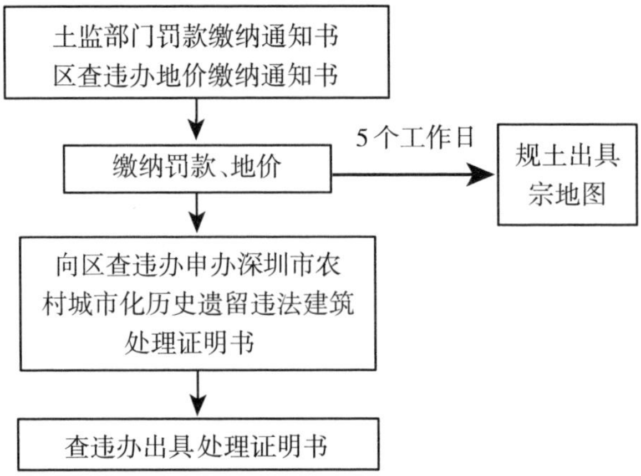

3.涉及城市更新项目的处理程序流程图

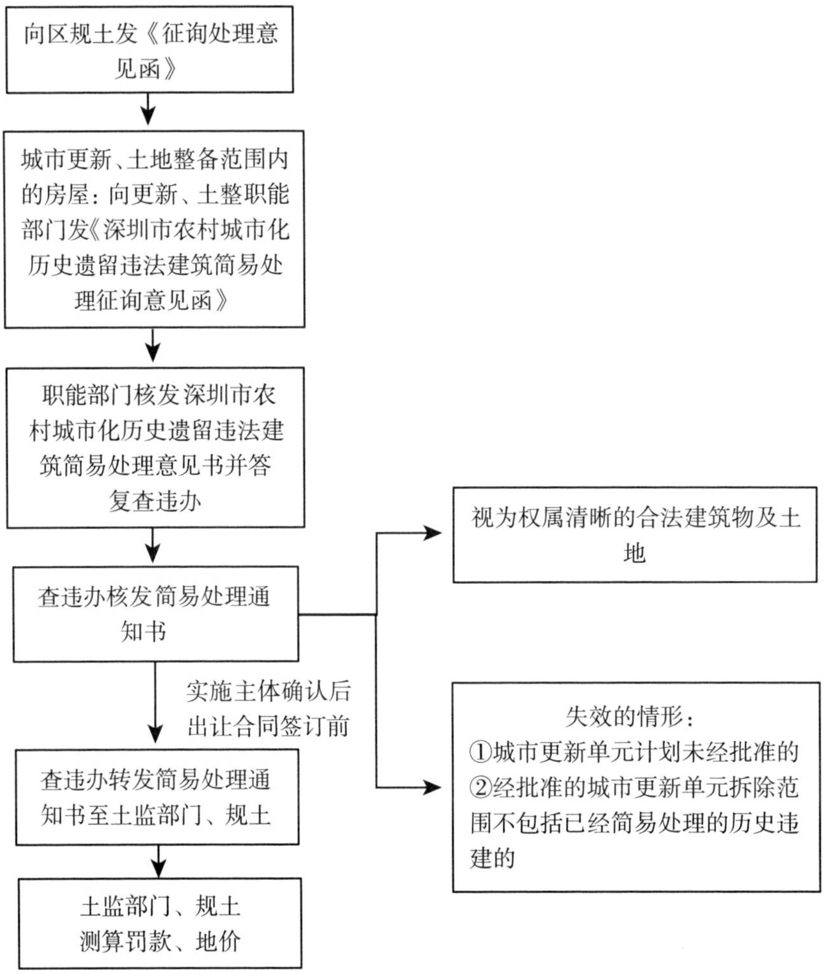

（三）依法拆除或者没收流程图

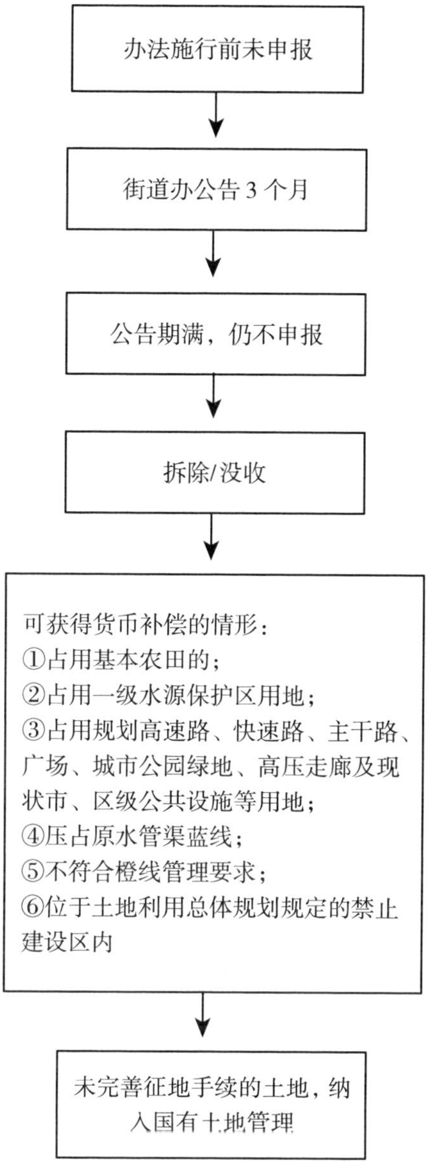

解读10：深圳市各区实施细则制定情况

截至目前，深圳市除了宝安区已于2019年8月4日正式实施《深圳市宝安区处理历史遗留产业类和公共配套类违法建筑实施细则（试行）》之外，其他区均未颁布实施细则，其中福田区、龙华区已发布征求意见稿。

第三章　深圳市重点更新单元实施路径

阶段1：初步划定重点更新单元范围示意图

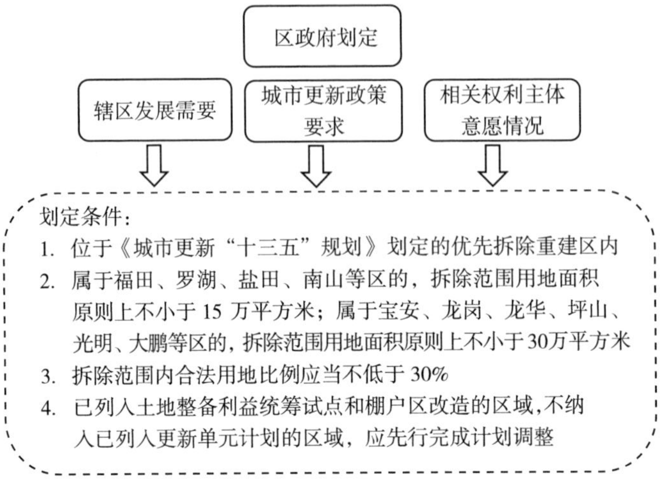

阶段2：前期工作阶段示意图

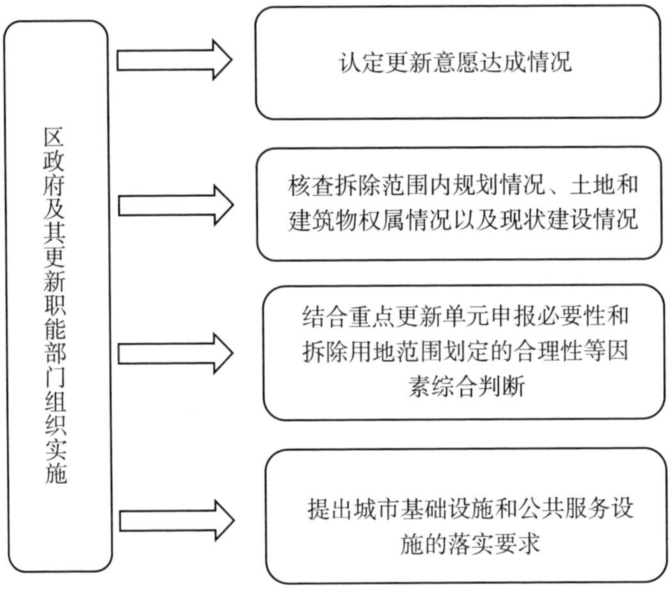

阶段3：申报更新单元计划示意图

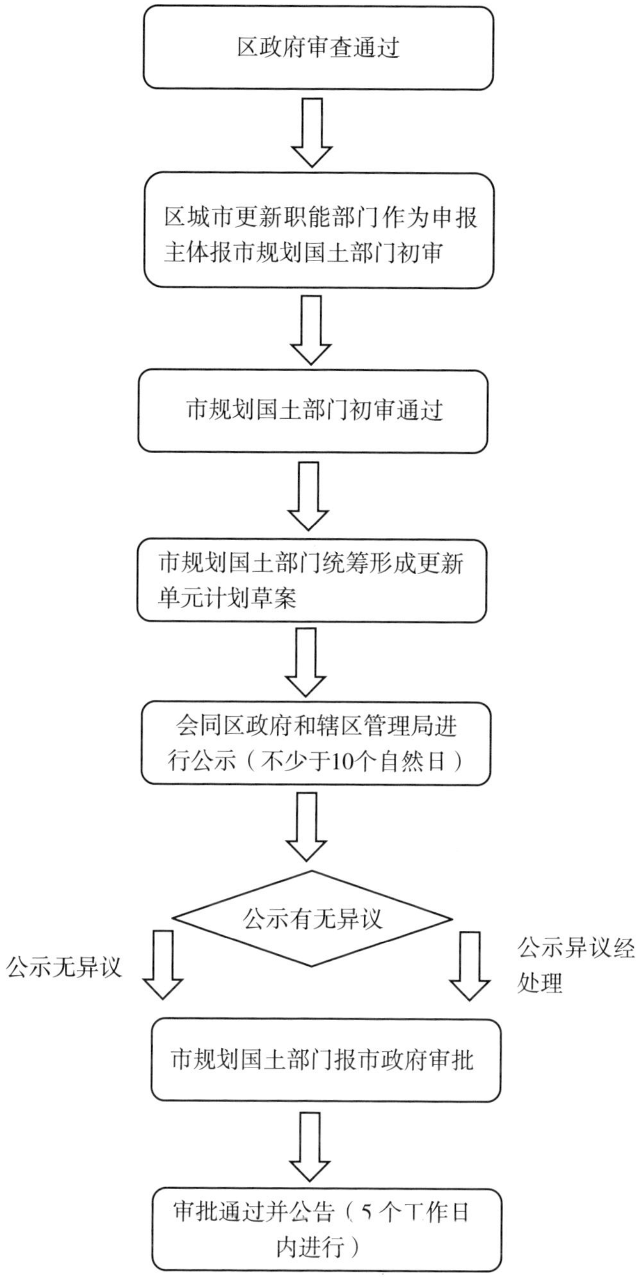

阶段4：申报更新单元规划示意图

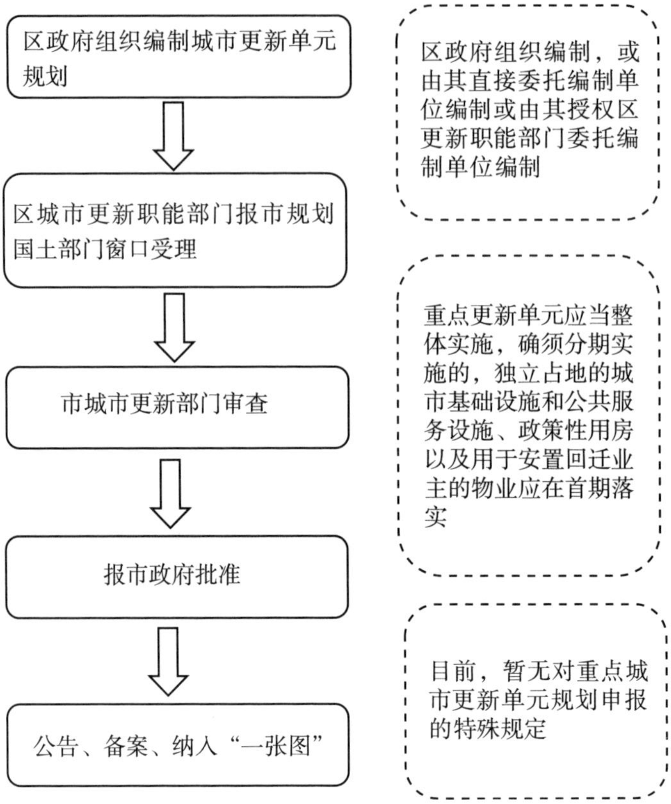

阶段5：市场主体进入阶段示意图

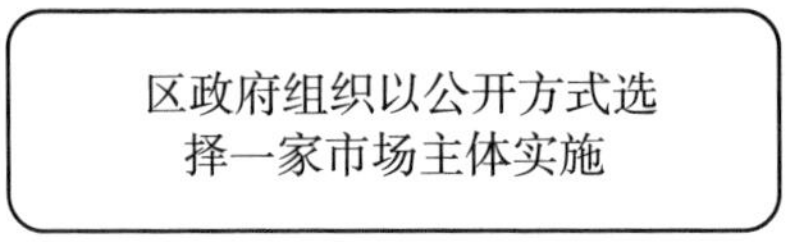

解读11：重点更新单元政策概要

一、政策规定

2016年12月29日，深圳市人民政府办公厅印发《关于加强和改进城市更新实施工作暂行措施的通知》（深府办〔2016〕38号，以下简称38号文），提出“创新实施机制，试点重点更新单元开发”，重点更新单元由政府主导，“十三五”期间，全市试点开展10个左右重点更新单元实施。

2017年深圳市规划和自然资源局下发内部文件《关于重点更新单元计划申报有关

工作的通知》(深规土〔2017〕177号,以下简称177号文),专门针对重点更新单元的申报工作规定审批流程和行政部门的职责分工等内容。关于申报材料,177号文指出应符合《深圳市城市更新单元规划制定计划申报指引(试行)》(深规土告〔2010〕16号,现已失效)的规定。

2019年3月15日,《深圳市拆除重建类城市更新单元计划管理规定》颁布实施,将重点更新单元拆除范围的划定及计划申报等内容纳入。

38号文开创了重点更新单元试点机制,也确立了"自上而下""公共利益""政府主导"的更新模式。177号文对重点更新单元规划批复前的申报审批工作的规定更为细致,《深圳市拆除重建类城市更新单元计划管理规定》大多沿袭38号文和177号文的规定。

二、目的及原则

重点更新单元系为落实上层次规划要求,优先落实城市基础设施和公共服务设施,加快城市各级中心和重点区域发展,推动特区一体化的目的出台。

因此,与一般更新单元相比,重点更新单元更注重公共利益的落实,注重基础设施和公共服务设施、政策性用房等的配套问题。正是基于其公共利益的目标和属性,重点更新单元土地贡献率高,前期工作较难推进,需以政府主导为原则开展。待规划批复后,由政府公开选择市场主体进入。

解读12:重点更新单元拆除范围

一、拆除范围划定原则

38号文指出,区政府初步划定重点更新单元范围,应根据辖区发展需要、城市更新政策要求及相关权利主体意愿。同时,根据177号文规定,对于已列入土地整备利益统筹试点和棚户区改造的区域,不纳入拆除范围;对于已列入更新单元计划的区域,应当先进行计划调整或清理工作,方可纳入拆除范围。

二、拆除范围划定条件

38号文与《深圳市拆除重建类城市更新单元计划管理规定》均规定,重点更新单元应同时满足三个条件:(1)位于《深圳市城市更新"十三五"规划》划定的优先拆除重建区内；(2)属于福田、罗湖、盐田、南山等区的，拆除范围用地面积原则上不小于15万平方米；属于宝安、龙岗、龙华、坪山、光明、大鹏等区的，拆除范围用地面积原则上不小于30万平方米；(3)拆除范围内合法用地比例应当不低于30%。

重点更新单元的用地范围方面较一般更新单元要求高，成片较大面积的用地范围更有利于规划编制和安排，有利于公共配套等的落实。重点更新单元属于优先拆除重建区域，在流程和进度上属于优先推进和重点跟进的项目单元，因而在合法用地比例方面，低于一般更新单元60%的比例要求。

三、历史用地处置的特殊规定

对于经批准纳入城市更新计划的城市更新区域内未签订征（转）地协议或已签订征（转）地协议但土地或者建筑物未作补偿，用地行为发生在2007年6月30日之前，用地手续不完善的建成区，可按照规定进行历史用地处置。处置后一定比例交由继受单位用于城市更新，一定比例纳入政府土地储备，相对而言，重点更新单元需移交更多面积的土地给政府，并且，合法用地比例越低，处置后需要无偿移交政府纳入土地储备的比例越高。(见表3-1)

表3-1　拆除重建类重点更新单元项目历史用地处置比例表

拆除重建类城市更新项目		处置土地中交由继受单位进行城市更新的比例	处置土地中纳入政府土地储备的比例
重点更新单元	合法用地比例≥60%	80%	20%
	60%>合法用地比例≥50%	75%	25%
	50%>合法用地比例≥40%	65%	35%
	合法用地比例<40%	55%	45%

解读13：重点更新单元流程解读

一、重点更新单元前期工作

申报重点更新单元计划的前期工作，按照177号文的规定，由区政府及其更新职能部门组织实施，包括认定更新意愿达成情况、核查拆除范围内规划情况、土地和建筑物权属情况以及现状建设情况、结合重点更新单元申报必要性和拆除用地范围划定的合理性等因素作出综合判断、提出城市基础设施和公共服务设施的落实要求。(见图3-1)

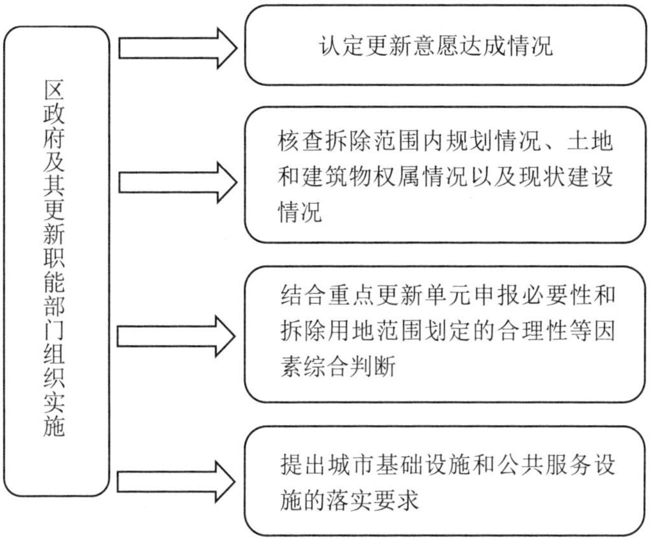

图3-1　重点更新单元前期工作流程图

二、重点更新单元计划申报

1.申报机制：实行常态申报机制。

2.申报主体：区更新职能部门。

3.申报审批流程：经区政府审查同意后，由区更新职能部门作为申报主体报深圳市规划国土部门初审。申报材料提交至深圳市规划国土部门市民中心窗口，按业务文类型（编号类型02件）申请。初审通过后由深圳市规划国土部门统筹形成更新单元计划草案，会同区政府和辖区管理局进行公示。公示处理后报深圳市人民政府审批。具体流程可参见大节点及审批流程图。

4.申报材料：除一般更新单元申报计划所需材料外，重点更新单元计划申报还需提交区政府批准文件和相关说明文件。说明文件应包括重点更新单元计划的基本情况、审查情况、存在问题及处理建议等。

三、重点更新单元规划申报

1.重点更新单元规划要求：重点更新单元原则上应当整体实施；确需分期实施的，独立占地的城市基础设施和公共服务设施、政策性用房以及用于安置回迁业主的物业应在首期落实。

2.计划编制主体：区政府组织编制，对具体编制主体而言，可由区政府直接委托编制单位编制或由其授权区更新职能部门委托编制单位编制。

3.申报主体：同计划申报主体，为区更新职能部门。

4.申报审批流程：流程方面，需结合一般更新单元的规划申报流程确定。重点更新单元规划申报的特殊性在于，由区政府组织编制规划，报市更新职能部门审查后报市政府批准。（见图3-2）

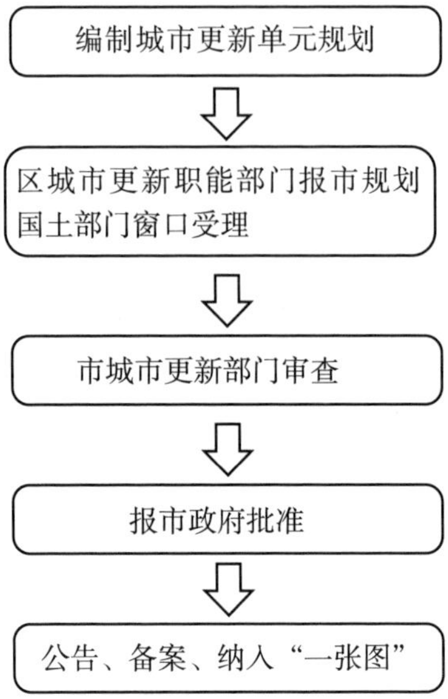

图3-2　重点更新单元规划申报流程图

四、市场主体进入阶段

38号文规定，重点更新单元规划批准后，由区政府组织以公开方式选择一家市场主体实施。截至2019年8月20日，暂未出台公开选择市场主体的具体规定。

解读14：2019年重点城市更新单元计划

依据《深圳市2019年度城市更新和土地整备计划》的规定，2019年将加大重点更新单元改造试点工作推进力度。加快推进龙岗平湖旧墟镇GX04重点更新单元和宝安新桥东片区重点更新单元的规划编制及后续相关工作，要求除龙岗和宝安之外的剩余八个区在2019年新增至少一个重点更新单元计划。

解读15：项目风险

就目前的政策规定而言，重点更新单元项目由政府主导并组织实施前期工作，待项目专规批复后公开选择市场主体。但考虑到项目最终会引进开发商实施，且177号文规定由区政府及其更新职能部门“组织实施”前期工作，不排除政府部门协调开发商提前进入。如果开发商提前介入，承担人力、资金、时间等成本，一旦该种介入及成本不能为其争取在公开选择阶段的优先权或潜在权益，很有可能因未被选中而面临前期投入落空的风险。例如，旧住宅区的一般城市更新项目，同样需要公开选择市场主体，但在实操中，开发商往往前期即介入，且按照旧住宅区公开选择市场主体的规定，该种前期投入并不与市场主体的选择相挂钩，不能保证开发商能中选。对于重点更新单元而言，在缺失公开选择市场主体具体规则的情况下，该种风险更逾显现。

鉴于此，在“专规批复后方可公开选择开发商，但缺失公开选择规则”的情况下，开发商提前介入项目，存在前期投入落空的风险。

第四章 深圳市飞地政策解读

解读16：飞地政策的流程图

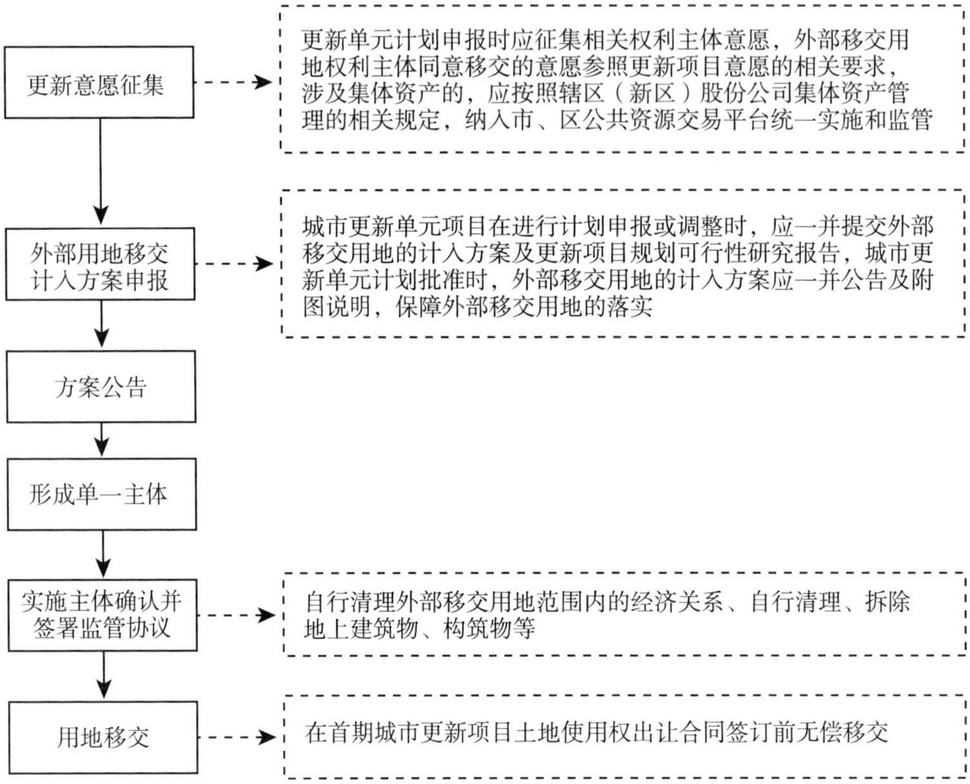

解读17：飞地政策的背景

2017年3月，深圳市人民政府启动飞地政策起草工作，并针对《关于城市更新促进公共利益用地供给的暂行规定》开展了公开意见征集工作。之后，深圳市人民政府常务会议审议原则通过了飞地政策，将政策标题修改为《深圳市城市更新外部移交公共设施用地实施管理规定》。2018年11月14日，深圳市人民政府印发了《深圳市城市更新外部移交公共设施用地实施管理规定》，旨在目前城市更新项目中配套设施难以实施的客观情况下，通过市场化手段促进公共设施用地的供给。

解读18：飞地政策的主要内容

一、基本思路

《深圳市城市更新外部移交公共设施用地实施管理规定》的总体思路为：一方面通过市场化手段将位于拆除重建类城市更新项目拆除范围以外的公共设施用地，由更新项目实施主体理顺经济关系，完成建筑拆除，并无偿移交国有（下称外部移交用地）；另一方面通过给予承担移交责任的更新项目部分合法用地比例的计入及适当的建筑面积补偿，保障更新项目的实施。

二、外部移交用地实施要点

1.适用对象

（1）法定图则或其他法定规划确定的文体设施用地、医疗卫生用地、教育设施用地、社会福利用地、公用设施用地、绿地与广场用地以及交通场站用地。

（2）各区政府亟须实施的道路、河道等线性工程的重要节点用地。

（3）基本生态控制线范围内（不含一级水源保护区）手续完善的各类用地。

2.适用条件

（1）外部移交用地应与拟拆除重建更新单元在同一行政区辖区范围内。

（2）应包含完整的宗地和建筑物，以及明晰的产权边界，满足规划确定的公共服务设施和城市基础设施建设要求。

（3）单个划定范围的用地面积原则上不小于3000平方米。如涉及现状公共服务设施和城市基础设施按照规划要求扩建的或各区政府亟须实施的道路、河道等线性工程的重要节点用地，用地面积可以小于3000㎡。

（4）用地范围涉及建成区和未建设用地的，应参照城市更新单元拆除范围边界划定要求分别划定。

（5）外部移交用地涉及被占用的国有未出让用地的，应无偿清退。

3.外部移交用地的计入规则表

条件	类别	计算标准
拆除范围内合法用地比例不低于30%的城市更新项目	手续完善的各类用地	全部计入
	未完善征（转）手续的用地	按其土地面积的55%计入

外部移交用地不划入城市更新项目的拆除范围，不计入城市更新项目内无偿移交给政府的用地，不核减应承担的公共设施用地面积，不计入辖区城市更新规划拆除重建类更新计划用地规模。

4.转移容积的计入规则

（1）外部移交用地转移系数表

外部移交用地所在密度分区	密度一区	密度二区	密度三区	密度四区	密度五区
转移系数	2.2	1.8	1.5	1.2	0.7

注：涉及跨多个密度分区的，按其建成区用地占比加权平均后确定转移系数；位于基本生态控制线范围内的，按相邻片区密度分区下降一区确定（密度五区除外）。

（2）外部移交用地建成区用地建成区现状容积率与转移系数的关系确定示意图

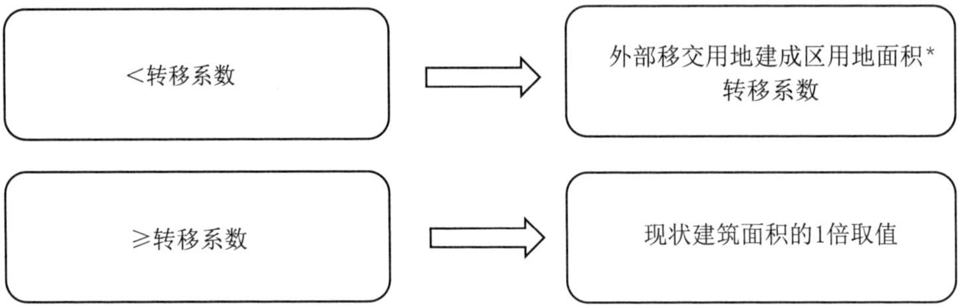

5.地价测算表

类别	计算标准	计算方式
计入城市更新项目合法用地手续完善的	《关于加强和改进城市更新实施工作的暂行措施》附件1《各用地类别或改造类型适用地价标准及修正系数汇总表》	与拆除范围内手续完善的各类用地按照城市更新地价测算规则及次序一并参与地价测算
外部移交用地中未完善征（转）手续的		参照“历史用地处置”的测算次序、地价标准和修正系数参与地价测算
城市更新单元涉及分期实施的		与城市更新单元规划确定的首期拆除范围一并参与地价测算

解读19：飞地政策的案例

2016年5月28日，深圳市光明区人民政府与中山大学就中山大学深圳校区附属中小学和幼儿园、人才保障性住房和周边市政配套设施达成一致并签约。项目位于光明区科学城科教融合集群范围，项目用地涉及深圳市俊伟兴实业有限公司宿舍区，属国有已出让土地；办学规模：附中24个班，附小48个班，附幼36个班；用地规模：附中和附小用地总面积约 4.5 公顷，附幼随住宅用地。项目推进过程中出现了业主不接受货币补偿、无法实现土地置换等障碍。

飞地政策颁布后，光明区相关部门与深圳市俊伟兴实业有限公司研究确定，原来的土地置换策略转变为落实飞地政策，将被征收宗地作为城市更新外部移交用地。经光明区城市更新和土地整备局及新湖街道与业主进行多轮磋商，最终采取“整备+更新”双重选择的模式：

1.若业主能够在限定期限内将该宗地地块通过外部移交用地的方式落实到光明区城市更新项目内，则采取城市更新方式予以落实；

2.若限定期限内无法在更新项目内落实，则采取土地整备货币补偿方式予以补偿。

上述项目为飞地政策颁布后的首例，落实深圳市首单“飞地”（城市更新项目外部移交用地），提前拆除8500平方米建筑，释放4700平方米土地空间，解决了中大附中项目用地问题。

第五章 深圳市土地整备利益统筹政策解读

土地整备属于将土地征收储备和土地供应相结合的土地二次开发新模式，其通过综合运用规划、土地、资金等统筹手段实现土地盘活，保障城市基础设施、公共服务设施和重大产业项目土地供应，推动土地集约利用，解决城市化土地问题。

解读20：土地整备的背景及目的

一、土地整备的背景

改革开放以来，深圳经过30余年的蔓延式发展，可利用的土地资源十分有限，可开发利用土地分布凌乱、规模小，且受到城市规划、土地利用总体规划等因素的制约，已面临传统发展模式下城市空间发展的“瓶颈”。而深圳的原农村集体经济组织占据了大量原农村集体用地，但该类土地又普遍存在权属不清、零散无序，造成土地利用率低下的情形，严重制约了通过城市更新、房屋征收等方式实施的土地收储工作。

面对上述土地利用破碎化、低效化的现实情况，运用现有的城市更新、房屋征收等手段不能有效对上述土地进行盘活，传统的存量土地再开发模式不能适应现实情形的成片土地利用的需求。

二、土地整备的目的

1.解决土地历史遗留问题。通过土地整备，将整备范围内的土地和建筑物进行确权，厘清土地经济关系，完成整备范围内土地确权，“一揽子”解决历史遗留问题。

2.建立利益共享机制。通过土地整备进一步拓展土地利用空间，优化产业结构、完善基础设施建设，改善原农村集体经济组织继受单位生活环境，保障重大项目落地，实现政府、原农村集体经济组织继受单位及相关权益人等多方共赢。

解读21：土地整备的政策发展

以《深圳市人民政府关于推进土地整备工作的若干意见》（深府〔2011〕102 号）为起点，坪山新区于2011年启动整村统筹土地整备试点工作。在整村统筹试点经验基础上，2015年11月12日，深圳市规划国土委印发《土地整备利益统筹试点项目管理办法（试行）》，明确了土地整备利益统筹采用整村统筹、片区统筹两种方式，并首次提出了土地+规划+资金+地价的利益统筹政策框架。后续，深圳市规划国土委相继印发了《土地整备项目审批工作规程》《关于明确土地整备利益统筹试点项目地价测算有关事项的通知》等规定。

2018年8月9日，深圳市规划国土委发布《深圳市土地整备利益统筹项目管理办法》，该办法取消试点，全面推进土地整备利益统筹。

解读22：土地整备利益统筹的政策内容

一、土地整备利益统筹的范围

《深圳市土地整备利益统筹项目管理办法》取消了《土地整备利益统筹试点项目管理办法（试行）》中规定的整村统筹和片区统筹分类，统称为“土地整备利益统筹项目”。其整备对象为原农村集体经济组织继受单位及其成员实际掌控的土地，以街道为界限（大鹏新区以新区为界限）、项目范围内至少有一块3000平方米以上集中成片的未完善征（转）地补偿手续规划建设用地。

二、土地整备利益统筹的原则

土地整备利益统筹项目按照政府主导、社区主体、社会参与的原则，通过用“资金安排+土地安排+规划安排”相结合的统筹手段，厘清地权和用地整合，依法分配处理后土地的使用权，达到政府、原农村集体经济组织继受单位及相关权益人等多方共赢。具体而言：

1.政府与原农村集体经济组织继受单位“算大账”：通过资金补偿、土地确权、用地规划等手段，保障城市建设与社区发展的空间要求。依据经批准的实施方案和土地整备规划，原农村集体经济组织继受单位与相关政府机构签订利益统筹土地整备项目协议书。

2.原农村集体经济组织继受单位与相关权益人“算细账”：通过货币、股权和实务安置等手段，确保权益人权益，实现整备范围内全面征转清拆。原农村集体经济组织继受单位可依据留用地批复，按照集体资产处置相关规定通过合作开发或作价入股等方式引入留用土地的开发主体。

三、土地整备利益统筹项目的规则

1.资金安排

《深圳市土地整备利益统筹项目管理办法》明确政府对项目范围内的土地整备提供资金补偿，核算方式如下：

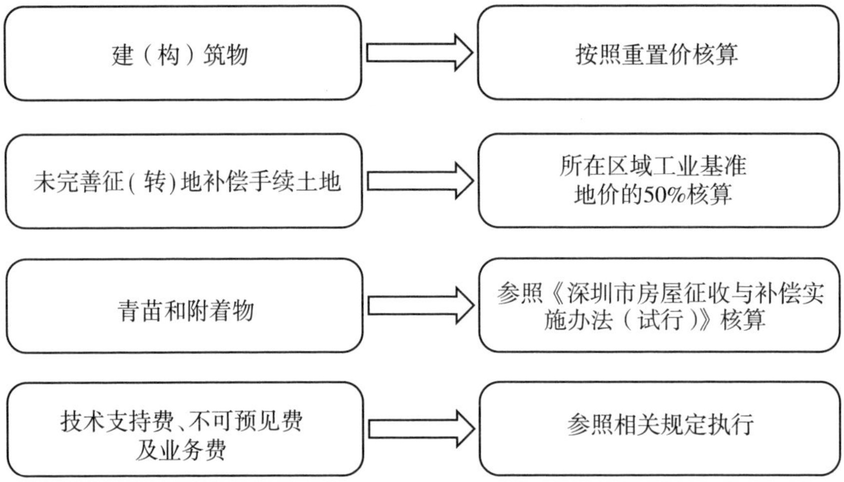

图5-1　资金补偿核算方式示意图

除政府按照上述向原农村集体经济组织继受单位核算拨付的资金外，《深圳市土地整备利益统筹项目管理办法》指出原农村集体经济组织继受单位依据法定程序选择的留用土地开发主体可以参与房屋拆除和土地清理工作，即原农村集体经济组织继受单位可以与市场主体进行洽谈，协商市场主体在项目前期参与搬迁事宜，通过额外支付搬迁补偿费等方式换取在同等条件下项目合作的优先权。

2.土地安排

原农村集体经济组织继受单位理顺范围内的经济利益关系、完善征转手续，并对建筑物等进行补偿、拆除。政府对项目土地进行规划调整和边界重划后，将一部分土地出让给原农村集体经济组织继受单位，另一部分由政府收储。其中出让给原农村集体经济组织继受单位称之为留用土地，其具体类型和核算方式见表5-1：

表5-1　土地类型和核算方式

<table>
<tr><th>类型</th><th colspan="2">核算标准</th></tr>
<tr><td>项目范围内合法用地</td><td colspan="2">按照土地面积核算留用地规模</td></tr>
<tr><td>项目范围外调入合法指标</td><td colspan="2">按照相关规定核准</td></tr>
<tr><td rowspan="5">利益共享用地</td><td colspan="2">按照土地面积核算留用地规模，具体如下：</td></tr>
<tr><td>现状容积率</td><td>核算比例</td></tr>
<tr><td>0</td><td>≤20%</td></tr>
<tr><td>0＜现状容积率≤1.5</td><td>≤20%+20%×现状容积率</td></tr>
<tr><td>现状容积率＞1.5</td><td>≤50%</td></tr>
</table>

注：现状容积率为项目实施范围内现状建筑面积与规划建设用地面积的比值。

原则上，上述留用土地规模不得超过项目规划建设用地面积的55%。如超过上述比例，项目范围内无法安排留用土地时，按照表5-2所示方式协调处理：

表5-2　项目范围内无法安排留用土地的协调处理方式

调整途径	核算标准
留用土地的利益共享用地和合法用地与同街道城市更新项目统筹处理	合法用地部分按照等土地面积核算，利益共享用地部分上浮50%
留用土地的利益共享用地和合法用地直接落在同街道经济关系未理顺的已建成区，并由原农村集体经济组织继受单位拆除重建	合法用地部分按照等土地面积核算，利益共享用地部分上浮50%
与同街道其他利益统筹项目统筹处理	合法用地部分和利益共享用地部分按照等土地面积核算

3.规划安排

（1）留用地规划建筑面积

原农村集体经济组织继受单位享有的留用土地的用途应当以经批准的法定规划为依据。留用地规划建筑面积由基础建筑面积、配套建筑面积和公共建筑面积三部分组成。（见表5-3）

表5-3　留用地规划建筑面积的计算标准

<table>
<tr><th>类别</th><th colspan="2">计算标准</th></tr>
<tr><td rowspan="4">基础建筑面积</td><td colspan="2">按照《深圳市城市规划标准与准则》核算确定的建筑面积，用于社区发展和搬迁安置，具体如下：</td></tr>
<tr><td>类别</td><td>标准</td></tr>
<tr><td>在项目范围内安排</td><td>项目留用地面积×地块容积率</td></tr>
<tr><td>在项目范围外，经济关系未理顺的已建成区并由原农村集体经济组织继受单位拆除重建</td><td>拆除重建面积×地块容积率+利益统筹项目中现状建筑面积×1.5</td></tr>
<tr><td>配套建筑面积</td><td colspan="2">按照《深圳市城市规划标准与准则》、法定图则及相关专项规划的要求配建社区级公共设施的建筑面积，移交政府</td></tr>
<tr><td>共享建筑面积</td><td colspan="2">规划允许条件下，可在基础建筑面积的基础上增加建筑面积。共享建筑面积原则上不超过基础建筑面积的30%（60%用于人才住房、公共租赁住房或创新型产业用房，由政府或政府指定机构回购，其余40%的建筑面积通过利益共享归属于原农村集体经济组织继受单位）</td></tr>
</table>

（2）留用地规划用途及地价计算表

<table>
<tr><td>留用地规划用途</td><td>地价标准</td><td colspan="2">性质</td></tr>
<tr><td>自用</td><td>免交地价</td><td colspan="2">非市场商品性质</td></tr>
<tr><td>工业用地</td><td>10%的现行公告基准地价</td><td colspan="2">市场商品性质</td></tr>
<tr><td rowspan="2">居住用地、商业服务业用地</td><td>基础建筑面积</td><td>10%的现行公告基准地价</td><td>市场商品性质</td></tr>
<tr><td>共享建筑面积</td><td colspan="2">100%的现行公告基准地价（归属原农村集体经济组织继受单位部分）</td></tr>
</table>

此外，移交政府或政府回购的人才住房、公共租赁住房、创新型产业用房、社区级公共设施免缴地价。

解读23：土地整备利益统筹项目的管理

土地整备利益统筹项目的管理，其流程和具体内容如表5-4所示：

表5-4 土地整备利益统筹项目管理的流程和内容

<table>
<tr><td>流程</td><td colspan="2">内容</td></tr>
<tr><td>立项</td><td colspan="2">纳入全市土地整备年度计划的利益统筹项目目录，并报市政府批准</td></tr>
<tr><td rowspan="4">编制实施方案</td><td colspan="2">实施方案包括资金方案和留用土地方案</td></tr>
<tr><td rowspan="2">留用土地方案</td><td>留用土地在项目范围内安排的，留用土地方案中应明确留用土地的位置、规模、用途和规划控制指标</td></tr>
<tr><td>留用土地在项目范围外安排的，留用土地方案中应明确留用土地的指标类别、规模和安排方案</td></tr>
<tr><td colspan="2">留用土地安排涉及法定图则不覆盖或法定图则未制定地区，以及需要对法定图则强制性内容进行调整的，必须开展土地整备规划研究，并纳入实施方案</td></tr>
<tr><td>签订项目实施协议书</td><td colspan="2">项目实施时序、土地整备资金、移交政府土地范围、留用土地安排方式和留用土地指标规模等相关内容</td></tr>
<tr><td>留用土地审批</td><td colspan="2">留用土地审批、主体审批并核发留用土地批复</td></tr>
<tr><td>引入合作开发主体</td><td colspan="2">按照集体资产处置相关规定，通过合作开发或作价入股等方式引入留用土地的开发主体</td></tr>
<tr><td>签署搬迁补偿安置协议，完成拆除、清理和移交工作</td><td colspan="2">搬迁补偿安置协议中应约定补偿方式、补偿金额和支付期限、回迁房屋面积等相关事项，并报区政府相关职能部门备案</td></tr>
<tr><td>签订留用土地使用权出让合同</td><td colspan="2">需符合项目实施协议书确定的各方权利义务和时序安排，按时办理相关土地的征（转）补偿手续</td></tr>
<tr><td>申请办理留用土地使用权出让合同变更手续</td><td colspan="2">由原农村集体经济组织继受单位与开发主体或由原农村集体经济组织继受单位与开发主体设立的项目公司向规划国土主管部门派出机构申请办理土地使用权出让合同变更手续，签订土地使用权出让合同补充协议</td></tr>
<tr><td>缴纳地价</td><td colspan="2">—</td></tr>
<tr><td>土地整备验收</td><td colspan="2">土地验收、分类移交和入库管理等工作</td></tr>
</table>

解读24：土地整备利益统筹项目与城市更新的联动

土地整备利益统筹项目是以原农村为单位进行土地整备利益统筹方法，相较于城市更新，它由政府主导且没有合法用地比例的要求，与城市更新的政策形成互补。

同时，土地整备利益统筹项目拓宽了留用土地安排方式。留用土地指标可在利益统筹项目范围外安排并与城市更新统筹处理，其使用、审批、产权属性和地价测算根据城市更新相关政策执行，解决了城市更新项目合法用地指标不足的问题，实现土地整备与城市更新的政策统筹联动。

解读25：参与土地整备利益统筹项目的风险

一、配套政策问题

目前，土地整备尚未形成完整的开发体系，部分政策参照城市更新执行但因城市更新的特殊性及强区放权的影响，该部分政策不能完全适用土地整备项目。

二、前期投入问题

市场主体参与土地整备实施方案、留用地编制方案的程度不深，不能主导土地整备项目，且介入的阶段相对城市更新较晚，不能把控项目进程。

此外，鉴于政府已经进行了资金安排进行补偿，市场主体参与土地整备项目中投入的土地。建筑物拆除差价、地价成本等能否作为成本计算存在不确定性。

三、回迁物业问题

目前土地整备政策中仅规定将留用土地协议出让给原农村集体经济组织继受单位。但实际上，相关权益人占有留用土地中较大的权益比。鉴于目前政策中尚未明确“搬迁补偿安置协议”备案等事宜，后续将房屋回迁至相关权益人过程中，可能出现二次转移的风险。

解读26：深圳市2019年土地整备项目情况

根据深圳市规划和自然资源局《关于印发〈深圳市2019年度城市更新和土地整备计划〉的通知》，2019年深圳市土地整备项目计划安排如下：

（一）土地整备项目安排

1.土地整备项目共169个，其中：福田区6个、罗湖区4个、南山区12个、盐田区6个、宝安区38个、龙岗区22个、龙华区25个、坪山区13个、光明区28个、大鹏新区11个、前海合作区4个。

2.续建土地整备安置房建设项目4个，新建土地整备安置房建设项目4个。

3.土地整备利益统筹项目共102个，其中：南山区2个、宝安区16个、龙岗区25个、龙华区36个、坪山区7个、光明区11个、大鹏新区5个。

（二）土地整备资金安排

土地整备项目资金为179.84亿元、其他资金0.16亿元（具体用于土地整备政策咨询评估、土地整备项目跟踪及评估、相关基础课题研究等工作）。

第六章　《广州市深入推进城市更新工作实施细则》解读

为贯彻落实《广东省国土资源厅关于印发深入推进“三旧”改造工作实施意见的通知》(粤国土资规字〔2018〕3号，以下简称3号文)，2019年4月18日，广州市人民政府办公厅印发《广州市深入推进城市更新工作实施细则》(穗府办规〔2019〕5号，以下简称5号文)。

解读27：广州旧城镇生地熟挂流程解读

根据5号文第17条，经初步整理，广州旧城镇生地熟挂主要流程如下：

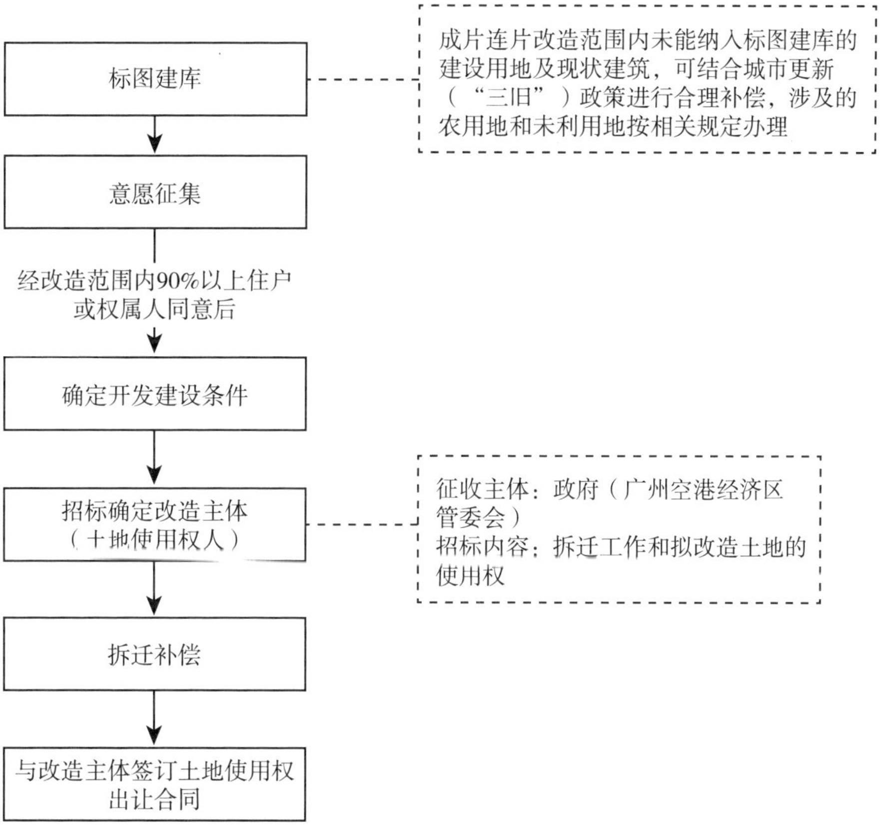

图6-1　广州旧城镇生地熟挂主要流程

相关问题说明：

（一）标图建库

根据3号文，在标图建库阶段，各区城市更新局应对拟入库地块是否符合相应条件进行认真审核，包括纳入“三旧”改造地块数据库的地块应当以宗地为基本单元；严格把握用地时间范围及上盖物占地比例以及几种特殊情形的处理（上盖物占地比例符合建设用地规划许可证、土地供应法律文书等载明的规划条件，可不受30%比例限制；属于生态修复类改造项目，规划用途为非建设用地的，如能提供相关主管部门出具的项目属于生态修复类型的证明材料，可按规定纳入标图建库范围；“二调”认定为非建设用地，但实地在2009年12月31日前已经建设使用且符合上盖物占地比例要求的，可按规定纳入标图建库范围）。

在5号文中指出，成片连片改造范围未能纳入标图建库的建设用地及现状建筑，可结合城市更新（“三旧”）政策进行合理补偿，涉及的农用地和未利用地按相关规定办理。

（二）意愿征集

旧城连片改造项目，需经改造范围内90%以上住户（或权属人）表决同意，即经过一轮征询同意后即可。这一规定区别于《广州市旧城镇更新实施办法》第9条中关于旧城镇全面改造项目意愿征集有关要求。旧城镇全面改造项目需要经过两轮意愿征集，第一轮是在项目实施方案由区政府（或市政府指定机构）正式向市城市更新局前，由区政府（或市政府指定机构）牵头组织征询改造区域居民意愿，同意改造户数的比例达到90%以上（含90%）的，方可启动改造，并办理地块改造前期手续。第一轮设置90%以上（含90%）较高的同意比例，有利于最大限度地顺应居民的需求。第二轮是项目实施方案经广州市城市更新领导机构审议通过后，由广州市城市更新局（现为广州市规划和自然资源局）负责批复区政府（或市政府指定机构），区政府（或市政府指定机构）牵头组织征询改造区域居民对补偿安置方案的意见，并签订附生效条件的房屋拆迁补偿安置协议。设定同意签订协议居民超过2/3以上（含2/3）后，方可启动实施拆迁，其主要参考依据是原《物权法》第76条、第97条[①]及《广东省农村集体经济组织管理规定》第10条有关同意比例的规定。设置启动实施拆迁的同意比例的阈值不宜过高，是为了避免在实际中造成项目拖延或搁浅。不过两轮意愿征集在实际操作中仍然导致了部分项目的拖延，第二轮涉及的房屋拆迁补偿安置工作也正是旧城镇更新改造的难点。而旧城镇生地熟挂意愿征

---

① 原《物权法》第76条：“……决定前款第五项和第六项规定的事项，应当有专有部分占建筑物总面积三分之二以上的业主同意。”《物权法》第97条：“处分共有的不动产或者动产以及对其共有的动产或不动产作出重大修缮的，应当经占份额的三分之二以上的按份共有人或全体共有人同意，但共有人之间另有约定的除外。”

集环节则对此点进行了较大改动，意愿征集只需要一轮即可。

（三）确定改造主体

生地熟挂，在广州市旧城镇改造流程中，主要表现为未经过政府征拆的土地，由政府（广州空港经济区管委会）作为征收主体，将拆迁工作和拟改造土地的使用权一并通过招标方式确认改造主体（土地使用权人）。

全面改造的旧城更新项目，如由政府主导，从财政资金中先行安排经费开展前期工作和拆迁补偿，待融资地块公开出让后回笼资金；对于需要引入投资主体进行土地征收整理的，待土地公开出让后由财政部门支付相应费用给投资主体。此外，政府主导的旧城更新改造，还应符合“先安置、后拆迁”的要求。生地熟挂流程中，政府仅作为征收主体，拆迁工作由中标的改造主体负责，但具体的资金安排以及筹建安置房工作尚未在5号文中加以明确。

解读28：广州市旧城镇生地熟挂交易模型

根据该文件条文内容及另查询相关文件，暂未检索到关于交易模型的相关资料，目前无法就该问题提供进一步解读，须结合具体项目进行论证。

第七章 《东莞市"三旧"改造标图建库申报和审查指引》《东莞市新型产业用地（M0）产业用房二次转让实施细则（试行）》《东莞市更新单元容积率计算指引》解读

解读29：申报生态修复类标图建库的流程和需要提供的材料具体有哪些？涉及由哪个部门出具相关材料？

一、申报材料表

1	《东莞市"三旧"改造标图建库申请表》	
2	公示证明材料	
3	图件材料	（1）"二调"土地利用现状图
		（2）最新土地利用现状图
		（3）土地利用总体规划图
		（4）2009年遥感影像图
4	申请地块为"生态修复类"的，需同时提供生态修复类项目对应主管部门出具的证明文件	
5	有部分地块通过有效材料补充纳入的，需同时提供该地块的有效材料，填写《"三旧"改造地块附带材料检查表》	
6	申请对已入库地块进行调整的，需提供关于地块调整的原因说明	
7	技术性审查报告（由信息中心提供）	

注：上述材料均要求同时提交电子版和盖章的纸质版，图件材料还需标注申请（含入库、调整）红线。

二、申报生态修复类标图建库流程图

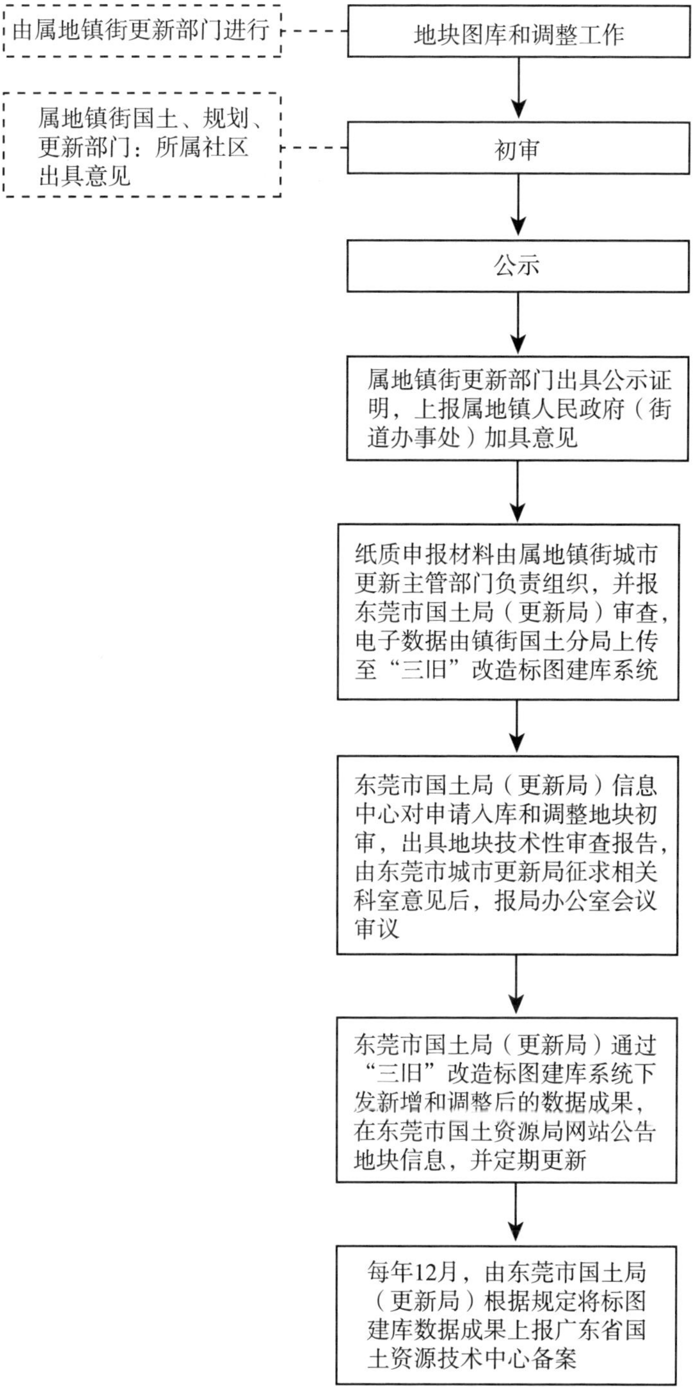

解读30：目前东莞市城市更新政策中是如何定义“三地”和超标“三地”在项目报批中的运用？是否有相关的操作规范指引？

1.根据《东莞市“三旧”改造标图建库申报和审查指引》规定，符合边角地、夹心地、插花地（以下简称“三地”）及超标“三地”要求的，该“三地”可不受上盖物基底面积占入库单元地块面积30%比例的限制，可单独申请或与主体地块一并申请纳入标图建库范围（此前已批准但未纳入标图建库范围的“三地”及超标“三地”须于2018年12月底之前纳入标图建库范围）；该“三地”与主体地块一并申请纳入标图建库范围的，主体地块需符合有关入库要求。

2.根据《广东省国土资源厅关于印发深入推进“三旧”改造工作实施意见的通知》规定，对于连片改造中不符合土地利用总体规划，原则上单块面积不超过3亩、累计面积不超过项目主体地块面积10%的边角地、夹心地、插花地等零星土地，在不突破城乡建设用地规模、不减少耕地保有量且不涉及占用基本农田的前提下，可凭“三旧”项目确认文件、城乡规划部门出具的相关零星土地无法单独出具规划设计条件或难以独立开发的函件申请修改土地利用总体规划，按照《广东省土地利用总体规划修改管理规定》（粤国土资规划发〔2013〕23号）等确定的程序报批，并提供该文件第8条第1、2、3、5、8项①等材料，以及对拟修改规划的用地面积及比例、项目主体地块已经纳入“三旧”改造地块数据库、“三旧”改造专项规划、年度实施计划及其与城市（镇）总体规划、控制性详细规划的符合性等情况作出的补充说明。

3.根据《广东省国土资源厅关于印发深入推进“三旧”改造工作实施意见的通知》规定，“三旧”改造涉及“三地”办理农用地转用或土地征收手续的，由各地纳入批次用地依法报批，或与主体地块一并组卷上报。属于需要国务院批准的10个城市中心城区范围的农用地转用，可依法纳入城市批次用地报国务院审批。涉及的新增用地计划指标由各地在广东省下达的计划指标内安排，优先使用广东省下达的完成年度改造计划的奖励指标。涉及土地征收的，经农村集体经济组织表决同意，可不再举行听证、办理社保审核和安排留用地。“三旧”改造涉及“三地”面积大于3亩，或累计面积超过项目主体地块

---

① 《广东省土地利用总体规划修改管理规定》第8条：“申请土地利用总体规划修改应当提交以下材料：（一）本级人民政府向上级人民政府报送关于修改土地利用总体规划的请示（土地利用总体规划修改按规定可以与建设项目用地一并报批的除外）。（二）土地利用总体规划修改方案。（三）土地利用总体规划修改对规划实施影响的评估报告。其中涉及环境影响评价部分应按照环境保护行政主管部门的要求编制。……（五）土地利用总体规划修改方案听证会纪要。……（八）地级以上市、县（市、区）发展改革、经济和信息化、建设、城乡规划、农业、环保、林业等相关部门的书面审查意见。”

面积（不含“三地”面积）10%，且原则上不超过20%，符合土地利用总体规划和城乡规划的，可将其农用地转用和土地征收报批材料，连同由市、县人民政府对申报地块的相关说明（包括是否符合“三地”定义、图形特征、单块面积、累计面积占改造项目主体地块用地面积比例、是否可以单独出具规划要点、是否符合相关规划、纳入改造范围的必要性、社会经济预期效益等）一并报地级以上市人民政府根据个案处理原则进行审批。超标“三地”属于国有建设用地，且主体地块的改造方案已经有权机关批准的，地级以上市人民政府也可根据个案处理原则进行审批。

解读31：根据《东莞市新型产业用地（M0）产业用房二次转让实施细则（试行）》规定，回迁部分是否占可售部分的比例?

1.目前该细则并未对项目可售部分进行相关规定，也未就回迁部分与可售部分的关系进行界定。

2.根据实务经验推测，一般认为回迁部分不属于可售部分，在项目办理预售许可证时，政府主管部门一般会将回迁物业单位从预售许可物业中区别开来，以保护回迁户的权益。

解读32：《东莞市更新单元容积率计算指引》第4条第5款特别政策修正系数中规定“其他特别政策系数由自然资源局另行制定”如何理解?

根据政策表述，广深科技创新走廊省、市创新节点及东莞段空间规划确定的城市更新产业类项目适用特别政策系数，一般情形下容积率修正系数为0.1。若有其他特别政策原因，东莞市城乡规划主管部门可以另行调整，既可以调高也可以调低。特别政策修正系数不能叠加，如一个项目适用多个特别政策修正系数的，取其中的最大值进行修正。

解读33：关于《东莞市更新单元容积率计算指引》的若干问题

1.关于旧村旧城的认定标准是什么？是否存在政策解释空间？是以2009年影像图为准还是现状用途为准？居委会、幼儿园、商业、旧商住楼等配套物业能否认定为旧村或者旧城，提高补偿面积？

（1）《东莞市更新单元容积率计算指引》政策文件未明确规定旧村和旧城的具体认定标准，仅标注旧城包括旧商业、旧居住。《东莞市城市更新单元划定方案编制和审查工作指引（试行）》提及：更新方向为居住、商业用途的，用地贡献比例应符合广东省、东莞市政策要求，需贡献的集中用地比例不低于拆除范围的15%，其中，以旧村改造为主的（旧村用地面积占拆除范围面积的比例不少于80%）不低于10%。

（2）若无明确的认定标准，则具有政策解释空间。

（3）根据通常理解，影像图是物理上的评价，并非法律上的评价；但是基于历史遗留原因，也可能影响法律上的评价，具体请以相关主管部门认定为准。

（4）根据通常理解，“旧商住”可能被认定为旧城；“居委会、幼儿园、商业等配套物业”若在集体土地，则可能被认定为旧村，若在国有土地，则可能被认定为旧城；当然此认定亦需考虑建设时间、是否为违法建筑等因素，具体以相关主管部门认定为准。

2.政府未定稿意愿征集表，现阶段使用的表格是否存在作废或其他法律风险？

若政府无官方标准，则可能不会因格式问题而面临作废风险。在实务中，公司若用自己的表格进行意愿征集前，最好与相关主管部门作进一步沟通确认。

3.在完成要约收购权益土地面积90%以上，剩余房屋不满足单元切割条件的情况如何处理？

（1）原则上无法申请单元切割。

（2）根据项目情况，公司可考虑充分利用《东莞市城市更新单一主体挂牌招商操作规范（试行）》的第25条中止和第26条延期的机会。

（3）若实在无法满足条件，则可能面临无法成为最终成交方而终止挂牌的风险。

4.此政策为试行条例，如何降低后续因为政策变更可能带来的风险？

政策变化有可能是有利变化，亦可能是不利变化，为避免项目开发权益的不确定性，建议尽快取得项目正式规划审批文件。

第八章　《东莞市城市更新单一主体挂牌招商操作规范（试行）》解读

解读34：片区统筹分期挂牌确定改造主体具体如何操作？时限有何要求？

1.根据《东莞市城市更新单一主体挂牌招商操作规范（试行）》第39条规定，面积较大或情况特殊的更新单元，同时满足条件①并经市人民政府“一事一议”批准的，可以分期挂牌确定改造主体。根据该政策规定，分期挂牌的具体操作方式同挂牌流程一致。（见图8-1）

2.分期挂牌的时限暂无具体规定，建议与相关政府部门进一步核实确认。

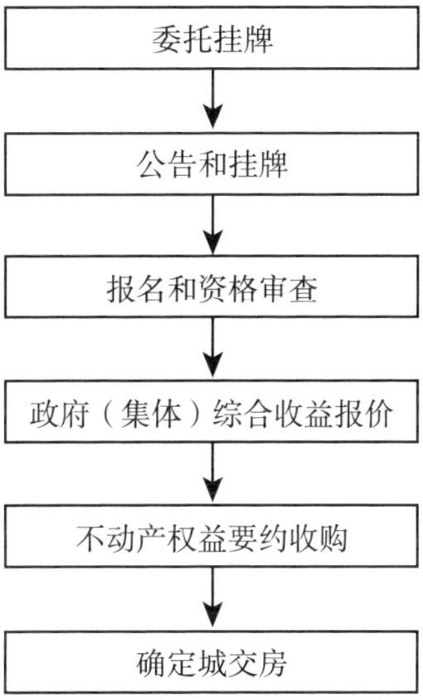

图8-1　分期挂牌的具体操作方式流程图

解读35：有关地价款的计算

地价款起始价计算公式中，若最终评估成本大于新规出让地块的市场评估价，地

① 《东莞市城市更新单一主体挂牌招商操作规范（试行）》第39条：“……（一）更新单元划定的公共设施能在各分期合理分配，且具备可实施性；（二）各分期的拆迁补偿具备可实施性，尤其是纳入拆除重建范围的宅基地及地上房屋拆迁补偿具备可实施性。”

价款为负数的情况出现，将如何解决？计算公式中的拆迁成本、集体物业补偿成本、公共设施成本是否必须由评估公司出具对应的评估报告，还是前期服务商或政府按照“(合理单位楼面地价+合理建安成本)×建筑面积”算出即可？地价款起始价系数如何确定？

在城市更新项目中，地价评估和核算是非常专业的领域，是评估师的职责范围。作为律师，我们结合实务经验，在有限范围内尽可能做如下分析解读，仅供公司参考，最终以评估师和政府相关部门的意见为准：

1.仅从数学公式上，可能存在负数，但是从实务上分析：

(1)根据相关法律，我国的土地出让有基准地价的规定，从这个角度而言，不可能是负数；即使是负数，也无法实施。

(2)根据计算公式，在同一时间点采集相关数据，不太可能出现负数。除非在计算市场评估价时，预计房地产价格下跌。

2.根据《东莞市城市更新单一主体挂牌招商操作规范(试行)》规定，镇人民政府(街道办事处)委托有资质的评估机构进行评估并经党政班子联席会议集体决策确定地价款起始价，东莞市自然资源部门审查挂牌招商方案时委托第二家有资质的评估机构对评估进行复核。

3.根据《东莞市城市更新单一主体挂牌招商操作规范(试行)》规定：

(1)旧村改造、“工改工”(M1、M2、W)的起始价系数不低于40%。

(2)“工改居”“工改商”的起始价系数不低于70%。

(3)“工改M0”的起始价系数不低于50%。

(4)以上两种及以上情形混合但能分别评估的，则分别适用不同的起始价系数；以上两种及以上情形混合且不能分别评估的，按照土地面积占比确定起始价系数。

关于上述规定需注意：

(1)特殊情形：“工改工”(M1、M2、W)的地价款起始价按上述方式计算的结果小于新规划条件下出让地块的市场评估价20%的，以新规划条件下出让地块的市场评估价20%作为地价款起始价。

(2)地价款起始价应经党政班子联席会议集体决策确定。

城市更新项目的地价起算和核算是非常复杂的问题，如关于城市更新中M0的地价管理，政府专门制定政策文件《东莞市新型产业用地(M0)地价管理实施细则》《东莞市新型产业用地(M0)项目贡献产业用房管理实施细则(试行)》等，对其有非常复杂的规定。

解读36：政府收益占政府（集体）收益不低于40%的要求是否不适用旧村改造项目？旧村改造项目政府收益占比有无最低比例要求？

1.根据《东莞市城市更新单一主体挂牌招商操作规范（试行）》第12条的规定，“工改商”“工改居”的，除政府无偿取得的公共设施用地外，政府收益占政府（集体）综合收益起始价的比例不得低于40%，该规定仅限定了“工改商”“工改居”，旧村庄改造可以不适用该条规定。

2.目前暂未发现其他旧村改造项目政府收益占比最低比例要求。

解读37：不动产权益清单如何最终确权？最终确权的标准和界线是什么？最终确权后如有权属争议或权属变更申请，是否受理？

1.根据《东莞市城市更新单一主体挂牌招商操作规范（试行）》政策规定，确权环节在“前期工作”。

2.镇人民政府（街道办事处）依据城市更新权籍调查相关办法核查和确认不动产权益。根据《东莞市城市更新单一主体挂牌招商操作规范（试行）》第9条的规定，不动产权益人包括以下三类：

“第一类：集体土地所有权人，即集体经济组织；

第二类：依法登记的土地使用权人、房屋所有权人；

第三类：土地、房屋实际使用人，即未依法登记但凭历史用地、转让协议实际使用土地、房屋的个人或单位。”

上述第三类不动产权益人属于与集体经济组织签订历史用地协议的，由集体经济组织按规定确认；属于与镇人民政府（街道办事处）或其下属企事业单位签订历史用地协议的，由镇人民政府（街道办事处）按规定确认。

3.《东莞市城市更新单一主体挂牌招商操作规范（试行）》第9条仅规定了确权的相关内容，并未规定公告、公示以及提出异议的程序性规定，从此角度看，该规定尚不够完整，后续若确实需要产权变更，应该受理；若不受理，权利人通过司法确权的方式也可实现。相反，若政府出台相关程序性规定，若出现在公示期内未提出异议等情况，政府可能不受理。

解读38：结合项目实际情况，项目需要在确定收购主体前即进行收购协议签订，现需咨询法律部门该如何拟定相关条款规避相关法律风险？

1.在目前政策背景下，开发商若提前开展不动产权益收购且将不动产权益人确认为开发商，具有政策风险。

2.在实务中，可以考虑以下解决路径：由集体经济组织与被拆迁人提前签订拆迁补偿协议，将不动产权益人归集确认为该集体经济组织，将拆迁补偿工作前置，在挂牌时作为集体的综合收益计入挂牌底价，后续收购主体无须对该部分不动产权益提出要约收购，此种解决路径间接缓和了收购主体在有限要约收购期限内完成不动产权益收购的时间压力。

3.需要注意的是，拆迁补偿工作前置的安排，前期服务商能否成为收购主体具有不确定性，此情形下还涉及前期服务商的“垫付补偿资金”与镇街、收购主体或成交方之间复杂的经济利益衔接和平衡。如果思维继续扩展，前期服务商是否可以直接以自己名义与被拆迁人签订附条件生效拆迁补偿协议，从而将拆迁补偿工作前置，要根据项目实际情况及政策最新进展作进一步研究论证，还需充分考虑前期服务商未能成为收购主体的情形，非常考验相关法律文本的预见性和严谨性。

解读39：若收购主体未能限时收购完成土地房屋权益，前期已签约业主的履约时间如何确定？收购合约拟定需要注意什么事项？

1.根据《东莞市城市更新单一主体挂牌招商操作规范（试行）》第23条第3款的规定：“收购协议为附条件生效合同，应当约定以收购主体取得成交确认书为生效条件；收购主体未能取得成交确认书，收购协议自始不生效。”因此，若收购主体未能限时收购完成土地房屋权益，前期已签约业主的协议自始不生效。

2.建议约定清楚：收购协议为附条件生效合同。合同生效条件成就之前，作为收购主体，尽量减少应承担的责任和义务。

解读40：前期服务需委托第三方实施的，如何招投标？前期服务费如何认定？

1.根据《东莞市城市更新单一主体挂牌招商操作规范（试行）》的规定，镇人民政府

（街道办事处）可选择以下方式开展前期工作（第16条）：

（1）镇人民政府（街道办事处）通过政府采购服务方式委托相关专业机构或综合性开发企业作为服务商开展前期工作——适用政府采购法相关法律法规。

（2）拆除重建范围主要为集体土地的更新单元，镇人民政府（街道办事处）确定更新单元范围后，可授权土地所属的集体经济组织通过民主决策程序公开招引服务商开展前期工作——根据规定第17条程序实施。

2.镇人民政府（街道办事处）通过政府采购或集体经济组织公开招引前期服务商的，可以通过预询价方式确定前期服务商费用价格或底价。前期服务商费用按照“谁委托，谁支付”的原则处理，委托双方在服务协议中明确结算标准、结算时点、结算方式等内容——确定底价，其他评估看具体评分规则而定。

解读41：对政府收益占政府集体综合收益的比例不得低于40%的规定是只适用于纯工改商、住项目吗？村改、工改混合项目是否需要分开核算？

根据《东莞市城市更新单一主体挂牌招商操作规范（试行）》的规定，仅限定了“工改商”“工改居”，旧村庄改造可以不适用该条规定。混合项目是否需要分开核算，暂未发现相关规定。

解读42：若项目范围内存在部分地块保留集体用地属性，该地块保留集体属性用地纳入项目统一规划，建成物业还迁给村集体，此地块走单一主体挂牌招商具体如何实施？地价如何计算补交？

《东莞市城市更新单一主体挂牌招商操作规范（试行）》第1条规定：“本市城市更新单一主体挂牌招商按本操作规范实施。

单一主体挂牌招商主要适用于以下情形：

（一）更新单元需引入市场主体对集体土地或国有土地上旧城镇、旧村庄、旧厂房进行改造；

（二）更新单元范围内集体土地、国有土地混合，需引入市场主体实行整体改造。

更新单元内，政府主导、符合条件的土地权利人自行改造及其他形式改造，按有关规定执行。”

根据上述规定，项目单元划定后，即使在单元内有部分集体土地，集体土地不会单独作为一个项目实施。

解读43：拆迁补偿评估成本里回迁物业建安成本是否可以摊入项目配套设施成本？

根据笔者的初步理解，物业补偿成本与公共设施成本是并列的概念，没有交集，无法准确理解本问题的真实含义，但是我们将涉及上述概念的相关规定罗列如下：

1.《东莞市城市更新单一主体挂牌招商操作规范（试行）》第35条规定：“宅基地及地上房屋权益人的拆迁补偿评估成本根据拆迁补偿方案评估确定，涉及物业补偿的，按照以下公式评估确定：

物业补偿成本=（单位楼面地价+单位建筑面积建安成本）×建筑面积

其他权益人的拆迁补偿评估成本按照现状使用条件下的土地使用权市场评估价和建筑物不考虑成新率的重置成本之和确定。”

2.配建并无偿移交公共设施成本按工程造价评估，如涉及单一主体为政府承担的综合整治工程，按镇人民政府（街道办事处）确认的工程估算价计入该项予以扣除。

第九章 《东莞市城市更新单元划定方案编制和审查工作指引（试行）》解读

解读44：纳入“三地”和超标“三地”区的新增用地和空地必须符合“三地”（含超标“三地”）标准，分析各地块面积以及占拆除重建区面积比例及能否单独出具规划设计条件？

1.根据《广东省国土资源厅关于印发深入推进“三旧”改造工作实施意见的通知》的规定，对于连片改造中不符合土地利用总体规划，原则上单块面积不超过3亩、累计面积不超过项目主体地块面积10%的边角地、夹心地、插花地等零星土地，在不突破城乡建设用地规模、不减少耕地保有量且不涉及占用基本农田的前提下，可凭“三旧”项目确认文件、城乡规划部门出具的相关零星土地无法单独出具规划设计条件或难以独立开发的函件申请修改土地利用总体规划，按照《广东省土地利用总体规划修改管理规定》（粤国土资规划发〔2013〕23号）等确定的程序报批，并提供该文件第8条第1、2、3、5、8项①等材料，以及对拟修改规划的用地面积及比例、项目主体地块已经纳入“三旧”改造地块数据库、“三旧”改造专项规划、年度实施计划及其与城市（镇）总体规划、控制性详细规划的符合性等情况作出的补充说明。

2.根据《广东省国土资源厅关于印发深入推进“三旧”改造工作实施意见的通知》的规定，“三旧”改造涉及“三地”办理农用地转用或土地征收手续的，由各地纳入批次用地依法报批，或与主体地块一并组卷上报。属于需要国务院批准的10个城市中心城区范围的农用地转用，可依法纳入城市批次用地报国务院审批。涉及的新增用地计划指标由各地在广东省下达的计划指标内安排，优先使用广东省下达的完成年度改造计划的奖励指标。涉及土地征收的，经农村集体经济组织表决同意，可不再举行听证、办理社保审

---

① 《广东省土地利用总体规划修改管理规定》第8条：“申请土地利用总体规划修改应当提交以下材料：（一）本级人民政府向上级人民政府报送关于修改土地利用总体规划的请示（土地利用总体规划修改按规定可以与建设项目用地一并报批的除外）。（二）土地利用总体规划修改方案。（三）土地利用总体规划修改对规划实施影响的评估报告。其中涉及环境影响评价部分应按照环境保护行政主管部门的要求编制。……（五）土地利用总体规划修改方案听证会纪要。（八）地级以上市、县（市、区）发展改革、经济和信息化、建设、城乡规划、农业、环保、林业等相关部门的书面审查意见。”

核和安排留用地。“三旧”改造涉及“三地”面积大于3亩，或累计面积超过项目主体地块面积（不含“三地”面积）10%，且原则上不超过20%，符合土地利用总体规划和城乡规划的，可将其农用地转用和土地征收报批材料，连同由市、县人民政府对申报地块的相关说明（包括是否符合“三地”定义、图形特征、单块面积、累计面积占改造项目主体地块用地面积比例、是否可以单独出具规划要点、是否符合相关规划、纳入改造范围的必要性、社会经济预期效益等）一并报地级以上市人民政府根据个案处理原则进行审批。超标“三地”属于国有建设用地，且主体地块的改造方案已经有权机关批准的，地级以上市人民政府也可根据个案处理原则进行审批。

解读45：按控规用途规划为道路或公共设施的新增用地和空地可纳入其余用地区，规划为其他用途的新增用地和空地原则上是否不纳入单元范围？

根据政策原文理解，“控规用途规划为道路或公共设施的新增用地和空地”不属于单元细分区域八大情形之一，不列入单元范围。

解读46：实际已建但不符合标图建库要求且需拆除使用的土地，优先考虑纳入“三地”和超标“三地”区。确需纳入其余用地区的，是否要求将土地无偿移交政府或交由集体自行使用，且不能核算各类比例、指标？

根据政策原文，拆除范围在“拆除重建区”和“生态修复区”基础上新增了特殊情况下的拆除范围种类。前述特殊拆除范围不核算本指引文件的第2章第5节（2）4的比例、指标。

解读47：商住类更新单元商业建筑面积占比不少于10%，单地块的商住比有无具体要求？

城市更新中，更新单元是作为城市更新规划、建设、监管的基本单位，在此语境下，不存在单地块的单独规划要求。

解读48：以旧村改造为主的更新单元，旧村用地面积占比不少于80%，这个是否定单元属于旧村改造项目的唯一标准？

1.目前在东莞市规范性文件中，暂未找到关于旧村改造项目的明确界定标准。

2.在此条款中，似乎设定了旧村改造项目的一个必要标准，但是该标准是否充分有待进一步核实确认；且该标准是否在城市更新单元划定和土地贡献/公共配套设施技术要求的语境下作为必要标准，是否适用所有的城市更新旧村改造项目的通用标准，有待进一步核实确认。

解读49：在申报片区统筹规划及单元划定时，在片区内存在土规不符的情况下，上位规划要求的公共配套设施能否留一部分在土规不符区域（作为后续开发单元）实施？申报片区统筹规划及单元划定申报审批通过后，能否再进行调整？道路统筹是否允许将一个单元分成不连接的两部分？

1.《东莞市城市更新单元划定方案编制和审查工作指引（试行）》暂无相关规定。在东莞市城市更新中，土地利用总体规划、城乡总体规划、控制性详细规划三者不一致的情形并不少见，实务当中具体的处理办法无法统一进行界定，需要采取“一事一议”的方式与相关政府部门沟通处理。

2.根据规定，更新单元划定方案一经批准，原则上不得调整。经论证确需调整的，应按审批流程重新申报，并补充说明调整原因。

附录：法律、法规及其他规范性文件政策索引

第一部分 深圳城市更新及相关项目的政策

一、市级规定

（一）一般规定

1.深圳市城市更新办法（深圳市人民政府令第290号，2016年11月12日颁布）

2.深圳市城市更新办法实施细则（深府〔2012〕第1号，2012年1月21日颁布）

3.关于加强和改进城市更新实施工作的暂行措施（深府办〔2016〕38号，2016年12月29日颁布）

4.关于规范城市更新实施工作若干问题的处理意见（一）（深规土〔2017〕214号，2014年4月5日颁布）

5.关于规范城市更新实施工作若干问题的处理意见（二）（深规土规〔2017〕3号，2017年12月11日颁布）

6.深圳市人民政府关于施行城市更新工作改革的决定（深圳市人民政府令第288号，2016年10月15日颁布）

7.深圳市人民政府办公厅关于贯彻落实《深圳市人民政府关于施行城市更新工作改革的决定》的实施意见（深府办〔2016〕32号，2016年10月15日颁布）

8.深圳市人民政府关于深入推进城市更新工作的意见（深府〔2010〕193号，2010年12月18日颁布）

9.关于城市更新促进公共利益用地供给的暂行规定（征求意见稿）（2018年5月17日颁布）

10.深圳市城市更新外部移交公共设施用地实施管理规定（深府办规〔2018〕11号，2018年11月21日颁布）

11.深圳市人民政府关于宝安龙岗两区自行开展的新安翻身工业区等70个旧城旧村改造项目的处理意见（深府〔2006〕258号，2006年12月15日颁布）

12.关于试行拆除重建类城市更新项目操作基本程序的通知(深规土〔2010〕59号，2010年3月23日颁布)

13.关于开展城中村更新模式分区划定工作的通知(2018年5月21日颁布)

14.深圳市综合整治类旧工业区升级改造操作规定(征求意见稿)(2018年6月4日颁布)

15.深圳市工业区块线管理办法(深府规〔2018〕14号，2018年8月2日颁布)

16.深圳市人民政府办公厅关于印发深圳市扶持实体经济发展促进产业用地节约集约利用管理规定的通知(深府办规〔2019〕6号，2019年5月16日颁布)

17.关于深入推进城市更新工作促进城市高质量发展的若干措施(深规划资源规〔2019〕5号，2019年6月6日颁布)

(二)更新计划单元申报

1.深圳市拆除重建类城市更新单元计划管理规定(深规划资源规〔2019〕4号，2019年3月11日颁布)

2.深圳市拆除重建类城市更新项目用地审批规定(深规划资源规〔2019〕2号，2019年3月1日颁布)

3.深圳市拆除重建类城市更新单元计划审批操作规则(深规划资源〔2019〕70号，2019年3月15日颁布)

4.关于施行拆除重建类城市更新单元计划有效期管理的通知(征求意见稿)(2019年5月14日颁布)

5.市规划和自然资源局关于《深圳市拆除重建类城市更新单元计划管理规定》政策衔接事宜的通知(深规划资源〔2019〕259号)

(三)土地及建筑物信息核查

1.历史遗留违法建筑处理

(1)深圳经济特区处理历史遗留生产经营性违法建筑若干规定(深府〔2001〕34号，2001年12月19日颁布)

(2)《深圳经济特区处理历史遗留生产经营性违法建筑若干规定》实施细则(市政府令第112号，2002年2月25日颁布)

(3)深圳经济特区处理历史遗留违法私房若干规定(深圳市第六届人民代表大会常务委员会公告第167号，2019年11月13日颁布)

(4)《深圳经济特区处理历史遗留违法私房若干规定》实施细则(市政府令第111号，2002年2月25日颁布)

（5）深圳市人民代表大会常务委员会关于农村城市化历史遗留违法建筑的处理决定（深圳市第六届人民代表大会常务委员会公告第161号，2019年9月5日颁布）

（6）深圳市非原村民所建住宅类历史遗留违法建筑临时使用管理办法（试行）（深规土〔2015〕283号，2015年5月15日颁布）

（7）深圳市处理房地产登记历史遗留问题若干规定（深府〔2004〕193号，2004年11月12日颁布）

（8）深圳市人民政府关于加强房地产登记历史遗留问题处理工作的若干意见（深府〔2010〕66号，2010年5月31日颁布）

（9）关于原特区外村办学校土地房产遗留问题处理的意见（深规土规〔2018〕2号，2018年2月27日颁布）

（10）深圳市人民政府关于农村城市化历史遗留产业类和公共配套类违法建筑的处理办法（深圳市人民政府令第312号，2018年9月4日颁布）

（11）关于做好没收违法建筑执行和处置工作的指导意见（深规土规〔2018〕10号，2018年9月10日颁布）

（12）市规划和自然资源局关于进一步规范临时建筑规划管理的通知（深规划资源〔2019〕213号）

2.历史用地处置

（1）深圳市城市更新历史用地处置暂行规定（深规土〔2013〕294号，2013年5月17日颁布）

（2）深圳市城市更新土地、建筑物信息核查及历史用地处置操作规程（试行）（深规土〔2013〕295号）

（3）深圳市拆除重建类城市更新土地、建筑物信息核查及历史用地处置规定（2018年11月19日颁布）

3.旧屋村认定

深圳市拆除重建类城市更新单元旧屋村范围认定办法（深规土规〔2018〕1号，2018年2月11日颁布）

4.用地清退

深圳市城市更新清退用地处置规定（深规土〔2015〕671号，2015年10月30日颁布）

5.其他与土地相关的规定

（1）深圳经济特区土地使用权出让条例（深圳市第六届人民代表大会常务委员会公告第167号，2019年11月13日颁布）

（2）关于征地安置补偿和土地置换的若干规定（试行）（深府〔2015〕81号，2015年9月10日颁布）

（3）《关于征地安置补偿和土地置换的若干规定（试行）》实施细则（深规土规〔2016〕1号，2016年6月1日颁布）

（4）关于扩大国有土地有偿使用范围的意见（国土资规〔2016〕20号，2016年12月31日颁布）

（5）关于完善建设用地使用权转让、出租、抵押二级市场的试点方案（国土资发〔2017〕12号，2017年1月22日颁布）

（6）深圳市规划和国土资源委员会关于我市土地使用权续期有关规定的说明（2016年4月19日颁布）

（7）中共深圳市委、深圳市人民政府关于加快宝安、龙岗两区城市化进程的意见（深发〔2003〕15号，2003年10月29日颁布）

（8）深圳市宝安、龙岗两区城市化土地管理办法（深府〔2004〕102号，2004年6月26日颁布）

（9）深圳市宝安、龙岗区规划、国土管理暂行办法（深府〔1993〕283号，1993年7月14日颁布）

（10）深圳市拆除重建类城市更新单元土地信息核查及历史用地处置规定（深规土规〔2018〕15号，2018年11月19日颁布）

（11）深圳市拆除重建类城市更新项目用地审批规定（深规划资源规〔2019〕2号，2019年7月9日颁布）

（12）深圳市规划国土委关于拆除重建类城市更新单元拆除范围用地面积事宜的通知（深规土〔2018〕629号）

（13）深圳市政府关于完善国有土地供应管理的若干意见（深府规〔2018〕11号，2018年7月16日颁布）

（14）深圳市总部项目遴选及用地供应管理办法（深府规〔2018〕1号，2018年5月3日颁布）

（15）深圳市经贸信息委总部项目遴选工作方案（深经贸信息规划字〔2018〕145号）

（四）更新单元规划

1.总体规划

（1）深圳市城市规划条例（深圳市第六届人民代表大会常务委员会公告第167号，2019年11月13日颁布）

（2）深圳市城市更新“十三五”规划（深规土〔2016〕824号，2016年11月9日颁布）

（3）深圳市城市更新专项规划（2016-2020）草案（2016年3月17日颁布）

（4）深圳市2018年度城市建设与土地利用实施计划（深规土〔2018〕306号，2018年5月23日颁布）

（5）深圳市住房建设规划2018年度实施计划（2018年5月23日颁布）

（6）深圳市城中村（旧村）综合整治总体规划（2019-2025）（深规划资源〔2019〕104号，2019年3月22日颁布）

（7）深圳市拆除重建类城市更新单元规划容积率审查规定（深规划资源规〔2019〕1号，2019年2月2日颁布）

（8）市规划和自然资源局关于《深圳市城市规划标准与准则》局部条款修订公开展示的通告（2019年6月21日颁布）

2.规划编制技术规范

（1）基础规定

①深圳市拆除重建类城市更新单元规划容积率审查规定（深规划资源规〔2019〕1号，2019年2月2日颁布）

②关于规范已出让未建用地土地用途变更和容积率调整的处置办法（深府办规〔2019〕3号，2019年5月9日颁布）

③关于进一步加强商业办公研发用房建筑设计管理工作的通知（深规土规〔2017〕1号，2017年5月12日颁布）

④深圳市拆除重建类城市更新单元规划编制技术规定（深规土规〔2018〕708号，2018年9月25日颁布）

（2）地域界限规划

①城市蓝线管理办法（中华人民共和国建设部令第145号，2005年12月20日颁布）

②城市绿线管理办法（中华人民共和国建设部令第112号，2002年9月23日颁布）

③城市黄线管理办法（中华人民共和国建设部令第144号，2005年12月20日颁布）

④城市紫线管理办法（中华人民共和国建设部令第119号，2003年12月17日颁布）

⑤关于全市工业区块线（草案）和管理要求公示的通告（2016年12月12日颁布）

⑥深圳市基本生态控制线管理规定（深圳市人民政府令第145号，2005年10月17日颁布）

⑦深圳市人民政府关于进一步规范基本生态控制线管理的实施意见（深府〔2016〕13号，2016年3月2日颁布）

3.保障性住房、产业用房配建

（1）深圳市人才住房和保障性住房配建管理办法（深建规〔2017〕7号，2017年8月14日颁布）

（2）深圳市城市更新项目保障性住房配建规定（深规土〔2016〕11号，2016年1月5号颁布）

（3）《深圳市城市更新项目保障性住房配建规定》附图（修订）的通知（深规土〔2018〕75号，2018年1月30日颁布）

（4）深圳市保障性住房收购操作规程（深建规〔2018〕2号，2018年4月2日颁布）

（5）深圳市人民政府关于深化住房制度改革加快建立多主体供给多渠道保障租购并举的住房供应与保障体系的意见（深府规〔2018〕13号，2018年7月27日颁布）

（6）深圳市经济适用住房取得完全产权和上市交易管理办法（深建规〔2018〕11号，2018年9月29日颁布）

（7）深圳市人才住房和保障性住房建设标准（征求意见稿）（2019年6月11日颁布）

（8）深圳市住房和建设局关于通过微信平台召开《深圳市人才住房建设和管理办法（征求意见稿）》立法听证会的通告（2019年6月13日颁布）

（9）深圳市创新型产业用房管理办法（深府办〔2016〕3号，2016年1月9日颁布）

（10）深圳市城市更新项目创新型产业用房配建规定（深规土规〔2016〕2号，2016年8月31日颁布）

4.规划编制程序

（1）深圳市人民政府关于授权市城市规划委员会建筑与环境艺术委员会审批城市更新单元规划的通知（深府函〔2010〕42号，2010年3月12日颁布）

（2）城市更新单元规划审批操作规则（深规土〔2013〕786号，2013年12月31日颁布）

（3）深圳市规划和国土资源委员会关于加强城市更新单元规划审批管理工作的通知（深规土规〔2018〕4号，2018年6月22日颁布）

（五）实施主体确认

1.深圳市房屋拆除工程管理办法（深建规〔2017〕6号，2017年3月29日颁布）

2.拆除重建类城市更新项目房地产证注销操作规则（试行）（深规土规〔2016〕3号，2016年9月13日颁布）

3.关于补充完善并印发《拆除重建类城市更新项目房地产证注销操作规则（试行）》的通知（深规土〔2010〕554号，2010年8月11日颁布）

4.关于拆除重建类城市更新项目实施主体确认工作的通知（深规土〔2010〕207号，

2010年4月1日颁布）

（六）集体资产交易

1.深圳经济特区股份合作公司条例（深圳市第六届人民代表大会常务委员会公告第160号，2019年9月4日颁布）

2.中共深圳市委、深圳市人民政府关于推进股份合作公司试点改革的指导意见（深发〔2013〕7号，2013年9月4日颁布）

3.关于加强股份合作公司资金资产资源管理的意见（试行）（深办发〔2013〕9号，2013年9月6日颁布）

4.中共深圳市委办公厅深圳市人民政府办公厅关于建立健全股份合作公司综合监管系统的通知（深办字〔2016〕55号，2016年6月4日颁布）

5.深圳市原农村集体经济组织非农建设用地和征地返还用地土地使用权交易若干规定（深府〔2011〕198号，2011年12月16日颁布）

（七）工业及产业用地

1.深圳市综合整治类旧工业区升级改造操作指引（试行）（深规土〔2015〕515号，2015年8月19日颁布）

2.深圳市综合整治类旧工业区升级改造操作规定（征求意见稿）（2018年6月4日颁布）

3.深圳市人民政府关于优化空间资源配置促进产业转型升级的意见（深府〔2013〕1号，2013年1月7日颁布）

4.深圳市完善产业用地供应机制拓展产业用地空间办法（试行）（深府办〔2013〕1号，2013年1月7日颁布）

5.深圳市市级重点产业项目遴选实施办法（深府办规〔2017〕4号，2017年7月28日颁布）

6.深圳市工业楼宇转让管理办法（试行）（深府办〔2013〕3号，2013年1月7日颁布）

7.《深圳市工业楼宇转让管理办法（试行）》实施细则（深规土〔2013〕721号，2013年12月6日颁布）

8.深圳市工业楼宇及配套设施转让管理办法（征求意见稿）（2019年2月2日颁布）

9.深圳市规划和国土资源委员会关于工业楼宇转让管理有关事宜的通知（深规土〔2014〕428号，2014年8月8日颁布）

10.深圳市工业楼宇转让增值收益收缴方案（深规土〔2014〕120号，2014年3月11日颁布）

11.深圳市鼓励三旧改造建设文化产业园区（基地）若干措施（试行）（深府〔2008〕31号，2008年2月15日颁布）

12.深圳市人民政府办公厅关于加快发展产业配套住房的意见（深府办〔2013〕4号，2013年1月7日颁布）

13.深圳市工业及其他产业用地供应管理办法（深府规〔2019〕4号，2019年3月19日颁布）

（八）成本核算

1.地价核算

（1）关于明确城市更新项目地价测算有关事项的通知（深规土〔2015〕587号，2015年9月22日颁布）

（2）深圳市地价测算规则（深府办规〔2019〕9号，2019年10月17日颁布）

（3）深圳市规划国土委城市更新项目用地审查操作规程（深规土〔2011〕22号，2011年1月14日颁布）

（4）深圳市福田区城中村拆除重建项目返拨地价款使用实施细则（2013年5月21日颁布）

2.涉税规定

（1）国家税务总局关于纳税人开发回迁安置用房有关营业税问题的公告（国家税务总局公告2014年第2号，2014年1月8日颁布）

（2）财政部、国家税务总局关于城镇房屋拆迁有关税收政策的通知（第二条被废止）（财税〔2005〕45号，2015年3月22日颁布）

（3）国家税务总局关于企业政策性搬迁所得税有关问题的公告（国家税务总局公告2013年第11号，2013年3月12日颁布）

（4）企业政策性搬迁所得税管理办法（第二十六条被废止）（国家税务总局公告2012年第40号，2012年8月10日颁布）

（5）中华人民共和国契税暂行条例细则（财法字〔1997〕52号，1997年10月28日颁布）

（6）财政部、国家税务总局关于国有土地使用权出让等有关契税问题的通知（财税〔2004〕134号，2004年8月3日颁布）

（7）财政部、国家税务总局关于企业以售后回租方式进行融资等有关契税政策的通知（财税〔2012〕82号，2012年12月6日颁布）

（8）国家税务总局关于房地产开发企业土地增值税清算管理有关问题的通知（国税发〔2006〕187号，2006年12月28日颁布）

（9）国家税务总局关于土地增值税清算有关问题的通知（国税函〔2010〕220号，2010年5月19日颁布）

（10）财政部、国家税务总局关于公共基础设施项目享受企业所得税优惠政策问题的补充通知（财税〔2014〕55号，2014年7月4日颁布）

（11）纳税人转让不动产增值税征收管理暂行办法（国家税务总局公告2016年第14号，2016年3月31日颁布）

（12）国家税务总局关于房地产开发企业土地增值税清算涉及企业所得税退税有关问题的公告（国家税务总局公告2016年第81号，2016年12月9日颁布）

（13）广东省地方税务局关于旧城拆迁改造有关营业税问题的批复（第一条被废止）（粤地税函〔1999〕295号，1999年9月13日颁布）

（九）相关规定

（1）中华人民共和国土地管理法（中华人民共和国主席令第32号，2019年8月26日颁布）

（2）中华人民共和国测绘法（中华人民共和国主席令第75号，2002年8月29日颁布）

（3）城市房地产开发经营管理条例（2020年修订）（中华人民共和国国务院令第248号，2020年4月2日颁布）

（4）中华人民共和国土地管理法实施条例（中华人民共和国国务院令第256号，2014年7月29日颁布）

（5）中华人民共和国土地管理法实施条例（修订草案）（征求意见稿）（2020年3月30日颁布）

（6）中华人民共和国城镇国有土地使用权出让和转让暂行条例（国务院令第55号，1990年5月19日颁布）

（7）土地储备管理办法（国土资发〔2007〕277号，2007年11月19日颁布）

（8）协议出让国有土地使用权规定（中华人民共和国国土资源部令第21号，2003年6月11日颁布）

（9）房产测绘管理办法（中华人民共和国建设部、国家测绘局令第83号，2000年12月28日颁布）

（10）建设部关于房屋建筑面积计算与房屋权属登记有关问题的通知（建住房〔2002〕74号，2002年3月27日颁布）

（11）国有土地上房屋征收与补偿条例（中华人民共和国国务院令第590号，2011年1月21日颁布）

（12）国有土地上房屋征收评估办法（建房〔2011〕77号，2011年6月3日颁布）

（13）企业国有资产交易监督管理办法（国务院国资委、财政部令第32号，2016年6月24日颁布）

（14）公共资源交易平台管理暂行办法（国家发展和改革委员会令第39号，2016年6月24日颁布）

（15）关于开展公共资源交易平台整合试点工作的通知（发改法规〔2016〕605号，2016年3月16日颁布）

（16）房屋拆迁证据保全公证细则（中华人民共和国司法部令第29号，1993年12月1日颁布）

（17）广东省房地产评估条例（广东省第八届人民代表大会常务委员会公告第53号，1994年9月1日颁布）

（18）广东省实施《中华人民共和国土地管理法》办法（广东省人民代表大会常务委员会公告第15号，2008年11月28日颁布）

（19）广东省交通基础设施建设征地拆迁补偿实施办法（粤府办〔2003〕46号，2003年6月30日颁布）

（20）广东省人民政府关于提升"三旧"改造水平促进节约集约用地的通知（粤府〔2016〕96号，2016年9月14日颁布）

（21）广东省人民政府办公厅关于加快培育和发展住房租赁市场的实施意见（粤府办〔2017〕7号，2017年1月23日颁布）

（22）广东省土地使用权交易市场管理规定（粤府令第79号，2002年10月31日颁布）

（23）整合建立统一的公共资源交易平台工作方案（粤府办〔2016〕7号，2016年1月19日颁布）

（24）深圳市建筑立面刷新和屋顶改造项目实施暂行办法（深府办〔2010〕33号，2010年4月20日颁布）

（25）深圳市人民政府关于处理深圳经济特区房地产权属遗留问题的若干规定（深府〔1993〕426号，1993年11月9日颁布）

（26）深圳市国家机关事业单位住房制度改革若干规定（深圳市人民政府令第88号，1999年10月20日颁布）

（27）深圳市原村民非商品住宅建设暂行办法（深府〔2006〕105号，2006年6月19日颁布）

（28）深圳市经济适用住房取得完全产权和上市交易办法（深建规〔2018〕11号，2018

年9月29日颁布）

（29）深圳市推进公共资源交易平台改革实施方案（2016年1月11日颁布）

（30）深圳市地下空间开发利用暂行办法（征求意见稿）（2018年6月27日颁布）

（31）深圳市建筑物（群）命名规则（试行）（2018年7月10日颁布）

（32）深圳市政府投资建设项目施工许可管理规定（深圳市人民政府令第310号，2018年7月9日颁布）

（33）深圳市社会投资建设项目报建登记实施办法（深圳市人民政府令第311号，2018年7月9日颁布）

（34）深圳市人民政府办公厅转发市规划国土委等单位关于进一步加强房地产调控促进房地产市场平稳健康发展的通知（深府办规〔2018〕9号，2018年7月30日颁布）

（35）深圳市规划和国土资源委员会关于贯彻落实市政府房地产调控政策的通知（深规土规〔2018〕7号，2018年8月14日颁布）

（36）深圳市建设用地开工竣工管理办法（深规土规〔2018〕11号，2018年9月21日颁布）

（37）深圳市房地产市场监管办法（修订稿征求意见稿）（2018年11月23日颁布）

（38）深圳市建筑设计规则（修订稿）（深规土〔2015〕757号，2018年12月4日颁布）

（39）深圳市建设工程规划许可（房建类）报建文件编制技术规定（2018年12月24日颁布）

二、区级规定

（一）福田区

1.深圳市福田区城市更新实施办法（福府规〔2020〕1号，2020年1月17日颁布）

2.城市更新项目计划规划申报前服务及现状建筑物测绘工作指引（2017年3月13日颁布）

3.深圳市福田区股份合作公司规范管理制度“三资”管理制度（2014年6月9日颁布）

4.福田区股份合作公司重大事项决策备案制度（试行）（深福党廉办〔2014〕1号，2014年7月10日颁布）

5.福田区加强股份合作公司资金资产资源管理工作方案（2013年12月10日颁布）

6.关于福田区股份合作公司集体资产交易纳入市、区交易平台等事项的通知（福集通〔2016〕17号，2016年11月13日颁布）

7.福田区股份合作公司非农建设用地和征地返还地等集体用地开发和交易指引（2016年11月13日颁布）

8.深圳市福田区支持城中村市政基础设施和公共配套设施建设专项资金管理实施细则（福府办规〔2017〕2号，2017年4月1日颁布）

9.福田区城市更新“十三五”规划（2018年2月1日颁布）

10.深圳市福田区临时用地管理办法（福府办规〔2019〕6号，2019年9月30日颁布）

11.深圳市福田区城市更新局关于进一步推动福田区城市更新工作的若干意见（深福更新规〔2018〕1号，2018年7月2日颁布）

12.深圳市福田区旧工业区拆除重建类城市更新实施管理规定（福府办规〔2019〕3号，2019年8月26日颁布）

13.福田区级重点产业项目遴选实施办法（福府规〔2019〕2号，2019年7月8日颁布）

14.深圳市福田区工业区块线管理实施细则（征求意见稿）(2019年6月4日颁布）

（二）罗湖区

1.深圳市罗湖区城市更新实施办法（罗府规〔2018〕5号，2018年11月14日颁布）

2.罗湖区股份合作公司物业交易管理暂行办法（2016年8月1日颁布）

3.深圳市罗湖区人民政府关于进一步规范股份合作公司重大事项决策的意见（罗府〔2011〕24号，2011年10月31日颁布）

4.关于加强股份合作公司监督管理的意见（试行）(罗办发〔2014〕2号，2014年9月15日颁布）

5.罗湖区关于禁止违规开展城中村城市更新活动的《通告》(罗更新发〔2017〕34号，2017年11月13日颁布）

6.罗湖区工业及其他产业用地供应实施细则（罗府办规〔2017〕3号，2017年3月31日颁布）

7.罗湖区重点产业项目遴选办法（罗府办规〔2017〕2号，2017年3月27日颁布）

8.关于告知股份合作公司城中村相关政策的通知（罗更新发〔2018〕1号，2018年1月2日颁布）

9.罗湖区城市更新“十三五”规划（2018年8月6日颁布）

10.罗湖区产业转型升级专项资金扶持政策（征求意见稿）(2018年6月12日颁布）

11.深圳市罗湖区人民政府关于印发深圳市罗湖区棚户区改造实施办法（试行）的通知（罗府规〔2018〕4号，2018年11月7日颁布）

12.深圳市罗湖区城市更新项目房屋拆除工程监督管理暂行办法（征求意见稿）

（2019年4月23日颁布）

（三）南山区

1.深圳市南山区城市更新暂行办法（深南更新整备〔2019〕77号，2019年10月9日颁布）

2.深圳市南山区人民政府关于进一步加强股份合作公司（分公司、经营部）监督管理有关工作的通知（深南府〔2016〕36号，2016年8月30日颁布）

3.关于将南山区股份合作公司集体资产资源交易纳入市公共资源交易平台交易的通知（深南集资通〔2016〕1号，2016年8月30日颁布）

4.深圳市南山区临时用地和临时建筑管理办法（征求意见稿）（2018年7月9日颁布）

5.南山区鼓励总部企业发展实施办法（试行）（深南府办规〔2018〕6号，2018年8月7日颁布）

6.南山区城市更新“十三五”规划（2018年9月12日颁布）

（四）盐田区

1.盐田区城市更新实施办法（修订）（深盐府规〔2019〕10号，2019年11月15日颁布）

2.关于加强盐田区股份合作公司资金资产资源管理的意见

3.盐田区工业及其他产业用地供应管理实施细则（修订）（深盐府规〔2019〕4号，2019年6月28日颁布）

4.盐田区创新型产业用房管理实施细则（试行）（深盐府办规〔2017〕4号，2017年9月1日颁布）

5.盐田区城市更新“十三五”规划（2018年4月2日颁布）

6.盐田区城市更新局关于加快已批更新单元计划项目规划报批的通知（2018年4月2日颁布）

7.盐田区城市更新局关于做好社会投资建设项目报建登记有关事宜的通知（2018年8月8日颁布）

（五）龙华区

1.深圳市龙华区城市更新实施办法（深龙华府规〔2017〕2号，2017年4月13日颁布）

2.龙华新区股份合作公司重大事项决策管理暂行办法（深龙华办〔2013〕84号，2013年6月23日颁布）

3.龙华区股份合作公司集体用地土地使用权交易管理规范（试行）（深龙华府〔2017〕8号，2017年5月15日颁布）

4.龙华区股份合作公司集体用地土地使用权交易简化操作指引（深龙华财〔2017〕

300号，2017年11月6日颁布）

5.龙华区非农建设用地管理办法（2019年修订）（征求意见稿）（2020年3月12日颁布）

6.深圳市龙华新区处理历史遗留生产经营性违法建筑实施办法（深龙华办〔2013〕164号，2013年9月29日颁布）

7.深圳市龙华新区处理历史遗留违法私房实施办法（深龙华办〔2013〕163号，2013年9月29日颁布）

8.龙华区工改工城市更新项目产业意见指引（深龙华经促函〔2017〕110号，2017年10月9日颁布）

9.龙华新区加强城市更新工作的实施办法（修订）（2015年5月21日颁布）

10.深圳市龙华区公共项目建设用地审查报批暂行办法（试行）（深龙华府规〔2018〕1号，2018年2月2日颁布）

11.龙华区城市更新“十三五”规划（2018年3月27日颁布）

12.深圳市龙华区城市更新区域内历史遗留违法建筑简易处理工作细则（2018年9月11日颁布）

13.深圳市龙华区重大项目管理办法（深龙华府办规〔2019〕2号，2019年3月18日颁布）

14.龙华区土地整备和公共基础设施建设项目房屋补偿实施办法（深龙华府规〔2019〕2号，2019年5月17日颁布）

（六）宝安区

1.宝安区城市更新工作委员会议事规程（深宝府〔2017〕18号，2017年3月6日颁布）

2.宝安区城市更新工作委员会规划（交通市政）专业委员会议事规程（深宝府〔2017〕18号，2017年3月6日颁布）

3.宝安区城市更新工作委员会公共资源和民生发展专业委员会议事规程（深宝府〔2017〕18号，2017年3月6日颁布）

4.宝安区城市更新工作委员会产业发展专业委员会议事规程（深宝府〔2017〕18号，2017年3月6日颁布）

5.宝安区城市更新工作委员会住房保障专业委员会议事规程（深宝府〔2017〕18号，2017年3月6日颁布）

6.宝安区城市更新工作委员会整治提升专业委员会议事规程（深宝府〔2017〕18号，2017年3月6日颁布）

7.宝安区城市更新片区规划研究范围划定和改造范围划定指引（深宝府〔2017〕18

号，2017年3月6日颁布）

8.宝安区城市更新项目土地权属认定规则（深宝府〔2017〕18号，2017年3月6日颁布）

9.宝安区城市更新公示公告管理细则（深宝府〔2017〕18号，2017年3月6日颁布）

10.宝安区城市更新项目社会稳定风险评估工作管理规则（深宝府〔2017〕18号，2017年3月6日颁布）

11.宝安区城市更新廉政风险防控工作规则（深宝府〔2017〕18号，2017年3月6日颁布）

12.关于强区放权前已列入市城市更新单元计划未批专项规划工改M0类项目的专项规划编制指导意见（深宝城更〔2017〕90号，2017年11月9日颁布）

13.深圳市宝安区工业区块线管理办法（修订）（深宝规〔2019〕13号，2019年10月8日颁布）

14.关于加快宝安区社区集体经济综合监管服务平台建设推动股份合作公司规范管理的意见（深宝府办〔2016〕29号，2016年9月13日颁布）

15.关于宝安区城市化转地非农建设用地后续管理有关问题的通知（2018年9月5日颁布）

16.深圳市宝安区处理历史遗留违法私房实施办法（深宝府〔2002〕43号，2002年9月11日颁布）

17.深圳市宝安区处理历史遗留生产经营性违法建筑实施办法（深宝府〔2002〕43号，2002年9月11日颁布）

18.宝安区城市更新“十三五”规划

19.宝安区2018年改革计划（深宝办发〔2018〕2号，2018年4月16日颁布）

20.关于加快城市更新工作若干措施的通知（深宝府办〔2018〕10号，2018年4月20日颁布）

21.关于进一步规范和加快城市更新工作的若干措施（深宝府办〔2019〕9号，2019年3月22日颁布）

22.宝安区重点产业项目和总部项目遴选及用地保障实施细则（深宝规〔2019〕11号，2019年9月11日颁布）

23.深圳市宝安区处理历史遗留产业类和公共配套类违法建筑实施细则（试行）（深宝规〔2019〕7号，2019年8月4日颁布）

24.深圳市宝安区建设用地审查报批办法（试行）（深宝规〔2019〕15号，2019年10月

24日颁布）

（七）龙岗区

1.深圳市龙岗区人民政府关于进一步加强和改进城市更新工作的意见（深龙府〔2017〕32号，2017年11月7日颁布）

2.深圳市龙岗区城市更新实施办法（深龙府规〔2017〕2号，2017年11月7日颁布）

3.龙岗区城市更新单元计划申报管理规定（2017年11月24日颁布）

4.龙岗区城市更新单元规划审批操作规则（2017年11月24日颁布）

5.龙岗区进一步加强股份合作公司重大事项监管暂行办法（深龙府办〔2011〕21号，2011年4月12日颁布）

6.龙岗区社区股份合作公司集体用地开发和交易监管实施细则（深龙府办规〔2018〕1号，2018年5月2日颁布）

7.龙岗区非农建设用地管理办法（深龙府办规〔2017〕6号，2017年8月9日颁布）

8.深圳市龙岗区实施《深圳经济特区处理历史遗留违法私房若干规定》的办法（深龙府〔2002〕67号，2002年9月20日颁布）

9.深圳市龙岗区实施《深圳经济特区处理历史遗留生产经营性违法建筑若干规定》的办法（深龙府〔2002〕67号，2002年9月20日颁布）

10.龙岗区产业用地供应管理规定（深龙府办规〔2017〕4号，2017年6月20日颁布）

11.龙岗区产业发展空间管理办法（深龙府规〔2017〕1号，2017年5月31日颁布）

12.龙岗区产业升级类城市更新管理规定（深龙城更〔2017〕94号，2017年11月29日颁布）

13.龙岗区落实《深圳市创新型产业用房管理办法》实施细则（暂行）（深龙府办规〔2017〕5号，2017年7月14日颁布）

14.龙岗区拆除重建类城市更新项目搬迁补偿安置协议备案工作程序（深龙城更〔2018〕109号，2018年11月16日颁布）

15.龙岗区拆除重建类城市更新项目专项监管资金管理办法（试行）（深龙城更〔2018〕129号，2018年12月29日颁布）

16.龙岗区城市更新办公室关于开展城市更新拆除范围内无产权登记记录的土地房屋权利人认定核查工作的通知（深龙城更函〔2013〕157号，2013年6月27日颁布）

17.深圳市龙岗区城中村（旧村）改造实施办法（试行）（深龙府〔2005〕61号，2005年9月7日颁布）

18.龙岗区城市更新拆除重建类项目推进若干措施（深龙府办〔2010〕10号，2010年3

月14日颁布）

19.龙岗区拆除重建类城市更新项目实施主体资格确认工作程序（深龙城更〔2018〕119号，2018年12月13日颁布）

20.龙岗区老屋村征收清拆整治工作方案（深龙府办〔2010〕66号，2010年10月25日颁布）

21.龙岗区城市更新拆除重建类项目规划公共设施用地移交补偿工作程序（试行）（深龙府办〔2010〕55号，2010年10月26日颁布）

22.龙岗区临时用地和临时建筑监督管理暂行办法（深龙规土监规〔2020〕1号，2020年2月11日颁布）

23.关于规范龙岗区城市更新单元捆绑公共利益用地工作的通知（深龙城更〔2018〕23号，2018年4月17日颁布）

24.关于印发龙岗区社区股份合作公司集体用地开发和交易监管实施细则的通知（深龙府办规〔2018〕1号，2018年5月2日颁布）

25.龙岗区鼓励社会资金投资城市更新项目内及周边公共设施管理规定（深龙府办规〔2018〕4号，2018年10月8日颁布）

26.龙岗区棚户区改造实施细则（试行）（征求意见稿）（2018年10月16日颁布）

27.龙岗区城市更新“十三五”规划（2017年11月21日颁布）

28.龙岗区城市更新配建安居工程建设管理操作规程（征求意见稿）（2018年12月18日颁布）

29.关于开展龙岗区城市更新计划清理工作的处理意见（征求意见稿）（2019年1月22日颁布）

30.关于规范龙岗区政府主导开展城市更新单元拆除范围调整工作的通知（征求意见稿）（2019年2月14日颁布）

31.关于开展龙岗区城市更新计划清理工作的试行意见（深龙更新整备〔2019〕27号，2019年5月9日颁布）

32.龙岗区城市更新和土地整备局关于施行城市更新单元范围划定有效期管理的通知（深龙更新整备〔2019〕51号，2019年6月10日颁布）

（八）大鹏新区

1.深圳市大鹏新区城市更新实施办法（试行）（深鹏管规〔2017〕7号，2017年7月21日颁布）

2.大鹏新区集体用地开发和城市更新评估技术指引（2016年版）（2016年12月1日

颁布）

3.深圳市大鹏新区股份合作公司集体资产管理暂行办法（深鹏发财〔2017〕341号，2017年9月29日颁布）

4.深圳市大鹏新区股份合作公司集体用地开发和交易监管实施细则（深鹏办规〔2020〕1号，2020年4月13日颁布）

5.大鹏新区集体资产参与拆除重建类城市更新项目计划申报前工作规程（试行）（深鹏发财〔2018〕6号，2018年1月8日颁布）

6.大鹏新区非农建设用地管理办法（深鹏管规〔2019〕3号，2019年11月8日颁布）

7.大鹏新区发展和财政局、大鹏新区城市更新局关于规范社区集体用地城市更新项目有关事项的通知（深鹏发财〔2018〕5号，2018年1月8日颁布）

8.大鹏新区城市更新“十三五”规划（2018年2月1日颁布）

9.大鹏新区城市更新工作操作指引（试行）（2018年3月20日颁布）

10.深圳市大鹏新区国有农业用地管理办法（深鹏管规〔2018〕1号，2018年4月3日颁布）

11.深圳市大鹏新区重大项目管理办法（深鹏办规〔2018〕2号，2018年6月8日颁布）

12.深圳市大鹏新区关于进一步加强和改进城市更新工作的指导意见（2018年4月12日颁布）

13.深圳市大鹏新区临时用地和临时建筑管理实施细则（试行）（深鹏综执规〔2018〕1号，2018年7月24日颁布）

14.大鹏新区非农建设用地管理办法（试行）（深鹏管规〔2019〕3号，2019年11月8日颁布）

15.大鹏新区关于促进民营经济更高质量发展的若干措施（深鹏管规〔2019〕1号，2019年9月25日颁布）

16.大鹏新区原村民非商品住宅统建漏报户申报办法（深鹏住建规〔2019〕3号，2019年7月4日颁布）

17.大鹏新区原村民未建房户资格复核工作方案（深鹏住建规〔2019〕2号，2019年7月4日颁布）

18.深圳市大鹏新区工业及其他产业用地供应管理实施细则（深鹏管规〔2019〕2号，2019年10月10日颁布）

19.深圳市大鹏新区股份合作公司资金资产资源交易管理办法（深鹏发财规〔2019〕3号，2019年6月3日颁布）

（九）光明新区

1.光明新区城市更新工作指引（2018年4月12日颁布）

2.光明新区社区集体资产监督管理暂行办法（2014年8月1日颁布）

3.光明新区社区集体经济资金资产资源交易管理综合监管实施办法（试行）（深南府办规〔2018〕1号）

4.光明新区社区集体经济资金资产资源交易管理暂行办法（2018年9月3日颁布）

5.光明新区发展和财政局关于明确社区集体公司集体用地合作开发交易程序的通知（深光发财〔2017〕501号，2017年7月5日颁布）

6.光明新区城市化非农建设用地调整置换暂行办法（深光规〔2017〕14号，2017年11月1日颁布）

7.光明新区处理历史遗留生产经营性违法建筑实施办法（深光管办〔2008〕106号，2009年6月9日颁布）

8.深圳市光明区农村城市化历史遗留产业类和公共配套类违法建筑处理实施细则（深光府规〔2020〕1号，2020年1月10日颁布）

9.光明新区处理历史遗留违法私房实施办法（深光管办〔2008〕105号，2009年6月9日颁布）

10.光明新区工业及其他产业项目引进监管实施办法（试行）（征求意见稿）（2018年5月9日颁布）

11.光明新区创新型产业用房管理暂行办法（深光规〔2017〕2号，2017年3月10日颁布）

12.光明区政策性产业用房管理暂行办法（送审稿）（2019年11月29日颁布）

13.光明新区市政基础设施移交接管暂行办法（深光管〔2014〕41号，2014年7月9日颁布）

14.光明新区社区配套和公共服务用房管理办法（深光城建字〔2015〕168号，2015年10月9日颁布）

15.光明区社区配套和公共服务用房管理办法（征求意见稿）（2020年3月26日颁布）

16.光明新区城市更新“十三五”规划（2018年4月3日颁布）

17.光明新区住房和建设局2017年工作总结暨2018年工作计划（2018年2月6日颁布）

18.光明新区人才住房和保障性住房发展计划（2018—2020年）（2018年4月10日颁布）

19.光明新区关于优化营商环境的若干措施（深光规〔2018〕6号，2018年4月17日

颁布)

20.深圳市光明区城市更新实施办法(深光府规〔2018〕1号,2018年11月16日颁布)

21.深圳市光明区工业区块线管理实施细则(深光府规〔2019〕4号,2019年4月11日颁布)

22.光明区产业用地先租赁后转出让实施细则(深光府规〔2019〕6号,2019年5月5日颁布)

23.光明区产业用地项目引进监管实施办法(深光府规〔2019〕7号,2019年5月6日颁布)

(十)坪山区

1.坪山区城市更新项目计划申报前工作规程(试行)(深坪城更发〔2017〕27号,2017年8月9日颁布)

2.坪山区城市更新优先推进及负面管理清单(试行)(深坪城更工委〔2017〕2号,2017年10月13日颁布)

3,关于加强社区股份合作公司资金资产资源管理和公开的意见(深坪发〔2014〕2号,2015年3月17日颁布)

4.坪山区非农建设用地管理办法(征求意见稿)(2019年11月28日颁布)

5.坪山区股份合作公司集体用地土地使用权交易实施细则(征求意见稿)(2017年11月13日颁布)

6.坪山新区原村民非商品住宅建设遗留问题处理办法(深坪委〔2013〕21号,2013年5月13日颁布)

7.坪山区城市更新“十三五”规划(2018年3月1日颁布)

8.深圳市坪山区城市更新实施办法(深坪府规〔2018〕8号,2018年6月15日颁布)

三、相关项目政策体系

(一)棚户区改造

1.国家级规定

(1)国务院关于加快棚户区改造工作的意见(国发〔2013〕25号,2013年7月4日颁布)

(2)国务院办公厅关于进一步加强棚户区改造工作的通知(国办发〔2014〕36号,2014年7月21日颁布)

(3)国务院关于进一步做好城镇棚户区和城乡危房改造及配套基础设施建设有关工

作的意见（国发〔2015〕37号，2015年6月25日颁布）

（4）住房城乡建设部、财政部、国土资源部关于进一步做好棚户区改造工作有关问题的通知（建保〔2016〕156号，2016年7月11日颁布）

（5）财政部、住房城乡建设部关于进一步做好棚户区改造相关工作的通知（财综〔2016〕11号，2016年5月20日颁布）

（6）财政部关于做好城市棚户区改造相关工作的通知（财综〔2015〕57号，2015年8月26日颁布）

（7）关于加快推进棚户区（危旧房）改造的通知（建保〔2012〕190号，2012年12月12日颁布）

（8）国家发展改革委办公厅关于创新企业债券融资方式扎实推进棚户区改造建设有关问题的通知（发改办财金〔2014〕1047号，2014年5月13日颁布）

（9）国家发展改革委办公厅关于企业债券融资支持棚户区改造有关问题的通知（发改办财金〔2013〕2050号，2013年8月22日颁布）

（10）财政部、国家税务总局关于棚户区改造有关税收政策的通知（财税〔2013〕101号，2013年12月2日颁布）

（11）财政部、国家税务总局关于企业参与政府统一组织的棚户区改造有关企业所得税政策问题的通知（财税〔2013〕65号，2013年9月30日颁布）

（12）国务院关于进一步做好城镇棚户区和城乡危房改造及配套基础设施建设有关工作的意见（国发〔2015〕37号，2015年6月25日颁布）

2.省级规定

广东省棚户区改造贷款贴息专项资金管理办法（粤财综〔2015〕39号，2015年4月22日颁布）

3.市级规定

（1）深圳市棚户区改造项目界定标准（深建规〔2016〕9号，2016年6月16日颁布）

（2）深圳市人民政府关于加强棚户区改造工作的实施意见（深府规〔2018〕8 号，2018年5月17日颁布）

（3）深圳市政府购买棚户区改造服务管理办法（深建规〔2016〕7号，2016年6月6日颁布）

（4）深圳市住房和建设局关于发布《深圳市棚户区改造项目搬迁安置补偿协议（示范文本）》的通知（2019年2月1日颁布）

（5）深圳市人民政府关于棚户区改造工作职权调整的决定（深圳市人民政府令第317

号，2019年1月28日颁布）

（6）深圳市人民政府办公厅关于贯彻落实深圳市人民政府关于棚户区改造工作职权调整决定的实施意见（深府办规〔2019〕1号，2019年2月3日颁布）

（7）深圳市棚户区改造项目专项规划编制技术规定（试行）（深建规建〔2019〕2号，2019年3月15日颁布）

（8）深圳市棚户区改造项目概念规划编制技术指引（试行）（深建规建〔2019〕3号，2019年3月15日颁布）

（9）深圳市棚户区改造专项规划容积率核算规则（征求意见稿）（2019年6月26日颁布）

4.区级规定

（1）盐田区

盐田区棚户区改造实施细则（深盐府规〔2019〕2号，2019年2月20日颁布）

（2）大鹏新区

大鹏新区棚户区改造实施细则（试行）（深鹏管规〔2019〕6号，2019年12月17日颁布）

（3）宝安区

① 深圳市宝安区棚户区改造实施细则（深宝规〔2018〕17号，2018年9月30日颁布）

② 宝安区棚户区改造项目实施主体预选库管理暂行办法

（4）福田区

深圳市福田区棚户区改造实施办法（试行）（福府规〔2019〕1号，2019年1月10日颁布）

（5）南山区

深圳市南山区棚户区改造实施细则（试行）（深南府规〔2019〕2号，2019年3月27日颁布）

（6）罗湖区

深圳市罗湖区棚户区改造实施办法（试行）（罗府规〔2018〕4号，2018年11月7日颁布）

（7）龙岗区

深圳市龙华区棚户区改造实施细则（试行）（深龙华府规〔2019〕6号，2019年12月31日颁布）

（二）土地整备利益统筹

1.市级规定

（1）深圳市土地整备利益统筹项目管理办法（深规土规〔2018〕6号，2018年8月9日颁布）

（2）深圳市人民政府关于推进土地整备工作的若干意见

（3）深圳市规划和自然资源局关于规范土地整备利益统筹项目补偿安置有关事项的通知（深规划资源〔2019〕255 号，2020年5月7日颁布）

2.区级规定

（1）光明区

①《光明新区关于进一步加快推进土地整备工作的行动方案》(1+7)（深光土整组〔2016〕62号，2016年11月4日颁布）

② 光明新区土地整备工作议事规则（2017年4月1日颁布）

③ 光明新区土地整备项目实施方案编制及审批管理办法（2017年4月1日颁布）

④ 光明新区土地整备项目权属核查工作指引

（2）龙华区

龙华区土地整备和公共基础设施建设项目房屋补偿实施办法（深龙华府规〔2019〕2号，2019年5月17日颁布）

第二部分　广州城市更新政策体系

一、总则

1.广州市城市更新办法（广州市人民政府令第134号，2015年12月1日颁布）

2.广州市旧村庄更新实施办法（穗府办〔2015〕56号，2015年12月11日颁布）

3.广州市旧城镇更新实施办法（穗府办〔2015〕56号，2015年12月11日颁布）

4.广州市旧厂房更新实施办法（穗府办〔2015〕56号，2015年12月11日颁布）

5.广州市人民政府关于提升城市更新水平促进节约集约用地的实施意见（穗府规〔2017〕6 号，2017年6月5日颁布）

6.广州市深入推进城市更新工作实施细则（穗府办规〔2019〕5号，2019年4月18日颁布）

7.关于加强规划引领节约集约用地的实施意见（2012 年 9 月 19 日颁布）

8.广州市推进节约集约用地试点示范工作实施方案（穗府办〔2009〕36号，2009年6月12日颁布）

9.关于广州市“三旧”改造管理简政放权的意见（穗府办〔2011〕17号，2011年5月13日颁布）

10.关于深入推进城镇低效用地再开发的指导意见（试行）(2016年11月11日颁布）

11.关于开展城镇低效用地再开发试点的指导意见（国土资发〔2013〕3号，2013年2月28日颁布）

12.关于建立健全城乡融合发展体制机制和政策体系的意见（2019年5月5日颁布）

13.广州市老旧小区微改造“三线”整治实施方案和技术指引（试行）(穗更新函〔2018〕180号，2018年2月13日颁布）

14.广州市城中村综合整治工作指引（穗更新函〔2018〕677号）

15.关于进一步规范旧村合作改造类项目选择合作企业有关事项的意见（穗建规字〔2020〕16号，2020年2月21日颁布）

16.广州市旧村庄更新改造项目重要事项公开指引（征求意见稿）(2016年7月7日颁布）

17.关于开展旧村合作改造类项目选择合作企业清理工作的通知（穗更新函〔2017〕822号）

18.关于“城中村”改制工作的若干意见（穗办〔2002〕17号，2002年5月24日颁布）

19.关于完善“农转居”和“城中村”改造有关政策问题的意见（穗办〔2008〕10号，2008年5月26日颁布）

20.关于印发进一步规范城中村改造有关程序的通知（穗旧改办〔2011〕51号）

21.广州市旧村庄更新改造项目重要事项公开问答

22.关于深入推进村级工业园更新改造的实施意见（征求意见稿）

23.关于进一步规范旧村合作改造类项目选择合作企业有关事项的意见（穗建规字〔2020〕16号，2020年2月21日颁布）

二、规划计划

1.广州市城乡规划条例（广州市第十四届人民代表大会常务委员会公告第56号，2014年12月4日颁布）

2.广州市城乡规划技术规定（穗府令第71号，2019年11月14日颁布）

3.广州市城乡规划程序规定（广州市人民政府令第168号，2019年11月14日颁布）

4.广州市城市更新总体规划（2015~2020年）(2017年3月10日颁布）

5.关于加强村庄规划建设管理的实施意见（穗府办〔2015〕20号，2015年5月4日颁布）

6.关于加快实施城市更新项目计划的通知（穗更新字〔2016〕47号，2016年7月20日颁布）

7.广州市年度城市更新项目计划申报流程图

三、用地处理

1.关于加快办理“三旧”改造项目涉及完善历史用地手续的通知（穗旧改联字〔2011〕1号，2011年4月9日颁布）

2.关于印发“三旧”改造项目土地房屋权属确认工作指引的通知（穗国房字〔2010〕1578号，2010年12月16日颁布）

3.“三旧”改造完善历史用地手续工作流程指引及材料目录（2011年4月1日颁布）

4.广州市“三旧”改造完善历史用地手续政策问答（2011年4月1日颁布）

5.关于加快办理“三旧”改造完善集体土地历史用地手续审核工作的通知（穗国房字〔2012〕257号，2012年3月16日颁布）

6.关于改造涉及违法违规用地处罚问题的通知（穗国房字〔2010〕747号，2010年5月19日颁布）

7.关于加快推进已批“三旧”改造项目办理供地手续的通知（2017年2月28日颁布）

8.广州市民营企业产业用地结合“三旧”改造程序指引

9.广州市城市更新局关于加强“三旧”改造项目涉及用地报批工作的函（穗更新函〔2018〕849号，2018年7月30日颁布）

10.关于推进“三旧”改造用地报批工作的通知（穗规划资源字〔2019〕189号，2018年2月12日颁布）

四、数据摸查

1.广州市城市更新基础数据调查和管理办法（穗更新规字〔2016〕3 号，2016 年 12 月 28 日颁布）

2.广州市城市更新基础数据标准与调查工作指引（试行版）（2017年8月颁布）

五、流程与指引

1.广州市旧城镇更新改造项目公众咨询委员会设立及运行工作指引（试行稿）

2.广州市城市更新片区策划方案编制工作指引（2016年8月颁布）

3.广州市城市更新项目实施方案报批程序规定（征求意见稿）（2016 年2 月5日颁布）

4.广州市城市更新项目报批程序指引（试行）

六、各区规定

（一）白云区

1.关于《广州市旧村庄更新实施办法》的实施意见（试行）（云府办〔2018〕94号，2018年9月20日颁布）

2.白云区旧村庄全面改造程序指引（试行）（穗规划资源云函〔2019〕1952号，2019年7月11日颁布）

3.广州市白云区征收农村集体土地留用地管理办法（试行）（云府办规〔2018〕7号，2018年9月20日颁布）

4.广州市白云区集体建设用地使用权流转管理办法（试行）（云府办规〔2018〕6号，2018年9月20日颁布）

5.关于印发进一步加强农村集体土地利用管理意见（试行）（云府办规〔2018〕10号，2018年9月20日颁布）

6.广州市白云区农村集体资产交易管理办法的通知（云府规〔2018〕3号，2018年3月12日颁布）

（二）黄埔区

1.黄埔区城市更新局关于调整“三旧”改造地块标图建库数据的通知（2016年4月25日颁布）

2.广州市黄埔区九龙片区旧村现状建筑测量和复建安置计算工作指引（穗开更新规字〔2019〕1号，2019年5月27日颁布）

3.广州市黄埔区广州开发区旧村全面改造项目政府产业用房、用地管理规定（穗开更新〔2020〕11号，2020年4月16日颁布）

4.广州市黄埔区广州开发区旧村合作改造类项目公开引入合作企业工作指引（试

行)(穗开更新规字〔2019〕2号，2019年9月30日颁布)

5.《广州市黄埔区人民政府关于印发黄埔区农村集体资产和财务管理办法的通知》(穗埔府规〔2019〕3号，2019年3月28日颁布)

6.黄埔区农村集体资产交易管理细则的通知(穗埔府规〔2018〕16号，2018年9月7日颁布)

7.广州市黄埔区广州开发区集体经济发展留用地管理办法(试行)(穗埔府规〔2018〕2号，2018年1月8日颁布)

(三)增城区

1.关于推动存量土地高效利用和实施“三旧”改造工作实施意见(增府〔2009〕12号，2009年4月28日颁布)

2.增城市“三旧”改造实施办法(试行)(增府〔2010〕10号，2010年5月19日颁布)

3.增城区旧村改造项目公开招标选择合作意向企业试行办法(穗规划资源增规〔2019〕1号，2019年3月11日颁布)

4.增城区旧村庄全面改造项目实施指引(试行)(增府〔2009〕12号，2009年4月28日颁布)

5.增城市人民政府关于印发实施“三旧”改造工作补充办法(增府〔2013〕5号，2013年4月22日颁布)

(四)番禺区

1.番禺区城市更新基础数据调查工作规程(番府办〔2018〕56号，2018年8月1日颁布)

2.广州市番禺区旧村庄更新改造公开引入合作企业的指导意见(番府〔2017〕144号，2017年9月8日颁布)

3.番禺区旧村庄全面改造项目住宅房屋补偿安置指引(番府〔2018〕56号，2018年5月8日颁布)

4.关于进一步加强番禺区城市更新改造项目管理的意见(番府〔2018〕31号，2018年3月2日颁布)

5.番禺区城市更新基础数据调查工作规程(2018)(番府办〔2018〕56号，2018年8月1日颁布)

(五)南沙区

1.南沙区旧村庄全面改造项目复建安置资金监管工作指引(试行)(2019年3月5日颁布)

2.关于南沙区开展“货币加物业”兑现村留用地推进旧村庄更新改造工作的通知（穗南更新函〔2018〕52号，2018年10月10日颁布）

3.南沙区旧村庄更新改造项目公开引入合作企业工作指引（试行）（穗南更新函〔2018〕65号，2018年10月10日颁布）

4.广州市国土资源和房屋管理局南沙开发区分局关于在我区试行货币加物业兑现村留用地工作指导意见（穗国房南开〔2012〕127号，2012年4月25日颁布）

（六）从化区

1.广州市从化区旧村庄全面改造类项目方案核定复建总量及成本核算的指引

2.从化区特色小镇民居改造补助实施办法（从府规〔2018〕2号，2018年3月12日颁布）

（七）海珠区

海珠区“城中村”改造信息公开制度（试行）（海监〔2011〕37号，2011年11月1日颁布）

（八）花都区

花都区旧村庄合作改造类项目公开引入合作企业的指导意见（试行）（花府办规〔2018〕8号，2018年12月3日颁布）

七、成本核算

1.广州市旧村庄全面改造成本核算办法（穗更新规字〔2017〕3号，2017年12月29日颁布）

2.广州市旧村庄全面改造项目复建安置资金监管办法（穗建规字〔2020〕21号，2020年2月21日颁布）

3.关于我市“三旧改造”项目办理城市基础设施配套费减免有关问题的函（穗建计函〔2010〕2998号，2010年1月7日颁布）

4.关于加强市“三旧”改造专项资金管理的意见（穗旧改联字〔2010〕2号，2010年6月25日颁布）

5.关于“三旧”改造项目土地房屋征收成本分析实施方案（穗国房字〔2011〕855号，2011年8月24日颁布）

6.广州市“三旧”改造项目土地出让收入收缴及使用管理办法（穗旧改联字〔2011〕3号，2011年12月1日颁布）

第三部分 东莞"三旧"改造政策体系

一、总则

1.东莞市"三旧"改造地价计收和分配办法(试行)(东府〔2017〕50号，2017年6月19日颁布)

2.关于印发《〈东莞市"三旧"改造实施细则〉操作指南》等有关文件的通知(东三旧办〔2009〕1号，2009年12月16日颁布)

3.关于《东莞市"三旧"改造实施细则》的补充通知(东府办函〔2014〕81号，2014年1月24日颁布)

4.东莞市推进"三旧"改造工作方案(东府办〔2009〕113号，2009年8月13日颁布)

5.关于规范和加快"三旧"改造方案编制的通知(东三旧办〔2012〕32号，2012年4月27日颁布)

6.关于进一步规范"三旧"改造方案编制的通知(东三旧办〔2012〕11号，2013年1月14日颁布)

7.关于规范已批"三旧"改造方案调整程序的通知(东三旧办〔2013〕2号，2013年1月14日颁布)

8.关于落实签订"三旧"改造项目实施监管协议的通知(东三旧办〔2015〕42号，2015年6月26日颁布)

9.东莞市推动产业结构调整和转型升级实施"三旧"改造土地管理暂行办法(东莞市第十四届人民代表大会常务委员会公告第5号，2009年3月10日颁布)

10.关于加强"三旧"改造常态化全流程管理的方案(东府〔2014〕147号，2014年12月8日颁布)

11.建立健全常态化机制加快推进"三旧"改造的意见(东府办〔2013〕151号，2013年11月9日颁布)

12.东莞市"三旧"改造房屋拆迁补偿安置工作指导意见(2010年9月9日颁布)

13.关于"三旧"改造项目确定容积率和实施"拆三留一"等问题的意见(东规发〔2010〕52号，2010年9月1日颁布)

14.关于进一步明确"三旧"改造问责事项的通知(东府办〔2010〕131号，2010年9月18日颁布)

15.关于转发《关于放宽原土地使用权人自行改造项目转让限制问题的复函》的函

（东三旧办函〔2016〕8号，2016年1月20日颁布）

16.东莞市人民政府关于拓展优化城市发展空间加快推动高质量发展的若干意见（东府〔2019〕1号，2019年4月25日颁布）

17.东莞市城市更新单一主体挂牌招商操作规范（试行）（东府办〔2019〕29 号，2019 年 5 月 7 日颁布）

二、流程指引

1.东莞市“三旧”改造审批流程图（东三旧办〔2012〕37号，2012年5月22日颁布）

2.东莞市“三旧”改造土地和房屋权籍调查工作方案（试行）（东国土资〔2017〕264号，2017年9月21日颁布）

3.关于印发《东莞市“三旧”改造单元前期研究报告编制指引》和《东莞市“三旧”改造单元规划编制指引》的通知（东规发〔2015〕40号，2015年8月10日颁布）

4.东莞市集体经济组织与企业合作实施“三旧”改造操作指引（东府办〔2015〕108号，2015年11月13日颁布）

5.关于对《东莞市“三旧”改造项目确认建设用地权属工作指引》修订的通知（东国土资〔2012〕182号，2012年11月1日颁布）

6.东莞市房屋拆迁估价工作指引（试行）

7.东莞市“三旧”改造项目供地和登记发证业务指南（东国土资〔2015〕417号，2015年12月28日颁布）

8.东莞市“三旧”改造方案集中审查实施方案（东三旧办〔2011〕68号，2011年8月15日颁布）

9.东莞市“三旧”改造项目建设前期手续并联审批实施方案（试行）（东三旧办〔2011〕148号，2011年12月16日颁布）

10.关于调整“三旧”改造有关返还程序的通知（东府办〔2012〕163 号，2012年11月6日颁布）

11.关于简化和明确“三旧”改造行政审批若干措施的通知（东规发〔2017〕5号，2017年7月21日颁布）

12.原土地使用权人自行改造项目申请延期供地和撤销改造方案批复操作规范（东三旧办〔2015〕65号，2015年10月27日颁布）

13.关于印发《东莞市“三旧”改造单元规划审批流程》和《东莞市“三旧”改造方案

审批流程》的通知（东三旧办〔2010〕11号，2010年9月7日颁布）

14.东莞市“三旧”改造有关返还申请指引（东三旧办〔2013〕42号，2013年4月3日颁布）

15.东莞市城市更新单元（项目）“1+N”总体实施方案审批操作细则试行（东自然资〔2019〕140号，2019年4月8日颁布）

16.东莞市城市更新单元划定编制和审查工作指引（东国土资〔2018〕363号，2018年10月 23日颁布）

三、规划计划

1.东莞市城市规划管理技术规定（2005年12月颁布）

2.关于《东莞市城市规划管理技术规定》的更正、补充的通知（东规发〔2008〕26号，2008年4月21日颁布）

3.关于《东莞市城市规划管理技术规定》的补充通知（东规发〔2012〕34号，2012年6月21日颁布）

4.关于调整《东莞市城市规划管理技术规定》部分内容的通知（2016年11月3日颁布）

5.关于《东莞市城市规划管理技术规定》的补充通知（二）（东规发〔2009〕55号，2009年10月22日颁布）

6.东莞市东城街道办事处“三旧”改造专项规划（2015年9月23日颁布）

四、用地处理

1.东莞市“三旧”改造完善集体建设用地手续业务指南（东府办函〔2016〕1号，2016年1月4日颁布）

2.关于规范和加快“三旧”改造报省审批完善征收手续的通知（东三旧办〔2012〕33号，2012年4月27日颁布）

3.关于对已批非经营性国有建设用地实际用作经营性用途的单宗改造项目的违法用地处罚操作意见（东国土资〔2012〕164号，2012年9月27日颁布）

五、集体资产交易

关于推动镇村集体经济转型升级加快发展的若干意见（东委发〔2012〕24号，2012年8月21日颁布）

六、产业用地

1.东莞市新型产业用地（M0）管理暂行办法（东府〔2018〕112号，2012年9月27日颁布）

2.东莞市新型产业用地（M0）地价管理实施细则（东自然资〔2019〕174号，2019年4月30日颁布）

3.东莞市科研用地管理暂行办法（东府办〔2016〕109号，2016年12月2日颁布）

4.东莞市产业转型升级基地认定和管理实施办法（东府办〔2016〕2号，2016年1月6日颁布）

5.东莞市“三旧”改造产业类项目操作办法（东府办〔2015〕129号，2015年12月23日颁布）

6.东莞市通过“三旧”改造推进科技企业孵化器建设实施办法（东府办〔2018〕19号，2018年2月26日颁布）

7.关于印发加快推进“三旧”改造促进产业转型升级若干意见的通知（东府办〔2015〕127号，2015年12月23日颁布）

七、成本核算

1.关于印发东莞市城市更新地价计收和分配办法（修订）的通知（东府办〔2019〕44号，2019年7月31日颁布）

2.关于“三旧”改造土地出让金分成问题的通知（东府办函〔2015〕203号，2015年6月1日颁布）

3.关于“三旧”改造财政补助和土地出让金返还有关问题的通知（东府办函〔2014〕267号）

4.关于“三旧”改造用地协议出让地价核收问题的通知（东三旧办〔2014〕73号，2014年12月31日颁布）

5.关于部分“三旧”改造项目核收地价适用新旧基准地价问题的复函（东府办复〔2015〕426号，2015年7月28日颁布）

6.关于调整“三旧”改造项目补缴或缴交土地出让金标准问题的复函（东府办复〔2010〕253号，2010年4月29日颁布）

7.关于印发“三旧”改造项目用地收费表的通知（东国土资〔2012〕94号，2012年6月19日颁布）

8.关于适用定额地价或基准地价核收地价的“三旧”改造项目及时办理供地手续的函（2015年11月11日颁布）

9.关于“三旧”改造土地税费返还有关问题的通知（东府办〔2012〕335号，2012年6月12日颁布）

10.关于加强契税、耕地占用税征收管理的通告（东府〔2015〕6号，2015年1月13日颁布）

11.“三旧”改造项目用地税费一览表（修订）（东国土资〔2015〕378号，2015年12月4日颁布）

12.关于审定和印发《东莞市“三旧”改造项目税费指引》的请示（东三旧办请〔2016〕3号，2016年1月22日颁布）

后　记

得益于十多年来国内蓬勃兴起的城市更新（城市更新在不少地区也被广义地称为“旧改”“三旧改造”“棚户区改造”“城市有机更新”“绿色更新”等），使北京德恒（深圳）律师事务所房地产团队成为国内从事城市更新业务最早、服务案例最多、经验积累最丰富的法律服务团队之一。同时，又得益于和华润置地有限公司的长期良好合作，使我们能从华润置地的诸多标志性项目（如深圳大冲村旧改项目、深圳湖贝片区城市更新项目）中汲取丰富的营养，明辨城市更新的得失，提炼城市更新的经验，找寻城市更新的风险与防范之策。呈现在您面前的这本拙著，便是北京德恒（深圳）律师事务所律师团队与华润置地法务团队合作的结晶。

不过从城市更新的落地与成长，始终离不开政策的指引。政策通常是灵活多变且具有明显地域性和时效性。我们虽然梳理了我国最具代表性的热点地区如深圳、广州、东莞等地的城市更新政策，但客观上无法涵盖国内所有地区的政策；我们虽然解读了截至2020年10月之前的重点区域的政策，但又无法概括或预见其后这些政策的变迁。对此，需广大读者明鉴。

同理，城市更新的案例、示图、风险与防控措施，作为本书的重要组成部分，在全国各地，亦因区域性差异、政策化差异，可能呈现不同的特点。例如，在农村城市化过程中，深圳、广州、东莞等地区出现了城镇建成区土地使用权的大量历史遗留问题，这些遗留问题的解决在该地区城市更新项目进程中具有较大权重，而在华北和华东广大地区，工矿企业的棚户区改造中这类问题并不存在或较少存在，使之不具有普遍性。而且，即便是在统一的司法体系内，因城市更新纠纷及其裁判的规律尚未被广泛而深入地研究，且缺乏统一的裁判规则，同类案件在不同法院生成不同的裁判结果，甚至同一法院对同类案件裁决各异的情形并不鲜见，亦需广大读者明鉴。

按照章节分工顺序排列，本书作者如下：李建华、赖轶峰、张东煜、郭雳、靳慧兵、曹中海、薛忠明、陈琛、赵裕秀、黄依蓝、林燕玲、余元霞、肖夏依依、欧阳倩、于筱涵、张家威、雷红丽、蒋蓉蓉、张朋、李亚琼、李乔乔、黄婉莹、米倩、宋姝文、郭平安、荣怿、符欣欣、郑妍、余思仪、秦文俊、皮垭琦。全书由主编、副主编进行统稿，于筱涵律师在成书过程中对全书进行文字审校和体例编排，并协助主编、副主编进行统稿。

本书能够顺利出版，尤其要感谢自始至终以巨大热情和智慧给我们指导的华润置地有限公司的总法律顾问刘中先生，感谢为本书编写付出巨大辛苦的华润置地有限公司法务团队的吴勇先生、李婷女士和朱宇龙先生，还要感谢法律出版社朱峰、李缙漪编辑。

抛砖以引玉，本书付梓之际，请广大读者与我们共同关注城市更新的今天和未来，并给予我们的作品批评与指正。

本书编写组

二〇二〇十月

图书在版编目(CIP)数据

城市更新项目法务工具库:案例·风险·流程·政策/华润置地有限公司,北京德恒(深圳)律师事务所编著. -- 北京:法律出版社,2020
ISBN 978-7-5197-5130-2

Ⅰ.①城… Ⅱ.①华… ②北… Ⅲ.①城市建设—法律—研究—中国 Ⅳ.①D922.297.5

中国版本图书馆CIP数据核字(2020)第225521号

城市更新项目法务工具库:案例·风险·流程·政策
CHENGSHI GENGXIN XIANGMU FAWU GONGJUKU: ANLI · FENGXIAN · LIUCHENG · ZHENGCE

华润置地有限公司
北京德恒(深圳)律师事务所 编著

策划编辑 朱 峰
责任编辑 韩泓宇 李缙漪 苗 婕
装帧设计 鲁 娟

出版 法律出版社
总发行 中国法律图书有限公司
经销 新华书店
印刷 中煤(北京)印务有限公司
责任校对 晁明慧
责任印制 张建伟

编辑统筹 辞书·融出版编辑部
开本 787毫米×1092毫米 1/16
印张 30.75
字数 484千
版本 2020年12月第1版
印次 2020年12月第1次印刷

法律出版社/北京市丰台区莲花池西里7号(100073)
网址/www.lawpress.com.cn
投稿邮箱/info@lawpress.com.cn
举报维权邮箱/jbwq@lawpress.com.cn
销售热线/400-660-8393
咨询电话/010-63939796

中国法律图书有限公司/北京市丰台区莲花池西里7号(100073)
全国各地中法图分、子公司销售电话:
统一销售客服/400-660-8393/5393
第一法律书店/010-83938432/8433 西安分公司/029-85330678 重庆分公司/023-67453036
上海分公司/021-62071639/1636 深圳分公司/0755-83072995

书号:ISBN 978-7-5197-5130-2
定价:119.00元
(如有缺页或倒装,中国法律图书有限公司负责退换)